W0196152

JEAN-PAUL BEFFORT, geb. 1955, verfolgt seit seinem sechzehnten Lebensjahr einen spirituellen Weg, der ihn durch die verschiedensten spirituellen und psychologischen Bereiche führte – asiatische Philosophie, Yoga, Kabbala, Arkanschule von Alice Bailey, Schamanismus, Gestalttherapie, Transpersonale Psychologie u. a. m. – Nach vielen praktischen Erfahrungen und Ausbildungen arbeitet er seit 1987 freiberuflich in eigener Praxis. Schwerpunktmäßig ist seine Arbeit darauf ausgerichtet, Menschen zu sich selbst zu bringen und sie in ihren Prozessen des spirituellen Wachstums zu begleiten.
Mitbegründer der Schule für Transpersonale Psychologie und Psychotherapie.
URSULA GERKEN-HABERZETTL, geb. 1949, setzte sich von Jugend an intensiv mit dem Thema Spiritualität auseinander. Über die Teilnahme an zahlreichen Selbsterfahrungs- und Fortbildungs-Seminaren machte sie praktische Erfahrungen mit verschiedensten humanistischen und transpersonalen Therapie-Methoden. Seit Ende der 80er Jahre begleitet sie als Reinkarnations- und Imaginationstherapeutin Menschen in Einzel- und Gruppenarbeit, wobei sie den Schwerpunkt ihrer Arbeit im Transformieren von blockierenden Erfahrungen aus diesem und vergangenen Leben sieht. Sie ist Co-Autorin des Buches «NLP und spirituelle Dimensionen», Junfermann Verlag. Heute lebt und arbeitet sie gemeinsam mit ihrem Mann in Stein bei Nürnberg.

JEAN-PAUL BEFFORT
URSULA GERKEN-HABERZETTL

Kreis der Wandlungen

Persönliche Transformation
durch das Medizinrad

ROWOHLT TASCHENBUCH VERLAG

rororo transformation

Herausgegeben von Bernd Jost

Originalausgabe
Veröffentlicht im Rowohlt Taschenbuch
Verlag GmbH, Reinbek bei Hamburg,
August 1999
Copyright © 1999 by Rowohlt Taschenbuch
Verlag GmbH, Reinbek bei Hamburg
Umschlaggestaltung Walter Hellmann
(Illustration: Cordula Schmidt)
Satz Minion PostScript (PageOne)
Gesamtherstellung Clausen & Bosse, Leck
Printed in Germany
ISBN 3 499 60735 2

◈ INHALT

Einleitung   13

ERSTER TEIL **Das Bewußtsein
als Schlüssel
23**

1. KAPITEL: **Landkarte des Bewußtseins**   25

Energien, Schwingungen und Frequenzen des
Menschen   26
Das Bewußtseins-Ei   30
Das Hohe Selbst   32
Das Unterbewußtsein   34
Das spirituelle Bewußtsein   40
Das Unbewußte   42
Die bewußte Wahrnehmung   42
Bewußtseinserweiterung
und spirituelles Wachstum   45

2. KAPITEL: **Die Schwingungen
des Bewußtseinsfeldes**   51

Der Ätherkörper   53
Der Emotionalkörper   54
Der Mentalkörper   58
Das harmonische Zusammenspiel der drei
Schwingungskörper   63

3. KAPITEL: **Die Persönlichkeit als Ausdrucksvehikel der Seele** 65

Das Ego 68
Zweifel auf dem Weg 71

4. KAPITEL: **Transformationskrisen als Gefahr und Chance** 74

Die verschiedenen Transformationskrisen 76

5. KAPITEL: **Therapie als Wachstumsmöglichkeit** 94

Loslassen 97
Therapie als unterstützende Begleitung 98
Der therapeutische Loslösungsprozeß 101

ZWEITER TEIL **Transformationsarbeit im Medizinrad** 109

6. KAPITEL: **Der Süden: Das Wasser des Lebens** 113

Die Rekapitulation 117
Die drei Phasen der Rekapitulation 119
Das innere, verletzte Kind 124
Die Folgen der Verletzungen
für den Erwachsenen 131
Die Verbindung zwischen Erwachsenem
und Kind wiederherstellen 138
Der Weg über das verletzte zum göttlichen Kind 142
Die Heilung des verletzten Kindes 145

7. KAPITEL: **Der Westen:**
Die dunkle Nacht unserer Seele 163

Die Auseinandersetzung mit dem Schatten 167
Projektion 172
Angst 176
Der Tod 178
Das Mysterium des Lebens:
Tod und Wiedergeburt 194
Der Geburtsprozeß 203
Perinatale Matrizen 205
Macht 219
Ergebnis einer Gruppen-Arbeit mit Schatten-
Masken aus dem «Kreis der Wandlung»: 229

8. KAPITEL: **Der Norden:**
Ausdrucksform des menschlichen Potentials 233

Funktion und Möglichkeiten des Verstandes 234
Der Montagepunkt 237
Die Kunst des Pirschens 245
Die Kunst des Träumens 248
Die Meisterung der Absicht 249
Die Macht der Zweifel 250
Was bedeutet Männlichkeit und Weiblichkeit? 251
Anima und Animus 257
Die verschiedenen Ausdrucksformen
von Anima und Animus 259
Die Entstehung der Archetypen 261
Die Archetypen im Medizinrad 262
Die vier männlichen Archetypen 264
Die vier weiblichen Archetypen 269
Den eigenen Archetypus finden und leben 274

9. KAPITEL: **Der Osten:**
Der schöpferische Prozeß   291

Die hermetischen Gesetze   292
Das erste kosmische Prinzip   296
Das zweite kosmische Prinzip   298
Das dritte kosmische Prinzip   300
Das vierte kosmische Prinzip   303
Das fünfte kosmische Prinzip   307
Das sechste kosmische Prinzip   309
Das siebte kosmische Prinzip   311
Ich, Beobachter und Wesensstern   313
Die Kabbala   321
Die sieben Schöpfungstage   324
Die Verwirklichung unserer Visionen   335
Das Ende des Kreislaufs durch die vier
Himmelsrichtungen   343

ABSCHLUSSKAPITEL: **Der Krieger,**
der nicht kämpft   344

Übungsteil zum Süden

1. ÜBUNG: Erkennen des inneren Kindes bei
           einem Partner   147
2. ÜBUNG: Das autistische Kind   149
3. ÜBUNG: Versprechen an das innere Kind   153
4. ÜBUNG: Rückführung in die Kindheit   156
5. ÜBUNG: Ritual zur Verbindung zwischen
           Erwachsenem und Kind   159

Übungsteil zum Westen

1. ÜBUNG: Erdungs-Meditation 166
2. ÜBUNG: Projektion 174
3. ÜBUNG: zum Thema Angst 177
4. ÜBUNG: Vorbereitung auf das Sterben 181
5. ÜBUNG: Phantasiereise: Bekanntschaft
mit dem Tod 184
6. ÜBUNG: Phantasiereise: Der Tod als
Verbündeter 188
7. ÜBUNG: Phantasiereise und Maskenarbeit
zum Schatten 223

Übungsteil zum Norden

1. ÜBUNG: Der Sufi-Tanz 244
2. ÜBUNG: In anderes Rollenverhalten
schlüpfen 246
3. ÜBUNG: Männliche und weibliche Prägung 277
4. ÜBUNG: Den eigenen Archetypus
kennenlernen und verkörpern 283

Übungsteil zum Osten

1. ÜBUNG: Meditation über ein Koan 296
2. ÜBUNG: Polarität ausgleichen 304
3. ÜBUNG: Meditation –
Kontakt mit dem Beobachter 319
4. ÜBUNG: Der kreative Prozeß 336

Gewidmet ist dieses Buch allen Teilnehmern an dem Training «Kreis der Wandlung», die erst durch das uns entgegengebrachte Vertrauen dieses Projekt ermöglicht haben.

Vor allem möchte ich *Uta Wittig*, Freundin und Mutter meines Sohnes, **danken.** Sie war an der Entwicklung des Trainings «Kreis der Wandlung» aktiv beteiligt, und ihre Unterstützung und Geduld hat erst das Schreiben des Buches ermöglicht. Seite an Seite haben wir jahrelang Menschen durch das Medizinrad und in ihren Prozessen begleitet und dabei selbst sehr viel voneinander gelernt. Diese Arbeit mit Uta zusammen war für mich ein wichtiger Lebensabschnitt, den ich nicht missen möchte.

Mein Dank gilt ebenfalls *Ursula Gerken-Haberzettl*. Ihrer Initiative, ihrem unermüdlichen Einsatz und ihrer eigenen inspirierenden Beschäftigung mit den Themen ist es überhaupt zu verdanken, daß aus Seminarmitschriften und meinem Rohmanuskript dieses Buch entstehen konnte.

Wir leben in einer Zeit großer Veränderungen, die in allen Bereichen unserer Gesellschaft sichtbar werden, insbesondere in Politik, Wirtschaft und Wissenschaft. Es sind Zeiten der Transformation: Transformation des menschlichen Denkens auf dem Weg zu der Erkenntnis, daß der Mensch mehr ist als nur Materie. Auf allen Seiten fallen Grenzen, innere wie auch äußere, und neue werden errichtet. Fast täglich werden wir selbst mit unseren eigenen Grenzen konfrontiert.

All diese Veränderungen finden nicht nur auf den äußeren Ebenen statt, sondern auch im Inneren eines jeden Einzelnen. Und das macht vielen Menschen Angst. Sie spüren, daß wir mit unseren alten Traditionen, Denkmustern, Gewohnheiten und Strukturen so wie bisher nicht mehr weiterleben können, denn sie haben zu einer Entfremdung des Menschen von seiner natürlichen Umwelt und von sich selbst geführt.

Der Boom auf dem esoterischen Markt weist sehr deutlich darauf hin, daß viele Menschen versuchen, neue Wege zu gehen: Wege zu sich selbst, zu ihrer Quelle und damit auch zu neuen Lebensformen. Wir wollen mit diesem Buch einen dieser möglichen Wege aufzeigen und gleichzeitig viele Grundsatzfragen klären, zum Beispiel: Was ist Esoterik und Spiritualität? Was ist Transformation? Was bedeutet eigentlich Selbstfindung? Und wer sollte was finden, was er noch nicht gefunden hat? Welche Möglichkeiten gibt es, diesen Weg zu gehen, und wohin führt er uns?

Die «moderne» esoterische Bewegung begann im Jahre 1875, als Helena Petrowna Blavatsky in New York die theosophische Gesellschaft gründete und mit ihrer Arbeit in der ganzen Welt ein sehr großes Interesse an den Geheimlehren der alten Kulturen auslöste.

In Amerika und Europa schossen esoterische Gruppen und Mysterienschulen wie Pilze aus dem Boden. Menschen begannen, sich mit dem Gedankengut des Yoga, der asiatischen Philosophien und mit dem alten Mysterienwissen der westlichen Kulturen auseinanderzusetzen.

Das Wort «Esoterik» bedeutet «*Wissen des Verborgenen*». Wo befindet sich nun dieses Verborgene? Vor langer Zeit existierten auf unserer Erde Kulturen, die im Einklang und in Verbindung mit ihrem göttlichen Ursprung standen. Sie erlebten sich als Teil dieses Universums und verwirklichten ihre Erfahrungen auf der Erde. Diese Kulturen hatten ein umfangreiches Wissen über kosmische, menschliche und irdische Zusammenhänge, so daß sie über große Macht verfügten, deren Ausübung im Einklang mit ihrem innersten göttlichen Wesen stand. Die Hüter dieses Wissens waren die Priester oder Schamanen. Sie hatten die Aufgabe, die Menschen in das Wesen dieses Wissens einzuführen. Durch Schulungen, Rituale und Initiationen schufen sie Öffnungen im Bewußtsein der Menschen, so daß diese sich als ganzheitliche Lebewesen erfahren konnten. Außerdem errichteten sie großartige Bauten und Tempelanlagen, die uns teilweise bis heute erhalten geblieben sind.

Da die Menschen vor ca. 4000 Jahren begannen, dieses geistige Wissen für eigennützige Machtzwecke zu mißbrauchen, waren die Priester gezwungen, es fortan gegenüber dem menschlichen Bewußtsein zu verschließen, indem sie es verschlüsselten. Ab diesem Zeitpunkt wurde aus dem Wissen um kosmische und irdische Zusammenhänge Geheimwissen, das hinter Symbolik, Allegorien und Metaphern verborgen war. Zum Teil tragen die uns überlieferten alten Mythen dieses Wissen in sich. Die geheimen Mysterien waren seitdem nur noch einigen wenigen Auserwählten und Eingeweihten zugänglich, für die es eine schwere Aufgabe darstellte, den Schlüssel zu finden (wie zum Beispiel die Suche nach dem Heiligen Gral). Bis in unsere heutige Zeit hinein sind viele Wege entstanden, um uns Menschen die Entschlüsselung wieder zu ermöglichen.

Es gab also bereits einmal eine Zeit auf Erden, in der den Menschen ein tieferes spirituelles Wissen zugänglich war. In der heutigen Zeit sind wir dabei, dieses Wissen neu zu entdecken. Das, was wir heute unter Esoterik verstehen, besteht aus einer Mischung aus Symbolen, Ritualen und Arbeitsweisen, die alle dazu dienen sollen, die Türen zu dem inneren Verborgenen wieder zu öffnen. Von daher hat Esoterik weniger mit Religiosität und Glauben zu tun als vielmehr mit Wissenschaft, die viele verschiedene Gesichter angenommen hat und nur einen einzigen Sinn verfolgt: die Decodierung der geheimen Mysterien um Gott, den Menschen und die Schöpfung und damit die Erfahrung tiefer Spiritualität.

Spiritualität bedeutet eine Öffnung des menschlichen Bewußtseins sowohl zum spirituellen Bewußtsein als auch zum Unterbewußtsein, wodurch tiefgehende Erfahrungen mit dem menschlichen und dem göttlichen Potential gemacht werden können. Damit ist Spiritualität grenzüberschreitend, und jede Grenzüberschreitung bringt die Erfahrung von Transformation mit sich.

Wann immer wir in unserem Leben mit Schwierigkeiten konfrontiert werden, können wir davon ausgehen, daß wir an einer Grenze unseres Bewußtseins angelangt sind. Die Auswirkungen davon erleben wir in Form von emotionalen Störungen, wie Ängsten, unkontrollierten Gefühlen, verwirrten Gedanken, oder auch in Form äußerer existentieller Ereignisse, wie Trennungen, Arbeitsverlust, Krankheiten usw. Meist bezeichnen wir solche Grenzerlebnisse als Krisen und bewerten diese negativ. Wir erleben diese Zeiten als schwer, dunkel und hoffnungslos, jedoch eröffnet eine Krise immer auch die Chance zu spirituellen Erfahrungen und damit zu persönlichem Wachstum. Wir geraten in einen Transformationsprozeß hinein und begegnen einer ganz neuen Facette unseres Wesens. Unter Umständen kann diese Erfahrung unser ganzes Leben neu gestalten. In den alten Mysterien wird dieser Übergang in einen neuen Bewußtseinszustand «Initiation» (Einweihung) genannt. Initiation ist also nichts anderes als eine Grenzüberschreitung, die in früheren Zeiten von Priestern begleitet wurde. In unserer Zeit sollten die Therapeuten diese Arbeit übernehmen.

Am deutlichsten wird das in den Zielen und der Arbeit der transpersonalen Psychologie, die vor ungefähr 30 Jahren begonnen hat, sich mit den alten Mysterien sowie asiatischen und schamanischen Philosophien zu verbinden. Mit dem Ursprung der transpersonalen Psychologie sind vor allem Namen wie Maslow, Sutich und Stanislav Grof verbunden. Die Satzung der amerikanischen Vereinigung für Transpersonale Psychologie definiert den Begriff folgendermaßen:

«Transpersonale Psychologie ist die Bezeichnung, die einer entstehenden Richtung in der Psychologie und anderen Wissenschaften von einer Gruppe von Menschen gegeben wurde, die an Grenzzuständen interessiert sind. Die entstehende transpersonale Orientierung befaßt sich mit der empirischen, wissenschaftlichen Erforschung und der verantwortungsvollen Anwendung jener Ergebnisse, die für folgende Bereiche von Bedeutung sind: spirituelle Pfade, Metabedürfnisse (individuelle und kollektive), vereinigendes Bewußtsein, Gipfelerlebnisse, Seins-Werte, Mitfühlen, Ekstase, mystische Erfahrungen, Ehrfurcht, Seligkeit, Transzendierung, Überschreitung der Grenzen, kosmisches Bewußtsein, individuelle und speziesweite Synergie (Zusammenfließen von Energien), Theorie und Praxis der Meditation, Phänomene, kosmischer Humor und spielerische Haltung.»

Nach Sutich (Bornstein, 1988) kann die transpersonal orientierte Therapie beschrieben werden als Therapie, die sich direkt oder indirekt mit dem Erkennen, Akzeptieren und Verwirklichen höchster Zustände befaßt. Sie erforscht psychologische Prozesse, die mit Erleuchtung, mystischer Einheit und spirituellen Erfahrungen zu tun haben, aber auch psychodynamische Prozesse, die Hindernisse für die transpersonale Verwirklichung bilden könnten.

Manche Lebenskrisen, die eigentlich Transformationsprozesse darstellen, sind allein nur sehr schwer zu bewältigen. Erfahrene Therapeuten können uns dabei helfen und unterstützen, unsere inneren Grenzen zu erkennen, zu akzeptieren und zu überschreiten, um das dahinterliegende, verborgene Potential in unseren Alltag zu integrieren. Eine wirkliche Unterstützung werden die Therapeuten leisten können, die den Weg bereits kennen, das heißt, in ihrem eigenen Leben schon viele Grenzen und Transformationsprozesse bewältigt haben. Tiefgreifendes Verständnis für die Transformationsprozesse der anderen wird viel mehr durch eigene Erfahrungen als durch Studium und theoretisches Wissen erlangt.

Grenzüberschreitung ist also immer ein Akt der Selbstfindung. Doch wir sollten nicht glauben, daß wir uns jemals wirklich ganz finden können. Wir werden nicht einfach eines Morgens aufwachen, aus dem Bett springen und rufen: «Hurra, ich habe mich gefunden, ich bin erleuchtet!» Was wir jedoch tun können, ist aufzuspringen und zu rufen: «Hurra, ich habe eine neue Facette meines Selbst gefunden!» Genausowenig sollten wir uns in die Illusion verstricken, daß es nur *eine* Erleuchtung gibt. Wir können viele Erleuchtungszustände erleben. Von Grenze zu Grenze erfahren wir eine Erleuchtung, die einzigartig ist und einen Teil unserer Selbstfindung darstellt.

Stellen Sie sich zur Verdeutlichung eine Kugel vor, die aus vielen verschiedenen spiegelartigen Facetten besteht. Im Inneren dieser Kugel sitzen Sie, das ICH. Wenn Sie sich jetzt die verschiedenen Facetten anschauen, so können Sie eine Vielfalt von unterschiedlichen Ausdrucksformen, Gesichtern und Rollen wahrnehmen. Sie sehen sich in Ihrer vollen Schönheit und Blüte des Lebens oder als alt und häßlich. Sie können sich in Freude oder Angst, in Liebe oder Haß wahrnehmen. Wo Sie in Ihrer Kugel auch hinschauen, Sie werden immer wieder Facetten erkennen, die Teile Ihres Gesamtwesens sind, auch solche, an denen Sie vielleicht keinen Gefallen finden. Wann immer Sie sich in einer von diesen Facetten als sich selbst wiedererkennen und in vollem Bewußtsein sagen können: «Ich bin das», dann haben Sie einen Teil von sich selbst gefunden und integriert.

Der gesamte Prozeß der Selbstfindung bedeutet nichts anderes als von Facette zu Facette, von Grenze zu Grenze zu gehen, um uns immer wieder ein neues, unbekanntes Potential unseres göttlichen

Wesens zu erschließen. Die Selbstfindung ist eine Lebensaufgabe, die möglicherweise niemals enden wird. In der Philosophie der südamerikanischen Tolteken finden wir folgende Aussage:

«Ein Krieger ist derjenige, der nach der Selbst-Verwirklichung sucht, ohne jemals die Hoffnung zu haben, die Suche zu beenden.»

Neben anderen sind es gerade die indianischen Kulturen, die diesen immerwährenden Prozeß der Selbstverwirklichung in Form eines Kreises darstellen, bekannt als die alte indianische Tradition des Medizinrades. Für diese Völker bedeutet das Medizinrad seit jeher ein magischer Kreis, der die ganze Welt in sich einschließt. Deshalb findet sich das Symbol des Kreises überall in der indianischen Kultur wieder: in den runden Kalendern der Azteken, den steinernen Medizinrädern und den runden Tipis, Wigwams und Schwitzhütten. Wann immer sich indianische Gruppen zu Beratungen, Ritualen oder Tänzen versammelten, fanden sie sich in Kreisen zusammen. So erinnerten sie sich in allem daran, daß das ganze Leben ein Kreislauf ist, dessen einzelne Stationen der Mensch zu durchwandern hat, um die verschiedensten Erscheinungsformen der menschlichen Natur zu erfahren, sich stetig zu verändern, zu erweitern und zu wachsen.

Das indianische Medizinrad stellt für unsere Arbeit die Basis für den Transformationsprozeß dar, die wir in diesem Buch beschreiben. Da die Essenz des Medizinrades Wachstum und Veränderung bedeutet, nennen wir diesen Transformationsprozeß *«Kreis der Wandlung»*.

Ziel und Sinn dieses Kreislaufs liegt in einem Reinigungsprozeß der Persönlichkeit, in der Rückbindung der menschlichen Seele an ihren kosmischen Ursprung (Hohes Selbst) und der freiwilligen Akzeptanz der menschlichen Inkarnation. Ein solcher Transformationsweg stellt für jeden, der ihn geht, immer eine Herausforderung an seine körperlichen, persönlichen und spirituellen Fähigkeiten dar.

Im Laufe der letzten Jahre entwickelte ich gemeinsam mit Uta Wittig diesen praktikablen Weg, mit dem wir andere Menschen durch ihre Transformationsprozesse begleiten. Diese Methode basiert auf eigenen Erfahrungen und überliefertem Wissen aus verschiedensten Bereichen der transpersonalen Psychologie. Seit Jahren arbeiten wir in dieser Form mit Menschen, sowohl in Einzelsitzungen als auch innerhalb eines zweijährigem Trainings, das den gleichen Namen wie dieses Buch trägt: «Kreis der Wandlung».

Gemeinsam mit Ursula Gerken-Haberzettl, die als Trainings-Teilnehmerin den «Kreis der Wandlung» durchlaufen hat und ebenfalls mit transpersonalen Therapiemethoden Menschen begleitet, werde ich Ihnen, liebe Leserinnen und Leser, diesen Weg in der Theorie aufzeigen. Er ist nicht nur innerhalb von Gruppen anwendbar, sondern auch in der therapeutischen Einzelarbeit und dient gleichzeitig als hilfreiche Orientierung für all diejenigen, die sich in Transformationsprozessen befinden.

Aber kehren wir zurück zum Medizinrad, das wir als Landkarte für unseren Transformationsprozeß benutzen. Wie in den indianischen Kulturen teilen wir das Rad in vier Abschnitte ein, die den vier Himmelsrichtungen entsprechen: Süden, Westen, Norden und Osten. Die vier Himmelsrichtungen stellen kosmische Prinzipien dar, die wir überall wiederfinden: in den vier Jahreszeiten, den vier Lebensphasen, den vier Elementen Erde, Wasser, Luft, Feuer (im biologischen System des Menschen entsprechen Erde = Knochen, Wasser = Blut und Körpersäfte, Luft = Atem, Feuer = Nerven- und Verdauungssystem) usw.

Jedes Durchschreiten einer Himmelsrichtung und das anschließende Überschreiten der Grenze zur nächsten bedeutet Transformation und schrittweise Selbstfindung. Haben wir die vier Grenzen überschritten und den Kreis zur Vollendung gebracht, so gelangen wir auf eine höhere Bewußtseinsebene, auf der dieser Kreislauf wieder von vorne beginnen wird. So verläuft sowohl das menschliche als auch das planetarische und kosmische Wachstum (Evolution) spiralförmig: von Kreis zu Kreis, sowohl in die Höhe als auch in die Weite.

Der Rhythmus der vier kosmischen Prinzipien und damit der

vier Himmelsrichtungen in unserem Medizinrad entspricht dem Rhythmus und dem Verlauf unseres Transformationsprozesses:

Süden: Wir beginnen unseren Transformationsprozeß, indem wir im Süden in den Kreis eintreten. Hier begegnen wir unserer Vergangenheit, das heißt wir setzen uns in dieser Phase der Transformation mit unserer Kindheit, unserem inneren Kind und seinen Verletzungen auseinander. Das verletzte innere Kind drückt die verlorene Unschuld, das mangelhafte Urvertrauen und die Kontaktlosigkeit zu unseren natürlichen Bedürfnissen aus. Schritt für Schritt öffnen wir uns immer mehr diesen Bedürfnissen und entwickeln ein Bewußtsein um die Zusammenhänge zwischen Rollenspielen, Verhaltensstrukturen und emotionalen Mustern. Durch das behutsame Integrieren des inneren Kindes, seiner Heilung durch Vergebung und durch die Erfahrung von Liebe wird es uns schließlich möglich sein, die Traumata der Vergangenheit loszulassen.

Dieses Loslassen bedeutet eine Initiation in das Akzeptieren unseres irdischen Daseins und führt uns in die nächste Phase.

Westen: Im Westen tauchen wir hinab in die dunklen Schattenbereiche unserer Seele, das heißt ins Unterbewußtsein, und konfrontieren uns mit unseren inneren Dämonen und menschlichen Abgründen. Hier beginnt die eigentliche Schattenarbeit und die Auseinandersetzung mit unseren gebundenen Lebenskräften, die uns bis dahin in der Dichte der Materie festgehalten haben. Die freiwillige Begegnung mit diesen so lange verleugneten Kräften ermöglicht uns, sie zu befreien und ganz neue Seiten unseres Wesens kennenzulernen. Auf diese Weise holen wir uns unsere verlorene Macht zurück und erlösen unser wahres Potential.

Diese Phase stellt eine Initiation dar in die Integration unserer Schattenseiten, die uns dann in den Norden führt.

Norden: Hier im Norden erwachen wir zum Erwachsensein und zur Verantwortung unserer eigenen Kraft gegenüber. In dieser Phase erleben wir die Öffnung unserer schöpferischen Macht. Wir beginnen zu planen, zielgerichtet zu werden und umzusetzen. Zunächst erfahren wir, auf welche Art und Weise wir unsere erlösten Lebenskräfte zum Ausdruck bringen können. Dazu treten wir in Kontakt mit unserer männlichen oder weiblichen Kraft und mit dem Archetypus unserer Seele. Er ist das Urbild unserer Seele und zeigt uns das Potential unserer Fähigkeiten, durch die wir unsere Lebenskräfte zum Ausdruck bringen können.

Dies ist eine Initiation in die Verschmelzung von Liebe und Macht, die uns schließlich in den Osten führt.

Osten: Im Osten erwarten uns die visionären Geschenke: unsere Lebensaufgabe und der Sinn unserer Existenz. Wir erfahren die Klarheit der Einheit und lebendige Erleuchtung. Unser Egobewußtsein beginnt, dem Willen der Seele Platz zu machen, und wir treten ein in den lichtvollen Raum unseres wahren Wesens, wo uns die visionären Geschenke überreicht werden. Wir erleben, daß wir von nichts und niemanden abhängig sind, weder von Göttern oder Gurus, noch von Systemen, seien sie gesellschaftlicher oder religiöser Art, sondern daß wir unser eigener Führer und Meister sind.

Es ist eine Initiation in den «Christus im Herzen».

Dieser Transformationsprozeß ist ein ständig fließender, unendlicher Rhythmus, der uns immer wieder von Phase zu Phase durch diesen Kreislauf hindurchführt. Haben wir den Kreis im Osten vollendet, so steigen wir eine Stufe höher und treten erneut im Süden in den gleichen Kreislauf ein.

In den vier Geburtsphasen finden wir den gleichen Kreislauf: Der Süden stellt die neunmonatige Schwangerschaft dar mit seiner symbiotischen Beziehung zur Mutter, dem Genährtwerden und der Geborgenheit. Erlebt diese Symbiose eine Störung, so erfahren wir Verletzungen, die wir in unserem Transformationsprozeß im Süden zu heilen haben. Der Eintritt der Geburtswehen entspricht der Vertreibung aus dem paradiesischen Zustand in die dunkle Nacht des

Westens hinein, wo uns Ängste und Einsamkeit begegnen. Dann werden wir unweigerlich in den Geburtskanal (Norden) vorangeschoben, wo wir mit der Kraft unseres Willens geboren und mit unserer Selbstverantwortung konfrontiert werden, bis wir das Licht des Lebens im Osten erblicken. Wir können davon ausgehen, daß wir unser gesamtes Leben damit verbringen, immer wieder von neuem durch diesen Geburtsprozeß hindurchzugehen. Interessant ist, daß wir die gleichen Phasen in umgekehrter Reihenfolge in unserem Sterbeprozeß wiederfinden, jedoch werden wir darauf später zurückkommen.

In den ersten fünf Kapiteln klären wir einige Grundsatzfragen zu folgenden Themen: Bewußtsein, die drei Schwingungskörper des Menschen, Persönlichkeit und Ego, Transformationskrisen und therapeutische Begleitung. Anschließend laden wir Sie dann ein, uns durch die einzelnen Phasen dieses transformatorischen Kreislaufs durch die vier Himmelsrichtungen zu begleiten.

ERSTER TEIL **Das Bewußtsein
als Schlüssel**

◆ 1. KAPITEL Landkarte des Bewußtseins

Wir alle reden so viel von Bewußtsein, Unbewußtem, Unterbewußtsein, kosmisches Bewußtsein, kollektives Bewußtsein und, und, und ... Sicherlich haben Sie sich auch schon einmal die Fragen gestellt: Was ist das eigentlich: Bewußtsein? Was bedeutet Bewußtseinsentwicklung, Bewußtseinswachstum und -erweiterung? Wie baut sich Bewußtsein auf, und was bedeutet es, sein Bewußtsein wachsen zu lassen? Was passiert, wenn unser Bewußtsein wächst und wenn wir unser Bewußtsein transformieren, wenn es sich wandelt?

Bevor wir uns dem Hauptthema dieses Buches zuwenden, dem Transformationsprozeß, ist es unumgänglich, mit der Klärung all dieser Fragen zu beginnen, die das menschliche Bewußtsein mit seiner Vielfalt an Strukturen betreffen.

Wir wollen einmal davon ausgehen, Bewußtsein als ein Feld anzusehen, innerhalb dem Erfahrungen gemacht werden. Wir könnten es auch bezeichnen als einen «Kampfplatz» des Erlebens und der Wandlung. Um dieses Erfahrungsfeld besser kennenzulernen und eine Orientierungshilfe an die Hand zu bekommen, werden wir im folgenden eine Art Landkarte des Bewußtseins zeichnen. Verwechseln Sie dabei jedoch die Landkarte nicht mit der Wirklichkeit. Wenn Sie ein fremdes Land bereisen wollen, so würden Sie sich auch erst einmal auf der Landkarte über dieses Land informieren. Sie würden studieren, wo sich welche Städte, Berge, Flüsse oder Sehenswürdigkeiten befinden und würden sich diese Dinge in Ihrem Gedächtnis einprägen, sich Ihre Reiseziele aussuchen, doch Sie würden niemals wissen können, wie dieses Land in Wirklichkeit aussieht, bevor Sie es nicht selbst bereist haben.

Genauso verhält es sich mit der Landkarte des Bewußtseins. Sie kann uns aufzeigen, welche Qualitäten, Schönheiten, Gefahren, Hindernisse und Möglichkeiten dieses Bewußtseinsfeld uns bieten kann. Erfahren können wir dieses Land aber erst durch das eigene Erleben. Die Selbstfindung ist eine solche Reise durch das Bewußtsein. Genauso wie jede reale Reise in ein fremdes Land, ob im Auto oder im Zug, mit dem Studieren der Landkarte beginnt, wollen auch wir unsere Reise in das Land des Bewußtseins auf diese Weise beginnen.

Energien, Schwingungen und Frequenzen des Menschen

Die Betrachtung dieser Landkarte führt uns nun wieder zurück zur Frage, was Bewußtsein ist und woraus es sich zusammensetzt. Hier werden wir etwas weiter ausholen und einen Blick in die Quantenphysik werfen.

Dort erfahren wir, daß alles Energie ist, daß es nichts anderes gibt als Energie. Alle sichtbaren und nicht wahrnehmbaren Formen bestehen aus Energie. Das Bewußtsein ist ebenfalls ein Energiefeld mit unterschiedlichen Schwingungen, die sich auf verschiedenen Frequenzen aufbauen. Zum besseren Verständnis wollen wir hier die Frequenzen als Informationen bezeichnen.

Wir können im gesamten Universum drei Grundenergien unterscheiden:

die Energie der Absicht (Willen)
die Energie der Liebe
die Energie der Schöpferkraft (Kreativität)

Obwohl in der Esoterik oft von vielen verschiedenen Energien gesprochen wird, können wir davon ausgehen, daß das gesamte Universum sich nur auf diesen drei Grundenergien aufbaut, die sich jedoch in unterschiedlichen Schwingungen zeigen können. Das, was wir als Energien spüren oder wahrnehmen, sind die unterschiedlichen Schwingungen dieser Grundenergien.

Wir können einer Energie erst einmal keine Eigenschaften zuordnen, weder warm noch kalt, weder gut noch schlecht, weder hell noch dunkel. Erst wenn Energie in Bewegung versetzt wird, entstehen unterschiedliche Schwingungen (Muster, Formen) mit verschiedenen Frequenzen oder Informationen (Geschwindigkeiten, Qualitäten). Erst dann können wir einer Energie durch das Erleben Qualitäten zuordnen oder Bezeichnungen geben, wie Freude, Angst, Liebe, Ekstase, Wut, Gedanken u. a. Die Erschaffung aller sichtbaren Formen geschieht letztendlich durch die Bewegung der drei Grundenergien.

Wenn wir in einen See, der völlig klar, still und ohne Bewegung vor uns liegt, einen Stein werfen von bestimmter Größe, so entsteht eine entsprechende wellenförmige Form im Wasser. Die Welle ist die Schwingung, und die Geschwindigkeit, mit der sich die Form ausbreitet, ist die Information. Würden wir einen weiteren Stein ins Wasser werfen, der kleiner ist, so würden wir eine andere wellenförmige Schwingung wahrnehmen können.

Die Aussage von Einstein «Energie ist Materie in Bewegung, Materie ist Energie im Stillstand» bedeutet nichts anderes, als daß es keine feste Materie gibt, sondern nur Energie mit verschiedenen Schwingungen und Frequenzen. Dies impliziert ebenfalls, daß es Formen geben muß, die wir sinnlich nicht mehr wahrnehmen können, weil zum Beispiel unsere Augen nur auf eine bestimmte Schwingung eingestellt sind.

Nehmen wir den physischen Körper: Wir glauben, er hätte eine feste Struktur. Wir können ihn berühren, sehen, riechen, und manchmal bereitet er uns auch Schmerzen. In Wirklichkeit ist er zusammengesetzt aus molekularen Strukturen mit unzähligen Atomen, die sich alle mit unterschiedlicher Geschwindigkeit bewegen. Das bedeutet, daß der menschliche Körper nicht starr ist, sondern sich in Bewegung befindet mit unterschiedlichen Informationen, je nach atomarer Schwingung. Je schneller sich diese bewegen, um so feinstofflicher sind die daraus entstehenden Formen; je langsamer sie sich bewegen, um so grobstofflicher oder sichtbarer werden die Formen. So können wir neben dem sichtbaren physischen Körper noch einige feinstoffliche Körper identifizieren, wie zum Beispiel, den emotionalen, mentalen und spirituellen Körper. Hierauf werden wir später noch genauer eingehen.

Setzen wir uns dann mit der Frage auseinander, wer nun diese drei Grundenergien in Bewegung setzt, so gelangen wir schließlich zu einer Instanz, die wir GOTT nennen könnten. Die esoterische und mystische Lehre spricht an dieser Stelle auch vom «HOHEN SELBST» oder dem inneren Beobachter. Wir selbst sind dieses Hohe Selbst, das einen stillen, klaren See (die Energien) betrachtet und einen Stein, das heißt eine Idee (die Grundlage von Gedankenformen), in diesen See wirft. Mit den daraus entstehenden Schwingungen und seinen Informationen identifiziert sich dann das Hohe Selbst. Aus dieser Identifikation heraus wird das «ICH» geboren. So kann das Hohe Selbst seine selbstgeschaffenen Objekte erleben und mit ihnen Erfahrungen sammeln. Der Beobachter erschafft das Objekt seiner Beobachtung selbst, indem er seine Aufmerksamkeit darauf richtet. Heißt dies nicht, daß wir Schöpfer unseres Lebens sind?

Kommen wir zurück zu unseren drei Grundenergien. Diese drei Energien stellen auf allen kosmischen, planetarischen und menschlichen Ebenen ein Feld dar. Auf kosmischer Ebene ist es der universelle Raum, auf der planetarischen Ebene die Atmosphäre eines Planeten und auf der menschlichen Ebene das Bewußtsein.

Das Energiefeld der Absicht drückt sich aus über die Schwingungen der Macht, der Kraft und der Zielgerichtetheit. Es ist die Antriebskraft für alle Bewegungen und die Geburtsstätte der Ideen.

Das Energiefeld der Liebe drückt sich aus über die magnetischen Schwingungen, die alles miteinander verbindet, der Gravitation, der Anziehungskraft. Liebe ist nichts anderes als der «Klebstoff des Universums». Durch diese Energie werden Atome zu molekularen Strukturen miteinander verbunden, so daß Formen entstehen können, während die Energie der Absicht die Bewegung in diesen schöpferischen Entstehungsprozeß hineinbringt. Die Liebe sorgt dafür, daß die Formen existent bleiben, die Absicht sorgt dafür, daß die Formen immer wieder zerstört werden und von neuem entstehen können.

Das Energiefeld der schöpferischen Kraft sorgt für die Belebung der Formen, die durch das Zusammenspiel der beiden ersten Energiefelder hervortreten. Sie vermittelt allen Formen die Lebenskraft, den Atem Gottes.

Wir dürfen uns diese drei Energiefelder nicht als getrennt voneinander vorstellen, sondern eher als sich gegenseitig durchdringend. Aus dem Zusammenspiel dieser unterschiedlichen Energiefelder entsteht eine Unzahl an Schwingungen und Informationen, die allen Lebensformen zugrunde liegen. Jede Schwingung ist Träger von In-Form-ation, genauer gesagt von biophysikalischen, magnetischen und psychischen Informationen.

Am deutlichsten wird das an folgendem Bild: Stellen Sie sich vor, das Universum ist wie eine große Firma, die von drei Direktoren (unsere Energien) geleitet wird. Der eine Direktor hat die Aufgabe übernommen, die Absicht, die diese Firma verfolgt, zu hüten, zu bewahren und dafür zu sorgen, daß Bewegung durch die Ausführung dieser Absicht in die Firma kommt. Der zweite Direktor sorgt für den organisatorischen Zusammenhalt der Firma. Der dritte im Bunde kümmert sich um die Umsetzung. Die Schwingungen in dieser Firma sind die Manager. Sie sind die Informationsträger und sorgen dafür, daß die Informationen an die ausführenden Organe innerhalb der Firma weitergeleitet werden.

Beziehen wir jetzt dieses Bild auf die Wirklichkeit, so können wir sagen, daß das Bewußtsein die Direktoren darstellt und der Mensch Empfänger und gleichzeitig ausführendes Organ für die Informationen ist. Dies ist unsere Rolle als Mensch und die unseres Bewußtseins.

Das Bewußtseins-Ei

Es gibt mehrere Modelle für Bewußtsein, die verschieden aussehen und die gleiche Sache von anderen Blickwinkeln betrachten, letztendlich bedeuten sie jedoch immer das gleiche. Von dem italienischen Psychiater Roberto Assagioli, dem Vater der Psychosynthese, wurde uns eine Landkarte des Bewußtseinsfeldes übermittelt, die er das «Bewußtseins-Ei» genannt hat. Weil dieses Modell für uns die beste Landkarte des Bewußtseins darstellt, die wir kennen, möchten wir uns darauf beziehen und auch noch einige Erweiterungen hinzufügen:

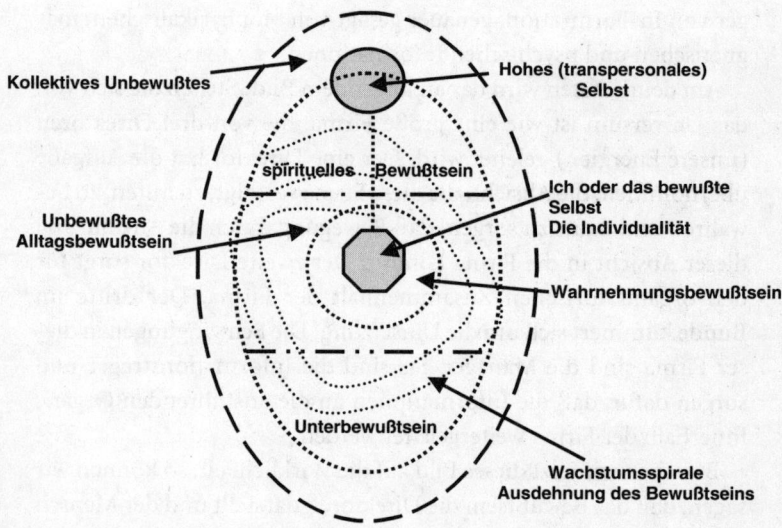

Kollektives Unbewußtes

Hohes (transpersonales) Selbst

spirituelles Bewußtsein

Unbewußtes Alltagsbewußtsein

Ich oder das bewußte Selbst
Die Individualität

Wahrnehmungsbewußtsein

Unterbewußtsein

Wachstumsspirale
Ausdehnung des Bewußtseins

Assagioli stellte das Bewußtsein als ein Ei dar. Dieser Raum wird getragen von den Energien der Absicht, der Liebe und der schöpferischen Kraft. Die Verbindung der drei verschiedenen Energiefelder bildet ein Arsenal an mannigfaltigen Schwingungen und somit unendlichen Informationen. Hier wirken wir als Mensch und machen unsere Erfahrungen mit diesen Informationen, die sich als Gedanken, Emotionen und Verhaltensweisen zeigen. Wir können diese Landkarte von der Ebene des menschlichen Bewußtseins ebenfalls auf die planetarischen und kosmischen Ebenen übertragen.

Das Ei ist ein kosmisches Symbol: der Archetypus für die Neuentstehung von Leben. Innerhalb des Eis vollzieht sich ein mystischer, lebendiger Prozeß, aus dem heraus ein neues Wesen wächst, das früher oder später diese Schale des Eis durchbricht und eingeht in ein größeres Bewußtseinsfeld, zum Beispiel das kollektive Bewußtsein. Durch die Wahl dieses Symboles erfahren wir etwas über den Zweck des Bewußtseinsfeldes, und zwar neues Leben aus sich heraus zu erschaffen und die Entwicklungsmöglichkeit für eine menschliche Individualität zu bieten. Das heißt: Das ICH wächst in diesem Bewußtseins-Ei heran und macht solange seine Erfahrungen mit den unterschiedlichsten Informationen, bis es zu einer Individualität herangereift ist.

Doch leider ist dies alles nicht so einfach, denn auch dieser Raum, das Bewußtseins-Ei, hat seine Abgrenzungen. Es ist so, als wenn wir ein einziges Land in verschiedene Länder einteilen und diese so entstandenen einzelnen Länder nichts voneinander wissen würden. Genauso können wir unser Bewußtseins-Ei sehen, das in vier Teile oder Felder aufgegliedert ist:

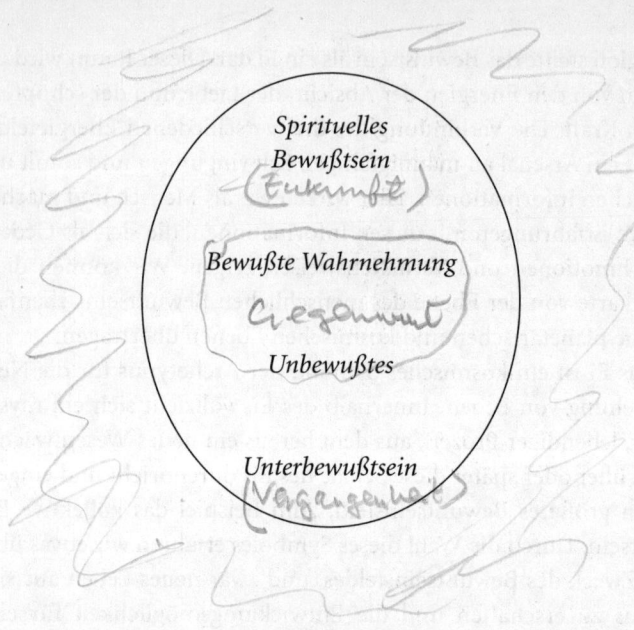

Spirituelles
Bewußtsein

(Zukunft)

Bewußte Wahrnehmung

Gegenwart

Unbewußtes

Unterbewußtsein

(Vergangenheit)

Das Hohe Selbst

Der gesamte Bewußtseinsraum wird überschattet (oder «durch-
drungen») vom Hohen Selbst. Das Hohe Selbst ist Träger aller Informationen und Schwingungen, es ist der göttliche Funken. Bei der
Beschreibung des Hohen Selbst stoßen wir an die Grenzen der Be-
schreibungsfähigkeit. Wir können dies nur umschreiben, uns ein
Bild machen, und aus diesem Grunde finden wir in religiösen und
esoterischen Bereichen auch eine so große Anzahl von Begriffen,
wie zum Beispiel kosmisches Bewußtsein, das Bewußtsein ohne Individualität, die Leere ohne Bewegung, das seit Ewigkeiten Exi-
stierende oder die ursachlose Ursache von allen Ursachen. Andere
Traditionen bezeichnen das Hohe Selbst als Atman, Geist, Engels-
wesen, Einheit, göttliches Bewußtsein u. a.. Das Hohe Selbst ist unser wahres Wesen, jenseits und frei von irgendwelchen Masken oder
Konditionierungen.

Da das Hohe Selbst sich individualisieren und selbst erfahren will, projiziert es einen Funken von sich selbst in das Bewußtseins-Ei hinein, damit es auch jemanden gibt, der diese Erfahrungen machen kann. Dieser vom Hohen Selbst abgespaltene Teil ist das, was das «Ich» genannt wird. Das Ich ist ein Abbild des Hohen Selbstes, mit dem Unterschied, daß das Ich involviert ist in die Bewegungsabläufe und verschmolzen ist mit den Qualitäten des Bewußtseins.

Das, was «Ich» sagt, ist der Teil des Hohen Selbstes, welcher innerhalb dieses Bewußtseinsfeldes Erfahrungen sammelt. Gleichzeitig ist das Ich ausführendes Organ für die Verwirklichung der Informationen. Die Erfahrungen, die dieses Ich zu machen hat, laufen letztendlich darauf hinaus zu lernen, wie diese Informationen zu verwirklichen sind, so daß sie eine harmonikalische Resonanz mit ihrer Quelle bilden.

Anders ausgedrückt: Die Mitarbeiter unserer Firma haben zu lernen, wie sie die Informationen der Direktoren zu deren Befriedigung ausführen können. Dies ist ein sehr langer Prozeß von Entfaltung, Rückschlägen, Erfahrungen, Traumata und Bewußtseinserweiterungen. Damit das Ich lernen kann, wie die Umsetzungen zu geschehen haben, besteht die Notwendigkeit, daß der gesamte Erfahrungsraum des Bewußtseins nicht sofort vollständig zugänglich ist, sondern Schritt für Schritt, und deshalb werden die verschiedenen Abgrenzungen benötigt.

Das Bewußtseins-Ei ist also gleichzusetzen mit einem Acker, auf dem der Samen «Ich» wachsen kann. Dieser Samen wird nun mit Emotionen bewässert, mit Licht, Gedanken und Erfahrungen gedüngt, damit er wachsen und zu einer eigenständigen Individualität werden kann.

Kommen wir nun zu den verschiedenen Abgrenzungen des Bewußtseinsfeldes. Verkürzt ausgedrückt können wir sagen, daß die drei horizontalen Unterteilungen des Bewußtseins-Eis unsere Vergangenheit (Unterbewußtsein), unsere Gegenwart (Unbewußtes und bewußte Wahrnehmung) und unsere Zukunft (spirituelles Bewußtsein) darstellen. Diese drei Ebenen wirken auf ganz unterschiedliche Weise in uns.

Das Unterbewußtsein

Befassen wir uns mit dem Unterbewußtsein, so bedeutet dies die Begegnung mit dem dunklen Unbekannten. Es umschließt den Bereich des Bewußtseinsfeldes, den wir als tiefe, dunkle Abgründe bezeichnen, in die wir nicht oder nur schwer hineinschauen können und von denen wir am liebsten gar nichts wissen wollen. Es entspricht dem Prinzip des Weiblichen und der Dunkelheit und enthält all die Informationen verborgen, mit denen wir uns noch nicht befaßt haben oder denen wir am liebsten aus dem Weg gehen wollen. Es ist das, was wir auch als den Schattenbereich oder das Negative bezeichnen – negativ nicht im Sinne von böse, denn nur durch unsere Bewertungen machen wir es dazu –, sondern weil kein Licht vorhanden ist, während das spirituelle Bewußtsein für uns das Positive ausdrückt, weil es vom Licht erhellt ist. Es ist das Feld, in dem zum Beispiel unter anderem folgende Informationen vorzufinden sind:

- die psychischen Aktivitäten für die intelligente Koordination aller körperlichen Funktionen, wie zum Beispiel das vegetative Nervensystem
- die grundlegenden Triebe und Instinkte
- Komplexe, die mit heftigen Emotionen behaftet sind, wie zum Beispiel Minderwertigkeitskomplexe
- verschiedene pathologische Anzeichen, wie Phobien, Zwangsvorstellungen u. a.

Das Unterbewußtsein ist aber auch gleichzeitig so etwas wie ein Aufbewahrungsort für all die verdrängten Erinnerungen und Erfahrungen unseres Lebens, die von unangenehmen oder lebensbedrohlichen Komponenten besetzt sind und die wir ausgrenzen wollen. Immer wieder machen wir in unserem Leben Erfahrungen, die schmerzhaft sind oder die wir als negativ bewerten. Diese Erfahrungen trennen wir dann vom bewußten Erleben ab und verdrängen sie ins Unterbewußtsein. Beispielsweise können wir Verletzungen durch Abgelehnt-Werden oder Nicht-Geliebt-Werden erfahren, und diese Schmerzen spalten wir von uns ab, weil sie unser Leben bedrohen. Hierfür haben wir eine Reihe von Verdrängungsmechanismen (Neurosen) entwickelt.

Wir können uns also das Unterbewußtsein vorstellen als einen «Topf», in den wir all diese schmerzvollen, unangenehmen Informationen hineinstopfen. Das Problem besteht darin, daß wir dann mit ganzer Kraft die Kontrolle über den Deckel dieses Topfes behalten müssen, was allerdings sehr viel Lebensenergie erfordert.

Im Unterbewußtsein werden wir all die Verletzungen unseres inneren Kindes wiederfinden, die wir einst an diesen Ort verbannt haben, so daß wir sie nicht mehr sehen können und wir den Eindruck gewinnen, sie würden nicht mehr existieren. Das beste Beispiel hierfür ist die fröhliche Lebendigkeit unserer Kindheit. Wenn diese laufend kritisiert wurde, weil die Erwachsenen mit dieser Lebendigkeit nicht umgehen konnten, so werden wir diese fröhliche Lebendigkeit allmählich verdrängen und aufhören, fröhlich zu sein.

Denn als Kinder lernen wir zuerst, uns mit der Außenwelt zu vergleichen. Wir beobachten ganz genau, wie sich die Menschen in unserem Umfeld verhalten und wie diese auf uns reagieren. Und das tun wir, weil wir uns anpassen müssen an unser Umfeld, denn nur durch die Anpassung können wir überleben. Jedes Tier muß sich seinem Umfeld anpassen, um sein Überleben zu sichern. Und uns Menschen geht es nicht viel anders. So vergleichen Kinder immer, was ihnen äußerlich präsentiert wird, mit dem, was sie innerlich erfahren.

Wenn das Äußere mit dem Inneren des Kindes nicht übereinstimmt, dann wird es für das Kind notwendig, sich von den inneren Impulsen abzuschneiden, sie zu verdrängen. Es paßt sich an, um Erfahrungen von Ärger, Schmerz und Frust zu vermeiden. Auf diesem Wege erhält es eher die Anerkennung und Liebe, die es für sein Wachstum dringend braucht, jedoch geschieht das auf Kosten von wesenseigenen Anteilen.

Im Unterbewußtsein können wir also all unsere verdrängten Anteile wiederfinden, all die ungelösten Konflikte, nichtgeweinten Tränen und aufgestaute Wut. All das haben wir ins Unterbewußtsein verbannt. So erhalten wir das Gefühl, daß die Verletzungen und Traumata der Vergangenheit gar nicht mehr vorhanden oder sogar überwunden sind.

Beim Erwachsenen ist dieser Vorgang etwas anders. Als Erwachsener tragen wir schon unser angepaßtes Selbstbild in uns. Wir haben eine Vorstellung davon, wer und was wir sind, vor allem, wie wir den gesellschaftlichen Konventionen oder der Familienstruktur zu entsprechen haben. Und wir haben uns ein eigenes, spezifisches Bild vom Leben erschaffen, das wir nicht mehr gerne loslassen.

Wenn uns jetzt in unserem Leben etwas begegnet, das nicht in unser Lebenskonzept hineinpaßt, wird es nicht von uns zugelassen. Jemand, der sich ein atheistisches Weltbild geschaffen hat, wird sich schwertun, ein spirituelles Weltbild zu akzeptieren oder sich gar mit diesem zu beschäftigen. All das, was spirituell ist, also nicht atheistisch, bedroht seine Sicht der Welt, ist also gefährlich. Das bedeutet, die Vorstellungen von unserer Wirklichkeit werden immer wieder bedroht von Fremdem, Unbekanntem, das nicht in unser Weltbild hineinpaßt. Was nicht hineinpaßt, das hat keine Daseinsberechtigung!

Ähnliche Mechanismen erschaffen Fremdenhaß. Ausländer haben Traditionen und Gewohnheiten, die uns fremd sind, also eine Bedrohung für unsere eigenen Wertvorstellungen darstellen. Eine Akzeptanz dieser fremden Gewohnheiten könnte unser gesamtes Weltbild ins Wanken bringen. Das bedeutet, daß unsere festen Vorstellungen von Lebenswerten und Qualitäten bedroht sind. Wenn etwas nicht so ist, wie es unserer Meinung nach sein sollte, glauben wir es bekämpfen zu müssen.

So kann ein erwachsener Mensch Aggressionen verdrängt haben, weil seine festgefahrene Ich-Vorstellung von sich selbst, Informationen von Fügsamkeit und Unterwerfung umfaßt. Er darf und kann den Aggressionen nicht nachgeben, sie werden stattdessen in den «Topf» des Unterbewußtseins gedrückt. Auf diesem Topf ist ein großer Deckel, so etwas wie ein Dampfdrucktopfdeckel, der ständig kontrolliert werden muß. Das Resultat davon kann ein Mensch sein, der sich fügt, der keine eigene Meinung zum Ausdruck bringt. Er hat kein Durchsetzungsvermögen und wird vielleicht eines Tages Magengeschwüre oder im schlimmsten Fall Krebs bekommen. Aber im «Topf» des Unterbewußtseins kochen die Aggressionen weiter. Der «Dampf» drückt sich dann in Form von irrationalem, neurotischem Verhalten aus.

Es gibt ein deutsches Sprichwort: «Aus den Augen, aus dem Sinn». Es stimmt zwar, daß wir etwas vergessen, wenn wir es nicht mehr sehen – wenn wir unsere Aggressionen nicht mehr sehen, denken wir nicht mehr an sie, sie sind uns nicht mehr bewußt, wir haben keinen Kontakt mehr –, aber sie sind deshalb nicht verschwunden. Sie tauchen überall dort auf, wo wir sie nicht vermuten würden, und sie verfolgen uns wie ein Schatten in unserem Ausdruck, Verhalten, in unseren Gemütsverfassungen und in äußeren Ereignissen, so lange bis uns die Kraft der Kontrolle verläßt, dann ... erfolgt das Unvermeidliche.

Im Universum geht nichts, absolut nichts verloren: weder Kräfte noch Informationen, weder Emotionen noch Gedanken. All diese Dinge bleiben uns erhalten, und die einzige Möglichkeit, sie loszuwerden, ist, sie zu transformieren.

Um bei unserem Beispiel Aggression zu bleiben: Aggression ist eine Schwingung mit bestimmter Information, die sogar meßbar ist, zum Beispiel die Information «Alle wollen mir etwas antun, ich muß mich wehren». Es ist eine reale Kraft mit molekularen Strukturen, Atomen, Materie im feinstofflichen Sinne. Die Atome schwingen nach einem bestimmten Muster, und so schnell, daß sie nicht sichtbar sind, aber eine Wirkung haben. Dieses Schwingungsmuster drückt sich in unserem Erleben als ein Impuls aus, der eine gesunde Aggression bedeutet, die erst einmal nicht als negativ zu bewerten ist. Es heißt nur, zu mir selbst zu stehen, mich zum Ausdruck zu bringen, meinen Mund aufzumachen und meine Meinung zu sagen, vielleicht auch einmal auf den Tisch zu hauen, wenn es nötig ist.

Aggression wird erst dann schädlich und ungesund, wenn wir sie unterdrücken, aus dem Kontakt herausgehen oder kontrollieren. Werden Impulse unterdrückt (ein Impuls bedeutet für den Körper eine elektrische Ladung im neuronalen System), halten wir sie in unserem Körper fest, indem wir uns verkrampfen, aufhören zu atmen und unsere Ansichten oder Wahrnehmungen hinunterschlucken. Jeder Impuls hat jedoch die Tendenz, sich zu entladen – wie eine elektrische Ladung, die sich langsam aufbaut, immer stärker wird und sich dann mit einem Schlag entlädt.

Erst wenn wir diese Impulse im Körper festhalten, werden sie zu dem, was wir als Aggression bezeichnen. Festgehaltene Impulse drücken sich aus in körperlichen Verspannungen und Blockaden, zum Beispiel in den Schultern, im Nackenbereich oder im Bauchraum.

So ist das Unterbewußtsein «vollgestopft» mit verdrängtem Material, das zusätzlich auch noch alte Traumata, Erfahrungen und karmische Muster aus früheren Leben einschließt. Außerdem finden wir im Unterbewußtsein die Archetypen wieder. Archetypen sind Urbilder aller Menschen aus dem kollektiven Bewußtsein, die bestimmte individuelle oder kosmische Kräfte symbolisieren und die Gestalt von Dämonen annehmen können. Die Gestalt des Teufels oder Satans ist zum Beispiel ein Archetypus, der die Lust verkörpert, die jedoch oft verleugnet wird, vor allem von den Kirchen. So wird Lust zu Geilheit verteufelt. Sind wir davon überzeugt, daß Gott alles ohne Ausnahmen erschaffen hat, können wir dann nicht davon ausgehen, daß dies auch für die Lust gilt?

Alles, was wir nicht haben wollen, wird zum Bösen. Wir verteufeln es und beginnen im Äußeren dagegen zu kämpfen. Was wir verdrängen, wird uns jedoch schließlich in unserer Außenwelt widergespiegelt. Wenn wir unsere Aggressionen nicht leben, sie massiv unterdrücken und unsere Impulse, zu uns selbst zu stehen, verdrängen, dann werden uns in unserem Leben Menschen begegnen, die ein starkes Durchsetzungsvermögen besitzen oder die uns sehr viele Aggressionen entgegenbringen. Wir können davon ausgehen, daß unser Umfeld nichts anderes ist als ein Spiegelbild von uns selbst, Spiegelbilder unseres Bewußtseinszustandes.

Ein klassisches Beispiel für ein solches Spiegelbild finden wir in der Hippiebewegung der 60er und 70er Jahre. Die «Blumenkinder» wurden damals nicht selten verachtet und sehr stark kritisiert: «Die sollen doch lieber arbeiten gehen, sich waschen und sich die Haare schneiden» usw. Sie wurden angegriffen, dabei haben sie nichts anderes getan als das auszudrücken, was viele von den Angreifern selbst gerne getan hätten: das Bedürfnis nach Freiheit auszuleben. Weil aber viele dieses Bedürfnis nach Freiheit sich nicht eingestehen können, schicken sie es in die Verbannung und verachten es. Die Hippies oder ähnliche Gruppen werden dann zu Repräsentanten für das nichtgelebte, verdrängte Bedürfnis und müssen angegriffen werden.

Da alles Verdrängte Anteile unseres Wesens sind, kommt es immer mehr zu einer inneren Entfremdung. Wir werden uns selbst gegenüber fremd, indem wir nur das leben, was auch in der Gesellschaft akzeptiert ist, und wir werden alles aus unserer Wahrnehmung herausfiltern, was nicht in dieses Bild hineinpaßt. Entfremdung ist eine schmerzliche Erfahrung, die uns haßerfüllt auf alles projizieren läßt, was im Außen fremd und bedrohlich geworden ist. Da uns unsere eigene innere Entfremdung jedoch nicht bewußt ist, kommt es zu einer Projektion nach außen, und all unser Haß und Schmerz wird auf andere gerichtet. Sie bekommen das zu spüren, was wir nicht mehr fühlen wollen. So brauchen wir auch keine Verantwortung mehr für unsere eigene innere Entfremdung zu übernehmen und können sagen «es sind die anderen».

Wir projizieren immer das, was wir nicht leben wollen – was uns nicht bewußt ist –, nach außen und kritisieren, verurteilen und greifen unsere nichtgelebten Eigenschaften oder unaufgearbeiteten Muster dort im Außen an.

Ein Beispiel hierfür ist die Zerstörung unserer Umwelt. Die Zerstörung der Erde bedeutet nichts anderes als ein Kampf gegen das Weibliche. Der Kampf gegen das Weibliche ist wiederum der Kampf gegen das Unterbewußtsein. Es ist der Versuch, uns immer mehr von unserem kollektiven Unterbewußtsein, vom Weiblichen oder vom Dunklen, Unbekannten abzuschneiden, und das geschieht schon seit Jahrtausenden. Das Dunkle, Unbekannte stellt eine Bedrohung dar für unsere Weltbilder, Traditionen, Konventionen und Gewohnheiten. Deshalb erzeugen wir immer mehr Leid und Zerstörung. Ein Weg wäre die Akzeptanz, das Einverstandensein mit allem, was für uns unbekannt ist, die Erforschung unseres eigenen Unterbewußtseins. Doch dies fällt uns schwer, denn wenn wir uns den dunklen Seiten unseres Wesens öffnen würden, so würde das Licht ins Unterbewußtsein bringen, und dann würden wir konfrontiert mit dem, was wir abgetrennt haben: Der Schmerz würde uns wieder begegnen.

So finden wir in unserem Unterbewußtsein ein sehr großes Potential von verdrängten Impulsen (Informationen), die alle nur darauf warten, erlöst zu werden. Solange dies aber nicht geschieht, werden sie immer wieder versuchen, einen Weg zu finden, auf sich aufmerksam zu machen. Dies kann zum Beispiel nachts in unseren Träumen geschehen und sich über Suchtverhalten, Krankheiten oder Schicksalsschläge ausdrücken. Anstatt uns in solchen Momenten zu fragen, warum uns das immer wieder passiert, sollten wir vielleicht einmal fragen: «Was klopft da an meine Tür?» So könnte das Unterbewußtsein zu einer Quelle mannigfaltigen Potentials werden, das wir wieder entdecken und zurückerobern können.

Das spirituelle Bewußtsein

Das spirituelle Bewußtsein (wir können es auch als spirituelles Unterbewußtsein bezeichnen) ist ein Arsenal von Licht und Schönheit. Vom Prinzip her entspricht dieser Teil dem «Männlichen». Vielleicht werden sich an dieser Stelle einige von Ihnen – besonders unter den weiblichen Lesern – fragen, ob das Weibliche, das dem Dunklen entspricht, auch hier wieder einmal schlechter «wegkommt». Jedoch hat dies nichts mit irgendeiner Form von Bewertung zu tun. Der Bereich des spirituellen Unterbewußtseins innerhalb unserer Landkarte stellt nur die andere Polarität des Unterbewußtseins dar: männlich – weiblich, yang – yin, hell – dunkel.

Es umfaßt die potentiellen Informationen, die in unserer Zukunft angesiedelt sind und die wir erst zu entfalten haben. Im Gegensatz zum Unterbewußtsein, wo wir die vergangenen, verdrängten und von uns abgeschnittenen Informationen finden, die wir wieder zu gewinnen haben, geht es im spirituellen Unterbewußtsein darum, ein Potential, was bisher noch nicht erfahrbar war, zu entfalten.

Aus diesem Bereich erhalten wir Intuition, Kreativität, Mitgefühl, Altruismus, Empfindsamkeit usw., also all das, was wir als spirituell bezeichnen würden. Es ist die Quelle für alle künstlerischen, philosophischen, wissenschaftlichen und ethischen Bestrebungen und Handlungen.

Wir können auch sagen, daß das spirituelle Unterbewußtsein all das enthält, was wir im Laufe unseres Entwicklungsprozesses werden können. Und so kann die Erforschung und Entfaltung dieses Potentials sowie die schrittweise Einbeziehung in unser Leben eine unserer schönsten und beglückendsten Aufgaben darstellen.

Jedoch ist es wichtig zu erkennen, daß wirkliches spirituelles Wachstum nur dann stattfindet, wenn wir sowohl die unerlösten, verdrängten Informationen aus dem Unterbewußtsein befreien als auch eine Ausdehnung erfahren in das spirituelle Unterbewußtsein, um dessen Potential zu entfalten.

Spirituelles Wachstum ist also die Auseinandersetzung und die Erfahrung mit den zwei Bereichen des Bewußtseins. Wir wachsen einerseits hinein in das Licht und andererseits auch in die Dunkelheit. Und das bedeutet letztendlich Bewußtseinserweiterung.

Das Unbewußte

Wenden wir uns jetzt dem mittleren Bereich unserer Bewußtseins-
landkarte zu, dem Unbewußten, den wir als den Bereich des Ge-
dächtnisses bezeichnen können. Er umfaßt all unsere Kenntnisse
und Fähigkeiten, die wir willentlich in die Ebene der bewußten
Wahrnehmung bringen können. Im Unbewußten sind alle Informationen und Sinneserfahrungen abgespeichert, die wir nicht ständig bewußt zur Verfügung haben müssen, die aber bei Bedarf jederzeit abrufbar sind, wie zum Beispiel bestimmte Erinnerungen aus
der Kindheit, mathematische Formeln, Fremdsprachen oder ganz
profan der Preis für ein Pfund Butter oder die Telefonnummer eines
Freundes.

Es ist der Erinnerungsspeicher des Bewußtseins und gleichzeitig
der Bereich, innerhalb dem sich unsere abgespeicherten mentalen
Glaubenssätze wiederfinden, wie zum Beispiel: «Ich bin nichts
wert», «Ich kann das nicht» oder «Ich muß Leistung bringen, bevor
ich etwas verdient habe».

Haben wir in der Kindheit Erfahrungen gemacht, durch die wir
uns von unserem Potential abgetrennt haben, so werden wir diese
Abtrennung durch einen mentalen Glaubenssatz rechtfertigen.
Diese Glaubenssätze werden immer dann aktiviert, wenn wir mit
einer ähnlichen Situation oder Ereignis in unserem Leben konfrontiert werden.

Die bewußte Wahrnehmung

Wir kommen nun zum mittleren Kreis, der das Ich umgibt. Dieser
Kreis stellt die bewußte Wahrnehmung dar, die wir auch als unser
Tagesbewußtsein bezeichnen können. Es ist der Bereich, innerhalb
dem wir durch Informations-Impulse von innen und von außen
denken, fühlen und Sinneserfahrungen machen.

Ein ständiger Strom von Impulsen, Empfindungen, Bildern, Gedanken und Wünschen fließt durch den unbewußten Bereich hindurch. Durch die bewußte Wahrnehmung können wir analysieren und beurteilen, welchen Erscheinungen dieses Stromes wir uns zuwenden. Die Aufgabe der bewußten Wahrnehmung ist unter anderem die Funktion des Selektierens von dem, was annehmbar für uns ist, und was nicht. Diese selektiven Maßnahmen werden entsprechend unseren vergangenen Erfahrungen und Erkenntnissen vollzogen. Die bewußte Wahrnehmung bestimmt also das, was wir sehen dürfen und das, was wir nicht erfassen können.

Die bewußte Wahrnehmung ist wie der Lichtkegel eines Scheinwerfers. Je nachdem, wie intensiv die Strahlungskraft und Helligkeit dieses Lichtkegels ist, desto besser und klarer können wir wahrnehmen. Alles, was sich innerhalb dieses Lichtkegels befindet, können wir erkennen. Der Lichtkegel ist beweglich, das heißt es besteht die Möglichkeit, daß wir den Lichtkegel von einem Gegenstand zu einem anderen führen. Mit Gegenstand sind hier Gedanken, Emotionen und Sinneserfahrungen gemeint, also alle Arten von Informationen, durch die wir Erfahrungen machen oder die uns Impulse zum Handeln verleihen.

Richten wir nun unsere Wahrnehmung auf einen Gegenstand, so nehmen wir diesen wahr, taucht aber in der Zwischenzeit ein weiterer Gegenstand auf, der unser Interesse mehr anzieht, so richten wir unsere Wahrnehmung vom ersten Gegenstand weg, hin zum zweiten, so daß der erste völlig aus unserem Bewußtsein verschwindet.

Ein Beispiel: Sie lesen dieses Buch, und das Buch ist sehr packend für Sie (so hoffen wir!), und im Hintergrund läuft Musik, die Sie in dem Moment nicht wahrnehmen, weil das Buch Sie fesselt. Der Lichtkegel Ihrer Wahrnehmung wird völlig auf das Buch konzentriert sein. Ist das Buch nun aber gänzlich uninteressant für Sie (was wir nicht hoffen!), dann werden Sie den Lichtkegel Ihrer Wahrnehmung auf die Musik richten, die Musik wahrnehmen, das Buch vielleicht weiterlesen und sich nachher wundern, daß Sie sich nicht mehr an den Inhalt des Buches erinnern können.

Unsere bewußte Wahrnehmung ist wie ein Scheinwerfer, der sich immer zu dem hinbewegt, was für uns faszinierend, spannend, interessant ist und unsere Neugierde erweckt. Alles andere, was außerhalb dieses Lichtkegels liegt, können wir nicht bewußt wahrnehmen, obwohl es existiert.

Der Lichtkegel in Verbindung mit unseren Glaubenssätzen und unserer Weltsicht bewegt sich nur in die Bereiche hinein, die für uns ungefährlich sind. Wenn Dinge in unserem Leben existieren, die für uns gefährlich sein könnten, zum Beispiel unsere Aggression, wird der Scheinwerfer eine Selektion vornehmen und die «Gefahr» nicht in seinen Lichtkegel hineinnehmen. Wir werden dann versuchen, uns durch Tätigkeiten wie Freizeitbeschäftigungen, Sammlerleidenschaften, Konsumzwänge, Süchte usw. davon abzulenken.

Das Mysterium des Menschen besteht darin, daß er durch Erfahrungen wächst. Mit jeder gemachten Erfahrung verstärkt sich die Strahlkraft unserer bewußten Wahrnehmung. Der Lichtkegel vergrößert sich, was zur Folge hat, daß wir immer mehr Dinge innerhalb dieses größeren Bewußtseinsumfeldes wahrnehmen können und in unser Leben miteinbeziehen. Das Bewußtsein hat sich erweitert und bietet uns neuere Möglichkeiten der Entfaltung.

Wir werden empfindsamer, offener, aufmerksamer für vieles, was wir vorher für unmöglich gehalten haben. Vielleicht haben Sie schon einmal erlebt, plötzlich Lust zu empfinden, sich mehr im Wald aufzuhalten, obwohl Sie vorher nie auf die Idee gekommen sind, Waldspaziergänge zu machen. Dies würde bedeuten, daß Sie begonnen haben, die Schönheit des Waldes in ihre bewußte Wahrnehmung (sprich Lichtkegel) miteinzubeziehen.

Mit jeder Erfahrung dehnt sich dieser Lichtkegel spiralförmig aus, und irgendwann tauchen in uns Fragen auf wie: Wer sind wir eigentlich? Warum sind wir hier? Wozu dieses Leben? Wir beginnen uns nach dem Sinn unseres Lebens zu fragen und ihn zu suchen. Das ist der Augenblick, in dem unsere bewußte Wahrnehmung anfängt, in spirituelle Bewußtseinsbereiche einzudringen. Es gibt viele Menschen, die sich niemals in ihrem Leben diese Fragen stellen, weil sie sich allein durch diese Fragestellung bedroht fühlen.

Vielleicht haben Sie selbst schon die Erfahrung gemacht, wenn Sie über spirituelle Themen mit anderen Menschen sprechen wollten, daß Sie dann auf massive Widerstände und Ablehnung stießen oder als verrückt eingestuft wurden. Diese Reaktionen sind natürlich und verständlich, denn diese Menschen können Sie nicht verstehen, sie können nicht wahrnehmen, was Sie wahrnehmen, weil ihr Lichtkegel nicht in diese Bereiche hineinreicht. Wie schon gesagt, dort, wo das Licht der bewußten Wahrnehmung hinfällt, sind wir bewußt, wo kein Licht hinfällt, ist Dunkelheit, das macht uns Angst, so daß wir es ablehnen müssen.

Ab dem Augenblick, indem unsere bewußte Wahrnehmung in das spirituelle Bewußtsein hineintaucht, beginnen wir aufzuwachen. Ab dem Zeitpunkt beginnen wir, uns selbst bewußt zu werden. Wir fangen an uns Fragen zu stellen und uns auf die Suche zu machen, finden Wege, Techniken, wie zum Beispiel Meditation, Yoga, Therapien o. ä. und probieren diese aus. Daraus resultiert die Aussage: «Wir sind auf dem Weg» oder auch «Wir sind auf dem spirituellen Weg».

Bewußtseinserweiterung und spirituelles Wachstum

Der spirituelle Weg verläuft nicht linear, sondern vollzieht sich in einer spiralförmigen Ausdehnung unserer bewußten Wahrnehmung. Jede Art von Entfaltung oder Entwicklung innerhalb des Universums erfolgt spiralförmig. Daraus folgt, daß wir uns nicht nur in das spirituelle Bewußtsein hinein-, sondern auch in das Unterbewußtsein hinabbewegen. Zum spirituellen Weg gehören also nicht nur schöne, harmonische und göttliche Erfahrungen, sondern notgedrungen auch Konfrontation mit den verdrängten Anteilen unseres Wesens.

Dies kann auch zu einer Gefahr auf dem Weg werden, denn in der esoterischen Szene finden wir immer wieder die Überzeugung, daß spirituelle Entwicklung nichts anderes bedeutet als sich mit dem göttlichen Ursprung zu verbinden oder lichtvolle Erfahrungen zu machen. Diese Meinung impliziert die kontinuierliche Abtrennung von den dunklen Schattenseiten unseres Wesens. Viele Menschen beginnen diesen Weg zu gehen, weil ihr innerer Druck durch die Verdrängungen zu stark geworden ist und sie dadurch Gefühlen von Frust und Unzufriedenheit ausgeliefert sind. Aus Angst vor noch mehr Schmerz fehlt ihnen die Bereitschaft, sich damit zu konfrontieren, und sie legen all ihre Hoffnung darauf, durch sogenannten spirituellen Frieden Ruhe zu finden.

Sicherlich ist Meditation ein Weg, spirituell zu wachsen. Menschen, die an einem Tiefpunkt ihres Lebens stehen, suchen eine Lösung, damit es ihnen wieder bessergeht, und finden dann vielleicht irgendeine Meditation als vermeintliche Lösung. Die Art der Meditation spielt hier keine Rolle, Hauptsache eine, die ihnen verspricht: «Wenn du diese Meditation jeden Tag machst, geht es dir besser.» Sie meditieren viele Jahre jeden Tag, und es geht ihnen vielleicht auch besser, weil sie ihre bewußte Wahrnehmung in den spirituellen Bereich hinein konzentrieren. Oft vergessen sie jedoch, sich auch in den Bereich des Unterbewußtseins auszudehnen, wo sie vielleicht die Ursachen für ihr Unwohlsein finden würden. Wenn sie sich mit den Ursachen konfrontieren würden, zum Beispiel ihrer verdrängten Wut oder Angst, könnte dies eine schmerzvolle Erfahrung sein und eine Zerstörung des Welt- oder Selbstbildes bedeuten. Aggressionen könnten hochkommen, die dann nicht mehr in ihre spirituelle Auffassung von bedingungsloser Liebe hineinpassen, also werden sie weiterhin verdrängt, und die Lunte am Pulverfaß schwelt weiter.

Der Bereich des Unterbewußten, das Dunkle, der Schatten, wird von vielen Suchenden gerne und leicht ausgeschaltet, und Meditation kann dabei als Verdrängungsmechanismus eingesetzt werden. Meditation aber schafft keine Probleme aus der Welt, sondern sie läßt ebenfalls das «Unkraut» in uns wachsen. Durch Meditation werden wir auch sensibler für unsere eigenen Schwierigkeiten und nicht angenommenen Persönlichkeitsanteile. Diese Sensibilisierung gibt uns die Chance, uns mit unseren Problemen auseinanderzusetzen, wenn wir den Mut dazu haben. Und leider bringen viele Meditierende gerade diesen Mut nicht auf.

Aus diesem Grunde treten in unserer heutigen Zeit spirituelle Krisen immer häufiger auf. Menschen in spirituellen Krisen sind oft Suchende, die mit ihrem Leben nicht mehr klarkommen, die in tiefe Depressionen verfallen bis hin zu Psychosen, weil sie nicht bereit sind, sich mit dem auseinanderzusetzen, was Dunkelheit heißt, sondern sich nur dem Licht zuwenden wollen. Die meisten spirituell Suchenden wollen wachsen, aber nicht nach unten in das Dunkle hinab. Diese Erfahrung haben wir während unserer langjährigen Beratungsarbeit immer wieder gemacht.

Eine Ausdehnung der bewußten Wahrnehmung in nur eine Richtung ist jedoch nicht möglich. Bitte erinnern Sie sich an den Abschnitt über das Unterbewußtsein, in dem wir kurz aufgezeigt haben, daß die verdrängten Informationen genauso ein Potential umfassen wie die Informationen des spirituellen Bewußtseins. Beide Seiten gehören unvermeidlich zusammen, so wie die zwei Seiten einer Münze: das Helle und das Dunkle. Das Helle haben wir zu entdecken und in unserem Leben umzusetzen, das Dunkle haben wir wieder hervorzuholen in das Licht unserer Wahrnehmung, um es dann als Teil unserer selbst zu integrieren.

Es geht letztendlich darum, einerseits immer mehr Licht (Bewußtheit) in das gesamte Bewußtseinsfeld hineinzubringen, unsere spirituellen Qualitäten zu erfahren und sie in unser Leben zu integrieren. Andererseits ist es genauso wichtig, die Kräfte des Unterbewußtseins kennenzulernen, das Weibliche, die Macht der Durchsetzung und die Absicht. Oder anders ausgedrückt: Wir lernen all das kennen, was wir verdrängt haben, auch die Lebendigkeit, die Freude, die Fröhlichkeit, und holen uns das, was wir noch nicht entfaltet haben. Darin besteht der Prozeß der Transformation.

Je mehr wir uns wieder «zurückholen», um so mehr verwandeln und transformieren wir uns. Wir werden zu einer autarken Person. Unfrei sind wir, weil wir verdrängen. Wenn wir Dinge nicht wollen, machen wir uns abhängig. Wenn wir das, was wir von uns abgespalten haben, wieder zurückholen, und wenn wir lernen, weniger zu verdrängen, sondern damit umzugehen, werden wir immer unabhängiger, bis wir eines Tages frei davon sind.

Wachstum geschieht, wann immer wir Erfahrungen machen und die Bereitschaft haben, uns allem mit Akzeptanz zu öffnen: dem Dunklen wie dem Lichtvollen. Dies bedeutet, wirklich auf dem spirituellen Weg zu sein. Wir sind nicht allein schon dadurch spirituell, wenn wir jeden Morgen um 5.00 Uhr aufstehen und meditieren.

In der Esoterik-Szene ist so viel die Rede davon, das Weibliche in uns zu integrieren, doch die wenigsten sind sich dessen bewußt, daß das Weibliche in uns das Potential unseres Unterbewußtseins ist, also das Dunkle, das wir zu integrieren haben. Erst wenn wir beide Polaritäten, das Helle und das Dunkle, in unser Wachstum einbeziehen, können wir zu einer Ganzheitlichkeit kommen.

Wir erleben diese Auseinandersetzung mit den Polaritäten in einem Rhythmus, der zwischen dem spirituellen Unterbewußtsein und dem Unterbewußtsein hin- und herwechselt. Es gibt Zeiten, da erfahren wir einen spirituellen Höhepunkt, und dann ganz plötzlich erleben wir eine Talfahrt. Alle schönen spirituellen Schwingungen und Informationen verschwinden, und wir tauchen ein in die «dunkle Nacht der Seele». Sind wir dann nicht bereit, da hinabzutauchen und versuchen uns krampfhaft an dem vorhergehenden spirituellen Höhepunkt festzuhalten, bekommen wir Probleme.

Je mehr wir durch Wachstum unseren Lichtkegel ausdehnen, um so mehr können wir in unser Bewußtsein miteinbeziehen. Wir erleben eine Potenzierung der Erfahrungen. Das bedeutet, wir werden immer schneller und immer mehr Erfahrungen machen können, so daß wir dahin kommen, unser gesamtes Bewußtseinsfeld wahrzunehmen, um letztendlich zu einer Bewußtheit zu gelangen, die die Informationen dieses Feldes im Einklang mit ihrer Quelle (Hohes

Selbst) umsetzen kann. Der Samen innerhalb des Eis, das vom Hohen Selbst abgetrennte Ich, erfährt ein Aufblühen. Dieses Aufblühen bedeutet wirkliche Individualität.

Mit Individualität ist hier ein autarkes Wesen gemeint, das sich nicht mehr mit den Emotionen, Gedankenstrukturen und Rollen, die es spielt, identifiziert, sondern das die Möglichkeit hat, alle Informationen zu nutzen, spielerisch mit ihnen umzugehen und das sich seiner Verantwortung als ausführendes Organ für das Hohe Selbst hier auf Erden bewußt ist.

Eine Individualität identifiziert sich nicht mehr mit Prägungen und Vorstellungen, kann aber innerhalb dieser existieren, ohne jedoch von ihnen manipuliert zu werden. Im Tarot finden wir dies wieder im Archetypus des Narren.

Diese Wachstumsspirale macht nicht an den Grenzen unseres Bewußtseinsfeldes halt, sondern sie wird sich irgendwann einmal über unser individuelles Bewußtseinsfeld hinaus ausdehnen und in Kontakt kommen mit dem kollektiven Bewußtseinsfeld.

Das kollektive Bewußtseinsfeld ist nichts anderes als ein Bewußtseins-Ei in größerem Maßstab, es umfaßt nicht nur die Menschheit, sondern den gesamten Planeten. Es ist das Bewußtsein unserer Erde. Jedes einzelne menschliche Bewußtseinsfeld ist Teil oder Information davon. Wir können dies erfahren, indem wir plötzlich ein anderes Gefühl für die Erde bekommen und wir uns mehr als Teil der Menschheit sehen und nicht nur der einer Familie oder Nation. Wir beginnen uns bewußt zu machen, daß wir nicht nur für uns selbst leben, sondern Verantwortung gegenüber der gesamten Menschheit und der Erde zu haben.

Auf dieser Ebene des Wachstums werden wir mit dem kollektiven, verdrängten Potential konfrontiert, zum Beispiel dem kollektiven Haß einer Nation (siehe Jugoslawien) oder den kollektiven Schuldgefühlen (siehe Deutschland). Außerdem kommen wir in Kontakt mit einem kollektiven Wissen, das in der sogenannten «Akasha-Chronik» gespeichert ist.

Wir wollen es Ihrer Phantasie, liebe Leserinnen und Leser, überlassen, sich selbst auszumalen, welche Auswirkungen es hat, wenn diese Wachstumsspirale sich über das kollektive Bewußtsein hinaus ausdehnt und Zugang zum solaren Bewußtseins-Ei gewinnt, das nicht nur einen Planeten umfaßt, sondern unser gesamtes Sonnensystem. Vielleicht erfahren wir dann galaktisches Bewußtsein und erleben, daß wir ein Teil des Universums sind, ein Kosmopolit. In anderen Worten: Menschen, Planeten und Sonnensysteme sind globale Wesenheiten, deren Bewußtseinsfelder sich gegenseitig durchdringen und die immer mehr zu einer Einheit zusammenwachsen. Ein Kosmopolit zu sein, bedeutet sich innerhalb all dieser Bewußtseinsfelder frei bewegen zu können.

Doch lassen Sie uns jetzt wieder zurück auf die Erde kommen.

2. KAPITEL

Die Schwingungen des Bewußtseinsfeldes

Die Basis des Bewußtseins-Eis bilden die drei Grundenergien Absicht, Liebe und Schöpferkraft, die sich auf den vier verschiedenen Bewußtseinsebenen ausdrücken. Das Ich, verbunden mit seinem Ursprung, dem Hohen Selbst, macht auf diesen verschiedenen Ebenen Erfahrungen, um letztendlich zu einer Individualität heranzuwachsen.

Bei jedem Menschen steht eine von diesen drei Grundenergien im Vordergrund. Wir können sie auch als Wesensenergie bezeichnen, über die sich jeder Mensch in seinem Leben vorwiegend ausdrückt, während die beiden anderen Energien mehr im Hintergrund arbeiten. Menschen, bei denen die Energie der Absicht am stärksten ausgeprägt ist, besitzen einen sehr starken Willen, können zielgerichtet vorgehen und verfügen damit auch über eine große Strahlungskraft. Andere drücken ihr Selbst über die Energie der Liebe aus und wieder andere über die Energie der Schöpferkraft, das heißt über schöpferische Tätigkeiten.

Ob und wie wir mit unserer Wesensenergie wirken, hängt von der Reife des Ichs ab, das heißt wie weit sich schon eine Individualität, ein autarkes, verantwortliches Wesen entfaltet hat. Eine wichtige Rolle spielt hierbei die eigene Wahrnehmungsfähigkeit. Werden die Informationen des Bewußtseinsfeldes durch Traumata oder schmerzliche Lebenserfahrungen gestört oder verzerrt, so wird es uns schwer möglich sein, unsere Grundenergie klar und frei zu entfalten. Wir erleben dann die negativen Seiten der Polarität. Bei der Energie der Absicht kann das zum Beispiel Machtmißbrauch und Fanatismus bedeuten, während sich die Energie der Liebe in Gefühlskälte und Grenzenlosigkeit im Sinne von Nicht-Geerdetsein ausdrücken kann. Wird die Energie der schöpferischen Kraft verzerrt gelebt, so kann das zu Unwissenheit und Erstarrung führen.

Der Großteil der Menschheit ist der Energie der Liebe zugeordnet. Dies hat damit zu tun, daß das Bewußtseinsfeld der Erde (kollektives Bewußtsein) in dieser Energie schwingt. Dadurch zieht die Erde mehr Wesen an sich heran, die der Energie der Liebe entsprechen. Ein kleiner Teil der Menschheit wird von der Energie der schöpferischen Kraft geprägt, während die wenigsten der Energie der Absicht angehören.

Das gesamte Bewußtseinsfeld ist kein starres, sondern ein variables, sich ständig bewegendes System. Erinnern Sie sich noch an unser Beispiel vom See, in den wir Steine von unterschiedlicher Größe warfen? Während inzwischen diese Steine in der Tiefe ruhen, stellen wir uns jetzt einmal vor, daß wir unterschiedlichste Farben in diesen See schütten und dann auch noch das Wasser durch einen heftigen Sturm aufpeitschen lassen. Nach einiger Zeit können wir Zeuge eines beeindruckenden Farbspieles werden: Farben vermischen sich, fließen ineinander und wieder auseinander, Kreise und unterschiedliche Strudel entstehen.

Ähnlich würde das Bewußtseins-Ei aussehen, wenn wir es sehen könnten. Die Farben in unserem Bild vom See stellen in unserem Bewußtseinsfeld die unterschiedlichen Schwingungen dar. Wie wir wissen, entspricht jeder Schwingung eine bestimmte Farbe, und diese Farbe ist wiederum Träger von bestimmten Qualitäten und verschiedenen Informationen. Nehmen wir die Farbe Rot, so können wir ihr Informationen zuordnen von Anregung, Aktivität, Lebenskraft und Aggression. Ihre Qualitäten sind warm bis heiß, vibrierend, unruhig, ihre Wirkungen stimulierend, anregend bis erregend und expansiv. Hingegen kann man bei der Farbe Blau vom genauen Gegenteil zu Rot sprechen: Blau hat eine beruhigende, entspannende, lindernde und kühlende Wirkung. Ihr können wir Qualitäten zuordnen wie Inspiration, Weisheit und Erkenntnis. Genauso vielfältig wie die Informationen der Farben sind die unseres Bewußtseins-Eis.

Um in unserer Landkarte eine neue Unterscheidungsmöglichkeit einzufügen, bezeichnen wir der Einfachheit halber die unterschiedlichen Schwingungen als die Körper des Menschen, wobei wir uns diese nicht wie Körper im eigentlichen Sinne vorstellen sollten, sondern wie die verschiedenen Farben unseres Sees, die innerhalb des Bewußtseinsfeldes ineinanderfließen. Wir unterscheiden hier:

Ätherkörper
Emotionalkörper
Mentalkörper.

Jeder einzelne dieser Körper stellt eine Schwingung dar mit einer bestimmten Strahlungskraft (sprich Frequenz) und unterschiedlichen Informationen.

Der Ätherkörper

Der Ätherkörper ist die biovitale Schwingung, die das Muster für unseren physischen Körper darstellt. Er enthält alle Informationen, die für den Aufbau des physischen Körpers und dessen Lebenserhaltung benötigt werden, zum Beispiel Informationen für die Skelettstruktur, die Organe und sämtliche vitalen Funktionen, wie die Nerven- und Gehirnfunktionen, das Atmen und den Blutkreislauf. Die Strahlungskraft des Ätherkörpers dehnt sich ungefähr 10 bis 30 cm über den physischen Körper aus.

Die Gesundheit unseres physischen Körpers ist sehr stark von diesem Ätherkörper abhängig, dessen Kraft und Intensität beeinflußt wird durch unsere Lebensweise. Wir schwächen den Ätherkörper in dem Augenblick, wo wir über längere Zeit Dinge tun, die nicht mit den natürlichen Rhythmen unseres Wesens und mit unserer inneren Reife konform gehen. Vielleicht gehen wir einer Arbeit nach, die uns widerspricht, oder sind nachts aktiv und schlafen am Tage, ernähren uns von Fastfood oder ähnlichem. All das schwächt nicht nur den Ätherkörper, sondern auch das Immunsystem des physischen Körpers, und wir haben einen guten Nähr-boden für alle möglichen Krankheiten geschaffen. Hier spielen na-türlich auch äußere Einflußfaktoren wie Umweltschäden, Luftver-schmutzungen, Beziehungs- und familiäre Situationen eine große Rolle. Ständige Müdigkeit, Erschöpfung, Unkonzentriertheit, Ner-vosität und Schlaflosigkeit können körperliche Symptome eines ge-schwächten Ätherkörpers sein.

Wir können unseren Ätherkörper dadurch stärken, indem wir zu einer gesünderen Ernährung übergehen, für genügend Schlaf sor-gen, uns Raum und Zeit für Bewegung und Erholung gönnen und viel in der Natur sind. Auch Hatha-Yoga, Atemübungen und Sport sind unterstützende Möglichkeiten, wobei übertrieben praktizier-ter Leistungssport den Ätherkörper wieder schwächen kann. Wenn wir im Einklang mit unserem innersten Wesen und damit unserer Grundenergie leben, dann ist das die beste Voraussetzung für einen gesunden Ätherkörper.

Es besteht die Möglichkeit, bereits über den Ätherkörper Krank-heiten zu diagnostizieren, bevor sie sich auf der physischen Ebene zeigen. Jede Krankheit hat ihre ersten Anzeichen im ätherischen Be-reich. Die Kirlian-Fotografie macht erfolgreiche Versuche, über den Ätherkörper Diagnosen zu stellen.

Die ätherische Schwingung ist für unseren physischen Körper das gleiche, was der Ozonmantel für die Erde ist.

Der Emotionalkörper

Der Emotionalkörper ist eine magnetische Schwingung, die alle ge-fühlsmäßigen Informationen zur Empfindung und zum Erleben trägt. Dieser Bereich des Bewußtseins-Eis strahlt zirka 30 bis 60 cm vom physischen Körper aus. Er liefert uns die Informationen, die wir Gefühle nennen, und zwar gehört hierzu jede Art von Gefühlen, wie Freude, Haß, Angst, Liebe, Eifersucht u. a.

Wir Menschen entwickeln uns und lernen über unterschiedlichste Erfahrungen, die oftmals auch schmerzlich sein können. Diese Erfahrungen können wir jedoch nur machen, wenn wir einen guten Kontakt haben zu unseren Gefühlen. Erst wenn wir empfinden, was wir erleben, haben wir eine wirkungsvolle Erfahrung gemacht. Jede Art von Erfahrung, die sich nur im Kopf abspielt, ohne in Kontakt zu sein mit den Empfindungen, wird zerplatzen wie eine Seifenblase und wirkungslos für unser Wachstum sein. Der Emotionalkörper ermöglicht es uns, jede Art von Erfahrungen zu machen.

Wir können uns den Emotionalkörper auch vorstellen wie eine Membrane, die auf äußere Sinneseindrücke und auf innere Reaktionen des Mentalkörpers antwortet. Je feinstofflicher und empfindungsfähiger diese Membrane ist, um so größer ist ihre Palette an Gefühlsreaktionen. Jede Reaktion dieser Membrane ist eine bestimmte Information oder ein Klang, den wir dann Gefühl nennen. Der Klang wird auf die rechte Gehirnhälfte übertragen, wo er in eine Empfindung übersetzt wird.

Wir wissen, daß das Gehirn gleichzeitig Empfänger und Sender ist. Die Informationen, die das Gehirn vom Äther-, Emotional- und Mentalkörper empfängt, sind sehr abstrakt, es ist so, als wären sie in einer Geheimsprache geschrieben. Das Gehirn hat die Funktion, diese Informationen zu übersetzen oder zu dekodieren, so daß sie für uns sichtbar, greifbar werden, gedacht und empfunden werden können.

Der gesamte Emotionalkörper ist in ständiger Bewegung, und das in den unterschiedlichsten Rhythmen oder Schwingungen. Jeder Rhythmus umfaßt Information, die dann, wenn das Gehirn die Informationen übersetzen kann, im Körper empfunden werden. Aus den Empfindungen können wir dann Erfahrungen machen, indem wir sie mit ähnlichen aus der Vergangenheit vergleichen oder über sie reflektieren. Voraussetzung dafür ist, daß wir die Bereitschaft haben, unsere Empfindungen zuzulassen.

Eine solche Schwingung könnte Traurigkeit sein in Verbindung mit Informationen von vergangenen Erlebnissen, durch die wir ebenfalls Trauer empfunden haben. Haben wir damals die Erfahrung gemacht, daß die Traurigkeit auf Ablehnung gestoßen ist oder als Schwäche von anderen angesehen wurde, so werden wir uns schwertun, sie zu akzeptieren. Dann werden wir diesen Rhythmus schon im Vorfeld beim Eintritt ins Großhirn und der damit verbundenen bewußten Wahrnehmung blockieren oder herausfiltern.

Das Limbische System des Gehirns übernimmt bei diesem Prozeß der Filterung eine Schlüsselrolle. Es hat Zugang zu allen gespeicherten Erfahrungswerten. Gelangt zum Lymbischen System ein äußerer oder innerer Reiz, der mit einer gespeicherten Erfahrung aus der Vergangenheit vergleichbar ist, so werden Impulse an das Großhirn gesendet, die ein ähnliches Verhaltensmuster auslösen. Jede traurige Information wird herausgefiltert, und wir verhalten uns so wie in der Vergangenheit: vielleicht stark und unberührt gegenüber dem traurigen Anlaß. Die Trauer wird nicht mehr zugelassen oder nicht mehr empfunden. Sie taucht ab ins unterbewußte Feld unseres Bewußtseins-Eis. Das hat Vorteile, aber auch Nachteile. Der Vorteil ist ein Schutz vor nicht erwünschten, unerträglichen Emotionen (zum Beispiel dem Schmerz durch Mißbrauch), nachteilig sind die Auswirkungen der Verdrängungen.

Wir können jetzt noch einen Schritt weitergehen und uns vorstellen, daß der Emotionalkörper auch vergleichbar ist mit einem Musikinstrument, auf dem wir die unterschiedlichsten Klänge und Oktaven spielen können. Je nachdem wie dieses Musikinstrument eingestimmt wurde, können wir harmonische oder disharmonische Klänge ertönen lassen. Die Einstimmung dieses Instrumentes basiert auf unseren emotionalen Erfahrungen der Vergangenheit, das heißt sowohl unserer Kindheit als auch früherer Existenzen.

Als Kind erleben wir sehr intensive Gefühle von Lebendigkeit, die Informationen von Neugierde, Spontaneität und Ausgelassenheit beinhaltet. Diese Empfindungen, die durch den Klang der Lebendigkeit ausgelöst werden, lassen uns ganz bestimmte Erfahrungen machen, und die wiederum werden von den Reaktionen unseres

Umfelds beeinflußt. Sind die Reaktionen in Übereinstimmung mit diesem emotionalen Klang, so lernen wir, daß es in Ordnung ist, diese Gefühle zu empfinden, neugierig und spontan zu sein. Sollte unser Umfeld aber – was leider oft der Fall ist – blockierend oder dämpfend reagieren, so lernen wir, daß dieser Klang nicht gewollt ist, und neigen dann eher dazu, Lebendigkeit zu vermeiden. Wir hören auf, neugierig, spontan und ausgelassen zu sein.

Diese Vermeidungsstrategie stellt für das Kind eine Überlebensnotwendigkeit dar, weil es abhängig ist von einem positiven Feedback seines Umfeldes. Das Kind benötigt die Sicherheit, gewollt und geliebt zu sein, was es nur aus dem Feedback seines Umfeldes heraus ablesen kann. Macht es also die Erfahrung, «So wie ich bin, so wie ich empfinde, stoße ich auf Widerstand», dann bleibt ihm nichts anderes übrig als so zu werden, wie es von ihm gefordert wird. Dies setzt natürlich voraus, daß das Kind sich von allen emotionalen Reaktionen, die scheinbar nicht in das Umfeld hineinpassen, abtrennen muß, so daß sie in das Dunkle des Unterbewußtseins versinken.

Gerät dieses Kind jetzt als Erwachsener in äußere Situationen hinein, in denen man ihm ein ähnliches Feedback entgegenbringt, wird er zu den gleichen Verdrängungsmechanismen und Verhaltensmustern greifen, die er schon als Kind angewandt hat. Dieser Erwachsene wird es tunlichst vermeiden, neugierige Fragen zu stellen, spontan zu reagieren und lebendig zu sein. Er wird eher den äußeren Eindruck eines ruhigen, stillen Menschen machen, der anpassungsfähig ist, keine eigene Meinung hat und sich auf jeder Party in irgendeine Ecke zurückzieht. Doch unter der Oberfläche von Angepaßtheit brodelt ein Vulkan, der jederzeit ausbrechen kann.

Das Gegenteil davon ist derjenige, der durch die Tür kommt und jede langweilige Party durch seine Anwesenheit rettet. Dieser Mensch war vielleicht ein Kind, das gelernt hat, durch seine Spontaneität und Neugierde ein Übermaß an Aufmerksamkeit zu erhalten. Und als Erwachsener macht er sich diese Erfahrung zunutze, um immer mehr Aufmerksamkeit und Anerkennung zu erlangen. Er steht im Mittelpunkt, und wird alles dafür tun, daß es so bleibt.

Die Art und Weise, wie wir unser «Instrument» Emotionalkörper spielen, wird von einem weiteren Schwingungsbereich bestimmt, dem Mentalkörper.

Der Mentalkörper

Der Mentalkörper stellt eine elektrische Schwingung dar, die uns Informationen zum Denken und Reflektieren bringt. Der Bereich des Mentalkörpers ragt weit über den Emotionalkörper hinaus. Er besteht aus Schwingungsmustern, die, wenn wir sie sichtbar machen könnten, wie geometrische Figuren, konkrete Bilder, Erinnerungsmuster an Ereignisse unseres Lebens aussehen würden.

All diese Schwingungsmuster im Mentalkörper umfassen unterschiedliche Informationen, und die bezeichnen wir als unsere Gedanken. Das sind zum größten Teil Vorstellungen, die wir von uns selbst, von anderen Menschen und dem Leben im allgemeinen haben, kurz unser Selbstbildnis und unsere Weltbilder. Diese Vorstellungen bezeichnen wir als Glaubenssätze oder Glaubenssysteme, was sie ja auch letztlich sind. Wir *glauben* ja nur: «Ich bin nichts wert», «Ich muß Leistung bringen, um etwas verdient zu haben», «Ich muß Verantwortung gegenüber anderen tragen», «Das Leben ist ein Kampf» oder ähnliches; mit der Realität hat das weniger zu tun. Sicherlich kennen Sie von sich selbst solche oder ähnliche Glaubenssätze, die auf eigenen emotionalen Erfahrungen beruhen.

Diese in der Vergangenheit entstandenen Glaubenssätze wirken wie ein Tonband. Wenn uns jemand zum Beispiel ständig eingeredet hat: «Du bist dumm», dann wird dieser Glaubenssatz immer dann, wenn eine Leistung von uns gefordert wird – wie in einer Prüfung –, ohne unser Wissen aktiviert, und wir benehmen uns dann auch tatsächlich «dumm». Wir sind der festen Überzeugung, daß wir das nicht können, was dazu führt, daß es sich tatsächlich bewahrheitet.

Dieser Glaubenssatz läßt auch den Emotionalkörper und den Ätherkörper mitschwingen wie die Saiten eines Musikinstrumentes. «Ich bin dumm» erzeugt als Resonanz auf der Ebene des Emotionalkörpers einen bestimmten Klang, der sich als Minderwertigkeitsgefühl ausdrückt. Die Informationen dieses Minderwertigkeitsgefühles werden dann vom Gehirn übersetzt und blockieren anschließend den gesamten Selbstausdruck. Körperlich, also auf der biovitalen Ebene des Ätherkörpers, wirken wir unsicher und zurückhaltend.

Wir sehen, daß auf diese Weise alle drei Schwingungskörper sich gegenseitig beeinflussen, also miteinander verbunden sind. Keiner agiert für sich allein. Erfährt der ätherische Körper Sinnesreize von außen, so gibt er diese weiter an den Emotionalkörper, der darauf mit bestimmten Empfindungen reagiert, die wiederum passende Gedankengänge oder Bilder auslösen. Diese Gedankengänge haben wiederum eine Rückkoppelung auf den Emotionalkörper, der seinen Klang spielt, worauf der Ätherkörper mit entsprechenden Verhaltensweisen antwortet.

Eine dreißigjährige Klientin war in der Kindheit von ihrem Vater ständig mit einem Teppichklopfer verprügelt worden und entwickelte durch diese Mißhandlung des Vaters Gefühle von Haß und Wut sowie einen fest eingefahrenen Glaubenssatz «Alle Männer tun mir weh, ich muß mich vor ihnen in acht nehmen». Sie erzählt nun folgendes: Sie begegnet einem Mann, der ihr sehr gefällt und mit dem sie flirtet und gute Gespräche führt. Sie begleitet ihn in seine Wohnung, und alles scheint in Ordnung zu sein. Als sie nun das Bad in der Wohnung des Mannes benutzen will, fällt ihr Blick auf einen Teppichklopfer, der in der Ecke steht. Die Frau nimmt dieses Werkzeug ihrer früheren Mißhandlungen durch den Vater wahr, und ohne, daß ihr dies bewußt wird, werden die Schwingungen des Hasses aktiviert und gleichzeitig ihr Glaubenssatz. Sie verläßt das Bad, und mit einer Ausrede erzählt sie dem Mann, daß sie so schnell wie möglich weg muß. Ohne daß ihr bewußt wird, warum, reagiert sie automatisch aufgrund ihrer vergangenen Erfahrungen. Ihr logischer Verstand wird ihr natürlich sagen, daß dieser Mann mit dem Teppichklopfer im Bad harmlos ist. Da aber ihr Glaubenssatz und ihre Haßgefühle aus dem Unterbewußtsein heraus reagieren, kann sie dies nicht kontrollieren und hat nur noch die Möglichkeit zur Flucht.

Falls es Sie interessiert, wie diese Geschichte ausgegangen ist: Nachdem ihr die Ursache für ihr Verhalten bewußt geworden war und sie begonnen hatte, ihre Vater-Beziehung aufzuarbeiten, konnte sie offen und ehrlich mit diesem Mann darüber sprechen und unbelastet von der Vergangenheit mit ihm eine Beziehung beginnen.

Solche Vorgänge durchlaufen wir unzählige Male am Tag innerhalb von wenigen Sekunden, ohne daß wir sie bewußt wahrnehmen. Wenn wir sie registrieren, dann fast nur auf der äußeren Ebene über Ausdruck, Verhalten oder sonstige körperliche Reaktionen. Deshalb ist es wichtig, uns diese Reaktionen bewußt zu machen, indem wir zum Beobachter werden und die Hintergründe erforschen. Dies bedeutet, sich auf den inneren Prozeß der Selbstfindung und Selbstheilung einzulassen, unter Umständen mit Hilfe eines erfahrenen Therapeuten.

Mit den positiven Gedankenbildern verhält es sich ähnlich. Genauso wie wir schöne, harmonische Emotionen bei real erlebten Ereignissen haben können, so können wir sie auch bei positiven Gedanken empfinden. Um das zu verdeutlichen, laden wir Sie zu einem kleinen Experiment ein:

Lehnen Sie sich einmal ganz bequem zurück, während Sie sich an ein schönes, glückliches Erlebnis erinnern, vielleicht aus Ihrem letzten Urlaub. Das könnte ein Picknick sein am weißen Sandstrand bei Sonnenuntergang mit einem geliebten Menschen oder etwas anderes aus Ihrem Leben. Lassen Sie in Ihrem Innern ein intensives Bild davon in leuchtenden Farben aufleben und fügen Sie Ihrem inneren Erleben auch noch den Geruch des Meeres, den Geschmack der Leckerbissen des Picknicks und das sanfte Streicheln des warmen Sommerwindes auf Ihrer Haut hinzu. Wenn Sie sich dem einige Minuten hingegeben haben, werden Sie all die glücklichen Emotionen wieder erleben, die Sie real in Ihrem Urlaub empfunden haben.

Umgekehrt funktioniert dies natürlich auch. Wenn Sie sich wiederum einige Minuten Zeit nehmen und sich in Ihrer Phantasie vorstellen würden, daß Ihr Partner Sie betrügt – ob dies stimmt oder nicht –, so würden Sie sich sicherlich schon nach kurzer Zeit sehr schlecht fühlen.

Wir haben die Möglichkeit, mit dem Mentalkörper verschiedene Schwingungen miteinander zu verbinden, so daß daraus neue gedankliche Formen entstehen. Dies nennen wir dann Denken, Nachdenken, Überlegen, um Zusammenhänge entdecken und besser verstehen zu können. Das, was wir jedoch nicht tun können, ist, negative Gedanken durch positive zu ersetzen. Es ist ein Trugschluß, daß die Technik des sogenannten «positiven Denkens» funktioniert, indem wir einen negativen Gedanken, den wir ablehnen, durch einen positiven Gedanken überlagern. Dabei drängen wir den negativen Gedanken eher noch tiefer in das Unterbewußtsein ab, wo er dann völlig außerhalb unserer Kontrolle weiter wirken kann.

Eine positive Veränderung werden wir erst dann erreichen, wenn wir uns zuerst den negativen Glaubenssätzen bewußt werden und uns mit ihnen konfrontieren, wenn wir ihre Ursachen erforschen, sie annehmen und auch wieder in Kontakt kommen mit den entsprechenden Emotionen. Damit erkennen wir auch die Verhaltensweisen, die als Folge daraus entstanden sind und können Veränderungen vornehmen. Erst dann wird es wirklich möglich, negative Glaubenssätze durch positive zu ersetzen.

Warum können wir das nicht sofort tun? Wir müssen uns darüber klar sein, daß es in gewisser Weise nichts Negatives gibt, also im Sinne von schlecht oder böse. Alles das, was wir als negativ bezeichnen, seien es Gedanken, Emotionen oder Verhaltensweisen, sind unsere Bewertungen dessen, was wir als gut und schlecht ansehen, und das Resultat unserer Erfahrungen. Wenn wir jedoch die Bereitschaft haben, uns diesem angeblich Negativen zu stellen, können wir aus dem negativ Bewerteten wertvolle Erkenntnisse gewinnen. Jede Erfahrung, sei sie noch so schmerzhaft oder unangenehm, kann wichtig für unser Wachstum sein. Warum sollten wir nun negative Gedanken einfach durch positive ersetzen? Würden wir uns damit nicht am Wachstum hindern, und würden uns dadurch nicht wertvolle Lernerfahrungen entgehen?

Ich möchte dies an einem Beispiel aus meiner eigenen Vergangenheit verdeutlichen:

Vor vielen Jahren wurde mir bewußt, daß ich den Menschen gegenüber, die mir auf dem täglichen Weg zu meinem damaligen Arbeitsplatz begegneten, negative Gedanken entwickelte. Innerlich kritisierte ich diese Leute. Beim einen paßte mir die Nase nicht, beim anderen die Kleidung, beim dritten sein mürrischer Gesichtsausdruck. Anfangs kämpfte ich gegen diese negativen Gedanken an und wollte sie auf gar keinen Fall zulassen. Schließlich hatten mir diese Menschen nichts getan, und ich war ja so spirituell. Je mehr ich diese kritisierenden Gedanken bekämpfte, um so stärker wurden sie. Das ging so lange, bis ich eines Tages entdeckte, daß diese Gedanken mir ja möglicherweise etwas zu sagen hatten. Und so begann ich, sie zuzulassen. Über Tage hinweg steigerte ich mich regelrecht in diese negativen Gedankenprozesse hinein. Ich ließ alles zu, was auftauchte, und fand dann heraus, daß meine negativen Gedanken nichts anderes waren als eine Reaktion auf Gefühle von Ekel und Abneigung gegenüber meinem damaligen Arbeitsplatz. Tief in meinem Inneren wollte ich nicht hingehen, zwang mich jedoch dazu, und mußte mich von diesen Ekelgefühlen abtrennen. Das Resultat war, daß ich auf andere Menschen diese negativen Gefühle und Gedanken projizierte. Da diese jedoch von mir verdrängt wurden, war meinem Bewußtsein lange Zeit der Bezug zu mir und meiner Arbeit nicht zugänglich. Hätte ich von Anfang an versucht, die negativen Gedanken bewußt durch positive zu ersetzen, so hätte ich niemals die Erfahrung gemacht, welch großen Abscheu ich gegenüber meinem Arbeitsplatz hatte. Ich hätte wohl auch niemals die Entscheidung getroffen, diesen Arbeitsplatz zu verlassen, um ein neues Leben und damit einen neuen beruflichen Weg zu beginnen. Der Ekel hätte mich mit der Zeit langsam von innen aufgefressen.

Das harmonische Zusammenspiel
der drei Schwingungskörper

Arbeit an uns selbst ermöglicht es uns, die drei Schwingungskörper wieder in Harmonie zu bringen. Wenn wir von Reinigungs- oder Transformationsprozessen sprechen, dann ist damit gemeint, daß wir die Verzerrungen und Störungen dieser drei Schwingungskörper in ein harmonischeres Zusammenspiel bringen. Das ist so, als würden Musiker eines Orchesters ihre verschiedenen Instrumente aufeinander abstimmen, damit sie ein gemeinsames Musikstück spielen können.

Das Zusammenspiel findet innerhalb des Bewußtseins-Eis auf den verschiedenen Ebenen statt. Emotionen können sowohl über das Unterbewußtsein als auch über das spirituelle Bewußtsein erlebt werden. Und genau das gleiche gilt für die mentalen und für die ätherischen Schwingungen. Doch das Bewußtseins-Ei hat keine festen Abgrenzungen, so daß diese Schwingungen sich nicht nur innerhalb unseres Bewußtseinsfeldes bewegen, sondern in das kollektive Bewußtsein übergehen. Jeder Gedanke und jedes Gefühl werden vom kollektiven Bewußtsein aufgenommen und wirken auf alle individuellen Bewußtseinsfelder ein, die Teil des Kollektiven sind. Das bedeutet konkret: All das, was ich denke und fühle, was also von mir ausgesandt wird, kann von jedem Menschen, der einen entsprechenden Nährboden bietet, empfangen werden. Und hierin liegt unsere Verantwortung.

Ein ganz reales Beispiel dafür sind die kriegerischen Auseinandersetzungen der letzten Jahre im ehemaligen Jugoslawien: Hier können wir sehr deutlich erkennen, daß in einer Völkergruppe seit

Jahrhunderten verdrängter Haß explosionsartig an die Oberfläche des nationalen Bewußtseinsfeldes auftreten und wie ein Lauffeuer den verdrängten Haß der anderen Völkergruppen aufflammen lassen kann. Es geht hier nicht darum zu untersuchen, ob das Ei oder das Huhn zuerst da war. Es geht vielmehr darum, daß bei jedem von uns die Verantwortung liegt – ob wir jetzt etwas mit diesen Völkergruppen zu tun haben oder nicht –, diese Kriege als Spiegel des eigenen Bewußtseins anzusehen und damit seinen eigenen verdrängten Haß zu erkennen. Erst wenn jeder einzelne beginnt, seinen eigenen inneren Haß zu transformieren, können solche Massenpsychosen verhindert werden.

Der Einzelne wird seine Transformationsprozesse niemals für sich alleine machen, sondern immer auch für das Wohl der Gesamtheit, weil wir unweigerlich mit dem kollektiven Bewußtsein verbunden sind.

Während das Ich unterschiedlichste Erfahrungen macht und immer mehr lernt, sein «Instrument» zu spielen, unterlaufen ihm dabei natürlich auch Fehler. Wie wir alle wissen, gehören aber Fehler zum Üben dazu und stellen keinen Grund zur Kritik dar. Aus Fehlern lernen wir. Der einzige Fehler, den wir wirklich machen könnten, wäre «hinzufallen und nicht mehr aufzustehen». Je mehr bewußt erlebte (empfundene) Erfahrungen wir als Ich machen, je mehr wir also üben, dieses Instrument zu spielen, um so mehr dehnt sich unser Wahrnehmungsbewußtsein aus, so daß wir andere und neuere Spielmöglichkeiten hinzugewinnen. Irgendwann beherrschen wir unser Instrument immer besser, und es wird zu einem wirklichen klaren Ausdruckswerkzeug für das Ich.

❖ 3. KAPITEL **Die Persönlichkeit als Ausdrucksvehikel der Seele**

In unserer Landkarte des Bewußtseins-Eis stellt die Seele den Kern in der Mitte des Eis dar. Wenn wir von Seele sprechen, so meinen wir damit das Göttliche im Menschen, unser wahres Wesen, das wie ein Ebenbild Gottes Träger des göttlichen Funkens ist. Und dieser göttliche Funke, inkarniert in menschlicher Gestalt, macht sich nun auf den Weg, Erfahrungen mit den verschiedenen Schwingungen des ätherischen, emotionalen und mentalen Körpers zu machen.

Das Wort «Mensch» hat seine Wurzeln im indischen Sanskrit-Wort «Manas»: Es bedeutet «Fähigkeit, zu reflektieren». Mensch-sein heißt also, über sich selbst reflektieren können. Diese Fähigkeit zeichnet den Menschen aus und unterscheidet ihn vom Tier oder von einer Pflanze.

Emotionen und Gedanken sind nichts anderes als Schwingungen mit unterschiedlichen Informationen, und eine Schwingung kann niemals über sich selbst reflektieren. Wir benötigen also eine Trägerinstanz, die diese Schwingungen wahrnehmen und sich ihrer bewußt werden kann. Und das ist die Seele, das wahre Wesen des Menschen.

Wir können uns die Seele auch als ein immaterielles, geistiges Wesen vorstellen, das in unserem «See» der verschiedenen Schwingungsmuster (Persönlichkeit) schwimmt und mit den mannigfaltigsten «Farben» (Informationen) in Berührung kommt.

«Persönlichkeit» leitet sich ab aus dem griechischen Wort «Persona», was soviel wie Maske bedeutet. Während die Seele sich im Bewußtseinsfeld der Persönlichkeit aufhält, umgibt sie sich also mit einer «Maske», einem sie völlig einhüllenden Mantel, so daß sie als gegenständliches Wesen sichtbar wird. So hat sie die Möglichkeit, sich über die mentalen, emotionalen und ätherischen Schwingungen zum Ausdruck zu bringen.

Bevor sie jedoch zu einem klaren Ausdruck kommen kann, muß die Seele zuerst einen langen Prozeß des Lernens und Erfahrens durchlaufen, um herauszufinden, mit welchen Schwingungen sie es zu tun hat, wie diese Schwingungen reagieren und wie sie mit ihnen umgehen kann. Genauso wie wir nicht einfach in ein Auto steigen und losfahren können, sondern uns erst mit ihm vertraut machen müssen, um es bedienen zu können, lernt die Seele zunächst mit ihrem «Vehikel» umzugehen. Dabei taucht sie ganz tief hinab in die Schwingungsmuster, indem sie sich intensiv mit ihnen identifiziert. Konkret bedeutet das, daß sie vollständig die Gestalt dieser Schwingungsmuster annimmt, wie ein Schauspieler, der in verschiedene Rollen hineinschlüpft.

Vielleicht erinnern Sie sich an unser Bild der facettenreichen Kugel, in deren Mitte sich das Ich oder die Seele befindet. Jede dieser Facetten bedeutet ein Schwingungsmuster der Persönlichkeit mit bestimmtem Inhalt, oder anders ausgedrückt: einer bestimmten persönlichen Rolle.

Die Seele beginnt nun, sich innerhalb einer Inkarnation mit mehreren dieser Facetten zu identifizieren, und zwar so intensiv, daß sie sich völlig in diesen Schwingungsmustern auflöst. Dabei ist sie der festen Überzeugung, diese Maske oder Rolle zu sein und verliert die Bewußtheit darüber, wer sie in Wirklichkeit ist. In ihrem eigenen Interesse wird sie mit einem Schleier des Vergessens belegt. Sie taucht ab in den Sog der Erfahrungen innerhalb der Polaritäten von Gut und Böse, wobei sich die Polaritäten die Waage halten, so daß das Wachstum der Seele weder zu schnell noch zu langsam stattfindet.

Wir als Mensch sind dann fest davon überzeugt, diese Persönlichkeit, dieser Körper oder diese Emotionen zu sein und vergessen dabei, daß wir als immaterielles Wesen nur in einem «See» von Schwingungen schwimmen.

Diese Identifikation mit den verschiedenen Facetten ist jedoch für uns sehr wichtig und notwendig, denn dadurch werden Erfahrungen erst möglich. Wir erfahren und lernen, unsere Emotionen besser einzuschätzen, unsere mentalen Strukturen sinnvoll anzuwenden und zu einem authentischen Ausdruck im Verhalten zu gelangen.

Gleichzeitig erleben wir eine Ausdehnung unserer Wahrnehmung, das heißt wir beginnen, immer mehr vom «See» gleichzeitig wahrzunehmen, nicht mehr, wie bisher, nur bruchstückhaft. Wir durchlaufen einen langwierigen Prozeß der Disidentifikation, währenddessen wir uns mehr und mehr unseres wahren Wesens bewußt werden. Dieser Selbstfindungsprozeß läßt uns schließlich schrittweise erkennen, daß wir Seele und nicht Persönlichkeit sind und nur durch die Persönlichkeit hindurch agieren.

Wenn wir uns noch einmal mit dem Wort «Persönlichkeit» auseinandersetzen, so stoßen wir hier auf das griechische Wort «Personare», was «wiedertönen» bedeutet. Sobald die Seele beginnt, sich von der «Maske» zu disidentifizieren, kann die Persönlichkeit ihre eigentliche Aufgabe übernehmen: ein Resonanzboden zu werden für die Grundenergie der Seele.

Am Anfang dieses Buches haben wir gesehen, daß sich das Bewußtseins-Ei aus den drei göttlichen Grundenergien zusammensetzt und daß immer eine von diesen im Vordergrund steht: die Absicht, die Liebe oder die schöpferische Kraft. Die Seele ist von ihrem Wesen her Verwalterin dieser im Vordergrund stehenden Energie und das «Hohe Selbst» der Hüter. Es bestimmt, welche von diesen drei Energien die Seele über die Persönlichkeit zum Ausdruck bringen soll. Durch die Disidentifikation übernimmt die Persönlichkeit die Funktion eines Resonanzbodens und erklingt in dem Ton, der von der Seele repräsentiert wird. Es ist die Persönlichkeit, die dann sagt: «*Nicht mein Wille, sondern Dein Wille geschehe.*» Aber bis dorthin ist es ein langer Weg, und solange die Seele in ihrer Identifikation verstrickt bleibt, gibt das Vehikel «Persönlichkeit» den Ton an.

Die nachfolgende Metapher aus der Hindu-Philosophie verdeutlicht das sehr schön: Die Seele ist Kutscher eines Fahrzeuges, das von sieben verschiedenen Pferden gezogen wird. Die Pferde sind die verschiedenen Schwingungsmuster der Persönlichkeit, dargestellt durch das Fahrzeug. Jedes Pferd hat seine eigene Art, das heißt seine eigenen Informationen. Solange der Kutscher nicht gelernt hat, diese Pferde dazu zu bringen, sich in seinem Sinne zu bewegen, werden die Pferde die Vorherrschaft über die Kutsche behalten und versuchen nach allen Richtungen auszubrechen.

Das Ego

Haben die «Pferde» noch die Vorherrschaft, so reden wir vom Ego-Bewußtsein. Das Ego setzt sich zusammen aus der Essenz der mentalen, emotionalen und ätherischen Schwingungen, es ist das Resultat der Seelenidentifikation mit seinen verschiedenen Rollen. Dieser Teil in uns, der zwischen Gut und Böse beurteilt und bewertet, glaubt: Ich bin diese Emotion, und ich bin jener Gedanke, aber ich bin nicht Seele. Es stellt eine sehr machtvolle Instanz dar, die nur durch die Existenz der Seele belebt wird und die ihren eigenen Weg geht, unabhängig von der Seelenenergie. Im Prinzip ist das Ego jedoch Illusion. Das bedeutet nicht, daß es nicht existiert, sondern daß wir von ihm und damit von uns selbst nur ein verzerrtes Bild haben, das letztlich nicht der Wirklichkeit entspricht.

Durch die Identifikation der Seele mit den verschiedenen Facetten der Persönlichkeit hat das Ego also die Vorherrschaft übernommen. Irgendwann begeben wir uns dann auf einen spirituellen Weg. Und da entdecken wir faszinierende und interessante neue Wahrheiten, die unsere Neugierde anregen, und wir versuchen, immer mehr darüber zu erfahren. Wir lesen viele tiefsinnige Bücher, besuchen Seminare und sind ganz gefesselt von dem, was wir da an Neuem entdecken. Dann beginnt unser Ego uns zuzuflüstern: «Ja, mach weiter, das ist toll, das ist spannend, das ist ein neues Spiel, das dir noch mehr Wissen und Macht bringt!»

Die Esoterik ist ja auch ein interessanter Spielplatz. Hier gibt es tausend verschiedene Dinge, die wir ausprobieren können, zum Beispiel Kristalle, Blüten, Pendeln, magische Spiele und und und … Noch klatscht unser Ego vor Freude in die Hände über die willkommene Abwechslung, und gleichzeitig wird es dafür sorgen, daß alles nur an der Oberfläche bleibt, denn das Ego muß sich absichern, damit es die Oberhand behält. Es wird dafür sorgen, daß wir uns zwar mit all diesen schönen Dingen beschäftigen, aber gleichzeitig wird es jeden unserer Versuche, tiefere Erfahrungen zu machen, im Keime ersticken und blockieren. Und dies macht den spirituellen Weg so beschwerlich.

Daraus resultiert dann auch die Aufforderung, die wir immer wieder in Esoterikkreisen hören können:

«Töte dein Ego». Lassen Sie sich einmal, liebe Leserinnen und Leser, ganz tief auf diese Aussage ein: «Ich will mein Ego töten!», und beobachten Sie die Reaktionen, die diese Aussage in Ihnen auslöst. Sie werden mit Sicherheit feststellen, daß alles in Ihnen aufschreit, sich wehrt und Ihnen dieses Unterfangen unmöglich erscheint. Diese Reaktion kommt von Ihrem Ego, denn wer möchte schon getötet werden? Es ist auch nicht nötig und nicht angebracht, das Ego zu töten, denn wie wir gesehen haben, ist das Ego-Bewußtsein eine Illusion, die wir selbst erschaffen haben. Und wie können wir eine Illusion töten? Es geht vielmehr darum, diese selbsterschaffene, illusionäre Vorstellung zu transformieren, zu erkennen, was das Ego in Wirklichkeit ist und ihm die Stellung zuzuweisen, die ihm gebührt.

Einen spirituellen Weg zu gehen bedeutet, daß die Seele angefangen hat, sich schrittweise zu disidentifizieren. Zunächst herrscht zwar noch das Ego vor, aber dann erfahren wir, daß wir urplötzlich von einem Erlebnis ganz tief berührt werden, so als würde unsere Seele oder unser «wahres Wesen» uns berühren. Es ist ein Moment, den wir Erleuchtung nennen könnten. Dies muß keine großartige Sache sein, es kann ein tiefes Berührtwerden von einem Sonnenuntergang sein, eine menschliche Begegnung oder eine Begegnung mit unserer Seele innerhalb einer Meditation. Wir werden plötzlich durchströmt von einer intensiven Herzensenergie, und wir erleben ein Wissen jenseits des Verstandes. Dieses erleuchtete Berührtsein bringt unser innerstes wahres Wesen zum Erklingen, und bei unserem Ego schrillen sämtliche Alarmglocken auf. Es fühlt sich in seiner Existenz bedroht durch das Aufwachen unseres wahren Wesens, über das es dann keine Macht mehr hat.

Doch dieses Erlebnis hat uns so gepackt, daß wir uns dazu entschließen, noch tiefer in den Aufwachprozeß hineinzutauchen. Dabei kann unsere Entscheidung begleitet sein von großen Ängsten und Zweifeln: «Das bildest du dir alles nur ein, das bringt doch sowieso nichts. Das kann doch alles nicht wahr sein, das ist Illusion, das ist nicht gut für dich, du wirst dich verlieren.» Oft tauchen in dieser Zeit auch noch einige liebe Verwandte oder Freunde auf, die «ganz zufällig» erleben, welche Prozesse der Wandlung wir durchlaufen und wie wir uns mit der einen oder anderen Erfahrung schwertun. Wenn sie uns dann wohlgemeinte Ratschläge geben oder uns zu überzeugen versuchen, daß wir in eine Sekte geraten sind, dann hat unser Ego manchmal ein relativ leichtes Spiel, um uns von der Suche nach unserem wahren Selbst abzubringen.

Aus der Angst heraus, seine Vormachtstellung zu verlieren, wendet das Ego alle Tricks und Manipulationen an, derer es fähig ist, damit wir vom Weg abkommen. Unser Bewußtseinsfeld entwickelt sich zu einem regelrechten Kampfplatz zwischen Ego und wahrem Selbst. Die «Waffen» des Ego sind Ängste und Zweifel, und unsere Antwort sollte Akzeptanz und Liebe sein.

In der indischen Baghavatgita finden wir diesen Kampf symbolisch dargestellt, indem Arjuna (die Seele), angeleitet und unterstützt vom Avatar Krishna (das Hohe Selbst), auf einem Schlachtfeld (das Bewußtseinsfeld) in den Kampf zieht gegen seine Brüder und Familienmitglieder (die Schwingungsmuster und Informationen des Ego). Arjuna gewinnt den Kampf, indem er die Krieger nicht tötet oder besiegt, sondern sie mit Liebe an ihren rechten Platz verweist.

Zweifel auf dem Weg

Dieser Kampf, in den wir da hineingeraten, kann uns sehr verwirren. Wir fühlen uns wie ein Spielball zwischen zwei Welten, und wir wissen nicht mehr, wo wir hingehören. Wir stecken mitten in einer Dualitätskrise. Stimmt nun die alte Welt, mit der wir nicht zurechtkamen, in der wir uns immer selbst vermißt haben? Oder stimmt die neue Welt, in der wir jetzt leben, in der wir uns meistens sehr wohl fühlen, die jedoch von den anderen nicht mehr verstanden wird? Wir fühlen uns hin- und hergerissen und wissen nicht mehr, wofür wir uns entscheiden sollen. So kann es passieren, daß wir unsere spirituellen Erfahrungen abwerten, unseren eigenen Wahrnehmungen nicht mehr trauen und uns unserem Ego wieder unterordnen und damit auch unserem Umfeld. Wir hören auf, den Klang unseres wahren Wesens wahrzunehmen, spüren jedoch weiterhin die Sehnsucht unseres Herzens.

Wenn Sie den Zustand erreicht haben, wo Sie an Ihrem Zweifel «verzweifeln» und völlig ins Schleudern kommen, dann können Sie davon ausgehen, daß Sie begonnen haben, sich wirklich und wahrhaftig spirituell zu entfalten. Sie sind dabei, aus der Macht Ihres Egos herauszutreten und sich von Ihren spirituellen Erfahrungen berühren zu lassen. Der Lichtkegel Ihrer Wahrnehmung hat sich ausgeweitet und erhellt immer neue Bereiche. Es ist wie eine Geburt: die Geburt in die spirituelle Welt. Dabei sollten Sie wissen, daß Sie auf diesem Weg nicht immer nur den Sonnenseiten Ihres Bewußtseins begegnen werden, sondern auch den dunklen.

Wie können wir nun mit unseren Zweifeln umgehen? Wir sollten sie nicht bekämpfen oder unterdrücken, denn dadurch werden wir dem Ego immer mehr Macht verleihen. Es geht vielmehr darum, uns klar bewußt darüber zu werden, daß diese Zweifel von unserem Ego kommen. Der Ausweg besteht darin, daß wir ganz tief hinabtauchen in die Zweifel, das heißt, uns ihnen hingeben.

Außerdem hat der Zweifel auch eine sehr positive Seite: Er veranlaßt uns dazu, all das, was uns auf unserem spirituellen Weg begegnet und mit dem wir uns identifizieren, zu hinterfragen. Wir sollten nicht blindlings alles annehmen, sondern immer überprüfen, ob es unserer eigenen Wahrheit entspricht. Erst wenn wir mit unserem Zweifel beginnen, uns selbst zu zerfleischen, wird er ungesund.

Der Ausweg aus den Machtspielen des Ego besteht also darin, uns dem Ego und seinen Spielen mit aufmerksamer, innerer Beobachtung zuzuwenden, in dem Wissen, daß es eine Illusion ist. Auf die Art und Weise entziehen wir dem Ego seine Macht. Wir werden zum Beobachter und erleben den Zweifel, ohne darauf reagieren zu müssen.

Dieser gesamte Prozeß bedeutet Selbstfindung und gleichzeitig Beginn der Transformation. Er führt uns dahin, das Ausdrucksvehikel «Persönlichkeit» aus seinen Verzerrungen (psychischen Mustern, Glaubenssätzen usw.) herauszuholen und immer mehr zu verfeinern, so daß ein empfindsamer Resonanzboden für die Grundenergie der Seele entstehen kann. Die Persönlichkeit wird zu einem fein abgestimmten Instrument für die Seele.

All die Kämpfe, die Hochs und Tiefs sind notwendig, damit die Seele die Gelegenheit hat, langsam mit ihrem Ausdrucksvehikel Kontakt herzustellen. Sie muß erst erfahren, wie sich dieses Vehikel Persönlichkeit anfühlt und sich in den unterschiedlichsten Situationen verhält. Daher kann der Weg zunächst nur über die Identifizierung und dann erst über die Disidentifizierung führen.

Es gibt viele Menschen, die glauben, dieser Prozeß verlaufe umgekehrt. Um keine schmerzhaften Erfahrungen machen zu müssen, versuchen sie von ihrer Persönlichkeit wegzugehen, das heißt sich zu disidentifizieren. Das führt jedoch nur dazu, daß sie den Boden unter den Füßen verlieren und sich mit Scheinheiligkeit umgeben. Wir müssen statt dessen zuerst vollständig auf der Erde geboren werden, bevor wir in irgendwelche Lichtwelten emporsteigen können.

Der spirituelle Weg führt uns zuerst hinab in die Persönlichkeit, damit wir dann wie Phönix aus der Asche wieder emporsteigen können.

◈ 4. KAPITEL Transformationskrisen als Gefahr und Chance

Der Prozeß der Selbstfindung ist immer begleitet von tiefgreifenden Transformationsprozessen, die sich als Krisen auswirken können. Jede Transformation führt uns in einen anderen Bewußtseinszustand, durch den wir uns verändern und eine Erweiterung unseres Wesens erfahren. Wenn wir zu sehr dazu neigen, unsere Schattenseiten abzuspalten, und glauben, spirituelles Wachstum sei lediglich durch Beten und Meditieren möglich, dann kann es passieren, daß wir diese Transformationen als Krisen erleben. Und jede Krise umfaßt sowohl Chancen als auch Gefahren.

Das chinesische Piktogramm für «Krise» besteht aus zwei Grundzeichen (Wai Chi). Das erste bedeutet «Gefahr, Achtung», während interessanterweise das zweite Zeichen «Gelegenheit für Wachstum, Veränderung zu etwas Neuem» bedeutet. Wenn wir Krise nur als Gefahr sehen, so werden wir leicht stehenbleiben. Wir müssen uns auch die Möglichkeiten und Chancen ansehen, die in einer Krise enthalten sind. Aus dieser evolutionären Perspektive gesehen sind Krisen eine Herausforderung, auf etwas Neues zuzugehen.

Der Begriff «spirituelle Krise» wurde von Stanislav Grof, einem der Begründer der Transpersonalen Psychologie, geprägt. Er fand in jahrelanger Forschungsarbeit heraus, daß viele Menschen, bei denen eine psychopathologische Krankheit diagnostiziert wurde, in Wirklichkeit nichts anderes als eine schlecht verarbeitete Transformation durchleben, also eine spirituelle Krise. Und wie Stanislav Grof ebenfalls feststellte, bedeutete diese Krise, unabhängig davon, wie jeder einzelne sie erlebte, für all diese Menschen einen sehr großen Wachstumssprung.

Es gibt viele verschiedene Formen von solchen Transformationskrisen, und sie können durch die unterschiedlichsten Faktoren ausgelöst werden, und dies nicht nur bei Menschen, die sich auf dem spirituellen Weg befinden. In diesem Bereich können übertriebenes Meditieren, extremes Fasten und spirituelle Praktiken – wie zum Beispiel der Versuch, die Kundalini-Energie zu wecken – solche Krisen bewirken. Jedoch können auch ein schwerer Unfall, eine Operation, ein Schockzustand, der Verlust eines Menschen, das Geburtserlebnis (bei der Mutter), Drogenmißbrauch, Schlafentzug u. ä. Auslöser für spirituelle Krisen sein.

Bei jeder Transformation treten wir in einen veränderten Bewußtseinszustand ein. Nichts ist mehr so, wie es war, und es wird auch niemals mehr so sein. Es ist möglich, daß ein Mensch, dem die Stabilität seiner Persönlichkeit fehlt und das Wissen um seine Schattenseiten, sich in einem solchen Transformationsprozeß nicht mehr zurechtfindet. Er selbst und sein Umfeld können dann diesen Zustand als krankhaft oder krisenhaft wahrnehmen. Deshalb ist es von großer Bedeutung, unsere Persönlichkeit zu stabilisieren, bevor wir uns tiefergehenden spirituellen Praktiken hingeben, durch die wir – bewußt oder unbewußt – veränderte Bewußtseinszustände initiieren.

Solange unsere Persönlichkeit noch durch ungelöste Vergangenheitsthemen oder verdrängte schmerzliche Erfahrungen belastet ist, können wir nicht von einer stabilen Persönlichkeit reden. Eine stabile Persönlichkeit wäre dann entwickelt, wenn der Mensch bewußt die Verantwortung für all seine Verzerrungen, die ihm bekannt sind, übernimmt und niemand anderem mehr dafür die Schuld gibt.

Wie wir schon erwähnt haben, können bestimmte spirituelle Praktiken uns dermaßen sensibilisieren und damit destabilisieren, daß psychotische Schübe oder Depressionen ausgelöst werden. Deshalb ist es wichtig, daß spirituelles Wachstum auf der Persönlichkeitsebene beginnt, genauer gesagt, daß wir unsere unerlösten Emotionen und Glaubenssätze erforschen und bearbeiten. Wenn wir dann in einen veränderten Bewußtseinszustand kommen, können wir ihn in konstruktiver Form erleben und nutzen, vor allem in dem Wissen, daß all das, was uns in diesem Zustand begegnet, ein Teil von uns selbst ist.

Beim gesamten Transformationsprozeß geht es immer darum, Licht und Schatten miteinander zu vereinigen.

Die verschiedenen Transformationskrisen

Die unterschiedlichen Transformationskrisen, die wir nach Stanislav Grof unterscheiden können, sind:

1. *die schamanische Krise*
2. *die Kundalini-Krise*
3. *das Erleben von Einheitsbewußtsein*
4. *die Dualitätskrise*
5. *die Krise der sensitiven Öffnungen*
6. *die Krise der Erfahrungen aus früheren Leben*
7. *die Channeling-Krise*
8. *Nahtod-Erfahrungen*
9. *Besessenheit*
10. *Ufo-Sichtungen*

Jede einzelne dieser Transformationskrisen kann auf den nachfolgenden drei Ebenen erlebt werden, die abhängig sind vom Reife- und Lernprozeß, den ein Mensch durchlaufen hat:

• *die biografische Ebene,* auf der wir mit dem Material unserer eigenen Geschichte konfrontiert werden, zum Beispiel Erinnerungen aus der Kindheit, Erlebnisse von Mißbrauch oder von symbiotischen Zuständen mit der Mutter;

• *die perinatale Ebene,* die Erlebnisse unseres Geburtsprozesses beinhaltet, wie zum Beispiel Erstickungsanfälle, Todeskampf, Angst, Druck u. ä. Ebenso können wir auf dieser Ebene einem

Gefühl der Lebensbedrohung ausgesetzt sein mit der Überzeugung, sofort sterben zu müssen;
- *die spirituelle Ebene* (in der Fachliteratur auch transpersonale Ebene genannt)
Hier erleben wir mystische, magische, kosmische Zustände, die als Einheit mit dem Universum oder mit Gott empfunden werden können.

1. Die schamanische Krise

Im Schamanismus finden wir eine Initiation wieder, die dieser Krise sehr ähnlich ist. Bevor der schamanische Schüler in den Stand des «Schamanen» eingeweiht wird, führt sein Lehrer ihn bewußt in eine schamanische Krise hinein. Dieser Zustand wird meistens durch pflanzliche, psychoaktive Drogen, wie San Pedro oder Ayashuasca, ausgelöst. Es gibt jedoch auch noch eine zweite Methode: Der schamanische Lehrer fügt seinem Schüler eine schwere Verletzung zu, zum Beispiel eine große Schnittverletzung oder eine Verbrennung. Der Schüler wird anschließend im Urwald oder in der Wüste alleingelassen, ohne Nahrung, Wasser und andere Hilfsmittel, also völlig auf sich selbst gestellt. Wenn er nicht sterben will, bleibt ihm nichts anderes übrig, als seine inneren Selbstheilungskräfte zu aktivieren. Hat er diese Prüfung, sich selbst zu heilen, bewältigt, dann ist er Schamane.

In beiden Fällen geht es darum, daß der Schüler über die Aktivierung seiner eigenen Selbstheilungskräfte seinem innersten Wesen begegnet und die Vergänglichkeit der Form erlebt durch Identifizierung mit den Elementen.

Auch wenn wir nicht die Absicht haben, Schamane zu werden, so ist es möglich, daß wir ungewollt in ähnliche Zustände geraten. Auf eine schamanische Krise hinweisen können zum Beispiel auch eine plötzliche schwere Krankheit mit sehr hohem Fieber ohne ersichtlichen Grund, Wahnvorstellungen von Dämonen, Eintauchen in das

Wesen von Pflanzen oder Tieren und sich Einsfühlen mit den Elementen. Gleichgültig, ob diese Krise bewußt oder unbewußt herbeigeführt wurde, so bedeutet sie doch immer ein Eintauchen in die «Unterwelt».

Menschen, die eine schamanische Krise durchleben, können mit unvorstellbaren Qualen und Torturen ihren unerlösten Schattenseiten begegnen, die sie in Form von Dämonen überfallen. Dieser Prozeß stellt eine intensive Konfrontation mit der dunkelsten Seite der Seele dar. Die Dämonen sind elementale Kräfte, die von uns Menschen selbst erschaffen wurden. Sie sind nichts anderes als sichtbar gewordene Formen von Gedanken- und Emotionsmustern, die sich verselbständigt haben. Eine schamanische Krise bedeutet die Auseinandersetzung mit unserem Unterbewußtsein (der Unterwelt), in das wir hinabsteigen müssen, um unsere verlorenen Anteile wieder hervorzuholen.

Alle alten Mythen berichten von Helden, die in die Unterwelt hinabsteigen, um ihre verlorene, von ihnen abgetrennte Geliebte (Weiblichkeit) aus den Klauen der Dämonen zu retten. Genau das geschieht in der schamanischen Krise. Wir tauchen hinab in die Ebene des Unterbewußtseins und befreien unsere Weiblichkeit (Intuition, Einfühlung, Lebendigkeit usw.) aus der Gefangenschaft der Dunkelheit, so daß wir sie wieder bewußt wahrnehmen können. Es ist auch ein Reinigungsprozeß, der unsere inneren Selbstheilungskräfte aktiviert.

Während einer schamanischen Krise kann es – wie bereits erwähnt – geschehen, daß sich der Mensch völlig mit der Pflanzen- oder Tierwelt identifiziert. Es ist tatsächlich so, als ob sich dieser Mensch in ein Tier verwandelt und so fühlt und sich so verhält wie dieses Tier. Der Mensch, der dies erlebt, ist in dem Moment so davon überzeugt, dieses Tier zu sein, daß er absolut nicht mehr weiß, daß er ein Mensch ist. Er tritt voll in das Tierbewußtsein ein und vereinigt sich mit den elementaren Kräften Feuer, Wasser, Wind und Erde.

2. Die Kundalini-Krise

Die Kundalini-Kraft wird oft als das göttliche oder kosmische Feuer bezeichnet, sie kann jedoch auch gleichgesetzt werden mit dem in jedem Menschen vorhandenen weiblichen kosmischen Potential. Das Wort «Kundalini» entstammt dem Sanskrit und heißt übersetzt «Schlangenkraft». Diese Schlangenkraft befindet sich in unserem Steißbein oder Wurzelchakra in einem fast inaktiven Zustand, jedoch birgt sie unvorstellbare, schöpferische Möglichkeiten in sich.

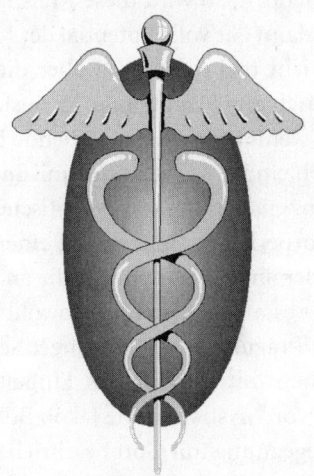

Innerhalb der Wirbelsäule gibt es drei feinstoffliche Kanäle: die *Sushumna*, der Hauptkanal, der durch die Wirbelsäule läuft, und die zwei Nebenkanäle, die sich von unten nach oben spiralförmig um die Sushumna herumwinden: die *Ida* und die *Pingala*. Die Nebenkanäle haben die Aufgabe, das Potential der Kundalini in den Körper einfließen zu lassen, wodurch sich die Kundalini in ihre Polaritäten aufspaltet: in die männliche und weibliche Kraft.

Dieses energetische System finden wir dargestellt im Symbol des Aeskulap-Stabes der Mediziner.

Unser biologischer Organismus benötigt diese Kraft zum Leben, so wie ein Auto Benzin zum Fahren braucht. Es ist unsere Lebenskraft, die ständig durch diese Nebenkanäle hindurchfließt, nur in einer sehr feinen Dosierung. Wir erhalten lediglich die Dosis von Kraft, die wir brauchen, und zwar entsprechend unserer spirituellen Reife und unserer Fähigkeit der bewußten Wahrnehmung.

Wenn wir uns zum Beispiel sehr auf die materielle, äußere Welt orientieren, dann wird die Kundalini nur sehr wenig Energie freisetzen. Beginnt sich aber unsere Wahrnehmung nach innen zu orientieren und auszudehnen, so wird diese Kraft immer mehr fließen. Irgendwann wird dann das volle Potential der Kundalini freigesetzt, wobei sie dann nicht mehr den Weg über die zwei Nebenkanäle wählt, sondern durch den Hauptkanal der Sushumna fließt.

Geschieht dies, wenn wir die entsprechende Reife dazu haben, ist es kein großes Problem. Wird die Kundalini-Energie jedoch zu früh freigesetzt, so können wir starke psychotische Zustände erleben, verbunden mit körperlichen Schmerzen, einem Gefühl, innerlich zu verbrennen, oder andere Symptome, die an epileptische Anfälle erinnern. Dabei ist es möglich, daß wir sowohl eine Aktivierung aller traumatischen Prägungen der Vergangenheit erfahren als auch in Kontakt kommen mit kosmischem Einheitsbewußtsein. Diese Zustände wurden von Mystikern, wie Jakob Böhme oder Hildegard von Bingen, als Begegnung mit Gott beschrieben.

Menschen, die eine Kundalini-Krise durchleben, berichten von panischen Ängsten, weil ihr Körper innerlich anfängt zu brennen. Die Gesichtsmimik verzerrt sich, und der Körper wird unkontrollierbar und zuckt, als wäre er an Starkstrom angeschlossen. Es ist sogar möglich, daß sich die Knochen des Körpers dabei verformen. Gleichzeitig kann dies verbunden sein mit Gotteserlebnissen oder mit Engelserscheinungen.

Hinzu kommt, daß die traumatischen Prägungen auf der biografischen Ebene aktiviert werden. Das, was andere vielleicht innerhalb mehrerer Jahre durch Selbsterfahrungsprozesse verarbeiten, kann ein Mensch in der Kundalini-Krise in einem einzigen Augenblick erleben. Deshalb ist es auch so wichtig, daß wir die Bereitschaft haben, uns unseren traumatischen Prägungen zu stellen und mit ihnen zu arbeiten. Das heißt nicht, daß wir sie schon alle transformiert haben sollten, aber zumindest sollten wir mit ihnen umgehen können. Wenn dann durch eine Kundalini-Krise diese traumatischen Prägungen aktiviert werden, haben wir die Fähigkeit, sie anzunehmen und zu transformieren.

In unserer westlichen Welt ist von allen Transformationskrisen die Kundalini-Krise die häufigste, und sie kann unter Umständen Jahre andauern, unterbrochen von kurzen «Verschnaufpausen». Leider gibt es viele unqualifizierte Bücher, die uns aufzeigen wollen, wie wir die Kundalini-Kraft erwecken können. Ein vorzeitiges Erwachen dieser Kraft kann begünstigt werden durch extremes Meditieren, Drogenmißbrauch, aber auch durch Unfälle, bei denen das Steißbein mit einbezogen ist.

Was ist der Sinn dieser Transformationskrise? Die Chance besteht darin, eine völlige Transformation des Bewußtseins-Eis zu erleben. Wir treten in einen tiefen Kontakt zum spirituellen Bewußtsein und finden einen Zugang zum Wissen des Universums. Wir beginnen kosmische Zusammenhänge instinktiv zu erfassen und erhalten die Fähigkeit, dieses Wissen kreativ anzuwenden.

3. Die Krise des Einheitsbewußtseins

Dies ist ein Bewußtseinszustand, in dem wir eine absolute und totale Einheit mit allen Wesenheiten erleben. Wir fühlen uns eins mit der gesamten Menschheit, dem planetarischen Wesen, dem universellen Wesen. Wir erleben die Einheit mit Tieren und Pflanzen bis hin zu Atomen. Es ist sowohl eine Verschmelzung mit dem Makrokosmos als auch mit dem Mikrokosmos.

Begleitet wird diese Transformation von euphorischen Trancezuständen und übersteigerter Heiterkeit. Diese Menschen erleben eine Öffnung ihres Herzens und sich selbst als die Liebe. Das Ergebnis dieser Transformation kann sie zur Selbstverwirklichung führen.

Die Gefahr in diesem Zustand kann darin bestehen, daß wir uns als Weltherrscher oder als Messias sehen und anfangen zu missionieren, um jeden Menschen von diesem Einheitsbewußtsein zu überzeugen und um ihn von seinem Leid zu erlösen. Wir können völlig den Boden unter den Füßen und unseren Alltag aus dem Sinn verlieren, denn wir erleben uns ja als Gott, warum also sollten wir arbeiten.

Dieser Zustand kann über längere Zeit anhalten und wird meistens abgelöst von einem Sog, der uns in die Tiefe absoluter Dunkelheit hinabzieht, also genau ins Gegenteil. Das bedeutet, daß diese Krise von kosmischen Höhen zu irdischen Tiefen wechselt, in denen wir wieder einmal mit der dunklen Nacht unserer Seele konfrontiert werden.

4. Die Dualitätskrise

In diesem Prozeß erleben wir unsere Persönlichkeit als riesiges Schlachtfeld, auf dem der kosmische Kampf zwischen den Mächten Gut und Böse, Licht und Schatten stattfindet. Menschen in dieser Transformationskrise erleben sich als Spielball zwischen den Polaritäten. Dieser Prozeß kann verbunden sein mit extrem krankhaftem Zweifel bis hin zur Verzweiflung, mit Visionen von Mord und Totschlag, mit Gefühlen des Opferdaseins bis hin zur Vorstellung, selbst Opfer eines Ritualmordes zu sein. Es ist sogar möglich, daß in diesen Krisen die Wundmale von Jesus, die sogenannten Stigmatisierungen an Händen und Füßen, auftauchen.

In einer weiteren Phase dieser Transformationskrise erleben diese Menschen visionäre Zustände, in denen sie ihre eigene Geschichte und die Geschichte der Menschheit sowie die des Universums durchlaufen. Es kann die Geschichte des jetzigen Lebens oder aber auch die Geschichte über sämtliche Inkarnationen hinweg bis zum

Ursprung durchlebt werden. Sie können Visionen haben von ihrem eigenen Ursprung auf anderen Planeten und wie sie einstmals in grauer Vorzeit mit einem Raumschiff auf der Erde gelandet sind. Oder aber sie erleben die Erschaffung des Universums, der Planeten und der Erde.

Wenn den Menschen das Wissen um diese Zusammenhänge fehlt, so können solche Erfahrungen sie in den Wahnsinn treiben. Die Chance dieser Krise liegt darin, die «alchimistische Hochzeit» zwischen den Polaritäten zu erleben. Dies vollzieht sich in dem Erlebnis, mit einem imaginären Partner zu verschmelzen, der meistens als Zwillings- oder Dualseele bezeichnet wird. Diese Dualseele ist der nicht gelebte Pol unserer Seele.

Menschen, die diese Transformationskrise durchstanden haben, entwickeln häufig die Tendenz, ihre Erfahrungen als spirituelle Konzepte zu verkaufen, als wären sie die einzige Wahrheit, die es gibt. Diese Menschen treten sehr gerne als spirituelle Lehrer oder Gurus auf und gründen oft eine sektenhafte Vereinigung, um andere zu ihrem Heil zu führen. Der Unterschied zu einem wirklichen spirituellen Lehrer besteht darin, daß dieser aufgrund seiner eigenen Erfahrungen zwar auch lehrt und das, was er erfahren hat, als Mittel weitergibt, jedoch um die eigene innere Wahrheit selbst zu finden, aber niemals um seine eigene erfahrene Wahrheit als die alleingültige Wahrheit zu vermitteln.

5. Die Krise der sensitiven Öffnungen

Bei einem Menschen, der diese Form von Transformationskrise durchlebt, können plötzlich Fähigkeiten auftauchen, die wir aus dem parapsychologischen Bereich kennen, wie Hellsehen, Hellhören, Hellfühlen, Telepathie, Präkognition und Telekinese. Es ist ein Zustand, der bei Jugendlichen in der Pubertätsphase auftreten kann, weil die hormonellen Veränderungen im Körper ungeahnte sensitive Öffnungen erzeugen können.

Stellen Sie sich vor, Sie machen einen Stadtbummel, und plötzlich hören Sie die Gedanken aller Menschen, oder Sie können ihre energetische Ausstrahlung, die Aura, sehen. Wenn Sie mit diesen Dingen bisher nicht vertraut waren, wird der erste Gedanke sein, verrückt zu werden. Und der Arzt wird mit Bestimmtheit diese Meinung mit Ihnen teilen.

In dieser Krise erleben wir also eine übersteigerte Sensitivierung all unserer Sinne.

6. Die Krise der Erfahrungen aus früheren Inkarnationen

Wenn ein Mensch spontan, ohne Vorbereitung, mit Erfahrungen aus früheren Leben konfrontiert wird, so kann das eine Transformationskrise auslösen. Eine solche Krise ist verbunden mit starken Emotionen, mit Visionen und – ähnlich wie in der Dualitätskrise – mit körperlichen Erscheinungen, wie zum Beispiel Wundmalen oder Druckstellen, die sehr schmerzhaft sein können, ohne daß es hierfür irgendeine medizinische Erklärung gibt. Diese körperlichen Erscheinungen, die urplötzlich auftreten, sind meistens Verletzungen, die sich dieser Mensch in einer früheren Existenz zugezogen hat.

Die Phänomene der Reinkarnationserfahrung können völlig ohne Vorwarnung im Alltag auftauchen, und zwar so, als würde das Ganze im Hier und Jetzt passieren. Das kann im Extremfall sogar so weit gehen, daß sich das Umfeld dieses Menschen völlig auflöst und er sich im Mittelalter wiederfindet. Das heißt, er nimmt seine Gegenwartsumgebung nicht mehr wahr und erlebt sich in seiner Existenz im Mittelalter.

Es ist wie ein Durchgang durch ein Zeittor, hinter dem uns die Geschehnisse einer anderen Zeit offenbart werden. Der Körper ist immer noch am gleichen Ort in der Gegenwart, die bewußte Wahrnehmung aber befindet sich in einer anderen Zeitdimension. Solche

Erlebnisse können begleitet sein mit einer starken emotionalen Belastung, psychischen und körperlichen Schmerzen und sehr viel Angst.

7. Die Krise des Channellings

Channelling ist ein Phänomen, das in unserer Zeit sehr häufig auftritt. Immer mehr Menschen beginnen zu channeln oder glauben von sich, daß sie channeln. Sie nehmen Botschaften auf von kosmischen Wesenheiten, von Engeln, von Meistern bis hin zu kosmischen Energien. In der Transpersonalen Psychologie wird Channelling als eine spirituelle Krise angesehen.

Um das zu verstehen, müssen wir noch einmal zurückkehren zu unserer Definition von «spirituell»: Spirituell bedeutet eine Öffnung und Verbindung nach oben und unten, eine Öffnung in das Transpersonale, spirituelle Bewußtsein und in das Unterbewußtsein hinein. Ist diese Öffnung vorhanden, so fließen bestimmte spirituelle Schwingungen und Kräfte durch den Menschen, die dem transpersonalen Bewußtsein oder dem Unterbewußtsein zugehörig sind. Genau dies passiert beim Phänomen des Channelings.

Es gibt immer mehr Menschen, bei denen von einem Moment zum anderen diese Öffnung ermöglicht wird – auch bei Menschen, die sich nicht bewußt mit Spiritualität beschäftigen. Diese Kräfte fließen dann unkontrolliert in das Gehirn des Menschen ein. Wie wir wissen, umfassen Kräfte Schwingungen, und diese Schwingungen sind Träger von Informationen. Genau diese Informationen werden dann gechannelt, sei es in verbaler Form, in Botschaften, Bildern, durch mediales Schreiben oder in Form von Musik.

Da wir aber mit diesem Phänomen aus Unkenntnissen heraus meist nicht umgehen können und unser Verstand immer die Sicherheit braucht, unerklärliche Vorgänge einordnen zu können, haben wir die Tendenz, diesen einfließenden Kräften einen Namen zu geben. Es ist eine menschliche Schwäche, allem einen Namen aufzuprägen, und dadurch entstehen natürlich viele Irrtümer. Wir können Unsicherheit verspüren, wenn wir für bestimmte Phänomene keinen Namen finden. Dingen einen Namen geben zu können, bedeutet, sie zu identifizieren, sie mit Bekanntem vergleichen zu können, und das gibt uns eine gewisse Sicherheit.

Sobald wir aber Namen vergeben, löst der Name auf der unbewußten Ebene gespeicherte Vorstellungen aus, die wir mit diesem Namen in Verbindung bringen. Es kann zum Beispiel sein, daß wir ein Buch gelesen haben, in dem von aufgestiegenen Meistern die Rede ist. Um das Gelesene zu verstehen, haben wir in unserem Bewußtsein Bilder entwickelt, wie dies in Wirklichkeit aussehen könnte. Wenn wir jetzt das Phänomen des Channelings bei uns selbst erleben, so besteht die Tendenz, diese Botschaften mit unseren inneren Vorstellungen über die aufgestiegenen Meister in Verbindung zu bringen. Wir wollen mit dieser Aussage niemandem zu nahe treten oder diejenigen als Lügner bezeichnen, die channeln. Wir wissen, daß sie im guten Glauben handeln, möchten jedoch nur aus eigenen Erfahrungen die Dinge ins rechte Licht rücken, denn die Gefahr des Channelings besteht darin, daß wir eine Ich-Inflation erleben und unser Narzißmus genährt wird.

Wir sollten uns darüber im klaren sein, daß das, was beim Channeln geschieht, lediglich eine Öffnung und Ausweitung unseres eigenen Bewußtseins bedeutet und daß das, was wir empfangen, Informationen der vielen Facetten unserer eigenen Seele sind.

Die Gefahr der Ich-Inflation ist beim Channeling sehr groß. Im Gefühl, auserwählt zu sein von einem großen Meister, als sein Sprachrohr zu wirken, können solche Medien unter Umständen zu Fanatikern werden. Das kann so weit führen, daß sie von sich glauben, die Welt retten und die Menschheit erlösen zu müssen. Wenn so der Kontakt zur eigenen Ich-Identität und die Grenzen der Persönlichkeit verlorengehen, schließt sich diese spirituelle Öffnung wieder, ohne daß es von diesen Menschen selbst bewußt wahrgenommen wird. Sie channeln weiter, obwohl keine Öffnung mehr vorhanden ist, und beginnen, aus der Erinnerung heraus zu produzieren. Die Folge kann unter Umständen eine Existenzkrise sein, in der einem solchen Menschen alles genommen wird, was ihm wichtig war, und seine Identität völlig zusammenbricht. Dieser Mensch kann in ein tiefes, schwarzes Loch fallen und dabei nicht mehr wissen, wer er wirklich ist.

Wenn wir channeln und uns dabei bewußt sind, daß wir nichts anderes als uns selbst channeln, oder Kräfte, die zu uns gehören, und wenn wir bereit sind, die Verantwortung dafür zu übernehmen, kann eine solche Ich-Inflation nicht geschehen.

Das heißt natürlich nicht, daß all diese aufgestiegenen Meister, wie El Morya, Sanat Kumara, St. Germain u. a. nicht existieren. Selbstverständlich existieren sie in anderen Dimensionen. Aber es gibt nur wenige Ausnahmen, bei denen diese Meister wirklich direkten Kontakt mit Menschen aufgenommen haben, wie zum Beispiel bei Alice Bailey.

Jedes Wesen hinterläßt im kollektiven Bewußtsein Spuren von sich selbst, das heißt Schwingungen seiner Individualität. Da wir alle Teil dieses kollektiven Bewußtseins sind, ist es theoretisch möglich, daß jeder von uns Schwingungen eines anderen auf dieser weltlichen Ebene lebenden Menschen oder auch eines aufgestiegenen Meisters wie El Morya empfangen kann. Und nehmen wir an, ein Mensch empfängt nun Schwingungen, die ein Meister wie El Morya an das kollektive Bewußtsein abgegeben hat, so wird er fest davon überzeugt sein, daß El Morya auch weiß, daß er gechannelt wird bzw. daß er bewußt mit ihm Kontakt aufgenommen hat, um ihm Botschaften zu übermitteln.

Das Gehirn des Empfangenden wandelt nun die Informationen dieser Schwingungen in verbale Sprache oder Musik um, und fertig ist die Kommunikation mit dem Meister. Hinzu kommt, daß diese Botschaften fast immer durchtränkt sind mit den persönlichen Meinungen und emotionalen Schwierigkeiten des Mediums. Auf diese Weise können fanatische, doktrinäre Aussagen oder Botschaften von Weltuntergang entstehen.

Sollten Sie einmal zu einem Medium gehen, so behalten Sie auf jeden Fall Ihre Unterscheidungsfähigkeit und nehmen Sie nicht alles unüberprüft an, was da gechannelt wird. Werden Botschaften übertragen, die Sie in Ihrer freien Entscheidung einschränken oder die Ihrem Ego schmeicheln, so können Sie davon ausgehen, daß diese Informationen gefärbt sind von den persönlichen Schwierigkeiten des Mediums. Letztendlich ist es jedoch unwichtig, von wem die Botschaften kommen, allein der Inhalt und die Umsetzbarkeit spielen die größte Rolle.

8. Die Krise der Nahtod-Erfahrungen

Es gibt zahlreiche Bücher, in denen Menschen über Nahtod-Erfahrungen berichten. Diese Menschen waren klinisch tot, wurden reanimiert und schreiben über ihre Erlebnisse in diesem Zwischenbereich zwischen Leben und Tod. Dabei gibt es zwar individuelle Unterschiede, aber eine Reihe von Phänomenen, die ähnlich erlebt werden. Innerhalb von Sekunden kann das gesamte Leben wie ein Film vor dem inneren Auge ablaufen. Der Geist oder das Bewußtsein kann sich vom Körper lösen und sich frei bewegen. Oftmals schwebt der Geist über dem physischen Körper – sei es, daß dieser auf dem Operationstisch liegt oder auf der Straße nach einem Verkehrsunfall – und beobachtet die Szene. Viele Menschen berichten von einem Tunnel, an dessen Ende sie ein wundervolles, helles Licht erwartet, ein Licht von übernatürlicher Schönheit, das allumfassende und alles annehmende Liebe ausstrahlt und je nach religiöser Prägung, die der Mensch in seinem Leben erfahren hat, von ihm als Gott, Jesus, Buddha, Mohammed angesehen werden kann.

Für Menschen, die diese Erfahrungen gemacht haben und ins Leben zurückgekehrt sind, kann das eine Chance für spirituelles Erwachen sein, denn die meisten sind danach fest entschlossen, ihr Leben hinsichtlich ihrer Wertmaßstäbe und Ziele zu ändern.

Der Grund dafür, daß Nahtod-Erfahrungen zu einer spirituellen Krise führen können, liegt darin, daß es die meisten völlig unvorbereitet trifft und sie diese Erfahrungen schwer einordnen können. Leider haben sie anschließend kaum Gelegenheit, mit anderen darüber zu reden, da auch Ärzte und Angehörige selten über solche Phänomene informiert sind. Sollten die Reanimierten sich doch einmal anderen anvertrauen, so werden ihre Schilderungen oft als Phantasien abgetan oder ins Lächerliche gezogen, so daß sie sich nicht mehr trauen, sich jemandem mitzuteilen. Durch dieses Alleingelassenwerden mit ihrem Nahtod-Erlebnis kann eine Krise ausgelöst werden, die womöglich zu Depressionen führt.

Wir sollten daher immer offen sein für die Schilderung solcher Erlebnisse eines anderen Menschen und sie für wahr halten, seien sie für uns noch so unglaubwürdig. Für den anderen ist das die Wirklichkeit, auch wenn wir es vielleicht nicht nachvollziehen können.

9. Die Krise der Besessenheit

Hier kommen wir in einen Bereich, der durch pathologische Zustände gekennzeichnet ist: Menschen, die scheinbar von irgendwelchen Dämonen besetzt sind und von ihnen gequält und kontrolliert werden. Diese Menschen können ununterbrochen innere Stimmen hören, die ihnen sagen, was sie tun sollen. Das kann unter Umständen so weit gehen, daß sie ihnen einreden, sich selbst oder andere umzubringen.

Der Film «Der Exorzist» ist nicht weit von dem entfernt, was real passieren kann. Diese Menschen toben und schlagen um sich und reden mit veränderter Stimme, die manchmal wie synthetisch klingen kann. Und nicht nur die Stimme verändert sich, sondern der gesamte Körperausdruck und das Verhalten. Die Glieder des Körpers sind verrenkt und zucken in wilden Bewegungen. Für einen Außenstehenden erweckt all dies tatsächlich den Eindruck, als wäre hier eine unbekannte Kraft wie Dämonen am Werk.

Die pathologische Krise ist mit selbstzerstörerischen Neigungen verbunden. So können wir oft von Amokläufern hören oder von bisher braven Familienvätern, die aus dem Affekt heraus ihre gesamte Familie töten und dann sich selbst.

Im Gegensatz zu allen anderen spirituellen Krisenformen, die ausgelebt werden sollten, ist es im Falle einer pathologischen Krise wichtig, daß diese Menschen zuerst einmal durch Psychopharmaka ruhiggestellt werden, da sie vor sich selbst geschützt werden müssen. Diese Ruhestellung ist die Voraussetzung dafür, daß wieder Kontakt zu ihnen hergestellt werden kann, um eine Vertrauensbasis aufzubauen und anschließend mit ihnen zu arbeiten.

Die Arbeit kann ein langwieriger Prozeß werden, der Schicht für Schicht durch den erlebten Zustand hindurchführt. Nicht selten ist das Ergebnis ein Aufdecken eines sehr schweren vergangenen psychischen Schockzustandes, wie sexueller Mißbrauch, verbunden mit Gewalt. Diese nicht mehr bewußte Erinnerung hat sich im Unterbewußtsein verselbständigt, wodurch die ehemaligen Peiniger die Form von Dämonen annehmen.

Glücklicherweise gibt es diese Zustände von Besessenheit sehr selten. Es gibt zwar viele Menschen, die glauben, besessen zu sein, doch diese Art von Besetzung hat nichts zu tun mit der hier beschriebenen Art von pathologischer Besessenheit.

10. Die Krise durch Begegnungen mit Ufos

Die Zahl der Menschen, die behaupten, daß sie von unbekannten Raumschiffen entführt worden seien, steigt in der letzten Zeit ständig. Diese Menschen berichten davon, daß sie nachts von Außerirdischen aus dem Bett geholt und auf ein Raumschiff gebracht worden seien, wo dann Operationen an ihnen vorgenommen wurden. Das Phänomen ist, daß diese Menschen tatsächlich anschließend Narben an ihrem Körper tragen, die nicht zu erklären sind und die vorher nicht vorhanden waren. Es gibt auch Schilderungen von Menschen, die nachts mit ihrem Auto unterwegs waren und plötzlich in ein helles, meist blaues Licht eintauchen. Nachdem sie sich dann von dem Schreck erholt hatten, bemerkten sie, daß sie Tausende von Kilometern von der Stelle entfernt waren, wo sie sich vorher befunden hatten, obwohl nur eine Stunde Zeit vergangen war.

Wir müssen davon ausgehen, daß diese Menschen das tatsächlich erlebt haben. Die «Entführten» leiden häufig an schweren Angstpsychosen, wofür keine ersichtliche Ursache in ihrem Alltagsleben zu finden ist. Zum Teil berichten sie angstvoll von kleinen grauen Wesen mit großen, dunklen Augen, die immer wieder auftauchen und sie bedrohen.

Solche Berichte sind sehr real und können unter Hypnose in allen Einzelheiten rückerinnert werden. In Amerika gibt es mehrere Psychiater, die Untersuchungen solcher Phänomene durchführen, indem sie unter Hypnose die tatsächlichen Erinnerungen dieser Menschen wieder hervorholen. Bis jetzt sieht es so aus, daß alle Untersuchten gleichwertige Aussagen machten.

Mit dem Phänomen von Ufo-Sichtungen, über die ebenfalls immer häufiger berichtet wird, hat sich bereits C. G. Jung beschäftigt. Aus seiner Sicht kann es sich dabei um archetypische Visionen handeln, die aus dem kollektiven Unbewußten geboren wurden. Ufos können Urbilder der Menschen sein, die immer dann im kollektiven Bewußtsein in verstärktem Maße auftreten, wenn die Menschen auf der Erde in einem akut gefährdeten Zustand sind und in Ängsten leben. Wirtschaftskrisen, Arbeitslosigkeit, Umweltverschmutzung und Naturkatastrophen entfachen in den Bewohnern dieser Erde ein starkes Erlösungsbedürfnis und den Wunsch nach Rettung. Es ist wie der Schrei nach einem Messias. Solch ein kollektiver Schrei erzeugt eine große Kraft innerhalb des planetaren Bewußtseins, der dann bestimmte Archetypen aktivieren kann, die am Himmel in Form von Ufos sichtbar werden können. Vielleicht sind Ufos tatsächlich nichts anderes als der Archetypus des Erlösungsgedankens, geboren aus dem kollektiven Bewußtsein.

Verstärkt wird dieses Phänomen dann noch durch Medien und Menschen, die Außerirdische channeln und zum Beispiel Aussagen verbreiten wie: «Ihr braucht Euch nicht zu fürchten, wenn es soweit ist, daß auf der Erde alles zusammenbricht, werden wir Euch in unseren Raumschiffen retten, wir werden Euch evakuieren.» In solchen angeblich gechannelten Botschaften steckt der gesamte Erlösungswunsch der Menschheit und all die Ängste vor Schmerzen, Leid und Untergang.

Wenn wir diesen Botschaften Glauben schenken, kann darin die Gefahr liegen, daß wir keine Verantwortung mehr für das übernehmen, was wir alle tun oder getan haben und uns keine Gedanken mehr darüber machen, was wir auf der Welt verändern können, denn wir werden ja sowieso gerettet! Aus solchen Aussagen sind in den letzten Jahren viele sektenartige Gruppierungen entstanden.

Wir werden jedoch nicht umhin können, für alles, was hier auf der Erde passiert, selbst die Verantwortung zu übernehmen, da wird es niemanden geben, der uns rettet und uns diese Verantwortung abnimmt, denn wir sind es ja, die die Zustände auf dieser Welt selbst inszeniert haben. Genau wie jeder einzelne Mensch, so ist die Menschheit als Gesamtheit in einen Prozeß des Lernens und Wachsens eingebunden. Und würde es tatsächlich zu einer Evakuierung durch Außerirdische kommen, so würden uns die Erfahrungen und somit die Möglichkeit des Wachstums genommen. Hinzu kommt, daß es ein kosmisches Gesetz gibt, das für alle Wesen dieses Universums gilt: Niemand darf in den freien Willen eines Wesens eingreifen.

Die Erfahrungen und Lernprozesse, die wir als Menschen in dieser Zeit durchlaufen, brauchen wir für den nächsten Wachstumsschritt, und sie führen uns über die Grenze unseres Bewußtseins-Eis hinaus in den Kontakt mit dem planetarischen Bewußtsein.

Wir sollten bei solchen Phänomenen wie Entführungen durch Außerirdische oder Ufo-Sichtungen miteinbeziehen, daß das Bewußtseinsfeld ein dermaßen komplexes System ist, das multidimensional wirkt und kaum zu durchschauen ist. Deshalb ist es sehr schwierig, solche Phänomene wirklich einzuordnen.

Das sind die Formen von Transformationskrisen, die für uns Menschen einen Übergang auf andere Bewußtseinsebenen bedeuten können. Wenn wir uns ihrer Bedeutung bewußt sind, haben wir die Wahl, sie als Chance zu sehen und zu nutzen oder sie als krisenhaft zu erleben.

Spirituell zu wachsen, in welcher Form auch immer, ist immer eine Gratwanderung zwischen Normalität und Verrücktheit. Je weiter wir voranschreiten, um so schmaler wird dieser Grat. Irgendwann wird es keinen Grat mehr geben, dann hat sich die Grenze zwischen Normalität und Verrücktheit aufgelöst. Dann stellen wir uns nicht mehr die Frage: Bin ich jetzt normal oder verrückt? Alle Mystiker wurden die Wahnsinnigen Gottes genannt.

◆ 5. KAPITEL **Therapie als Wachstumsmöglichkeit**

Jeder Transformationsschritt führt uns in zwei Richtungen: Einmal bringt er unsere Seele mehr in Kontakt mit unserer Persönlichkeit, andererseits kommt es jedoch gleichzeitig zu einer Disidentifizierung von der Persönlichkeit.

Haben wir im Laufe unseres Lebens viele schmerzliche Erfahrungen gemacht, so wird das Ego uns daran hindern, mit diesen Erfahrungen nochmals in Kontakt zu kommen. In diesem Falle übernimmt es eine Art Schutzfunktion, indem es den Lichtkegel unseres Wahrnehmungsbewußtseins immer nur in eine Richtung dirigiert und versucht, an dem festzuhalten, was unserem gewohnten Selbstbild entspricht.

Die reale Welt, in der wir leben, die für jeden individuell verschieden ist, können wir vergleichen mit einem Setzkasten. Der Aufbau unseres Setzkastens wird bestimmt durch die Lernerfahrungen, die wir in unserem Leben gemacht haben. Aus diesen vergangenen Erfahrungen heraus erschaffen wir jeden Moment unsere eigene Realität neu.

Der selbst geschaffene Setzkasten besteht aus unseren festgefahrenen Gewohnheiten, Verhaltensmustern, Glaubenssystemen und Selbstbildern. Das sind die Gegenstände unseres Setzkastens, und wir tun nichts anderes, als diese Gegenstände unermüdlich hin- und herzuschieben. Dadurch gewinnen wir den Eindruck, daß wir etwas verändern. In Wahrheit leben wir jedoch in einer Linearität und gehen nur von A nach B, von B nach C, manchmal auch von C nach A usw. Das einzige, was sich verändert, ist die Zusammenstellung unseres Setzkastens, denn das Ego tut alles, damit wir in unserer Realität bleiben.

So können wir eine Gewohnheit durch eine andere ersetzen, von der wir genauso abhängig sind wie von der ersten. Und es ist auch möglich, daß wir die Vorstellung von uns selbst gegen ein neues Bild austauschen, das genauso wenig unserem wahren Wesen entspricht wie das erste. Das gleiche kann bei Krankheiten geschehen, dessen Symptome wir erfolgreich behandelt haben, jedoch kommt die Krankheit plötzlich an anderer Stelle wieder zum Vorschein, wie häufig bei Krebserkrankungen der Fall.

Wir schieben also die «Gegenstände» innerhalb unseres Setzkastens hin und her, suchen Lösungen, ändern auch im Äußeren einige Kleinigkeiten, doch der Setzkasten mit seinen festgesteckten Abgrenzungen bleibt bestehen. Wir alle haben mehr oder weniger die Tendenz, den eigenen Setzkasten vollzupacken mit Glaubenssystemen, Meinungen, Wissen u. ä., bis wir uns fast nicht mehr darin bewegen können. Erst dann fühlen wir uns sicher, weil unsere «Welt» jetzt klar abgegrenzt ist. Haben wir in der Vergangenheit erfahren, daß Spontaneität auf Ablehnung stößt, so haben wir daraus vielleicht gelernt, daß wir diese Spontaneität wohl besser unterlassen und uns lieber anpassen sollten. Auf diese Weise ist Anpassung zu einem Gegenstand unseres Setzkastens geworden, nach dem wir uns orientieren, und so gibt uns der Setzkasten eine klare Lebensorientierung und eine festgelegte Richtlinie. Wir wissen – oder glauben zu wissen –, was wir haben und wie wir uns in bestimmten Situationen benehmen müssen.

Was wir bei all dem jedoch nicht erkennen, ist, daß außerhalb unseres Setzkastens noch viel mehr existiert, was genauso ein Teil unseres wahren Wesens ist: das von uns nicht wahrgenommene Potential, die verdrängten Kräfte unseres Unterbewußtseins und vor allem auch unser spirituelles Potential.

Was passiert nun, wenn wir zum Beispiel eine Selbsterfahrungsgruppe oder ein Seminar besuchen? Durch die Erfahrungen, die wir dort machen, kann es geschehen, daß wir innerhalb von kurzer Zeit aus unserem Setzkasten hinauskatapultiert werden. Unsere selbst erschaffene Realität, in der wir uns bewegt haben, stimmt plötzlich nicht mehr, weil wir über den Rand des Setzkastens hinausgeschaut haben und etwas in unsere Wahrnehmung geraten ist, was vorher außerhalb unserer selbst existierte. Unsere gewohnte Welt ist aus den Fugen geraten. Diese erweiterte Wahrnehmung kann einen Transformationsprozeß einleiten, vorausgesetzt, wir haben die Bereitschaft, uns darauf einzulassen.

Ähnliches könnte durch ein traumatisches Erlebnis, eine schwere Krankheit, einen Unfall oder den plötzlichen Tod eines geliebten Menschen ausgelöst werden. Durch solche äußeren Einwirkungen gerät unsere selbsterschaffene Welt durcheinander, und wir werden gezwungen, uns mit dem Neuen zu konfrontieren.

Ein Mensch, der sich selbst immer als gutmütig und friedfertig gesehen hat und nun plötzlich mit seinen Aggressionen und seinem Haß konfrontiert wird, hat eine neue Realität in sich entdeckt. Dies wird ihm zunächst den Boden unter den Füßen wegziehen und ihn unsicher werden lassen. Er muß sich eingestehen, daß die Vorstellung, die er von sich selbst hatte, nur einem Teilaspekt seiner selbst entsprach.

Solche Erkenntnisse konfrontieren uns mit dem, was unser Ego bis jetzt abgelehnt und verleugnet hat. Wenn wir beginnen, über unseren Setzkasten hinauszublicken, müssen wir uns plötzlich mit Ängsten, Wut, Traurigkeit, Eifersucht, kurz der dunklen Seite unserer Seele, auseinandersetzen, die wir vorher noch nicht gekannt haben.

Der Setzkasten hat eine Abgrenzung, und alles was sich innerhalb dieser befindet, ist «gut und richtig», während alles, was sich außerhalb befindet, von uns als «böse und falsch» bewertet wird. Nun bricht diese Abgrenzung zusammen, und all das «Schlechte» strömt in unser Leben und wirbelt das «Gute» durcheinander. Wir müssen erfahren, daß unsere Sicherheit keine mehr ist und daß einfach nichts mehr stimmt. Es ist so, als würden wir uns langsam auflösen, wobei es nichts mehr gibt, woran wir festhalten können.

Und so geraten wir mitten hinein in einen oft sehr langen,

schwierigen Prozeß, in dem wir uns mit unseren Schattenbereichen auseinandersetzen müssen, deren Existenz wir bis dahin so geschickt abgelehnt und verleugnet haben. Zu einer wirklichen Neuorientierung kann es schließlich nur dann kommen, wenn wir gelernt haben, auch unsere dunklen Seiten als uns zugehörig zu sehen und sie anzunehmen.

Loslassen

Wenn wir an unserem gewohnten Setzkasten festhalten, wird dieser ganze Prozeß schmerzhaft verlaufen. Es ist wie ein Kreislauf von Tod und Geburt. Altes wird losgelassen und stirbt, damit etwas Neues geboren werden kann. Nur durch Akzeptieren können wir die altgewohnten Dinge in unserem Leben loslassen, doch Loslassen ist ein Paradox. Wenn wir denken: «Ich *muß* loslassen», dann halten wir unbewußt noch mehr an dem fest, was wir loslassen wollen.

Je mehr wir loslassen wollen, zum Beispiel einen Glaubenssatz wie «Ich bin nichts wert», um so mehr erzeugen wir demgegenüber Widerstände. Wenn wir denken: «Ich muß diesen Glaubenssatz loslassen», so geben wir ihm damit so viel Energie, daß er stärker wird als zuvor, obwohl wir ihn ja eigentlich loslassen wollten.

Wie oft hören wir von Klienten Aussagen wie: «Ich weiß, ich muß meine Traurigkeit loslassen» oder «Ich muß meinen Mann loslassen» oder ähnliches. Meistens enden solche Aussagen dann auch mit: «... aber ich weiß nicht, wie das geht». Solange ein «Muß» mit dem Loslassen verbunden ist, wird die dadurch erzeugte Gegenkraft stärker sein als der Wunsch loszulassen.

Loslassen ist ein Prozeß. Am Anfang steht die Konfrontation, dem folgt das Akzeptieren und schließlich, wenn wir «Ja» gesagt haben zu dem, was wir vorher ablehnten in uns, kommen wir dahin, nicht mehr loslassen zu *müssen*, sondern zu *dürfen*. «Ich *darf* meine Angst loslassen» hat eine ganz andere Qualität als «Ich *muß* ...» Es ist die Freiwilligkeit, die das Loslassen erleichtert, alles andere ist Zwang. Freiwilligkeit wird dann möglich, wenn wir aufgehört haben, gegen etwas zu kämpfen oder es abzulehnen, sondern es zu akzeptieren.

Durch Loslassen kommen wir schließlich zur Ruhe, spüren wieder Freude, Leichtigkeit und Gelassenheit. Wir haben unsere Schattenseiten transformiert und eine andere Realität erschaffen, die uns ermöglicht, neue Wege in unserem Leben zu beschreiten. Unser Lichtkegel des Wahrnehmungsbewußtseins hat sich ein Stück erweitert, und die Seele hat die Gelegenheit bekommen, mit einem neuen Aspekt des Bewußtseinsfeldes in Kontakt zu treten und damit eine neue Ausdrucksmöglichkeit gefunden.

Die Dauer dieser Ruhephase ist recht unterschiedlich, alles ist möglich: Minuten, Stunden, Tage, Monate, Jahre. Die Grenzen unseres Setzkastens haben sich aufgelöst, und eine Phase der Neuorientierung beginnt.

Therapie als unterstützende Begleitung

In Phasen unseres Lebens, in denen wir solche Transformationsprozesse durchlaufen, ist es oftmals sinnvoll oder auch notwendig, Begleitung und Unterstützung durch einen anderen Menschen zu suchen. Solche Begleiter können Therapeuten sein, die ähnliche Transformationsschritte selbst erfahren haben. Sie sind wie Bergsteiger, die einen hohen Gipfel erklommen haben und dann wieder hinabgestiegen sind und andere Menschen auf den gleichen Gipfel begleiten. Sie kennen unter Umständen den Weg, die Hindernisse und Gefahren, die uns beim Aufstieg zu diesem Gipfel begegnen können.

Sich therapeutisch begleiten zu lassen, bedeutet nicht immer, daß wir so krank sind, daß wir Hilfe brauchen, sondern es kann auch eine Möglichkeit sein, den eigenen Wachstumsprozeß voranzutreiben. Allerdings hängt dies davon ab, zu welchem Begleiter wir gehen und mit welchem Modell der Psychologie dieser arbeitet. Genau an diesem Punkt gibt es viel Verwirrung und Unsicherheit. Der therapeutische Markt ist so bunt und vielfältig, daß der Durchschnittsmensch schwer Klarheit bekommen kann.

Wir werden hier nicht auf die einzelnen therapeutischen Modelle eingehen, sondern mehr auf die Kriterien einer therapeutischen Begleitung. Alle Therapiemethoden haben ihre Berechtigung und ihren Sinn, genauso wie sie und die Therapeuten, die mit ihnen arbeiten, ihre Grenzen haben. Es gibt Menschen, die in einer Psychoanalyse einen sehr guten Erfolg erleben, andere wiederum durchlaufen ihre Transformationsprozesse mit Hilfe von Gesprächstherapie, Gestalttherapie, NLP, Körpertherapie, Reinkarnationstherapie, Atemtherapie o. ä.

Es geht darum herauszufinden, mit welchen Modellen wir an unsere eigenen Grenzen gelangen und mit welchen wir über diese Grenzen hinausgehen können. Damit hat jedes dieser Modelle ihre Daseinsberechtigung, weil jeder, der sich auf einen therapeutischen Prozeß einläßt, sich auf unterschiedlichen Bewußtseinsebenen oder sich innerhalb verschiedener «Setzkästen» bewegt.

Therapeutische Begleitung kann in unterstützender oder aufdeckender Form durchgeführt werden. Unterstützende Begleitung läßt das da sein, was da ist, und gibt Hilfe zur Selbsthilfe. Wenn jemand in Kontakt gekommen ist mit Kräften seines Bewußtseinsfeldes, seien dies Schattenseiten oder spirituelle Kräfte, die er allein nicht bewältigen oder einordnen kann, so wäre zum Beispiel eine unterstützende Begleitung angebracht wie Gesprächstherapie.

In der aufdeckenden Begleitung geht es um Klärung der Ursachen. Hier wird der Therapeut mit uns gemeinsam einerseits in die Dunkelheit unseres Bewußtseins gehen, andererseits aber auch in die lichtvollen Bereiche. Er verhilft uns, das aufzudecken, was uns nicht bewußt ist, und damit unterstützt er unsere Wahrnehmungserweiterung. Wenn jemand von einem bestimmten Verhaltensmuster loslassen will, das sich ständig wiederholt, wie zum Beispiel ein Mann, der alle Frauen in seinem Leben verletzt und vertreibt, so wäre eher eine aufdeckende Arbeit wie zum Beispiel Regressionstherapie, Hypnose, bestimmte NLP-Modelle o. ä. sinnvoll.

Wenn wir hier von «Therapeuten» sprechen, so verstehen wir darunter nicht nur Menschen, die psychologisch begleiten, sondern auch Ärzte, Heilpraktiker, Heiler und spirituelle Lehrer, die alle auf verschiedenste Art und Weise mit Menschen arbeiten können. Auf jeden Fall sollte es so sein, daß diejenigen, die andere Menschen auf ihrem Weg unterstützend begleiten, sowohl von den Zusammenhängen des menschlichen Bewußtseins als auch von der menschlichen Psyche umfangreiche Kenntnisse haben, und dies nicht nur auf theoretischer Basis, sondern auch aufgrund eigener erfolgreich bewältigter Selbstfindungs- und Transformationsprozesse.

Jedem, der sich auf die Suche nach einer geeigneten Begleitung für den eigenen Transformationsprozeß macht, raten wir, auf folgende Kriterien zu achten:

- Der/die Begleiter/in sollte sich offen und wertfrei zeigen, so daß Sie Vertrauen zu ihm/ihr aufbauen können.
- Von Vorteil ist, wenn der/die Begleiter/in von seinen/ihren Ausbildungen her dazu befähigt ist, mit mehreren Therapiemodellen zu arbeiten.
- Außerdem sollte er/sie aufgeschlossen sein gegenüber spirituellen Erfahrungen, sonst besteht die Gefahr, daß Sie sich hier alleine gelassen fühlen.
- Wenn Sie spüren, daß Sie mit Ihrem/Ihrer Begleiter/in bei sich selbst eine Grenze erreicht haben und mit ihm/ihr über diese Grenze nicht hinausgehen können, so ist es angebracht, einen neuen Therapeuten zu suchen.

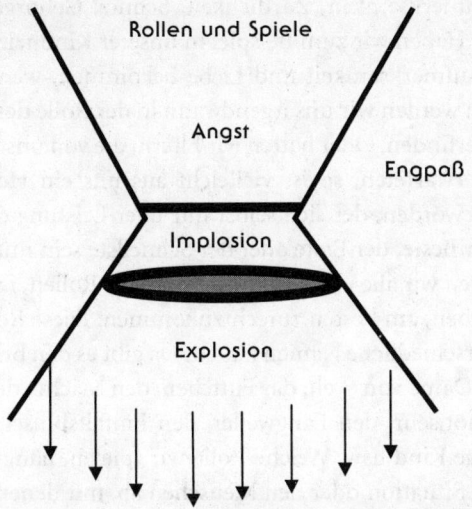

Der therapeutische Loslösungsprozeß

Im Folgenden werden wir aufzeigen, was Sie in einem therapeutischen Loslösungsprozeß zu erwarten haben.

Wenn wir die Entscheidung getroffen haben, an uns selbst zu arbeiten und uns Unterstützung zu holen, sei es durch eine Selbsterfahrungsgruppe oder therapeutische Einzelsitzungen, so wird diese Entscheidung aus einer Unzufriedenheit heraus mit uns selbst entstanden sein. Vielleicht haben wir herausgefunden, daß unser Setzkasten nicht mehr stimmig oder für uns zu eng geworden ist.

In jedem Falle wird uns diese Entscheidung in den Transformationsprozeß hineinführen. Dieser Prozeß wird sich wie das Schälen einer Zwiebel vollziehen. Wir werden Schicht für Schicht freilegen, bis wir zum Kern vorgestoßen sind.

Die erste Schicht, die wir abschälen, bringt uns in Kontakt mit unseren Rollen und Spielen. Schon sehr früh nimmt jedes Kind instinktiv die geeignete Rolle an, die ihm das sichert, was es braucht:

Liebe, Aufmerksamkeit, Zärtlichkeit, Schutz, Geborgenheit, Nahrung usw. Haben wir zum Beispiel in unserer Kindheit gelernt, daß wir nur Aufmerksamkeit und Liebe bekommen, wenn wir krank sind, dann werden wir uns irgendwann in der Rolle des Hypochonders wiederfinden. Oder hatten wir Eltern, die von uns überragende Leistung erwarteten, so ist vielleicht aus uns ein Hochleistungssportler geworden, der sich selbst nur über Leistung definiert und immer der Beste, der Erste oder der Schnellste sein muß.

So spielen wir alle unbewußt im Leben die Rollen, mit denen wir gelernt haben, am besten zurechtzukommen. Diese Rollen können ganz unterschiedliche Namen haben: Da gibt es den braven Jungen, die große Dame von Welt, das Flittchen, den Macho, den Verführer, den Hypnotiseur, den Langweiler, den Einfaltspinsel, die Mutter, das trotzige Kind usw. Welche Rolle wir spielen, hängt oft von der jeweiligen Situation oder den Menschen ab, mit denen wir zusammen sind. Im Beruf können wir die Rolle des Erfolgreichen, Leistungsfähigen oder des Versagers übernehmen, in der Partnerschaft die Rolle, von der wir denken, daß der Partner sie erwartet, und in einer Gruppe die Rolle eines gelehrigen Schülers, die eines Desinteressierten oder eines Rebellen.

Jede dieser Rollen ist verbunden mit bestimmten Vorstellungen, Konzepten, Verhaltensweisen und Phantasien, so wie wir gelernt haben, daß wir mit diesen Rollen im Leben am besten ohne Verletzungen und Schmerzen durchkommen oder überleben. Wir wiederholen diese Rollen immer und immer wieder, vermeiden damit Konflikte und gehen so den Weg des geringsten Widerstandes. Wir glauben, keine Verantwortung für das übernehmen zu müssen, was wir tun, denn schließlich wollen die anderen uns ja so haben. Menschen, die sich stets als Opfer der Umstände sehen, erschaffen sich zwar ihre eigene Realität, aber sie können die Schuld ihres Leidens an andere abgeben. Eine Rolle zu übernehmen kann auch ein Mittel zur Manipulation sein. Wir haben unbewußt gelernt, wenn wir eine bestimmte Rolle spielen, können wir andere dahingehend manipulieren und kontrollieren, daß sie uns nicht weh tun. Und auf diese

Art und Weise bewegen wir uns wiederum innerhalb der fest gesteckten Grenzen unseres Setzkastens hin und her.

Hinter all diesen Rollen finden wir innere Unsicherheit, Ängste, Minderwertigkeitsgefühle, Wut und nicht gelebte Freude wieder. Zum einen manipulieren wir andere, damit uns nichts passiert, zum anderen lenken wir von dem ab, was wir selbst nicht wahrhaben wollen. Damit vermeiden wir auch, daß andere unsere Schwächen sehen, denn dort liegen unsere Angriffspunkte. Eine Rolle zu spielen kann als neurotisch bezeichnet werden.

Neurotisch zu sein bedeutet jedoch nicht, daß wir krank sind, sondern die Fähigkeit, bestimmte Rollen oder Neurosen zu entwickeln, zeigt daraufhin, daß wir einen sehr gesunden Organismus haben. Ein kranker Organismus ist nicht mehr in der Lage, zu seinem eigenen Schutz manipulative Rollen zu entwickeln, um sein Überleben zu sichern. Er wird eher psychotisch werden. Ungesund wird die Neurose erst dann, wenn wir sie über die Zeit hinweg, wo sie uns von Nutzen war, beibehalten, das heißt, wenn wir als Erwachsener abhängig von unseren Rollen sind und sie uns beherrschen statt wir sie.

Diese Rollen erfüllen ihren Zweck, aber sie sind nicht das, was wir in Wirklichkeit sein könnten, weil sie immer einen Teil von uns ausschalten. So ist der Macho vielleicht von seinem Wesen her sehr sanft, berührbar und verletzlich, versteckt das jedoch hinter seiner Rolle. Irgendwann aber wird er mit dem, was er lebt, nicht mehr zufrieden sein, weil er von seinem Innersten her anders empfindet. Und wenn er beginnt unter dieser Diskrepanz zwischen Innen und Außen zu leiden, so wird ihn das vermutlich dazu bringen, an sich zu arbeiten.

Der erste Schritt ist also der, daß wir anfangen, unsere Rollen zu erkennen und zu durchschauen. Im nächsten geht es darum, sich von ihnen zu lösen.

Damit gelangen wir zur zweiten Schicht des Transformationsprozesses, wo wir mit großer Angst konfrontiert werden können. Wir können so etwas wie eine «Katastrophen-Erwartungshaltung» bekommen, die begleitet ist mit Fragen wie: «Was passiert, wenn ich meine Rolle aufgebe und es anders mache? Was passiert, wenn ich aufhöre, Macho zu sein und meine sanfte, empfindsame Seite zeige?»

All die Jahre haben unsere Rollen uns Sicherheit gegeben, und sie sind zu einer Gewohnheit geworden. Deshalb ist es selbstverständlich, daß wir Angst erleben, wenn es darum geht, sie aufzugeben. Jedoch an diesem Punkt lehnt sich das Ego verstärkt dagegen auf, es entwickelt die Tendenz, noch mehr festzuhalten. Wir werden massiv mit Ängsten vor dem Loslassen konfrontiert und auf der anderen Seite gleichzeitig mit unserer Unzufriedenheit.

Schaffen wir es dann, die Angst zu überwinden und können uns entscheiden, unsere Rollenspiele aufzugeben, dann gelangen wir in einen Engpaß hinein, der mit dem Geburtskanal vergleichbar ist, durch den jeder von uns hindurch mußte. Wie wir diesen Engpaß erleben, hängt davon ab, wie wir unsere leibliche Geburt erlebt haben. Sind wir bei unserer Geburt zum Beispiel im Gebärmutterhals steckengeblieben und wurde unser Leben durch Erstickung bedroht, so werden wir in dieser Phase des Prozesses ebenfalls die Erfahrung von Festgehaltenwerden, Druck und Erstickung machen. Ist unsere Geburt jedoch sehr einfach und schnell verlaufen, so werden wir genauso schnell durch diesen Engpaß hindurchgehen können.

Gleichgültig, auf welche Art und Weise wir diesen Engpaß erleben, uns wird sich immer die Frage stellen: «Wenn ich nicht meine Rolle bin, wer bin ich dann?» Auf diese Frage wissen wir selbst zunächst keine Antwort, und auch unser Therapeut wird sie uns nicht geben können.

An diesem Punkt werden die meisten Therapien abgebrochen, weil wir dieses Nichts, in das wir hineingeraten sind, nicht aushalten können und die Tendenz haben, davor wegzulaufen, um wieder zu den altgewohnten Rollen zurückzukehren. Wir erleben eine große Verwirrung, ein inneres Chaos. Das, was wir vorher gelebt haben, ist nicht mehr angemessen, weil wir das Muster durchschaut haben, und das Neue ist noch nicht da. Wir sind nicht mehr in der sicheren Umgebung einer «Gebärmutter» und auch noch nicht im neuen Leben, wir stecken fest. Sind wir einmal in diesem Dilemma drin, so werden wir merken, daß jede Hilfe von außen sinnlos ist. Die Zeit in diesem Engpaß müssen wir ganz alleine überstehen, denn hier geht es um unsere Entscheidung, und die kann uns absolut niemand abnehmen. Unser Begleiter kann hier nichts anderes tun, als unterstützend zu wirken.

Können wir dann aus eigener Kraft durch diesen Engpaß hindurchgehen, so geraten wir in eine Phase der Implosion. Alle Kraft, die wir dafür aufgebracht haben, die Rollen zu spielen, zieht sich nach innen, begleitet von einem Gefühl, innerlich zerrissen zu werden. Es ist wie eine Art Todesstarre, in der der alte Zustand in uns stirbt.

Wenn wir diesen «Sterbeprozeß» und damit verbunden all die Hilflosigkeit, Einsamkeit und Verzweiflung zulassen, dann werden wir sehr schnell durch diese Phase hindurchgehen können, und wir gelangen in die Explosion hinein. Die Kräfte, die sich zurückziehen und sterben, explodieren plötzlich nach außen, und wir beginnen, ungewohnte Emotionen wahrzunehmen, zu erleben und auszudrücken. Zuerst gehen wir also in die Kompression und dann in die Explosion hinein oder von der Totenstarre in die Lebendigkeit. Ungeahnte Kräfte kommen in uns in Bewegung, die sich hinter der Rolle versteckt haben.

Diese Explosion können wir auf verschiedene Art und Weise erleben, zum Beispiel in einer Explosion von Traurigkeit, die sich über eine Flut von Tränen zum Ausdruck bringt, oder die Explosion von ekstatischer Fröhlichkeit, die sich in nicht-enden-wollendem Lachen zeigt. Auf jeden Fall erleben wir eine bis dahin nicht geahnte Lebendigkeit, die uns mit unserem wahren Wesen in Kontakt bringt, mit dem Wesen, das hinter den ganzen Rollen steckt. Durch die Explosion werden die Kräfte frei, die unser «Sein» beinhalten. Wir kommen also in das hinein, was wir sind. Dies bringt natürlich eine Veränderung für unser gesamtes Leben mit sich.

Durch die Explosion sind wir endgültig aus unserem Setzkasten ausgestiegen und können damit beginnen, einen anderen Setzkasten einzusortieren. Vielleicht krempeln wir unser ganzes Leben um oder organisieren es völlig neu, verändern unter Umständen sogar unser Umfeld, Partnerschaft, Freundschaften oder anderes. Auf jeden Fall werden wir unser Leben nicht mehr so gestalten wie vorher.

In solchen Phasen erleben wir dann meist, daß die uns nahestehenden Menschen – Partner, Eltern, Geschwister, Freunde – uns nicht mehr wiedererkennen und sich schwertun, mit uns umzugehen. Wir haben uns verändert, vor allem sind wir nicht mehr bereit, irgendwelche Manipulationen mitzumachen. Vielleicht bekommen wir zu hören: «Wo ist nur dein Humor geblieben, den du immer hattest?» Dabei haben wir den Humor nicht verloren, wir haben nur unsere Rolle als Humorist aufgegeben.

Interessant hierbei ist zu beobachten, daß sich unsere gesamte Familienstruktur verändern kann, wenn wir durch diesen Prozeß hindurchgegangen sind. Wir sind alle in eine bestimmte Familienstruktur eingebunden, in der jeder einzelne Familienangehörige ein Glied bildet. In einer solchen Struktur hat jeder seine Rolle zu spielen, ungeachtet dessen, ob er etwas davon weiß oder diese Rolle haben will. Beginnt jetzt eines dieser Glieder aus der ihm zugesprochenen Rolle auszusteigen, so bricht die gesamte Struktur zusammen. Familienkonflikte können dadurch bewußt sichtbar gemacht werden und – wenn Bereitschaft vorhanden – auch gelöst werden. Es ist so, als würde der Funken unserer Veränderung auch auf die anderen überspringen.

Implosion und Explosion sind die zwei Stadien, die meistens innerhalb einer Sitzung oder eines Prozesses durchlaufen werden. Dieser gesamte Prozeß wiederholt sich ständig, und das nicht nur in einer Therapiesitzung, sondern auch in unserem Leben. Wir gehen nicht nur einmal durch diesen Engpaß hindurch, sondern wir werden immer wieder von neuem geboren, und jeder Prozeß wird von den gleichen Schichten begleitet sein. Zuerst die Erkenntnis, dann die Angst, das Akzeptieren, der Engpaß und dann Implosion und Explosion. Der Vorteil bei der Wiederholung dieser Prozesse ist, daß wir beim nächsten Mal wissen, worum es geht, und dadurch können wir diese ganzen Schichten schneller durchqueren, bis wir die Prozesse fast automatisch ablaufen lassen können.

Je öfter wir diese Transformationsprozesse durchleben, um so authentischer werden wir, um so mehr hören wir auf, Rollen zu spielen und kommen immer näher an unser wahres Wesen heran.

ZWEITER TEIL Transformationsarbeit im Medizinrad

ELEMENT: Luft
FARBE: Gelb
ENERGIESCHICHT: Mentalkörper
CHAKRA: Solarplexus- und Halschakra
ARCHETYPUS: Vater, Hetäre
PSYCHE: Intellekt, Wissen, Verantwortung,
Glaubenssätze, Zweifel, Selbstausdruck,
Kritiksucht

ELEMENT: Erde
FARBE: Grün
ENERGIESCHICHT: Ätherkörper
CHAKRA: Wurzelchakra
ARCHETYPUS: Held, Hexe
PSYCHE: Unterbewußtsein, dunkle Nacht
der Seele, Einsamkeit, Aggression, Macht,
Stille, das Weibliche
PERINATALE MATRIZ: 2
KRAFT: Imagination
TRANSPERSONALE ERFAHRUNG:
Tod/Geburt, Auflösung des Ichs
REICH: Dämon, Schatten, Steine
TIERARCHETYPUS: Jaguar

WESTEN

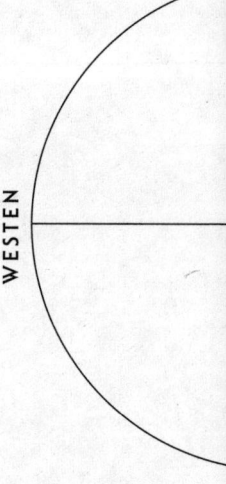

ELEMENT: Wasser
FARBE: Blau
ENERGIESCHICHT: Emotionalkörper
CHAKRA: Sakral- und Herzchakra
ARCHETYPUS: Mutter, ewiger Jüngling
PSYCHE: Empfinden, Gefühle, Unschuld,
Selbstvertrauen, Verletzungen der
Vergangenheit, Inneres Kind, Liebes-
bedürftigkeit, Trauer, Sicherheitsbedürfnis

PERINATALE MATRIZ: 3
KRAFT: Instinkte
TRANSPERSONALE ERFAHRUNG:
Omnipotenz, Einheit mit kollektivem
Bewußtsein, Weisheit, alchemistische
Hochzeit
REICH: Krafttiere, Welt der Archetypen
TIERARCHETYPUS: geflügeltes Pferd

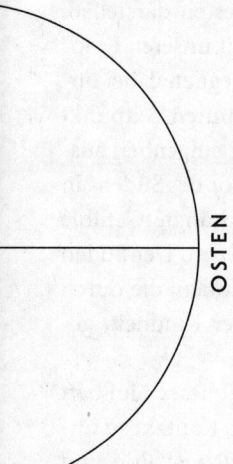

OSTEN

ELEMENT: Feuer
FARBE: Rot
ENERGIESCHICHT: Lichtkörper
CHAKRA: Kopfchakra
ARCHETYPUS: Amazone, Weiser
PSYCHE: Intuition, Geist, Kreativität, Licht,
das Männliche, Metabedürfnisse
PERINATALE MATRIZ: 4
KRAFT: Inspiration
TRANSPERSONALE ERFAHRUNG:
Leere, Visionen, das Unbekannte,
Lichterfahrungen
REICH: Meister, Erzengel
TIERARCHETYPUS: Adler

PERINATALE MATRIZ: 1
KRAFT: Transformation
TRANSPERSONALE ERFAHRUNG:
paradiesischer Zustand, Einheits-
bewußtsein
REICH: Kundalini, Pflanzen
TIERARCHETYPUS: weiße Schlange

◈ 6. KAPITEL **Der Süden:**
Das Wasser des Lebens

Wir beginnen nun unseren Transformationsprozeß innerhalb des Medizinrades im Süden. Dem Süden wird das Element Wasser zugeschrieben. «Wasser des Lebens, ausgegossen für die Menschheit», mit dieser Aussage können wir den Süden am besten darstellen. Durch das Tor des Südens treten wir in Kontakt mit unseren Emotionen und unserer Empfindungsfähigkeit und begegnen dabei unserer Vergangenheit. Wenn wir uns zu einem bestimmten Zeitpunkt in unserem Leben mit der Bewältigung unserer Vergangenheit auseinandersetzen, treten wir automatisch durch das Tor des Südens in das Medizinrad. Dabei durchleben wir längst verdrängte Gefühle und integrieren so das Element Wasser in unser Leben. Der Süden beherbergt also die Transformation unserer Emotionen, die durch Erlebnisse in unserer Vergangenheit, vor allem der Kindheit, geprägt sind.

Das Leben ist wie ein großes Flußbett. Solange dieses Flußbett Wasser führt, bleiben wir empfindungsfähig und im Kontakt zu unseren Emotionen. Dann erleben wir das Leben als vielfältig und empfindungsreich. Ist das Flußbett aber ausgetrocknet, das heißt, sind wir abgetrennt von unseren Emotionen, so erscheint uns das Leben als langweilig oder auch trostlos. Menschen, die aus irgendeinem Grund wenig Kontakt zu ihrem «Wasser des Lebens» haben, weil sie sich durch schmerzliche vergangene Erfahrungen abgetrennt haben, trocknen regelrecht aus. Ihnen wird es schwerfallen, wirklich lebendige Erfahrungen mit all ihren Sinnen zu erleben, die ihnen weitere Entwicklungsmöglichkeiten bieten könnten. Jede Entwicklung, sei es emotional oder mental, wird nur durch Erfahrungen möglich, bei denen wir gefühlsmäßig beteiligt sind, und wenn wir diese Gefühle dann auch verarbeiten und integrieren. Sonst bleibt jede Form von Erfahrung rein intellektuell und abgehoben und ist im Grunde gar keine wirkliche Erfahrung.

Ein wunderschöner Sonnenaufgang in den Bergen kann uns gefühlsmäßig so sehr berühren, daß wir tief in uns die Schönheit des Lebens erfahren und noch Tage nach diesem Erlebnis davon zehren. In gutem Kontakt mit unseren Emotionen zu sein, macht uns berührungsfähig und eröffnet uns alle Entwicklungsmöglichkeiten, die wir als Mensch haben können.

Wie wir unsere gegenwärtigen Erlebnisse verarbeiten und welche Erfahrungen wir aus ihnen ziehen, wird stark von Erfahrungen aus unserer Vergangenheit geprägt. Haben wir in der Vergangenheit bei Sonnenaufgang in den Bergen einen schweren Sturm oder einen Unfall erlebt, so werden wir in der Gegenwart jeden Sonnenaufgang mit dem vergangenen Erlebnis in Verbindung bringen und nicht von der Schönheit berührt sein, sondern vom Schrecken des Vergangenen. Wir können davon ausgehen, daß unsere Wahrnehmung und Interpretation von gegenwärtigen Erlebnissen das Ergebnis der Vergangenheit ist.

Unser Flußbett ist nicht nur eine Struktur für das Wasser (die Emotionen), sondern es befinden sich auch viele Steine oder Felsbrocken (vergangene, nicht verarbeitete Erlebnisse) darin. Dadurch wird das Wasser mal ruhig oder mal brausend dahinfließen.

Vergangene Erlebnisse bilden ein Filtersystem, das die Art und Weise bestimmt, wie wir unser Leben und die Welt wahrnehmen. Wie dieses Filtersystem uns durch Konditionierungen und Gewohnheiten auf Erlebnisse in unserem Leben reagieren läßt, verdeutlichen die folgenden zwei Beispiele:

Viele von uns sind als Kind dazu aufgefordert worden, vor Familienmitgliedern ein Lied vorzutragen. Die Familienangehörigen empfinden dies als lustig und amüsieren sich darüber, wenn ein kleines Kind (ungewollt) den «Clown» spielt, das Kind aber mag dabei Schamgefühle erleben. Dies kann ein Filter werden, der bei ähnlichen Erlebnissen in der Zukunft Schamgefühle aktiviert, gerade in solchen Situationen, in denen wir vor einer Gruppe etwas vorzutragen haben. So ist es zu einer Konditionierung gekommen, die dafür sorgt, daß uns immer wieder das gleiche passiert: Wenn ich vor einer Gruppe reden soll, tritt mir die Schamröte ins Gesicht, meine Stimme zittert, und ich habe Angst, mich zu blamieren.

Verena, eine 35jährige kaufmännische Angestellte, erlebt in Situationen, in denen sie auf ihre Gefühle angesprochen oder befragt wird, was sie sich wünsche, daß sie verstummt, kein Wort über ihre Lippen kommt, ihr Mund wie zugeklebt ist und in ihrem Hals ein Kloß steckt. Sie trennt sich vom Kontakt zu der anderen Person und wird völlig teilnahmslos. Dieses sich wiederholende Verhalten erschwert ihr jeden Kontakt zu anderen Menschen, vor allem in Partnerschaften. Sie ist fast unfähig, sich und ihre Bedürfnisse zum Ausdruck zu bringen, wodurch sie in Partnerschaften ständig von Wünschen des Partners überrumpelt wird und ihre Identität aufgibt. Nach monatelanger innerer Arbeit wird in Verena folgende Erinnerung wach: Ihr Vater, der gestreßt von der Arbeit nach Hause kommt und seine Ruhe haben will, duldet auf keinen Fall, daß seine kleine schwatzhafte Verena ihm voller Lebensfreude ihre Tageserlebnisse mitteilen will. Damit sie still ist, klebt er ihr mit einem Klebeband den Mund zu. Sie lernt also, in allen ähnlichen Situationen, in denen sie sich mitteilen will oder soll, den Mund zu halten. Durch das Aufarbeiten dieser schmerzhaften Kindheitserfahrung kann die Konditionierung aufgelöst werden. Verena ist heute fähig, klar und deutlich mitzuteilen, was sie will.

Auch wenn unsere Konditionierungen sich auf wahre Erlebnisse aus unserem Leben gründen, so müßten sie sich nicht immer wiederholen. Erst wenn wir eine schmerzhafte oder leidvolle Erfahrung nicht verarbeiten, sondern uns von ihr abtrennen, schalten wir auf den Automatismus der Konditionierungen um, und die Wiederholung ist perfekt. In unserem Bild des Flußbetts bedeutet das, daß in unser Flußbett ein Steinbrocken gelegt wurde, der dem Wasser an dieser Stelle eine bestimmte Richtung gibt.

Durch die Transformationsarbeit des Südens reinigen wir unsere

Vergangenheit von Automatismen, wir erleben bewußt unser Filtersystem, klären die schmerzvollen Erfahrungen und stellen so wieder die Verbindung zum Lebensfluß her. Wir erlangen durch das Eintreten in den Süden eine neue Sichtweise unseres Lebens, welche unserem Umgang mit Emotionen eine entscheidende Wende geben kann. Emotionen können so zu einem wichtigen Teil unseres Lebens werden, der uns dann in eine tiefe Berührbarkeit führen kann. Das Leben wird zu einem reichhaltigen Fluß, der uns viele menschliche und spirituelle Entwicklungsmöglichkeiten bieten wird.

Die Arbeit an uns selbst im Süden dient der Aufarbeitung unserer Vergangenheit und der Auseinandersetzung mit unseren Wunden, die unsere Konditionierungen bestimmen. Die vielen unabgeschlossenen emotionalen Erlebnisse, die wir mit uns herumtragen, rauben uns wichtige Energie, die wir für unser Leben im Hier und Jetzt brauchen. Wir müssen ständig die damit verbundenen Emotionen kontrollieren, wollen wir doch verhindern, daß diese in den Vordergrund unseres Lebens treten und damit sichtbar werden für andere. Es ist so, als hielten wir auf einem Kochtopf, in dem das Wasser sich erhitzt, den Deckel fest drauf, damit kein Wasserdampf entweichen kann. Alle ungeklärten Emotionen haben jedoch die Tendenz, in den Vordergrund zu treten, sich in unserem Leben bemerkbar zu machen, so sehr wir uns auch dagegen wehren nach dem inneren Leitsatz: «Niemand darf meinen Ärger, meinen Schmerz, meine Enttäuschungen, meinen Haß sehen, also verberge ich sie.»

In der Gestalttherapie spricht man an dieser Stelle von offenen Gestalten, die sich solange in den Vordergrund drängen, bis sie geschlossen werden und sich damit auflösen. So sind alle Erlebnisse in unserem Leben, die wir nicht abschließen oder zu Ende führen, offene Gestalten, die wir, soweit sie mit schmerzhaften oder unangenehmen Emotionen verbunden sind, kontrollieren müssen.

Wenn ein Kind zum Beispiel geschlagen wird, hat es als natürliche und gesunde Reaktion das Bedürfnis, sich zu wehren. Das Bedürfnis ist die Gestalt, die sich öffnet, die aber nie zur Vollendung kommt, weil das Kind genau weiß, es hat keine Chance, sich zu verteidigen. Die Gestalt bleibt offen und wird das Kind ein Leben lang begleiten. Das Bedürfnis, sich zu verteidigen, wird im Vordergrund stehen und bei jeder entsprechenden Situation aktiviert, aber auch gleichzeitig unterdrückt. Die Wahrnehmung dieses Menschen wird von dieser offenen Gestalt geprägt, er ist davon überzeugt, sich immer verteidigen zu müssen, gleichzeitig aber weiß er, daß er keine Chance hat zu gewinnen, also kontrolliert er das Bedürfnis danach. (Fahren Sie einmal Auto, geben Gas und gleichzeitig treten Sie auf die Bremse!) Dies wird ein tiefes Gefühl von Hilflosigkeit und Opfersein erzeugen und ein schwaches Selbstbildnis bewirken. Könnte diese offene Gestalt geschlossen werden, indem das Bedürfnis, sich zu wehren, wirklich einmal ausgelebt wird, dann würde sich das Selbstbildnis verändern und sich die Notwendigkeit der Verteidigung auflösen.

Das Schließen einer Gestalt setzt also die Energie frei, die an diese offene Gestalt gebunden war. Wenn wir Kontrolle ausüben, damit eine offene Gestalt nicht in den Vordergrund tritt, dann erfordert das sehr viel Energie, die uns für andere kreative Dinge nicht mehr zur Verfügung steht. Gleichzeitig ist es eine Form von Abhängigkeit, in die wir uns hineinbegeben, eine Abhängigkeit von den unverarbeiteten Erfahrungen unserer Vergangenheit.

Wir werden uns wundern, welchen Energiezuwachs wir in unserem Leben haben werden, wenn wir beginnen, mit unserer Vergangenheit abzuschließen. Aus diesem Grunde beginnt die Transformationsarbeit im Süden, damit wir Energie freisetzen können, die wir dann im Westen in der Auseinandersetzung mit unserem Schatten benötigen.

Die Arbeit im Süden beinhaltet zwei wichtige Schwerpunkte: die Rekapitulation und die Begegnung mit dem inneren Kind.

Die Rekapitulation

Das Rekapitulieren ist eine Möglichkeit, an die Vergangenheit gebundene Energien freizusetzen. Sie umfaßt eine ausführliche, intensive Ausarbeitung unserer Vergangenheit und ein Bewußtmachen unserer Konditionierungen. Den Ursprung der Rekapitulationstechnik finden wir wieder bei den Tolteken (schamanische Kultur des südamerikanischen Kontinents), deren Wissen uns unter anderem in den Büchern von Carlos Castaneda übermittelt wird.

Wir haben in unserer Aura in der Gegend des Nabels emotionale Lichtfäden, die eigentlich nicht zu uns gehören, die wir aus- bzw. abstoßen müssen. Diese emotionalen Lichtfäden sind durch Erlebnisse, die wir mit anderen Menschen hatten, bei uns hängengeblieben, und sie zehren von unseren Energien.

Durch die Rekapitulation und das Durchleben der entsprechenden Situationen und der damit verbundenen Emotionen sorgen wir dafür, daß alle Lichtfäden, die der Vergangenheit angehören, ausgestoßen werden. Es geschehen explosionsartige Ausstöße, die unsere Aura von allen Lichtfäden reinigt. Dadurch wird sehr viel Energie freigesetzt, die wir kreativ in unserem Leben umsetzen können.

In der Rekapitulationsarbeit geht es also um die Auflösung der Vergangenheitsstrukturen und um das Schließen der offenen Gestalten. Bevor dies aber geschehen kann, müssen sie sichtbar werden, das heißt, wir müssen sie uns wieder bewußt machen.

Wenn wir uns aufmerksam in der Welt umschauen, so können wir erkennen, daß wir uns in einer Zeit der Auflösung befinden, und zwar lösen sich verborgene, verdrängte und konditionierte Strukturen auf. Immer mehr von diesen alten Strukturen in Form von Intrigen, Betrügereien und Konflikten zwischen den Völkern werden zur Zeit aufgedeckt und damit sichtbar, damit sie aufgelöst werden können. Das Chaos an Gewalt und Kriegen, das sich in unserer jetzigen Zeit auf der Erde abspielt, ist nichts anderes als das Sichtbarwerden der offenen Gestalten und der verdrängten Konflikte menschlicher Vergangenheit auf kollektiver Ebene.

Wir können nicht länger unsere Augen verschließen, jeder von uns sollte sich bewußt mit seinem eigenen Leben und seiner Vergangenheit auseinandersetzen. Nur so wird dies dann auch immer mehr auf kollektiver Ebene möglich. Wenn dies weltweit, das heißt kollektiv, geschehen könnte, dann bestünde die Möglichkeit einer neuen gesellschaftlichen Lebensform, die sich auf mehr Menschlichkeit gründet. Kriege müßten nicht mehr auf dem Schlachtfeld ausgetragen werden, sondern könnten in einer international angelegten Vergangenheitsbewältigung für immer aus der Welt geschafft werden. Aus diesem Grunde machen wir die Rekapitulationsarbeit nicht nur für uns allein, sondern sie hat Auswirkungen auf die Gesamtheit der Menschheit.

Während der Rekapitulation geschieht genau das gleiche wie im Moment unseres Todes, in dem unser ganzes Leben wie ein Film an uns vorüberläuft. Wenn wir im Sterbeprozeß an einer Lebenssituation festhalten, so hindern wir uns selbst am Sterben. Haben wir uns durch die Rekapitulation darauf vorbereitet, Lebenssituationen bewußt loszulassen, so können wir leichter durch den Sterbeprozeß gehen. Wir bleiben nicht bei unaufgearbeiteten Situationen oder Emotionen wie Schuld- und Rachegefühlen hängen und sind nicht gezwungen, diese in einer weiteren Inkarnation in einem neuen Körper wieder zu erleben und dann zu bewältigen

Die Schamanen sagen, «wenn beim Sterben der Lebensfilm abläuft und wir bei bestimmten Situationen ins Stocken geraten, weil wir noch nicht abgeschlossen haben, dann löscht der Adler unser Bewußtsein aus, und wir schaffen uns neues Karma», also eine neue Inkarnation.

Tragen wir sehr viel «Gepäck» aus der Vergangenheit mit uns herum, dann wird der Sterbeprozeß begleitet sein von der Sehnsucht, die offenen Gestalten abzuschließen, und dies erschwert erheblich das Sterben. Wenn wir in unserem «Lebensfilm» hängenbleiben, haben wir keine Wahlmöglichkeit, wir werden wieder inkarniert durch und mit unseren emotionalen Mustern. Wir tragen dann diese unabgeschlossenen Gestalten mit in unsere nächste

Existenz hinein. Die Rekapitulationsarbeit ist also auch eine Vorbereitung auf das Sterben, um Situationen, die in unserem Leben nicht aufgearbeitet, sondern nur verdrängt wurden, ans Licht zu bringen und dann loszulassen.

Indem wir schon zu Lebzeiten mit allem in unserem Leben abschließen oder Frieden schließen, haben wir im Augenblick des Todes die Möglichkeit, in einen erleuchteten Zustand zu gehen, mit unserer Ich-Individualität in andere Dimensionen aufzusteigen. Die Rekapitulation ist also auch eine Bewußtseinsschulung, um nach dem physischen Tod entscheiden zu können, ob und wo wir wieder inkarnieren wollen, oder ob wir in eine andere Dimension eingehen wollen. Die Entscheidungsfreiheit liegt dann allein bei uns.

Die drei Phasen der Rekapitulation

Der Prozeß der Rekapitulation unterteilt sich in drei Phasen: In der ersten Phase erstellen wir eine Rekapitulationsliste, in der zweiten Phase bereiten wir einen geeigneten Raum vor, der uns von unserem Umfeld abschirmt, und in der dritten Phase, der eigentlichen Rekapitulationsarbeit, wenden wir eine bestimmte Atemtechnik an. Hier die genaue Beschreibung:

Erste Phase:

Sie beginnen damit, eine Liste Ihrer einzelnen Lebensstationen zu erstellen. Es geht nicht darum, Ihr Leben chronologisch aufzuführen, sondern es in einzelne Kapitel aufzuteilen, so daß Sie eine Art Landkarte Ihres Lebens erhalten, in der einzelne Stationen aufgezeichnet sind. Sehr geeignet bei dieser Arbeit ist es, Karteikarten anzulegen. Auf jeder Karteikarte vermerken Sie ein Hauptkapitel Ihres Lebens, zum Beispiel könnten einige Kapitel heißen:

- Eltern
- Geschwister
- Verwandte
- Freundschaften
- Feindschaften
- Schulzeit
- Beruf
- Liebesbeziehungen
- Ehe
- Krankheiten
- usw.

Dann unterteilen Sie diese Hauptkapitel nochmals in Unterkapitel, zum Beispiel notieren Sie innerhalb des Kapitels «Liebesbeziehungen» alle Namen der Liebespartner, mit denen Sie bis heute Beziehungen hatten. Hinter jedem Namen notieren Sie weiterhin einige Stichworte zu diesen Personen, zum Beispiel, wie Sie diesen Menschen erlebt haben, welche Eigenschaften er/sie hatte und Stichworte zu Erlebnissen mit diesem Menschen. Im Hauptkapitel «Beruf» zählen Sie beispielsweise alle Arbeitsstellen auf mit entsprechenden Stichworten dazu, wie Arbeitskollegen usw. Genauso verfahren Sie mit allen anderen Hauptkapiteln. Auf diese Art und Weise gehen Sie Ihr ganzes Leben in Gedanken durch bis ins kleinste Detail. So erhalten Sie einen Karteikasten, der die Stationen Ihres gesamten bisherigen Lebens umfaßt. Diesen können Sie natürlich im Laufe der Zeit immer wieder ergänzen, denn Sie werden feststellen, daß Ihnen beim Rekapitulieren Ereignisse und Begegnungen in den Sinn kommen, die Sie bereits vergessen hatten.

Die erste Phase besteht also darin, sich diesen Karteikasten aufzubauen, wofür Sie sich Zeit nehmen sollten (über Wochen hinweg). Die Karteikarten helfen Ihnen dabei, die unterschiedlichsten Stationen und Ereignisse Ihres Lebens in überschaubare Kapitel zu gliedern. Jedes Mal, wenn Ihnen wieder etwas einfällt, schreiben Sie es auf die Karteikarte oder legen Sie eine neue Karte an. Erst wenn Sie das Gefühl haben, Ihr Karteikasten ist fertig, folgt die zweite Phase.

Zweite Phase:

Suchen oder schaffen Sie sich einen hermetisch abgedichteten Raum, denn für das eigentliche Rekapitulieren ist ein dunkler und von der Außenwelt abgeschirmter Raum vonnöten. Dafür gibt es mehrere Möglichkeiten. Der ideale Raum wäre eine Erdhöhle, in die Sie hineinkriechen können, doch wer hat schon so etwas vor seiner Haustür. Eine andere Möglichkeit wäre, sich einen großen Holzkasten zu bauen, in dem Sie genug Platz zum Sitzen haben. Oder als dritte Variante: räumen Sie Ihren Kleiderschrank aus.

Es ist wichtig, dafür zu sorgen, daß eine völlige Reizabschirmung vorhanden ist: kein Licht, kein Lärm, keine Ablenkung, also keine Impulse von außen. Ist die Lärmabschirmung nicht möglich, so können Sie zusätzlich auch Ohrstöpsel benutzen. Wichtig dabei ist auch, daß der Raum der Rekapitulation sehr klein ist, so daß Sie gerade Platz haben zum Sitzen. Es ist also nicht geeignet, das Wohnzimmer abzudunkeln, um die Rekapitulation hier zu vollziehen. Der kleine, abgeschirmte Raum ist vergleichbar einem Sarg oder der Gebärmutter. Dies drückt den Sinn und Zweck der Rekapitulation aus: das Sterben in der Vergangenheit und das Geborenwerden in der Gegenwart.

Dritte Phase:

Die eigentliche Rekapitulationsarbeit beginnen Sie damit, daß Sie eine Karteikarte mit einem Kapitel Ihres Lebens auswählen und hieraus ein Unterkapitel, wobei es keine Rolle spielt, mit welchem Kapitel Sie anfangen oder ob die chronologische Reihenfolge stimmt. Dann begeben Sie sich in Ihren von der Außenwelt abgeschirmten Raum und machen es sich im Sitzen bequem, legen die Karteikarte vor sich hin, wobei Sie zu Beginn eine Taschenlampe benutzen können, um die Stichworte des Unterkapitels lesen zu können. Dann beginnen Sie mit folgender Atemtechnik:

Legen Sie Ihr Kinn auf die rechte Schulter, und während Sie den Kopf zur linken Schulter bewegen, atmen Sie langsam durch die Nase ein. Es ist wichtig, daß das Einatmen und die Bewegung des Kopfes sehr langsam geschehen. Dann atmen Sie durch den Mund aus, während Sie den Kopf von der linken Schulter nach unten Richtung Brustbein zur rechten Schulter bewegen, so daß Sie einen Blick auf Ihre Karteikarte werfen können. Das Ausatmen geschieht schneller, der Atem wird durch den Mund ausgestoßen. Dann atmen Sie auf die eben beschriebene Art und Weise wieder ein. Wichtig ist, zwischen Ein- und Ausatmung keine Zwischenpausen zu machen, atmen Sie kreisförmig.

Diese Atemtechnik hat den Zweck, die Tiefenschärfe Ihrer «Landkarte» einzustellen, zu fokussieren. Sie bewirkt eine Aktivierung der Erinnerungen aus dem Unterbewußtsein. Wenn Sie diese Atmung eine Zeitlang durchführen, werden Sie mit Sicherheit feststellen, daß die Erinnerungen zu Ihrem Kapitel auftauchen und Sie mit den damit verbundenen Gefühlen konfrontiert werden. Haben Sie alle wichtigen Ereignisse und Gefühle im Bewußtsein, die während dieses Kapitels Ihres Lebens abgelaufen sind, folgt ein kontinuierliches Aufarbeiten der Emotionen. (Ab diesem Zeitpunkt sollten Sie die Taschenlampe ausmachen.)

Beobachten Sie Ihre Gefühle, Ihre Angst, Ihre Wut, alles was in diesem Moment in Ihnen hochkommt und atmen Sie sich hindurch, so können Sie Emotionen aufarbeiten. Bleiben Sie nicht hängen oder trennen sich nicht ab von diesen Gefühlen, lassen Sie sie zu und beobachten Sie, wo im Körper sie sich manifestieren. Behalten Sie dabei Ihre Konzentration auf Ihrem Atem. Identifizieren Sie sich nicht mit den Ängsten, mit der Wut, sondern bleiben Sie Beobachter, ohne zu bewerten, dann wird es ganz einfach sein.

Wenn Sie Ihren Raum der Rekapitulation verlassen, so bedeutet das nicht, daß dieses Kapitel abgeschlossen ist. Meistens wird das Erlebte Sie noch durch Ihren Alltag begleiten. Deshalb ist es sinnvoll, nach einer Rekapitulationssitzung noch Zeit für sich zu haben. Mit einem Kapitel können Sie mehrmals in Ihren Raum gehen, bis

Sie das Gefühl haben, dieses Kapitel ist wirklich abgeschlossen. Dann können Sie die Karteikarte dieses Kapitels im Rahmen eines kleinen Rituals (das Sie sich nach Belieben selbst gestalten können) verbrennen – symbolisch für das Loslassen dieses Lebensabschnittes.

Wenn Sie diese Rekapitulationsarbeit einige Zeit durchgeführt haben, werden Sie folgendes feststellen: Sie beginnen Ihre Konditionierungen, Ihre Gewohnheiten, Ihre Tricks, Ihre Unarten zu durchblicken und Sie gelangen allmählich an einen Punkt in Ihrem Leben, wo es Ihnen nicht mehr möglich ist, sich selbst auszutricksen. Denn Sie durchschauen Ihr Spielchen, und es gelingt Ihnen nicht mehr, sich selber ein Bein zu stellen.

Sie beginnen zu sehen, warum Sie sich bestimmte Gewohnheiten zu eigen gemacht haben und welchen Zweck sie erfüllen sollten, und Sie beginnen zu erkennen, wodurch diese Gewohnheiten entstanden sind. Sie beginnen Ihre Projektionen auf andere Menschen zu erkennen. Oft dienen bestimmte Verhaltensstrukturen dazu, andere Menschen zu manipulieren. Zum Beispiel können wir uns sehr unfähig und schwach verhalten, wodurch wir andere dazu bringen, uns Aufmerksamkeit oder Anerkennung zu geben oder bestimmte Dinge für uns zu tun. Allmählich kommen Sie in Ihrem Leben an einen Punkt, wo diese ganzen Verzerrungen nicht mehr möglich sind, dann, wenn Sie Ihre Spielchen durchschauen und Ihnen nichts anderes mehr übrig bleibt, als sie zu verändern.

Die Rekapitulation ist eine sehr langwierige und ausführliche Auseinandersetzung mit Ihrer Vergangenheit. Sie können, wenn Sie wirklich rekapitulieren wollen, mit mehreren Jahren rechnen, bevor Sie die Landkarte Ihres Lebens aufgearbeitet haben, wobei Regelmäßigkeit Voraussetzung ist. Bei der Rekapitulation geht es um Ihr Leben. Wäre es nicht einmal wichtig, sich damit auseinanderzusetzen? Durch die Rekapitulation wird sehr viel gebundene Energie freigesetzt, die Ihrem Lebensfluß eine kreative Richtung geben kann, und es ist ein Schritt zum «Mensch erkenne dich selbst».

Eine andere Möglichkeit anstelle der Rekapitulation – weniger aufwendig, aber dadurch auch nicht so tiefgehend – besteht darin, ein Lebensskript zu schreiben.

Das bedeutet: Sie schreiben Ihr gesamtes Leben nieder. Auch hier geht es wieder nicht so sehr um die chronologische Reihenfolge, sondern um Ihre emotionalen Erlebnisse. Sie schreiben also mehr aus dem Bauch als aus dem Kopf heraus, was Sie durchlebt und wie Sie bestimmte Ereignisse in Ihrem Leben erfahren haben. Hierzu sollten Sie sich auch sehr viel Zeit lassen.

Das innere, verletzte Kind

Der zweite Schwerpunkt der Transformationsarbeit im Süden umfaßt die Auseinandersetzung mit dem inneren Kind.

Wir alle tragen ein inneres Kind in uns, diesen Teil unserer Persönlichkeit, der Spontaneität, Kreativität, Neugierde, Abenteuerlust, Instinkt, Unschuld, Empfindungsfähigkeit und Lebendigkeit zum Ausdruck bringt. Es ist das Urvertrauen zum Lebensfluß, das tiefe innere Wissen, daß wir nicht aus dem Universum herausfallen können. Das innere Kind bedeutet ursprüngliche Lebendigkeit, im Fluß des Lebens zu sein und mit seinem Rhythmus im Einklang zu stehen.

Durch viele verschiedene Erfahrungen in der Kindheit wird dieser Teil der Persönlichkeit in zwei Teile gespalten. Ein Teil beginnt zu kontrollieren und vernünftig zu sein (der Erwachsene), der andere Teil muß sich zurückhalten, so wie ein kleines Kind, das sich nicht ausleben darf. Dieser Teil ist das verletzte innere Kind.

Ursprünglich werden wir alle geboren mit einem reinen Bewußtsein, tiefer Liebe, Instinkt und im Kontakt mit Urvertrauen, dem Wissen, daß für uns gesorgt ist. Das nennen wir das göttliche Kind, unser innerer Kern, unser wahres Wesen, das wir in uns tragen. Das göttliche Kind ist das heile Kind in uns. Es ist das Urkind, das Kind, das die Qualität der Liebe in sich trägt.

Das Urvertrauen ist für uns als Säugling von großer Lebensnotwendigkeit, weil wir sehr transparent und dadurch verletzlich sind. Als Säugling können wir uns noch nicht so ausdrücken, wie wir das als Erwachsene tun können. Uns fehlen die Möglichkeiten von Sprache und koordinierten Bewegungen. Jeder Erwachsene, der offen für die Energie eines Säuglings ist, spürt seine hingebungsvolle Ausstrahlung voller Liebe und Reinheit und läßt sich davon berühren. Dies ist der Kern unseres wahren Wesens, mit dem wir geboren werden. Wir kommen auf die Welt im Bewußtsein des «Sich-Eins-Fühlens». Das bedeutet, mit allem in der Schöpfung im Einklang zu sein, nicht nur mit Menschen, sondern auch mit Pflanzen, Tieren, der gesamten Natur.

Säuglinge erleben ihre Welt nicht in festen Formen und Regeln, sondern sehr verschwommen. Alle Formen und Strukturen fließen ineinander, die Welt ist nicht klar abgegrenzt und das Unterscheiden zwischen Subjekt und Objekt, zwischen Ich und Du noch nicht vorhanden. Wir können uns das Blickfeld eines Säuglings so vorstellen, als würden wir unter Wasser tauchen und durch das Wasser hindurch die Welt betrachten.

Säuglinge besitzen noch kein abgegrenztes Bewußtseinssystem, sondern ihr Bewußtsein ist offen und fließend, wodurch sie Schwingungen wahrnehmen können, die uns als Erwachsene verborgen sind. Ein Säugling kann sich nicht selbst von seinem Umfeld unterscheiden. Aus diesem Grund ist es wichtig für das Kind, sich mit der Mutter identifizieren zu können, um eine Grenze zu verspüren und mit der Zeit selbst eine solche aufbauen zu können, innerhalb der es eine Unterscheidungsfähigkeit zwischen sich und dem anderen erlernt. Das geschieht zirka ab dem neunten Lebensmonat. In dieser sehr empfindsamen Phase des Kindes treten jedoch viele Störungen ein, die bewirken, daß es seine «Kinderaugen» verschließt und in die Welt der Erwachsenen eintritt.

Wir werden meistens sehr früh mit Erfahrungen konfrontiert, die tiefe Spuren von Verletzungen hinterlassen und die bewirken, daß wir um den Kern herum Schutzschichten von Verhaltensweisen aufbauen, um zu überleben und um den emotionalen Verletzungen aus dem Weg zu gehen. So schirmen wir uns immer mehr von dem inneren Kern ab, verlieren den Kontakt zu unserer Liebe und Unschuld, und damit geht uns ein wertvolles Potential verloren. Vielleicht liegt auch hierin unsere Sehnsucht nach Liebe begründet? Oder vielleicht ist der Verlust unserer Unschuld das, was wir unter Erbsünde verstehen?

Ein Beispiel von einer solchen Verletzung: Es existiert die Meinung, Kinder schreien zu lassen, damit sich ihre Lungen kräftigen, oder Mütter sollten nicht gleich zu ihren Babys rennen, sobald sie schreien, denn sonst würden sie zu sehr verwöhnt. Diese Überzeugungen bewirkten in vielen Generationen eine Störung des Urvertrauens und eine sehr niedrige Frustrationsschwelle.

Wenn ein Säugling schreit, tut er dies entweder aus einem Bedürfnis nach Nahrung heraus, oder weil er sich einsam fühlt und Geborgenheit braucht. Das Kind hat noch keine anderen Möglichkeiten mitzuteilen: «Ich brauche etwas». Schreien ist das einzige Mittel, seine Bedürfnisse nach Essen, Trinken, Liebe, Zärtlichkeit und Geborgenheit anzuzeigen. Das Bedürfnis würde dann befriedigt werden, wenn die Mutter entsprechend darauf reagiert, was dem Säugling das Gefühl von Schutz und Liebe vermittelt.

Ist aber niemand da, der auf diesen Ausdruck reagiert, verspürt das Kind aus dem unbefriedigten Bedürfnis heraus Schmerz. Dem folgen Frustration und ein tiefes Gefühl von Einsamkeit. Das Kind hat den Eindruck, in ein tiefes schwarzes Loch zu fallen und entwickelt das Gedankenmuster: «Niemand ist für mich da». Denn woher soll das Kind wissen, daß die Mutter nach einem (unmenschlichen) pädagogischen Lehrsatz handelt und auch noch davon überzeugt ist, dem Kind etwas Gutes zu tun?

Zur gleichen Zeit werden alle Überlebensinstinkte aktiviert, welche dem Säugling dazu verhelfen, einen Ausweg aus dieser Frustration zu finden. Ein solcher Ausweg ist, sich von den Bedürfnissen zurückzuziehen und sich vom Schmerz abzutrennen. Das Empfindungsvermögen stumpft ab, und das Kind hört auf zu schreien, es wird «brav und still». So lernt es: Bedürfnisse erzeugen Frust und Schmerz, und es ist sinnlos, sie zu empfinden oder auszudrücken.

Dies ist der erste Schritt zum späteren Erwachsenen, der nicht mehr mit seinem inneren Kind, mit dem Urvertrauen und den primären Bedürfnissen im Einklang ist, weil sich um den wahren Kern die erste Schutzschicht aufgebaut hat.

Der Kontakt zu unseren primären Gefühlen geht verloren, und an die Stelle treten emotionale Reaktionen wie Wut, Angst, Resignation, Einsamkeit. Das verletzte Kind ist geboren. Im Laufe der Zeit werden immer weitere Erfahrungen gemacht, die diese Verletzungen bestätigen, so daß weitere Schutzschichten aufgebaut werden müssen. Das Kind wird größer, und es ist immer irgend jemand da, der die spontanen Impulse des Kindes durch Ermahnungen dämpft wie: «Sei still», «Hör auf», «Sei lieb», «Zappele nicht so» usw. Dadurch gewinnt das Kind den Eindruck, daß seine natürlichen Lebensimpulse falsch sind.

So werden die natürlichen Bedürfnisse eines Kindes ständig verletzt, wodurch es immer wieder gezwungen wird, sich noch mehr von den spontanen Lebensimpulsen abzutrennen. Das Kind will immer weniger etwas mit seinen eigenen Bedürfnissen zu tun haben und versucht sich immer mehr an dem zu orientieren, was die Erwachsenen von ihm fordern, oder es beginnt sich gegen die Erwachsenen aufzulehnen, trotzig zu werden.

Ein Kind kann nicht einschätzen, warum Mutter oder Vater vom Alltag gestreßt sind oder emotionale Schwierigkeiten miteinander haben, sondern es wird jede Verhaltensweise der Erwachsenen auf sich selbst beziehen und daraus die Schlußfolgerung ziehen: Wenn Mama oder Papa wütend oder mit Verboten auf mich reagieren, so müssen meine Empfindungen und Ausdrücke falsch sein. Also muß ich lernen anders zu sein, damit sie mich wieder liebhaben, oder ich werde es ihnen zeigen und mich unbeliebt machen.

Es beginnt alles zu tun, was von ihm verlangt wird, und vermeidet, Anlaß für Strafe oder Tadel zu geben. Oder es geht immer mehr in die Rebellion hinein und versucht, die Erwachsenen herauszufordern und sich ihnen zu verweigern.

Daraus entstehen die nächsten Schutzschichten, die sich in körperlichen Reaktionen zeigen. Die Abtrennung von den Bedürfnissen und Impulsen reicht nicht mehr aus. Um sie besser kontrollieren zu können, werden Körperpanzerungen notwendig, damit die Impulse an ihrem Ausdruck durch den Körper gehindert werden können. Das kann sich dann in Körperhaltungen ausdrücken wie Muskelverkrampfungen, Schulter- und Nackenschmerzen und allen Formen von Haltungsschäden, wie Rückgratverkrümmung o. ä. Das Rückgrat steht für Selbstbewußtsein, und Rückgratverkrümmung zeigt darauf hin, daß unser Selbstbewußtsein gebrochen worden ist. Genauso kann es auch zu somatischen Erkrankungen kommen, wie zum Beispiel zu Magengeschwüren.

Jede Erkrankung entsteht dadurch, daß wir nicht mehr mit unserem Kern im Einklang leben. Die Krankheiten sind körperlicher Ausdruck der inneren Haltung, die das verletzte Kind annimmt. Zusammengefaßt bedeutet all dies: Die emotionalen Reaktionen des verletzten Kindes werden sich früher oder später im Körper zeigen.

Es gibt Menschen, die versuchen, diese Körperpanzerungen zu verstärken, indem sie Bodybuilding betreiben, oder andere futtern sich ein «dickes Fell» an, was nichts anderes zum Ausdruck bringt als die Aussage des inneren Kindes: «Faß mich nicht an, ich bin stärker» oder «Komm mir nicht zu nahe».

Je mehr wir zum Erwachsenen heranreifen, um so stärker entsteht eine weitere Panzerung: der sogenannte «Charakter». Ein Wort, das seinen Ursprung im Griechischen hat und in der Übersetzung «Panzerung» bedeutet. Einen guten Charakter zu haben, bedeutet nichts anderes, als auf schmerzhafte Art und Weise gelernt zu haben, eine perfekte Panzerung zu haben, um sein verletztes inneres Kind zu schützen.

Charakter ist die Panzerung des Intellekts. Es bedeutet, daß wir

unseren Intellekt zum Schutze des inneren Kindes einsetzen können, daß wir die Fähigkeit haben, angepaßt zu sein, wahrzunehmen, was andere und wie sie bestimmte Dinge von uns wollen und
daß wir unsere Bedürfnisse intellektualisieren können. Im Extremfall kann das ein Erwachsener sein, der kaum noch eigene Bedürfnisse lebt, sie gar nicht erst wahrnimmt, der sich sehr gut nach
dem richten kann, was gesellschaftliche Normen und kulturelle
Traditionen von ihm verlangen, kurz gesagt, der einfach funktioniert. Hat er dann einmal doch Bedürfnisse, so wird er bestimmt
genügend Argumente finden, weshalb er diese nicht leben darf
(intellektualisieren). Hinter der Intellektualisierung steht eine Ver-
meidung von natürlichen Lebensimpulsen oder das Bedürfnis, das
verletzte Kind zu verbergen. Wenn wir intellektualisieren, brauchen wir nicht zum Wesen der Sache zu kommen. Das sind die
verstandesmäßig gesteuerten Vermeidungstechniken, um Verletzungen zu vermeiden.

Ein Beispiel: Ein Kleinkind von sieben Monaten muß einen vier-
monatigen Krankenhausaufenthalt erleben. Dies aber ist die Phase,
in der das Kind beginnt, sein Bewußtsein durch den Kontakt mit
der Mutter von seinem Umfeld abzugrenzen, um langsam zwischen
Ich und Du zu unterscheiden. Das Kind beginnt seine Grenzen zu
stecken und auch zu erfahren. Hierzu ist vor allem die gesunde Beziehung zur Mutter dringend notwendig. Die Mutter bietet in dieser Entwicklungsphase dem Kind einen sicheren Raum, innerhalb
dessen es seine eigenen Grenzen austesten kann, um bei Gefahr wieder die sicheren Grenzen der Mutter aufzusuchen. Das Kind
braucht gerade in dieser Phase ein starkes Gefühl von Gehaltenwer-
den.

Durch den Aufenthalt im Krankenhaus und der daraus entstehenden Trennung von der Mutter kann diese Entwicklungsphase
empfindlich gestört werden. Die Grenzerforschung des Kindes
bleibt aus, weil die entstehenden Bedürfnisse nicht erfüllt werden
können. Die Ich-Du-Grenze wird sehr locker und durchlässig bleiben, so daß dieser Mensch oft mit anderen verschmilzt und sich

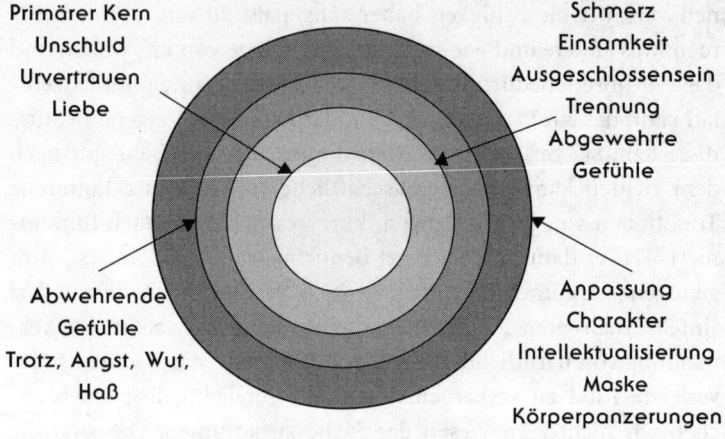

Primärer Kern
Unschuld
Urvertrauen
Liebe

Schmerz
Einsamkeit
Ausgeschlossensein
Trennung
Abgewehrte
Gefühle

Abwehrende
Gefühle
Trotz, Angst, Wut,
Haß

Anpassung
Charakter
Intellektualisierung
Maske
Körperpanzerungen

schwertut, zwischen seinen Bedürfnissen und denen der anderen zu unterscheiden. Extreme Gefühle von «Ich existiere nicht» oder «Ich falle in ein tiefes schwarzes Loch» könnten das Resultat von diesem Erlebnis sein. Die eigene Identifikation fehlt. Diesem Menschen bleibt nichts anderes übrig, als sich in irgendeiner Form mit diesem Gefühl zu arrangieren, um zu überleben.

Ein solches Arrangement ist das Intellektualisieren, so als müßte dieser Mensch ständig wie wild mit seinem Verstand «herumpaddeln», um sich an der Oberfläche eines Wassers zu halten. Er hat sehr schnell für alles eine Entschuldigung oder eine Erklärung, er weiß immer alles und entwickelt die Fähigkeit zu analysieren. Dadurch vermeidet er, in dieses schmerzliche Gefühl von Grenzenlosigkeit und Nicht-Existenz hineinzufallen.

Die Folgen der Verletzungen
für den Erwachsenen

Je mehr wir uns von diesem inneren Kind abgetrennt haben, um so extremer werden sich die ganz natürlichen Bedürfnisse nach Liebe, Geborgenheit, Zärtlichkeit und Wärme hervortun. Das Bedürfnis wird zur Bedürftigkeit. Die Bedürftigkeit besteht darin, eine offene Gestalt dadurch zu schließen, indem wir die Erfahrung durch einen anderen Menschen nachholen wollen. «Jemand ist für mich da.» Es ist wie Heißhunger auf etwas, was wir nie erfahren konnten. Doch das ist ein Faß ohne Boden, das wir niemals gefüllt bekommen, denn das innere Kind wird sich immer weiter ungeliebt und verlassen fühlen.

In der intensivsten und liebevollsten Beziehung empfinden wir trotzdem noch einen Mangel und werden von der Angst getragen, vom Partner verlassen oder kontrolliert zu werden. Alle Ängste, die wir als Erwachsener verspüren, stammen aus der Abtrennung von unserem inneren Kind: Eifersucht, das Gefühl, immer Recht haben zu müssen oder im Unrecht zu sein, Schuld- und Schamgefühle, grenzenlose Wut, Phobien. Wir versuchen, unsere Ängste zu kompensieren und unsere Leere des Alleinseins zu füllen, damit wir den Frust, der dadurch entsteht, nicht mehr spüren müssen. Diese Ersatzbefriedigungen können uns dann in Abhängigkeiten oder in Co-Abhängigkeiten hineinführen.

In der Co-Abhängigkeit sind wir an andere Menschen gebunden. Bei vielen Menschen kommt es zu folgendem Beziehungssyndrom: Kaum ist eine Beziehung vorbei, stürzen sie sich schon in die nächste, denn sonst erleben sie Depressionen oder Existenzängste oder die Sucht nach sexueller Erfüllung, die zwar nicht befriedigt, aber immer wieder praktiziert wird.

Außerdem können wir uns abhängig machen von sachlichen Dingen, wie zum Beispiel Sport, Fernsehen, Arbeitssucht, Spielsucht, Klatsch und Tratsch sowie allen Süchten, wie Drogen, Süßigkeiten, Lebensmittel u. a. Eine weitere Kompensation ist die

Abhängigkeit von Bestätigungen und Lob. Das sind die Prozeßabhängigkeiten.

Aus diesen Abhängigkeiten heraus können zwei verschiedene Konsequenzen entstehen, und zwar Kontrolle oder Widerstand. Entweder wir bauen Widerstand gegenüber anderen Menschen auf, oder wir versuchen, sie zu kontrollieren.

Um nicht in einer totalen Abhängigkeit leben zu müssen, sind wir gezwungen, Widerstände gegenüber den Menschen aufzubauen, von denen wir uns abhängig machen. Dieser Vorgang ist sehr komplex und kann uns völlig konfus machen. Auf der einen Seite wollen wir Gemeinsamkeit, aber gleichzeitig wehren wir uns dagegen, weil wir Angst haben, uns abhängig zu machen und dann verlassen werden zu können. Die Aussage «Ich kann nicht mit dir leben, aber ich kann auch nicht ohne dich leben» beschreibt wohl am besten diesen Zustand.

Die andere Seite ist die Kontrolle, die entweder offen oder sehr subtil versteckt geschehen kann. Zum offenen Kontrollieren gehören zum Beispiel Rechthaberei, Rechtfertigungen, das Zerreden von Gefühlen (Intellektualisierungen), Beschuldigungen, Belehrungen, moralisierende Standpauken usw. Verstecktes Kontrollieren wäre beispielsweise Anpassungen, übertriebene Fürsorglichkeit und Liebenswürdigkeiten. «Wenn ich den anderen mit Fürsorglichkeit überhäufe und einlulle, kann er mir nichts antun, dann muß er ja dankbar sein. Wenn ich mich immer schön anpasse und seine Wünsche und Erwartungen erfülle, dann muß er mich ja lieben.»

Die versteckte Kontrolle ist eher die weibliche Form der Kontrolle. Es sieht so aus, als wären diejenigen, die offene Kontrollen ausüben, die potentiellen Täter, die immer gereizt sind, die zuschlagen, angreifen und rechthaberisch sind. Dies ist die männliche Form der Kontrolle, womit nicht gemeint ist, daß diese Form immer nur von Männern ausgeübt wird. Auch Frauen können diese Form sehr gut beherrschen.

Ein Erwachsener, der offene Kontrolle ausübt, versucht nichts anderes als den Schmerz des verletzten inneren Kindes nicht mehr zu empfinden, sich von diesem Schmerz zu entfernen bzw. ihn zu kompensieren. Hierzu kann er folgende Glaubensmuster benutzen:

«Ich kann andere dazu bringen, daß sie mich lieben»,
«Ich kann andere dazu zwingen, mein Verhalten zu akzeptieren»,
«Die anderen sind verantwortlich für meine Gefühle».

Bei der versteckten Kontrolle finden wir die gleiche Absicht wieder, nur mit anderen Glaubensmustern:

«Ich bekomme nur Liebe, wenn ich nett bin»,
«Die Bedürfnisse der anderen sind wichtiger als meine eigenen».

Die folgende Tabelle gibt einen guten Überblick über die Zusammenhänge der Verhaltensmuster des inneren Kindes.

Aufbau der Verhaltensmuster

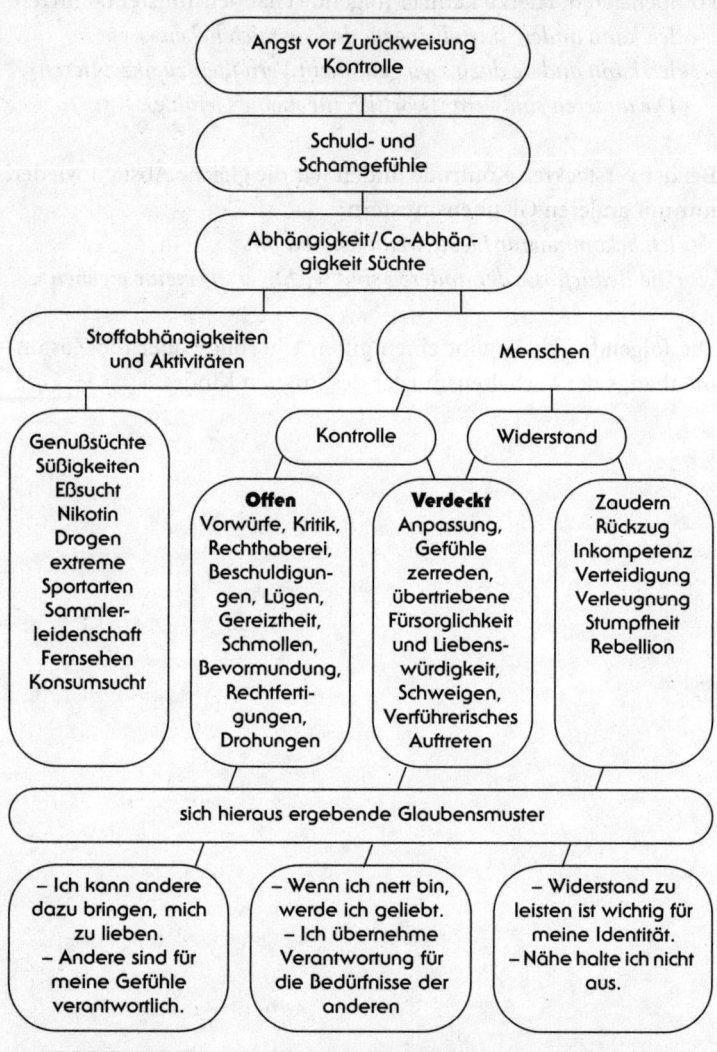

Angst vor Zurückweisung
Kontrolle

Schuld- und
Schamgefühle

Abhängigkeit/Co-Abhängigkeit Süchte

Stoffabhängigkeiten und Aktivitäten

Menschen

Kontrolle

Widerstand

Genußsüchte
Süßigkeiten
Eßsucht
Nikotin
Drogen
extreme
Sportarten
Sammler-
leidenschaft
Fernsehen
Konsumsucht

Offen
Vorwürfe, Kritik,
Rechthaberei,
Beschuldigun-
gen, Lügen,
Gereiztheit,
Schmollen,
Bevormundung,
Rechtferti-
gungen,
Drohungen

Verdeckt
Anpassung,
Gefühle
zerreden,
übertriebene
Fürsorglichkeit
und Liebens-
würdigkeit,
Schweigen,
Verführerisches
Auftreten

Zaudern
Rückzug
Inkompetenz
Verteidigung
Verleugnung
Stumpfheit
Rebellion

sich hieraus ergebende Glaubensmuster

– Ich kann andere
dazu bringen, mich
zu lieben.
– Andere sind für
meine Gefühle
verantwortlich.

– Wenn ich nett bin,
werde ich geliebt.
– Ich übernehme
Verantwortung für
die Bedürfnisse der
anderen

– Widerstand zu
leisten ist wichtig für
meine Identität.
– Nähe halte ich nicht
aus.

Folgen für das Leben:
Vereinsamung, Ängste, Depression, Bedürftigkeit, Egozentrik, mangelndes
Selbstwertgefühl und Vertrauen, Kontaktstörungen, Beziehungskonflikte

Nur durch einen gesunden Austausch mit Erwachsenen kann ein Kind seine eigene Identität erkennen und aufbauen. Ist dieser Austausch gestört, so wird auch der Aufbau der Identität gestört sein. Wir verlieren das Gefühl für unsere eigene Identität. Wenn wir nicht mehr wissen, wer wir sind, können wir jede Identität annehmen und sind manipulierbar. Wir können uns mit unserem Beruf identifizieren oder mit einer bestimmten Rolle, die gerade von uns verlangt wird, doch wer wir wirklich sind, das haben wir vergessen.

Das kann dadurch geschehen sein, daß wir gar keine Grenzen erfahren haben, so daß wir einen extremen Widerstand aufbauen mußten, um unsere eigenen Grenzen zu spüren und damit unsere eigene Identität. Es gibt Menschen, die ein Glaubensmuster entwikkelt haben, das heißt «Ich brauche den Schmerz, um mich zu spüren». Dies sind oft Menschen, die versuchen auf extreme Art und Weise zu leben und die Tendenz haben, in Exzesse hineinzufallen. Dies ist auch der fruchtbare Boden für Horrorfilme, die vor allem von jugendlichen Konsumenten betrachtet werden. Irgendwie brauchen sie diese Filme, um sich zu spüren. Dadurch, daß sie Angst spüren, erfahren sie eine Grenze, innerhalb der sie sich identifizieren können. Beispiele hierfür sind U-Bahn-Surfing oder andere Formen von Mutbeweisen.

Die Folgen, die aus der Abtrennung des inneren Kindes entstehen, können sein: äußeres oder inneres Alleinsein, Ängste, Depressionen, geringes Selbstwertgefühl, Egozentrik, Empfindungslosigkeit, Gemütskälte, Härte und Strenge sich selbst gegenüber.

Ein Erwachsener, der sich von seinem inneren Kern abgetrennt und keinen Kontakt mehr zu seiner ursprünglichen Bewußtheit hat, lebt in den Schutzschichten, die er sich im Laufe seines Lebens um den Kern herum aufgebaut hat. Hier findet er seine Scheinidentität, mit der er sich im Alltag zurechtfinden kann, während seine ursprüngliche Bewußtheit im Unterbewußtsein in einem «Dornröschenschlaf» liegt und darauf wartet, erweckt zu werden.

Das innere Kind bekommt nicht das, was es braucht, weil der Erwachsene «abwesend» ist und nicht mehr in Kontakt mit ihm steht.

Der Erwachsene empfindet dies als einen Mangel. Es gibt zwei Möglichkeiten: Entweder ist der Erwachsene abwesend, nicht mehr «zu Hause», dann fühlt das innere Kind sich einsam und verlassen. Es assoziiert das alte Muster: «Niemand ist für mich da.»

Die andere Möglichkeit: Der Erwachsene unterdrückt das innere Kind durch Selbstkritik, die sich zum Beispiel so anhören kann: «du darfst nicht», «du sollst nicht», «du mußt ...», «benimm dich nicht so daneben», usw., usw. Das Kind bekommt Druck «von oben». Darauf reagiert es dann meistens mit Trotz und Wut.

Aus der Gestalttherapie kennen wir für die Zweiteilung der Person in das Kind und den Erwachsenen die Bezeichnungen: Top-Dog und Under-Dog. Der Erwachsene ist «Top-Dog» und das Kind «Under-Dog».

Wenn Sie das oben beschriebene Verhalten von sich selbst kennen, schauen Sie sich an, wie Ihre Eltern – oder ein Elternteil – Sie behandelt haben. Sie werden merken, daß dieser «Top-Dog» sehr viel Ähnlichkeiten mit Ihren Eltern hat. Wir lernen alle durch Nachahmung, und unsere Eltern treten auf ähnliche Weise uns Kindern entgegen, wie sie es selbst in ihrer Kindheit erfahren haben. Haben unsere Eltern niemals Geborgenheit, Zärtlichkeit und Verständnis von ihren eigenen Eltern erlebt, so wird es ihnen sehr schwerfallen, uns diese Gefühle zu vermitteln.

Die Art und Weise des Umgangs unserer Eltern mit uns prägt ebenso den Umgang mit uns selbst. Das hat Auswirkungen darauf, wie wir unseren Körper behandeln, wie wir unsere Emotionen und unsere Bedürfnisse zum Ausdruck bringen, ob wir sanft oder eher hart mit uns umgehen, ob wir uns selbst ständig zu neuen Leistungen antreiben oder uns auch mal Ruhe gönnen und das Vollbrachte genießen können. Wir behandeln uns so, wie wir es von unseren Eltern gelernt haben, wir halten uns mit leichten Variationen an die Gewohnheiten der Eltern. Wir übernehmen von ihnen sogar die Sätze, mit denen wir uns heute selbst unter Druck setzen, zum Beispiel: «Du kannst ja nichts» oder «Das kannst du doch nicht machen, du mußt dich anpassen».

Dies ist das, was «Top-Dog» genannt wird, und der «Under-Dog» leidet darunter und reagiert, indem er sich zurückzieht oder rebelliert.

Wir sind so konditioniert, daß wir – bewußt oder unbewußt – entweder das gleiche machen wie unsere Eltern oder genau das Gegenteil. Wenn jemand sehr streng erzogen worden ist, dann wird er entweder genauso streng erziehen oder genau das Gegenteil tun, das heißt, seinen Kindern jede Menge Freiraum lassen, was jedoch auch nicht gut für die Entwicklung eines Kindes ist. Für uns gibt es aufgrund unserer Konditionierungen nur das eine oder das andere, wir leben in der Polarität. Weil wir nicht genauso autoritär sein wollen wie unsere Eltern, kann es sein, daß wir unsere Kinder aus einer gewissen Trotzhaltung heraus anti-autoritär erziehen. Kinder bemerken natürlich diese Unsicherheit in der Erziehung und werden genauso unsicher. Sie können darum ihre eigene Ich-Identität nicht aufbauen. Wie schon gesagt, erfahren sich Kinder durch körperliche und emotionale Grenzen und sind erst dadurch in der Lage, eine eigene Identität aufzubauen.

Folgender Satz aus der Bibel beschreibt genau diesen Prozeß: «Und eure Sünden werden sich vererben bis ins siebte Glied.» Das geht so lange, bis endlich einer diese Regel durchbricht und bereit ist, sein Muster und damit das Familienmuster zu verändern und sich anders zu verhalten, als er es gelernt hat.

In der psychologischen Forschung gibt es Studien, die sich mit Familienstrukturen befassen. Es wurde festgestellt, daß die Familienstruktur zusammenbricht und sich neu orientiert, wenn ein Kind der Familie anfängt, im erwachsenen Alter an sich zu arbeiten, seine emotionalen Schwierigkeiten aufzuarbeiten. Durch die Bereitwilligkeit einer Person, an und mit sich zu arbeiten, bricht die Familienstruktur zusammen, und Energie wird freigesetzt, um eine neue Struktur aufzubauen, die dem eigenen inneren Kern näherkommt.

Die Verbindung zwischen Erwachsenem und Kind wiederherstellen

Der Erwachsene ist der Teil in uns, der sich eigentlich um das innere Kind und um die Erfüllung seiner Bedürfnisse zu kümmern hätte. Hierzu müssen wir jedoch erst wieder den Kontakt herstellen und langsam das verlorengegangene Vertrauen des Kindes wieder aufbauen. Wenn Sie beginnen, den Kontakt zum inneren Kind aufzunehmen, dann werden Sie das Kind in der Phase antreffen, in der Sie in Ihrer Kindheit die Verletzungen erfahren haben und wo Sie angefangen haben, als «Erwachsener» zu reagieren, eine Phase, in der Sie aufgehört haben, «Kind» sein zu dürfen. (So können uns in Phantasiereisen zum inneren Kind sowohl Bilder von uns als Säugling oder auch als Kleinkind erscheinen.)

Den Kontakt wiederherzustellen bedeutet nichts anderes als den Erwachsenen in uns, der fähig ist, sein Leben zu gestalten, mit dem inneren Kind wieder zusammenzubringen, damit wir das Leben auch als lebenswert erfahren können. Der Erwachsene sollte mit dem inneren Kind Hand in Hand gehen, was nichts anderes bedeutet, als daß Ratio und Gefühl oder die Yin- und Yang-Kräfte in uns im Einklang miteinander leben.

Wenn wir den Kontakt zu unseren Gefühlen nicht herstellen können, wird es uns sehr schwer fallen, Erfahrungen zu machen. Wir können erst wirkliche Erfahrungen machen und sie sinnvoll für unser Leben auswerten, wenn wir empfindungsfähig sind. Und dies gelingt uns erst, wenn wir mit dem inneren Kind in Einklang stehen, es annehmen, die Verantwortung übernehmen und dafür sorgen, daß es ihm gutgeht.

Dies können wir zum Beispiel dadurch tun, indem wir unseren Erwachsenenteil mit unserem Verstand und der Fähigkeit, uns für uns selbst einzusetzen, mobilisieren, sobald das Kind sich mit einem Bedürfnis meldet; vielleicht braucht es Zärtlichkeit oder Ruhe. Der Erwachsene sollte sich dann eine Möglichkeit einfallen lassen, dieses Bedürfnis zu stillen: Ein schönes, heißes Schaumbad mit Ker-

zenschein, sanfter Musik und einem Glas Sekt könnte bei Zärtlich-
keitsbedürfnis Wunder wirken. Die Zärtlichkeit, die wir brauchen,
muß nicht von einem anderen Menschen kommen, wir können mit
uns selbst zärtlich sein.

Wenn wir uns vornehmen, in Kontakt zu treten und für die Bedürfnisse des inneren Kindes zu sorgen, dann ist es wichtig, daß das,
was wir uns vornehmen, auch ausgeführt werden kann. Denn sonst
wird unser inneres Kind wieder enttäuscht sein, und das Gedankenmuster «Niemand ist für mich da» hätte sich einmal mehr bewahrheitet. Es verliert das Vertrauen zu dem Erwachsenen. Dieses «Vornehmen und nicht Einhalten» ist eine Situation, die jeder von uns
kennt. Wir nehmen uns etwas vor, aber wir haben tausend Ent-
schuldigungen, daß wir es nicht tun können.

Ein wichtiger Heilungsansatz für das verletzte Kind ist der Wie-
deraufbau eines Vertrauensverhältnisses zwischen dem inneren
Kind und dem inneren Erwachsenen. Nehmen Sie sich also nicht zu
viel vor und versprechen Sie dem Kind nichts, was Sie nicht halten
können. Spüren Sie in sich hinein, ob das, was Sie Ihrem Kind versprechen wollen, für Sie auch praktisch in Ihrem Alltag durchführbar ist. Und dann werden Sie so konkret wie möglich, so daß Ihr
Vorhaben nicht «oberflächlich» bleibt. Einen Berg können Sie nicht
auf einmal umsetzen, aber Steinchen für Steinchen können Sie
schon bewegen. Hier geht es nicht um die Quantität, sondern um
die Qualität – weniger ist mehr.

Behandeln Sie Ihr inneres Kind genauso liebevoll und zärtlich,
wie Sie mit Ihrem realen Kind umgehen oder umgehen würden.
Wenn Sie in Kontakt mit Ihrem inneren Kind treten wollen, ist es
immer hilfreich, eine Puppe oder ein Stofftier dabei zu haben. Sollten Sie keines zu Hause haben, dann gehen Sie in einen Spielwaren-
laden und kaufen Sie eines, so als würden Sie es für Ihr leibliches
Kind kaufen, um ihm eine Freude zu machen. Vielleicht denken Sie,
es ist peinlich oder dumm, und Sie brauchen vielleicht eine gewisse
Zeit, um diese Befangenheit aufzulösen. Aber nach einiger Zeit wird
Ihnen das ganz natürlich vorkommen.

Ein weiterer Heilungsansatz für unsere Verletzungen ist der, Schritt für Schritt wieder zum inneren Kern vorzudringen, zu unserem «heilen» oder «göttlichen Kind». Dieser Prozeß bedeutet Frieden schließen mit sich selbst und anderen.

Das heile Kind ist das verborgene Gesicht des verletzten Kindes, das immer mehr zum Vorschein kommt, wenn das verletzte Kind geheilt wird. Es stellt unsere Lebendigkeit dar. Diese Lebendigkeit ist für viele etwas sehr Abstraktes und Unvorstellbares. Wir gehen davon aus, daß wir lebendig sind, wenn wir mitbekommen, daß wir Sinneswahrnehmungen haben, atmen, der Herzschlag funktioniert und wir uns in gewisser Weise zum Ausdruck bringen können usw. Doch ist Lebendigkeit in Wirklichkeit nicht viel mehr als bloßes Funktionieren? Was heißt Lebendigkeit wirklich?

Lebendigkeit ist ein Kraftstrom, der uns durchfließt, der uns aus der Lethargie in die Bewegung bringt, ohne daß wir überlegen müssen, was wir tun sollen. Lebendigkeit ist ein Zustand des Nichtstuns, es bedeutet Geschehenlassen, Fließenlassen, ohne darüber nachzudenken, was richtig oder falsch ist, ohne darauf zu achten, ob jemand sehen kann, was wir tun oder wie die anderen darüber denken. Lebendigkeit ist «Sein».

Wenn das heile Kind in seiner Unschuld zum Vorschein kommt, die Weichheit, die Kraft und die Klarheit des Lebens in uns zu fließen beginnt, dann ist der Zeitpunkt gekommen, an dem wir nicht mehr nur funktionieren und uns nicht mehr zum Opfer machen wollen, sondern wir werden da sein und so sein, wie wir sind, ob es den anderen paßt oder nicht, wir *sind*. Wir werden die Verantwortung für uns selbst tragen, uns aus den Co-Abhängigkeiten befreien und unseren Lebensweg gehen.

Die Wiedergeburt unserer Lebendigkeit wünschen wir uns alle, und gleichzeitig macht sie uns am meisten angst. Wir Erwachsene haben oft die Vorstellung, daß Kontakt zum inneren Kind bedeuten würde, kindisch zu werden, das Leben nicht mehr auf die Reihe zu bekommen. Doch es geht darum, daß der Erwachsene sich um die Verletzungen und um die Bedürfnisse des inneren Kindes kümmert.

Wenn der Erwachsene bereit ist, die Verantwortung für das innere Kind zu übernehmen – und dies kann er tun, so wie eine Mutter es für ihr leibliches Kind tun würde –, so wird es möglich sein, daß beide Hand in Hand gehen. Der Erwachsene kann sich dann darum kümmern, den Alltag zu meistern, und das innere Kind trägt mit seiner Lebendigkeit dazu bei, den Alltag freudig werden zu lassen. Es wird dem Erwachsenen ermöglichen, seine Aufgaben zu erfüllen, ohne sich selbst und seine Bedürfnisse aufgeben zu müssen.

Um zu diesem Kern in uns, unserem heilen Kind vorzustoßen, müssen wir uns langsam durch die verschiedenen Schutzschichten hindurcharbeiten, die wir einmal selbst angelegt haben, um diesen Kern unserer wahren Lebendigkeit zu schützen und zu verbergen.

Dieser Kern ist ja der vermeintliche Verursacher von all den Verletzungen, weil wir in der Vergangenheit immer wieder erfahren haben, daß unsere Lebendigkeit ablehnende Reaktionen in der Außenwelt auslöst. Wir verstecken sie also hinter all unseren Schutzschichten. Aus diesen Schutzschichten entstanden auch die Reaktionen und Verhaltensweisen, die dazu dienen, Widerstand aufzubauen, Kontrolle auszuüben oder zu manipulieren. Wir können auch sagen, daß diese Schutzschichten uns immer wieder in eine Art Trancezustand versetzen.

Wann immer wir eine ähnliche Situation erleben, die uns unbewußt an verletzende Erfahrungen unserer Kindheit erinnert, so werden wir automatisch uns so benehmen wie das Kind von damals. Wir können zum Beispiel gelernt haben, daß ein bestimmter Blick unseres Vaters uns guttat, ein anderer Blick von ihm uns jedoch angst machte, denn wir wußten, danach folgte Strafe. Wir begannen die Blicke des Vaters zu werten und lernten, sie einzuschätzen: «Jetzt schaut er wieder ärgerlich» – weil es genau der gleiche Blick ist, den wir gesehen hatten, als er uns geschlagen hat. Wenn unser Partner einen ähnlichen Blick zeigt, ohne vielleicht ärgerlich zu sein, womöglich ist er nur schlecht gelaunt oder gestreßt, so verfallen wir bei seinem Blick in eine Art Trancezustand, unser Verhalten schaltet auf Automatismus, und wir reagieren genauso wie als kleines Kind auf den Blick des Vaters, mit Angst und Zurückgezogenheit. Wir werden ähnliche Blicke mit dem ärgerlichen Blick und den Schlägen des Vaters in Verbindung bringen und entsprechende Schlußfolgerungen ziehen.

Deshalb ist es wichtig, daß wir überprüfen, was wir glauben zu sehen, indem wir nachfragen: «Ich sehe deinen Blick und hab die Phantasie, daß du ärgerlich mit mir bist. Stimmt das?» Auf diese Art und Weise könnten wir überprüfen, ob bestimmte Wahrnehmungen oder Annahmen tranceartige Reaktionen aus unserer Vergangenheit sind.

Der Weg über das verletzte zum göttlichen Kind

Um in Kontakt mit dem heilen Kind in uns zu kommen, müssen wir uns also mit dem verletzten Kind konfrontieren und auseinandersetzen. Wenn wir beginnen, mit unserem Kind in Kontakt zu treten, werden wir zuerst nur das verletzte Gesicht sehen. Außerdem können wir das verletzte Kind nicht links liegenlassen und uns voller Freude auf das heile Kind «stürzen». Der Weg zum heilen Kind führt immer über das verletzte Kind, denn durch die Verletzungen ist ja aus dem heilen Kind das verletzte Kind geworden. Es bleibt uns nichts anderes übrig, als Schicht für Schicht die Verhaltensweisen und Emotionen abzutragen wie ein Geschenkpaket, das wir sorgfältig auspacken, um uns am ursprünglichen Kern zu erfreuen.

Wenn wir durch die Schichten hindurchgehen, erfahren wir die gebundenen Emotionen und Muskelpanzerungen. Es kann sein, daß wir zuerst eine Art «Erstverschlimmerung» (ähnlich wie bei der Homöopathie) erleben. Dieser Teil des Transformationsprozesses ist nicht immer einfach, doch außerordentlich wirksam.

Dieser Weg wird mit Schmerz, Wut und Trauer gepflastert sein. Manchmal geraten wir in tiefe Verzweiflung, wir möchten am liebsten weglaufen und unser inneres Kind wieder in den Untergrund versenken – nur nicht an Vergangenem rühren, es tut ja so weh! Wenn Sie an Ihre Tränen, Ihren Schmerz kommen, müssen Sie immer wieder aufs Neue die Entscheidung treffen: «Bin ich bereit, meinem verletzten Kind ans Licht zu helfen, damit ich mein heiles Kind betrachten kann, um mit ihm gemeinsam ein neues Leben zu beginnen? Oder will ich es wieder in den Abgrund stoßen und so weitermachen wie bisher?»

Wenn wir uns immer wieder entscheiden, durch das Entsetzen hindurchzugehen, werden wir eines Tages über diese Entscheidung beglückt sein. Irgendwann wird die «heile» Seite des verletzten Kindes zum Vorschein kommen, und sie wird uns mit Freude, Lust und Liebe erfüllen. Ja, auch Lust ist eine Eigenschaft des heilen Kindes – eine Qualität der Weiblichkeit.

Stellen Sie sich vor, Sie hacken mit der Axt Holz. Plötzlich schlagen Sie daneben und verletzen dabei Ihr Bein. Sie haben eine schlimme Fleischwunde, eine äußere Verletzung. Was machen Sie jetzt? Sie rennen zum Telefon (wenn's noch geht) und rufen den Krankenwagen oder den Notarzt und lassen Ihre Wunde versorgen. In den nächsten Wochen ist es nötig, daß Sie sich um Ihre Verletzung kümmern und alles Nötige veranlassen, wieder gesund und heil zu werden.

Was aber machen wir mit unseren inneren Wunden, die mit irgendwelchen «Äxten» verbal oder körperlich in uns geschlagen wurden? Versorgen wir die auch immer so gut? Oder vergessen wir sie einfach und sagen: «Ist ja nicht so schlimm»? Ja, wir vergessen sie und lassen sie brachliegen. So kann natürlich keine Heilung geschehen. Die Wunden werden immer wieder aufgerissen, weil immer jemand da ist, der darin (meist unbewußt, doch darum nicht weniger schmerzlich) herumstochert. Wir kümmern uns nicht mehr darum, bis es uns nicht mehr bewußt ist, daß wir verletzt worden sind. Schließlich wundern wir uns darüber, warum wir in dieser oder jener Situation aggressiv, depressiv oder auf andere Art unangemessen emotional reagieren.

Es ist unsere Aufgabe, uns um unsere seelischen Verletzungen genauso zu kümmern wie um die Wunde im Bein. Durch inneres Erleben lernen wir, unsere Wunden der Vergangenheit zu akzeptieren und sie zu «heiligen Wunden» zu machen. Heilige Wunden sind Wunden, in denen wir verborgenes Potential des göttlichen Kindes entdecken können. Der Prozeß bringt uns dahin zu erkennen, daß in den Verletzungen Potentiale stecken, die unser Leben bereichern können. Auch wenn dies für viele schwer vorstellbar ist, denn zuerst sind die Verletzungen nur schmerzhaft. Doch schmerzhaft sind sie nur so lange, wie wir uns von ihnen trennen wollen, indem wir versuchen, sie zu kontrollieren oder zu verbergen. Wenn wir sie akzeptieren, brauchen wir sie nicht mehr zu bekämpfen. Energie wird freigesetzt, und wir erleben Gelassenheit und Frieden. Dann eröffnet sich uns das verborgene Potential, und die Wunde beginnt «heilig» zu werden. Der Prinz (Erwachsener) küßt das göttliche Kind aus seinem «Dornröschenschlaf» wach.

Ein Mensch, dessen Verletzung durch extreme Ablehnung in der Kindheit hervorgerufen worden ist, mag dann wahrscheinlich als Potential die Kraft entdecken, seinen Weg alleine gehen zu können und aus eigener innerer Stärke heraus zu wirken.

Wenn wir uns auf der Ebene des spirituellen Wachstums bewegen wollen, müssen wir unseren Kern, unsere Lebenskraft, von den Schutzschichten des Intellekts und der Emotionen befreien.

Haben wir unser inneres Kind wieder befreit, so werden wir ebenfalls unsere beiden Gehirnhälften miteinander koordinieren. Kopf und Bauch gehen zusammen, und wir begreifen, daß Verstand und Gefühl miteinander und nicht gegeneinander arbeiten können. Dann sind wir in unserer Mitte und denken mit dem Herzen. Das göttliche Kind in uns ist geboren.

Symbolisch finden wir dies in der Weihnachtsgeschichte wieder: Christus (das göttliche Kind) wurde in einem Stall (unser Körper) neben einem Ochsen (Sturheit) und einem Esel (Dummheit) geboren von Mutter Maria (Materie) und mit Hilfe von Josef, dem Zimmermann (die formgebende Kraft, Struktur, Konkretisierung).

Wenn das göttliche Kind in uns zum Leben erweckt ist, führt uns das auf dem spirituellen Weg weiter. Dann kann der Verstand in einem ständigen Dialog mit dem Kind in uns sein. Erst dann können wir das Leben mit all seinen Facetten erfahren, spüren, uns davon durchfließen lassen, dann können wir die Verantwortung für die Freude und den Schmerz übernehmen. Wir brauchen keine Kontrolle mehr über uns auszuüben.

Die Heilung des verletzten Kindes

Was sind jetzt die ersten Schritte auf dem Weg, das verletzte Kind zu heilen? Der erste Schritt zur Heilung besteht darin, das verletzte Kind in uns nicht mehr zu verstecken, was wir sehr oft in unserem Leben tun. «Ich darf nicht zeigen, daß ich einsam bin», «Ich darf meine Bedürfnisse nicht mitteilen», «Meine Traurigkeit darf niemand sehen, meine Angst schon gar nicht».

Wenn wir uns bewußtmachen, daß Verletzungen meistens aus unerfüllten Bedürfnissen heraus entstehen, erkennen wir, daß das, was wir verstecken, nichts anderes sind als unsere unerfüllten Bedürfnisse. Und wieviel Anstrengungen kostet es uns, uns immer wieder von neuem Finessen ausdenken zu müssen, damit niemand sehen kann, wie wir uns wirklich fühlen? Ist das nicht die reinste Energieverschwendung? Energie, die wir benötigen, um unsere Lebensträume, unsere Visionen zu verwirklichen, Energie, um uns selbst zu leben. All diese Energie holen wir uns zurück, wenn wir die Verletzungen nicht mehr verstecken.

Lernen Sie, Ihrem inneren Kind Schritt für Schritt die Erlaubnis zu geben, mit all seinen Facetten da zu sein. Haben Sie den Mut, Ihrer Umwelt zu zeigen, was Sie wirklich empfinden! Vielleicht ist dies manchmal nur möglich in einem sehr geschützten Rahmen, so wie er innerhalb von therapeutischen Sitzungen und Selbsterfahrungsgruppen geboten werden kann, oder auch bei guten Freunden. In einem solchen Umfeld können Sie dann Ihr verletztes inneres Kind zeigen und auch die mit den Verletzungen verbundenen Emotionen. Solche Versuche lassen uns herausfinden, daß sich unsere Lebenssituation insgesamt verändert hat, daß die Vergangenheit vergangen ist und die verletzenden Erfahrungen sich nicht mehr wiederholen.

Der nächste Schritt ist, die Bedürfnisse des inneren Kindes wieder wahrzunehmen und zuzulassen, uns trauen zu sagen, was wir wollen und was wir benötigen, um uns gut zu fühlen. Viele Menschen behaupten: «Ich weiß nicht, was ich brauche, ich habe keine Bedürfnisse.» Dies ist ein Zeichen für völlige Abtrennung vom inneren Kind. In dieser Situation ist ein längerer Prozeß vonnöten, um die Verbindung zum inneren Kind wiederherzustellen, so daß die Bedürfnisse wieder erlebt werden können. *(Die nachfolgenden praktischen Übungen zeigen, auf welche Art und Weise dieser Prozeß geschehen kann.)*

In dieser Phase geht es also darum zu akzeptieren, daß wir Bedürfnisse haben und dann dafür die Verantwortung zu übernehmen. Das bedeutet, wir sorgen dafür, daß unser inneres Kind das bekommt, was es braucht, daß es nicht weiter verletzt wird und daß es ihm gutgeht. So kann das Kind lernen, daß es in der Obhut des Erwachsenen in Sicherheit ist, was ihm immer mehr Vertrauen gibt. Und vielleicht noch sehr zaghaft wird es dann wagen, immer mehr in Erscheinung zu treten. In der Vergangenheit wäre dies die Aufgabe der Eltern gewesen, heute ist es zu unserer Aufgabe geworden, weil wir (hoffentlich) die Erwachsenen sind.

Die Arbeit mit dem inneren Kind ist ein Geborenwerden, und Geborenwerden bedeutet herauszugehen aus der Vergangenheit in die Gegenwart. Geborenwerden heißt auch, sich in jedem Augenblick des Lebens sowohl mit dem Schmerz auseinanderzusetzen als auch die Freude am Leben zu genießen. Wir alle haben die Wahl, in der Vergangenheit hängenzubleiben oder herauszugehen.

Haben wir uns jedoch auf diesen tiefen Heilungsprozeß unseres verletzten Kindes einlassen können, werden wir immer mehr Seiten unseres heilen, göttlichen Kindes spüren. Eine unglaublich lebendige Kraft beginnt in uns zu strömen. Es fühlt sich so an, als würden wir das erste Mal unseren Körper wirklich wahrnehmen und Lust am Ausdruck und Kontakt mit anderen empfinden. Unser göttliches Kind bereichert unser Leben mit Kreativität, Phantasie, Intuition und Weisheit.

Wir sind wieder mit dem «Wasser des Lebens» verbunden, strömen mit seinem Rhythmus, sind fröhlich wie ein Delphin, der sich von den Wellen des Lebens dahintragen läßt.

Die Transformation im Süden ist abgeschlossen, und wir treten in unserem Medizinrad durch das Tor des Westens, um in Kontakt zu treten mit der Erde und um dem «Wasser des Lebens» eine Struktur zu verleihen, die im Norden eine individuelle Richtung findet, um sich schlußendlich im Osten zu verwirklichen.

 ÜBUNGEN ZUM SÜDEN

Wir wollen an dieser Stelle einige praktische Übungen aufzeigen, die uns in Kontakt mit dem inneren Kind bringen und der emotionalen Arbeit dienen. Es sind teilweise Übungen, die Sie sehr gut alleine zu Hause praktizieren können, und teilweise Übungen, die für Gruppen gedacht sind. Mit diesen Übungen, Meditationen und Phantasiereisen haben wir in unserem Trainingsseminar *Kreis der Wandlung* sehr gute Erfahrungen gemacht. Sie können sich den Anleitungstext auf Band sprechen mit entsprechenden Pausen zwischen den einzelnen Phasen; halten Sie sich hierbei an Ihren eigenen Rhythmus. In Gruppen ist es von Vorteil, wenn eine Person die Anleitung spricht.

1. ÜBUNG: *Erkennen des inneren Kindes bei einem Partner (für Gruppen)*

Diese Übung dient dazu, sich das innere Kind bewußtzumachen:

- Wählt einen Partner innerhalb der Gruppe aus, jemanden, zu dem ihr Vertrauen habt, mit dem ihr aber noch nicht viel Kontakt hattet. Bei dieser kleinen Übung ist es günstiger, daß zwei miteinander arbeiten, die sich noch nicht so gut kennen. Dadurch sind Vorurteile und Voreingenommenheiten größtenteils ausgeschlossen. Während der gesamten Übung wird geschwiegen.

- Ihr setzt euch nun gegenüber und entscheidet euch, wer während der Übung Partner A und wer Partner B ist.

- Zunächst schließen beide die Augen, während A tief ein- und ausatmet und in seiner gewohnten Art und Weise in einen Entspannungszustand geht.

- Dann öffnet A seine Augen wieder und beginnt, seinen Partner anzuschauen, ohne den Blick zu fixieren. Laßt euren Blick ganz weich werden, und mit diesem weichen Blick erfaßt ihr den ganzen Körper eures Partners. Haltet eure Gedanken darauf ausgerichtet, das «innere Kind» sichtbar zu machen. Wenn die Körperkonturen eures Gegenübers zu verschwimmen beginnen, könnt ihr das innere Kind wahrnehmen. Diese Form des Wahrnehmens zeigt sich nicht unbedingt so, daß ihr klare Bilder von einem Kind sehen könnt, sondern es wird mehr ein inneres Wahrnehmen und ein Wissen aus dem Bauch heraus sein. Ihr müßt euch hierbei einfach auf euer Gefühl oder eure Intuition verlassen.

- Der Gruppenleiter formuliert nun folgende Fragen:

- Wie sieht dieses Kind bei dem anderen aus? Ist es männlich oder weiblich?

- Was könnt ihr sehen, wie dieses Kind sich fühlt? In welchem emotionalen Zustand befindet es sich?   *(Zeitdauer: 5 Min.)*

- Wie ist die Körperhaltung eures Partners? Versucht zu erkennen, wo im Körper sich Schwachstellen oder Verspannungen befinden.   *(Zeitdauer: 5 Min.)*

- Wo versucht euer Partner das Kind zu verstecken? Im Gesicht, an den Armen, Beinen, Schultern, Rücken usw.? Wo im Körper ist euer Partner nicht in Kontakt mit seinem inneren Kind? Im Herzbereich, Brustbereich, Solarplexus, Sakralzentrum? Wie ist die Kopfhaltung, die Körperhaltung?
- Prägt euch diese Stellen ein. *(Zeitdauer: 10 Minuten)*
- Nun steht auf (euer Partner bleibt sitzen) und korrigiert die Körperhaltung beim anderen, so wie ihr meint, daß es richtig ist. Ihr könnt auch bestimmte Körperstellen bei eurem Partner kurz und sanft massieren. Öffnet den Körper dort, wo ihr glaubt, daß es für das innere Kind notwendig ist.
- Partner B beobachtet, wie sich für ihn diese Korrektur und die Lockerung anfühlt. Ist es angenehm, oder empfindet er Widerstände und will sich wehren? *(Zeitdauer: 10 Minuten)*
- Danach wechseln beide Partner ihre Positionen und führen die Übung noch einmal durch.
- Nach der Übung könnt ihr euch austauschen. Erzählt dem anderen, wie ihr das innere Kind bei ihm gesehen und empfunden habt. Erzählt euch auch, wie ihr die Korrektur bei euch selbst empfunden habt. Es mag sein, daß hierbei Bilder aus eurer Kindheit im Bewußtsein auftauchten oder Erinnerungen wach wurden. Teilt dies dem anderen mit, ohne zu werten.

2. ÜBUNG: *Das autistische Kind (für Gruppen)*

Das Thema dieser Übung ist, mit den Bedürfnissen des inneren Kindes in Kontakt zu kommen. Das innere Kind nimmt oft eine autistische Haltung ein, wenn es darum geht, sich zu verstecken oder seine Bedürfnisse zu verbergen. Es tut so, als wäre es nicht vorhanden. Jeder Mensch hat einen mehr oder weniger stark ausgeprägten Autismus in sich, der in Situationen, in denen er verletzt wird, zum Vorschein kommt. Wir verschließen uns völlig und schirmen uns von der Welt ab. Wir kriechen in uns hinein und sind für andere nicht mehr erreichbar.

In unserer Übung versuchen wir, diese Situation ganz extrem darzustellen, indem wir bewußt in diesen Autismus hineingehen. Ein Übungspartner übernimmt die Rolle des autistischen Kindes, das sich aus einem Schock oder einer Verletzung heraus komplett verschlossen hat und dies körperlich zum Ausdruck bringt. Der andere Übungspartner versucht, an dieses verschlossene, verletzte Kind heranzukommen, es zu «öffnen».

Anleitungstext für den Gruppenleiter:

- Wählt euch einen Partner innerhalb der Gruppe, den ihr noch nicht gut kennt, und einigt euch, wer während dieser Übung Partner A und Partner B ist.
- A übernimmt die Rolle des autistischen Kindes, das sich verschlossen hat, und legt sich nun auf den Boden.
- Ihr seid jetzt autistische Kinder und geht in eine total verschlossene Haltung hinein. Verschließt euch ganz, fühlt euch ganz extrem in diese Abwehrhaltung hinein. Das kann eine embryonale Haltung sein oder jede andere, die dieses «Verschlossensein» für euch ausdrückt. Stellt euch vor, daß ihr ein autistisches Kind seid. Es gibt bestimmte Situationen in eurer Kindheit, an die ihr euch erinnern könnt, in denen ihr trotzig wart oder euch total verschlossen habt. Stellt euch diese Situation ganz lebendig vor. Eine Situation, in der ihr vielleicht Schläge bekommen habt oder verbal ganz tief verletzt wurdet, in der ihr euch vollkommen verschlossen habt. Ihr seid ganz in eurer Verletzung.
- Spürt nach, ob das die richtige Körperhaltung für diese Situation ist, wenn nicht, korrigiert sie, stellt sie vielleicht noch extremer dar, übertreibt ruhig, damit euch deutlich wird, wie ihr euch der Welt entzieht. Ihr wollt nichts mehr wissen, nichts mehr von der Welt und euren Eltern sehen und hören, ihr habt euch in euch selbst verkrochen. Ihr wollt weglaufen vor dem Schmerz, vor der Verletzung, vor der Demütigung, vor der Qual. Spürt, wie es euch dabei geht. *(Zeitdauer: 8 Minuten)*

- B versucht jetzt, an das verschlossene, verletzte Kind heranzukommen. Versucht, dieses Kind zu erreichen, laßt euch Zeit
dazu, geht behutsam vor.   *(Zeitdauer: 5 Minuten)*

- Wie fühlt sich das an für das Kind?
- Welche Impulse werden jetzt bei dem Kind ausgelöst?
- Das, was der andere jetzt bei dir versucht, um dich herauszuho-
len, ist es das, was du brauchst? Oder möchtest du etwas ande-
res?
- Kann es sein, daß du nicht aus deinem «Verschlossensein», aus
deiner Verletzung herauskommst, weil das, was der andere
macht, nicht das ist, was du brauchst?
- Spüre, empfinde, fühle, was du wirklich brauchst.
- Vielleicht brauchst du etwas mehr Zärtlichkeit? Vielleicht
brauchst du aber auch nur eine festere Hand? Spüre, was du –
Kind – brauchst!   *(Zeitdauer: 5 Minuten)*

- Wie geht es B?
- Nimm wahr, wie es dir geht!
- Kennst du dieses Gefühl in deinem Leben?
- Wie oft hast du schon versucht, an jemanden heranzukommen,
und der hat sich immer mehr verschlossen?
- Mußt du dich besonders anstrengen oder überwinden, den an-
deren zu öffnen? Oder fällt es dir leicht?
- Verlierst du die Geduld?
- Regt sich in dir Trotz oder Hilflosigkeit?
- Möchtest du dich vielleicht danebenlegen und dich ebenfalls
verschließen?
- Wie geht es dir mit deinen Bemühungen, die vielleicht keinen
Erfolg zeigen?
- Oder kannst du die Tatsache einfach annehmen und so sein las-
sen, ohne etwas zu tun?   *(Zeitdauer: 7 Minuten)*

- Was braucht das verletzte Kind? Wenn ihr jetzt den Impuls verspürt, euch zu öffnen, dann öffnet euch, aber nur, wenn ihr auch das Bedürfnis habt, und nicht, um dem anderen einen Gefallen zu tun. Beobachtet auch, woher dieser Impuls kommt:
- Ist es: «Ich muß mich öffnen, weil der andere sich ja schon so lange bemüht hat?»
- Oder: «Will ich mich öffnen, weil jetzt jemand für mich da ist?» *(Zeitdauer: 5 Minuten)*

- Kommt jetzt langsam zum Ende dieser Runde – auch die hartnäckigsten Autisten öffnen sich jetzt. *(Zeitdauer: 3 Minuten)*

- Bleibt im Schweigen, geht nun hinaus und sucht euch draußen in der Natur einen Gegenstand, der die inneren Bedürfnisse des Kindes symbolisiert (einen Ast, ein Blatt, einen Stein, ein Stück Holz, Moos, was immer eure Bedürfnisse symbolisieren kann). Sucht und schaut, was euch in der Natur intuitiv anspricht, und bringt das als Symbol für eure Bedürfnisse mit. Bleibt im Kontakt mit dem Kind, das euch vielleicht gerade begegnet ist, und werdet euch darüber klar, welche Bedürfnisse dieses Kind hat und was es braucht. Ihr habt dazu 20 Minuten Zeit und achtet darauf, daß ihr im Schweigen bleibt, zerredet nicht eure Gefühle, geht nicht aus dem Kontakt mit eurem inneren Kind heraus. Bleibt die ganze Zeit bei euch selbst und reflektiert über eure Gefühle und Bedürfnisse. *(Zeitdauer: 20 Minuten)*

- (Wenn die Teilnehmer sich wieder alle versammelt haben, dann kommt der Wechsel. B übernimmt jetzt die Rolle des autistischen Kindes.)

- Am Ende nehmt euch Zeit für einen ausführlichen Austausch:
- Wie habt ihr das «Öffnen» und «Geöffnetwerden» erlebt?
- Welche Erinnerungen, Emotionen und Verhaltensweisen sind euch bewußt geworden?

- Besprecht auch aufgrund eures Symbols die Bedürfnisse des Kindes. Schaut euch das Symbol genau an, die Farbe, die Form und die Beschaffenheit:
- An was erinnert euch dieses Symbol? Vielleicht erinnert euch zum Beispiel ein kleines Blatt an Zartheit und Verletzbarkeit, ein Stein an Festigkeit und Härte usw.
- Welches Bedürfnis bringt dieses Symbol zum Vorschein?
- Wenn ihr das Symbol wärt, was würdet ihr dann brauchen?
- Wieweit entspricht dieses Bedürfnis dem des verletzten Kindes?
- Wie könntet ihr dieses Bedürfnis umsetzen?
- Und was seid ihr bereit dafür zu tun?

(Zeitdauer: 30 Minuten)

3. ÜBUNG : **Versprechen an das innere Kind (für Gruppen)**

Folgende Meditation ist sehr gut als Fortsetzung der vorherigen Übung geeignet. Man kann sie auch alleine zu Hause machen.

Wir arbeiten mit dem Symbol weiter, indem wir etwas tiefer damit gehen, um auf meditative Art und Weise herauszufinden, wie wir das Bedürfnis des Kindes erfüllen können. Wir treffen eine konkrete Abmachung mit dem Kind, die aussagt, wie wir uns um es kümmern wollen. Wir spüren dabei nach, ob das, was wir uns vornehmen, im Alltag für uns auch wirklich durchführbar ist, denn es ist wichtig, dies auch einzuhalten. Nur so können wir vermeiden, unser Kind zu enttäuschen.

Anleitung für Gruppenleiter:

- Setzt euch bequem in Meditationshaltung mit geradem Rücken hin, schließt die Augen und nehmt ein paar tiefe Atemzüge. Macht euch bewußt, was ihr in der vorherigen Übung über die Bedürfnisse eures inneren Kindes erfahren habt.
- Dann atmet sanft und ohne Anstrengung. Beobachtet euren Atem, wie er ein- und ausströmt, und entspannt euch dabei

vollkommen. Laßt den Atem durch euren ganzen Körper fließen. Wenn Gedanken auftauchen, haltet sie nicht fest, sondern
laßt sie vorbeiziehen wie Wolken am Himmel und geht dann
wieder zurück zum Atem. *(Zeitdauer: 5 Minuten)*

- Stellt euch nun vor, über eurem Kopf befindet sich ein helles,
goldenes Licht wie eine strahlende Sonne. Beim Ausatmen laßt
dieses Licht durch eure Wirbelsäule hindurchfließen bis zum
Steißbein. *(Zeitdauer: 5 Minuten)*

- Stellt euch jetzt vor, eure Wirbelsäule ist wie eine verlängerte
Lichtsäule, die in die Erde hineingeht. Dringt in eurer Vorstel-
lung mit dieser Lichtsäule ganz tief in die Erde hinein bis zum
Erdmittelpunkt, wie immer ihr ihn euch vorstellt. Laßt das
Licht beim Ausatmen über das Steißbein hinaus in die Erde
fließen. *(Zeitdauer: 2 Minuten)*

- Wenn ihr jetzt einatmet, dann atmet ihr aus dem Erdmittelpunkt dieses Licht wieder nach oben, durch eure Wirbelsäule
hindurch bis zu der Sonne über eurem Kopf. Zieht die Kraft der
Erde durch eure Wirbelsäule nach oben zur Sonne. Und beim
Ausatmen zieht wieder das Licht durch eure Wirbelsäule in den
Erdmittelpunkt. Dadurch vermischt sich die Kraft der Erde mit
dem Licht der Sonne. *(Zeitdauer: 5 Minuten)*

- Bleibt in dieser Verbindung und nehmt jetzt das Symbol für die
Bedürfnisse des Kindes in eure Hände, so daß ihr es fühlen
könnt. Wenn ihr jetzt einatmet, stellt euch vor, wie ihr das Symbol in euch hineinatmet. Beim Ausatmen laßt euren Atem zu
diesem Symbol fließen und atmet beim Einatmen das Symbol
in euch hinein, damit entsteht ein Atem-Kreislauf zwischen
euch und dem Symbol. *(Zeitdauer: 2 Minuten)*

- Nehmt wahr, an welcher Stelle eures Körpers ihr das Symbol
einatmet: Wo fließt es in euch hinein? Laßt euren Atem beim
Ausatmen an dieser Körperstelle zum Symbol fließen und dann
atmet das Symbol dort hinein. Atmet immer wieder zu dem
Symbol und das Symbol in euch hinein. So nehmt ihr Kontakt
mit dem Bedürfnis auf. *(Zeitdauer: 2 Minuten)*

- Wo spürt ihr dieses Bedürfnis in euch: das Bedürfnis nach Abenteuer, nach Zärtlichkeit, nach Lust, Freiheit, nach Alleinsein, nach Schutz?
- Bleibt in Kontakt mit dem Bedürfnis eures inneren Kindes. Geht in die innere Stille und findet heraus, was ihr für das innere Kind tun wollt, zum Beispiel euch in den nächsten Tagen jeden Tag eine Stunde Zeit nehmen, wenn es um das Bedürfnis nach Ruhe geht. Spürt in euch hinein, was zu tun ihr ganz ehrlich bereit seid. Nehmt euch nur eine Sache vor, seid ehrlich dabei mit euch, weil sich das Kind nicht gerne betrügen läßt, sonst verliert es das Vertrauen. Fühlt, ob ihr dazu bereit seid – und wenn noch nicht –, findet heraus, was euch noch daran hindert. Vielleicht braucht der Erwachsene auch etwas von dem Kind? Welche Gefühle habt ihr, wenn ihr euch darüber klar seid, was ihr bereit seid, für euer inneres Kind zu tun?   *(Zeitdauer: 10 Minuten)*
- Nehmt euch nun ein einzelnes Blatt Papier und schreibt auf, was ihr euch vorgenommen habt, für euer inneres Kind zu tun. Formuliert in wenigen Sätzen euer Versprechen an euer inneres Kind. Schreibt es wie einen Vertrag mit eurem Namen. Schreibt genau auf, wann ihr was tun wollt und in welchem Zeitraum. Zum Schluß besiegelt diesen Vertrag mit eurer Unterschrift. Dann schreibt unter eure Unterschrift das Wort:
Zeuge / Zeugin:

— —

und das heutige Datum.
- Wir bekräftigen unseren Vertrag jetzt innerhalb der Gruppe folgendermaßen:
Einer nach dem anderen steht auf, liest seinen Vertrag vor und sucht sich einen Zeugen, der diesen Vertrag gegenzeichnet. Ihr könnt euch eine Person eurer Wahl aussuchen und der-/diejenige gibt dann seine / ihre Unterschrift zur Besiegelung. Da dieses Dokument ein Vertrag ist, der eingehalten werden sollte, hat der Zeuge auch das Recht, ab und zu einmal nachzufragen, ob dieser Vertrag auch eingehalten wird.

Die folgenden Übungen zur Kontaktaufnahme und Heilung des Kindes können Sie alleine zu Hause ausführen. Sprechen Sie die Traumreise auf Kassette und halten Sie sich dabei am besten an die Zeitangaben.

4. ÜBUNG: *Rückführung in die Kindheit*

Diese Traumreise dient dazu, Ihr Verhältnis mit den entsprechenden Bezugspersonen der frühen Kindheit zu klären. Dies können die Eltern, die Großeltern oder auch ein Kindermädchen sein. Sie können mit dieser Übung erfahren, wie diese Personen Ihnen gegenüberstanden und wie Sie selbst diese Menschen erlebt haben, als liebevoll oder traumatisch. Vielleicht können Sie auch feststellen, daß Sie in Ihrem heutigen Leben Menschen kennen, die Ihnen ähnlich begegnen oder auf die Ihr inneres Kind genauso reagiert wie auf die Bezugspersonen der Kindheit.

Anleitungstext:

Legen Sie sich bequem hin, die Arme entlang Ihres Körpers und nehmen zunächst einige tiefe Atemzüge. Gehen Sie nun mit Ihrem Bewußtsein zu Ihren Füßen und beginnen sich vorzustellen, daß Sie in Ihre Füße hineinatmen. Nehmen Sie wahr, wie Sie in Ihre Füße hineinatmen; es gibt jetzt nichts Wichtigeres als Ihre Füße. Spüren Sie Ihre Zehen, Ihre Fußsohlen, den Fußrücken, die Fersen. Ganz langsam, in Ihrer eigenen Zeit, beginnen Sie, von Ihren Füßen nach oben zu atmen, spüren Sie Ihre Unterschenkel, gehen Sie langsam höher zu Ihren Knien, den Oberschenkeln, zu Ihrem Becken. Wenn Sie irgendwo in Ihrem Körper eine Verspannung spüren, atmen Sie sanft hinein und lösen Sie diese so auf. Stellen Sie sich Ihre inneren Organe vor und atmen Sie hinein. Atmen Sie in die Verspannungen, die Sie spüren, und atmen Sie diese fort. Spüren Sie, wie Sie mit jedem Atemzug Ihre Verspannungen lösen. Nehmen Sie wahr, wie Sie sich von allen Belastungen und Verspannungen befreien.

Lassen Sie Ihren Atem in Ihre Arme, Hände und Schultern fließen. Spüren Sie, wie Ihr Atem durch Ihren ganzen Körper fließt
und jede Verspannung hinwegträgt. Nehmen Sie wahr, wie sich
Ihr Gesicht anfühlt, Ihre Augen, Nase, Mund und Ohren.
Atmen Sie jetzt durch Ihren gesamten Körper, von unten nach
oben und von oben nach unten, spüren Sie, wie Sie da liegen,
empfinden Sie die noch vorhandenen Verspannungen und atmen Sie sie heraus. Bleiben Sie aber hellwach, während Sie
spüren, wie Ihr Körper eine Mulde in den Boden drückt. Sie
fühlen sich wunderbar entspannt und hellwach, egal was passiert ... *(Zeitdauer: 7 – 8 Minuten)*
Beginnen Sie, sich bei jedem Ausatmen über Ihren Körper hinaus
auszudehnen. Stellen Sie sich vor, um Ihren Körper herum befindet sich ein helles Licht, oval wie eine Eierschale, atmen Sie dort
hinein, atmen Sie über Ihren Körper hinaus in die «Eierschale»
hinein ... *(Zeitdauer: 3 Minuten)*
Konzentrieren Sie jetzt Ihre innere Wahrnehmung auf einen
Punkt zwischen den Augenbrauen, so als wenn dieser Punkt ein
inneres Auge wäre, mit dem Sie beginnen zu sehen. Nehmen Sie
sich einen Moment Zeit und lassen Sie langsam, aber immer
deutlicher eine Tafel vor Ihrem inneren Auge erscheinen. Auf ihr
steht die gegenwärtige Jahreszahl (1999 oder 2000). Lassen Sie
diese Zahl deutlich werden. Nun fängt diese Zahl langsam an,
sich rückwärts zu bewegen: 1998 ... 1997 ... 1996 ... Es kann sein,
daß bei bestimmten Jahreszahlen Erinnerungen auftauchen, verweilen Sie einen Moment bei ihnen und richten Sie dann Ihre
Aufmerksamkeit wieder auf die rückwärtslaufenden Jahreszahlen zwischen Ihren Augenbrauen. Gehen Sie weiter zurück: 1995
... 1994 ... 1993 ... 1992 ... 1991 ... Die Zahlen laufen immer
schneller: 1990 ... 1985 ... 1980 ... 1975 ... Sie verfolgen diese
Zahlen so lange, bis die Jahreszahl Ihres dritten Lebensjahres
auftaucht ... *(Zeitdauer: 7 – 10 Minuten)*
Aus dieser Jahreszahl entfaltet sich eine Tür, die sich öffnet. Sie gehen nun bewußt durch diese Tür, und finden sich dann wieder in

einem Raum, den Sie von Ihrem dritten Lebensjahr her kennen.
Schauen Sie sich um in diesem Raum: Welche Möbel sind darin?
Welche Gegenstände erkennen Sie? Nehmen Sie sich Zeit, sich
ganz genau umzuschauen … Jetzt schauen Sie sich selbst an, zuerst Ihre Füße: Sie sind klein. Wandern Sie hoch mit Ihrem Blick
zu den Beinen, zu Ihrem Oberkörper, Ihren Armen und Händen.
Sehen Sie sich Ihre kleinen Hände, Ihren Kopf und Ihr Gesicht an:
Sie sind ein kleines Kind von drei Jahren. Wie sind Sie angezogen?
Schauen Sie sich dieses Kind an in diesem Zimmer. Nehmen Sie
wahr, was Sie sehen … *(Zeitdauer: 3 Minuten)*
Fühlen Sie, wie es diesem kleinen Kind geht? Was mag es wohl
denken? Was tut es in diesem Zimmer? Vielleicht spielt es, oder es
weint leise vor sich hin? … *(Zeitdauer: 5 Minuten)*
Im nächsten Augenblick geht die Tür des Zimmers auf, und her-
ein kommt eine andere Person, es kann Ihre Mutter sein, Ihr Vater oder jemand anders. Schauen Sie hin, Sie kennen diesen
Menschen. Erleben Sie, wie Sie auf diese Person reagieren: Welche Gefühle tauchen auf? Können Sie zu dieser Person einen
Kontakt herstellen? Können Sie dieser Person in die Augen sehen? Was fühlen Sie? Welche Beziehung besteht zwischen dem
Kind und dieser Person? Wie fühlt sich das dreijährige Kind gegenüber dieser Person? Was wollen Sie von dieser Person? Haben Sie einen Wunsch an diese Person? Können Sie diesen
Wunsch aussprechen? Wie reagiert diese Person auf Ihren
Wunsch? … *(Zeitdauer: 5 Minuten)*
Vielleicht reagiert die Person abweisend auf Sie, vielleicht mit großer Zuneigung. Wie reagieren Sie auf sie? Ziehen Sie sich ängstlich
zurück, empfinden Sie Scham oder rennen Sie freudig auf sie zu?
Gibt es etwas, was Sie dieser Person noch gerne mitteilen möchten;
vielleicht, daß Sie sie lieben? Sprechen Sie das laut aus und erleben
Sie, wie es Ihnen dabei geht … *(Zeitdauer: 10 Minuten)*
Kommen Sie nun allmählich in Ihrer eigenen Zeit wieder in
diese Realität zurück und bringen das Erlebte mit. Lassen Sie sich
wirklich Zeit dafür, atmen Sie tief durch und strecken Sie Ihren

Körper. Wenn Sie wieder ganz da sind, dann schreiben Sie auf, was Sie erlebt haben, und/oder malen Sie ein Bild von Ihren Empfindungen. Besteht die Gelegenheit mit jemanden über das Erlebte zu reden, so tun Sie das.

5. ÜBUNG: *Ritual zur Verbindung zwischen Erwachsenem und Kind*

Diese Übung ist ein kleines Ritual, das Sie alleine zu Hause durchführen können, es braucht nicht sehr viel Vorbereitung. Das Ritual dient dazu, die Verbindung zwischen dem Erwachsenen und dem Kind aufzubauen. Wenn es eine Zeitlang regelmäßig praktiziert wird – gut ist, es zweimal wöchentlich zu machen –, führt es dazu, daß der erwachsene und der kindliche Teil der Persönlichkeit sich wieder langsam einander nähern. Das Kind wird dann zu einem natürlichen Bestandteil Ihres Lebens, und es wird Ihnen nicht mehr schwerfallen, dieses kleine verletzte Wesen mit all Ihrer Liebe anzunehmen, es zu umsorgen und die Verantwortung dafür zu übernehmen, daß es ihm gut geht.

Führen Sie das Ritual in einem Raum durch, in dem Sie für mindestens eine Stunde ungestört sein können. Stellen Sie das Telefon im Notfall ab. Es ist schön, dieses Ritual im Kerzenschein in einer besonderen Atmosphäre zu zelebrieren, vielleicht mit Räucherstäbchen und leichter Hintergrundmusik untermalt. Es gehört eine besondere Atmosphäre dazu, um ein Ritual durchzuführen, und diese sollten Sie für sich und Ihr inneres Kind liebevoll schaffen. Sie können Ihr Stofftier mit dabei haben und es zum Schluß in den Arm nehmen, symbolisch für das Kind. Versuchen Sie auf jede erdenkliche Weise eine angenehme Atmosphäre für sich und Ihr Kind zu schaffen.

Anleitung:

Nachdem Sie eine ungestörte und liebevolle Atmosphäre geschaffen haben, setzen Sie sich hin und gehen Sie in einen entspannten Zustand. Beobachten Sie eine Zeitlang nur Ihren Atem, wie er sanft ein- und ausströmt, und lassen Sie dabei Ihre Gedanken los, sie sind im Moment nicht wichtig. *(Zeitdauer: 5 Minuten)*

1. Phase:

Nun stellen Sie sich vor, daß Sie nicht allein da sitzen, sondern daß Ihr inneres Kind vor Ihnen sitzt. Bitten Sie Ihr inneres Kind, sich Ihnen zu zeigen, und lassen Sie es so, wie es dann vor Ihrem inneren Auge auftaucht, ohne etwas zu verändern. Sie sehen es genau, wie es Ihnen jetzt gegenübersitzt. Lassen Sie Ihren Atem zu dem Kind fließen, während Sie es wahrnehmen. Wie sieht das Kind aus? Wie alt ist es? Und wie fühlt es sich? Vielleicht ist es ein sehr verletztes Kind, lassen Sie es da sein, so wie es ist. *(Zeitdauer: 3 Minuten)*
Sie beginnen jetzt ganz bewußt das Ritual, indem Sie dreimal «OM» für dieses kleine verletzte Kind singen. Stellen Sie sich vor, daß das «OM» mit Ihrem Atem zu dem Kind hinüberfließt. Spüren Sie, ob es Ihnen möglich ist, Ihr Herz für dieses Kind zu öffnen. Es mag sein, daß Sie Widerstände empfinden, versuchen Sie trotzdem, Ihr Herz einen kleinen Spalt zu öffnen … Nun begrüßen Sie Ihr Kind mit seinem Namen, den Kosenamen oder Spitznamen, den Sie in der Kindheit hatten. Sprechen Sie diesen Namen laut aus. Nun beginnen Sie, Ihrem Kind, das vor Ihnen sitzt, all das zu sagen, was Sie als Kind immer gerne von Ihren Eltern gehört hätten, was Sie jedoch von ihnen nie zu hören bekommen haben. Sagen Sie dem Kind mit einfachen Worten das, wonach Sie sich immer gesehnt haben, zum Beispiel: «Ich liebe dich so, wie du bist. Ich finde dich wunderbar. Du hast so viele Fähigkeiten, und ich werde dich in allem unterstützen» usw. So übernehmen Sie die Rolle des positiven Erwachsenen. *(Zeitdauer: 3 Minuten)*

2. Phase

Jetzt drehen Sie sich langsam um 180° und setzen sich auf den Platz des Kindes. Stellen Sie sich vor, wie Sie in dieses Kind hineinschlüpfen und der Erwachsene vor Ihnen sitzt. Nehmen Sie sich die Zeit, die Sie brauchen, um sich ganz in das Kind hinein-

zufühlen. Sie sind jetzt ganz das Kind, während der Erwachsene vor Ihnen sitzt. Wie erleben Sie aus der Kindposition den Erwachsenen? *(Zeitdauer: 3 Minuten)*
Jetzt erzählen Sie – das Kind – dem Erwachsenen, wie Sie sich fühlen. Sprechen Sie es laut aus, sagen Sie dem Erwachsenen, wie es Ihnen geht, was Sie brauchen und sich wünschen. Es kann sein, daß Ihre Stimme dabei kindlich klingt und Sie eine kindliche Haltung einnehmen und vielleicht mit Armen und Händen sprechen. Lassen Sie es geschehen. Und lassen Sie alles zu, was Sie an Gefühlen überschwemmt. Seien Sie ganz das Kind, das dem Erwachsenen erzählt, wie es ihm geht. *(Zeitdauer: 5 Minuten)*

3. Phase:

Nun nehmen Sie einige tiefe Atemzüge, drehen sich erneut im Sitzen um 180° und werden wieder zum Erwachsenen. Lassen Sie sich wieder die nötige Zeit dafür und schauen Sie Ihr Kind wieder an, das Ihnen gegenübersitzt. Dann beginnen Sie, auf das zu antworten, was Sie gerade von Ihrem Kind gehört haben. Vielleicht wollen Sie ihm sagen, daß es Ihnen leid tut. *(Zeitdauer: 3 Minuten)*
Dann stellen Sie sich über Ihrem Kopf ein helles, klares Licht vor, das Licht der Liebe und der Wahrheit, und beginnen Sie, es einzuatmen.
Atmen Sie dieses Licht bis in Ihr Herz hinein, und beim Ausatmen lassen Sie es aus Ihrem Herzen zu Ihrem Kind hinüberfließen. Nehmen Sie wahr, wie Ihr Kind langsam durch Ihren Lichtatem eingehüllt wird, so als würde sich ein Lichtmantel um das Kind legen. Beobachten Sie, wie sich das Licht um das Kind herum immer mehr ausbreitet, und spüren Sie, wie auch Sie allmählich von diesem Licht eingehüllt werden, während Sie weiter das Licht über Ihrem Kopf einatmen und aus Ihrem Herzen hinausfließen lassen zu Ihrem Kind. Der Lichtmantel um das Kind herum breitet sich aus und hüllt Sie beide ein, Ihr Kind und Sie, so daß es keinen Unterschied mehr gibt. Erleben Sie, wie sich das Kind vor Ihnen durch den Lichtmantel in das Kind verwandelt, das Sie im-

mer gerne gewesen wären, aber nie sein durften: lebendig, spontan, strahlend, neugierig o. ä. *(Zeitdauer: 7 Minuten)*

Spüren Sie, ob es jetzt noch irgend etwas gibt, was Sie dem Kind gerne mitteilen möchten, vielleicht daß Sie sich von jetzt an immer um es kümmern wollen, vielleicht aber auch, daß es Ihnen zur Zeit nicht möglich ist, sich um es zu kümmern, weil Sie noch zu viele Widerstände spüren, daß Sie sich aber bemühen werden, diese Widerstände aufzulösen, damit das Kind irgendwann nicht mehr allein ist. Sagen Sie Ihrem Kind, was Sie ihm noch zu sagen haben, und sprechen Sie all das laut aus. *(Zeitdauer: 5 Minuten)*

Zum Abschluß des Rituals singen Sie noch dreimal das «OM» als symbolische Geste für die Freundschaft zwischen Erwachsenem und Kind.

Machen Sie sich anschließend Notizen zu dem Erlebten oder malen Sie ein Bild dazu.

Wir wünschen Ihnen und Ihrem inneren Kind viel Freude bei diesen Übungen.

◈ 7. KAPITEL Der Westen:
Die dunkle Nacht unserer Seele

Wenn wir im Anschluß an unseren Transformationsprozeß im Süden das Tor des Westens durchschreiten, so betreten wir hier das Reich des Verborgenen, des menschlichen Schattens, das Reich der Dunkelheit. Hier finden wir uns wieder auf der anderen Seite der Polarität, dem Mysterium des Lebens.

In allen Kulturen gibt es den Mythos von der «Reise des Helden». Dieser Mythos handelt von einem Jüngling oder Prinzen, der in das Reich des Dämons oder in die Hölle hinabzusteigen hat. Hier soll er seine Geliebte (sein weibliches Potential) aus der Dunkelheit befreien und ins Licht führen, um sich auf eine lange Reise zu begeben, die ihn schließlich zu seinem Ausgangspunkt – nach Hause – zurückführt.

All diese Mythen, unabhängig davon in welchem Rahmen sie erzählt werden, zeigen auf die Notwendigkeit hin, daß wir selbst im Verlaufe unserer menschlichen Entwicklung in unsere eigene «Hölle» hinabsteigen müssen, um unser weibliches Potential zu befreien. Unsere «Reise des Helden» ist der Weg ins Unterbewußte – die dunkle Nacht unserer Seele – und damit die Auseinandersetzung mit unseren nicht gelebten, das heißt von uns abgespaltenen, unterdrückten Gefühlen und Kräften, kurz: der innere Dämon.

Wir kommen an diesem Wegpunkt auch in Kontakt mit unseren persönlichen Qualitäten, unserem spirituellen Potential und vor allem mit unserer Lebenslust, die bisher alle im Verborgenen schlummerten.

Der Westen ist in der toltekischen Tradition dem Element Erde zugeordnet. Wenn wir während des Transformationsprozesses den Westen durchlaufen, so ist es in Anbetracht der uns hier erwartenden Erfahrungen von großer Bedeutung, uns bewußt mit der Erde zu verbinden, das heißt, uns zu erden. Die Erde symbolisiert die weiblichen Energien im Gegensatz zu den männlichen Energien, mit denen wir uns im Osten auseinandersetzen werden. Unsere kosmische Mutter, die Erde, empfängt uns in ihrem Schoß, wo wir heranreifen können zu unseren wirklichen Möglichkeiten, um so das Göttliche auf diesem Planeten zum Ausdruck zu bringen.

Die Konfrontation mit der Thematik des Westens wird in der toltekischen Tradition bezeichnet als «das Hineinwachsen in den Geist des Kriegers». Hier geht es nicht darum, die Konfrontation um der Konfrontation willen zu suchen wie im Krieg. Vielmehr gelten die Menschen, die sich in Aufrichtigkeit und bewußter Wachheit üben angesichts der persönlichen Hindernisse und Gefahren auf dem Weg zu sich selbst als die wahren Krieger dieser Erde. Hellwach und bewußt zu leben ist die hervorragendste Eigenschaft des Kriegers, der nicht mehr kämpft, sondern sich wie ein Baum jedem Sturm des Lebens angleicht. Er ist Meister seines Lebens geworden, indem er es in jedem Augenblick selbst bestimmt, im Einklang mit den kosmischen Gesetzen steht und schöpferisch den Mythos des Lebens zum Ausdruck bringt.

Wir möchten darauf hinweisen, daß wir hier die männliche Sprachform verwenden, obwohl der Held oder der Krieger auch auf die Frauen zutrifft. Das Männliche ist hier Teil vom Weiblichen, wie das Salz in der Suppe, während im Osten das Weibliche (Salz) sich im Männlichen (Suppe) befindet.

Im Süden sind wir in Kontakt gekommen mit unseren Emotionen und Empfindungen, die wir «das Wasser des Lebens» genannt haben. Hier haben wir die Lust gespürt, in diesem Wasser zu schwimmen, wir haben mit unserer Vergangenheit abgeschlossen und die Verbindung zu unserem Ursprung, dem göttlichen Kind, wiederhergestellt. Jedoch würde das im Süden in Bewegung geratene Wasser des Lebens völlig in alle Richtungen zerfließen, wenn wir ihm keine Struktur verleihen würden, so daß es für uns und andere sichtbar werden kann.

In der Natur gibt es eine Vielzahl von Formen und Strukturen, über die sich Leben ausdrückt, sei es über Pflanzen, Tiere oder Mineralien. Eine Blume erfreut uns durch ihre Form, Farbe und Geruch, ein Tier kann zusätzlich noch seine Bewegungsfähigkeit und seine Stimme einsetzen.

Betrachten wir in diesem Sinne den Menschen, können wir sehen, daß diesem eine noch größere Bandbreite von Ausdrucksmöglichkeiten zur Verfügung steht, daß jedoch viele davon im Verborgenen liegen, das heißt von ihm nicht gelebt werden. Die menschliche Form ist ebenso ein Kanal für das Mysterium des Lebens wie alle anderen Formen, jedoch mit dem entscheidenden Unterschied, daß der Mensch fähig ist, bewußt über diese Ausdrucksmöglichkeiten zu reflektieren, um sie weiterzuentwickeln.

Jeder von uns trägt entsprechend seinem wahren Selbst ein ganz einzigartiges persönliches und spirituelles Potential in sich, das er mit in dieses Leben gebracht hat. Durch die unterschiedlichsten Einflußfaktoren sind jedoch die meisten von uns bereits von Kindheit an daran gehindert worden, dieses Potential mit all seinen Qualitäten und Möglichkeiten zum Ausdruck zu bringen. So haben wir gelernt, es zu unterdrücken, weil es für unser weiteres Überleben bedrohlich geworden ist. Wir erschufen eine Scheinidentität, mit der wir uns unserem Umfeld anpaßten und vielleicht recht und schlecht in der Gesellschaft funktionierten, die jedoch niemals unserem wahren Selbst entsprach. Auf diese Art und Weise haben wir uns vom Mythos des Lebens abgetrennt und damit unser weibliches Potential verleugnet.

Sehr deutlich zeigt sich dieses Verleugnen in den sozialen Strukturen unserer Gesellschaft. Beherrschend ist immer noch das männliche Prinzip, während das weibliche bekämpft wird. Jedoch leben wir zur Zeit in einer sehr entscheidenden Übergangsperiode, in der sich dies zu ändern beginnt. Schauen wir uns die Weltereignisse an, so können wir überall Hinweise dafür finden, daß das Verborgene im Menschen vermehrt aufbricht. Kriege, Gewaltausbrüche, Chaos und Wahnsinn sind auf der globalen Ebene Resultate des

Zusammenbruchs der mühsam errichteten Scheinidentität, innerhalb der das weibliche Prinzip keinen Platz hatte.

Wir Menschen haben uns abgetrennt von diesem weiblichen Potential, was gleichbedeutend ist mit unserer Inspiration und Intuition; im Laufe von Jahrhunderten wurde es zu unserem Schatten. Dadurch haben wir alle vergessen, daß wir den Mythos des Lebens in uns tragen, durch den wir befähigt sind, unsere Wirklichkeit selbst zu erschaffen. Statt dessen gaben wir unsere Macht an einige wenige Mächtige ab, die über Gesetze und Gebote unser Leben bestimmen.

In der jetzigen Übergangsphase besteht für jeden einzelnen von uns die Notwendigkeit und auch die Chance, bewußt das Verborgene aus der eigenen Dunkelheit hervorzuheben und ins Licht unseres Wesens zu integrieren, um so unsere Macht und Eigenständigkeit zurückzuholen und auch um unser volles spirituelles Potential zu leben.

 ÜBUNGEN ZUM WESTEN

1. ÜBUNG – *Erdungs-Meditation*

Für die Transformationsarbeit im Westen ist es wichtig, daß wir gut geerdet sind. Deshalb beginnen wir mit einer Erdungs-Meditation:

Anleitungstext:

- Nehmen Sie ein paar tiefe Atemzüge und lassen Sie den Atem durch Ihren Körper hindurchfließen. Stellen Sie sich vor, daß Ihr Atem beim Einatmen von unten nach oben durch die Wirbelsäule strömt und beim Ausatmen von oben nach unten.
- Visualisieren Sie, daß Ihr Atem einen Wasserkreislauf bildet, der Ihre Wirbelsäule hinauf- und hinunterfließt, und fühlen Sie dabei Ihr Rückgrat, das Sie aufrechthält. Vielleicht möchte sich Ihre Wirbelsäule durch diese Atmung etwas mehr aufrichten. Spüren Sie, wie sich die Verspannungen durch die Atmung

lösen und lassen Sie es zu, daß sich Ihr Rückgrat aufrichtet. Nehmen Sie wahr, wie der Wasserfluß durch Ihre Wirbelsäule alle Verspannungen mit hinausträgt, bis sich die Wirbelsäule ganz leicht anfühlt.

- Beginnen Sie nun Ihren Atem über die Wirbelsäule nach unten hinausfließen zu lassen, über das Steißbein in die Erde hinein. Pressen Sie den Atem ruhig ein wenig nach unten in die Erde hinein, und mit jedem Atemzug mehr haben Sie das Gefühl, daß sich Ihre Wirbelsäule nach unten hinein in die Erde verlängert. Sie spüren die einzelnen Erdschichten, Gesteinsschichten und kristallinen Strukturen. Immer tiefer nach unten verlängert sich Ihre Wirbelsäule. Sie spüren, wie Sie immer weiter in die Erde eindringen bis zum Erdmittelpunkt.
- Nehmen Sie wahr, wie sich die Verlängerung Ihrer Wirbelsäule mit dem Erdmittelpunkt verbindet. Der Erdmittelpunkt hat die gleiche Entsprechung wie die Zentralsonne, und Sie verbinden sich jetzt mit ihm. Und nun atmen Sie eine Zeitlang tief die Kraft der Erde in sich hinein. *(Zeitdauer: 5 Minuten)*
- Jetzt kommen Sie ganz langsam wieder in diese Realität zurück und beenden Sie Ihre Meditation, indem Sie sich nach vorne mit der Stirn auf den Boden beugen und der Erde für ihre nährende Kraft danken.

Die Auseinandersetzung mit dem Schatten

Beschäftigen wir uns eingehender mit dem Thema «Schatten» und unserer Abtrennung von ihm, so taucht die Frage auf: Ist ein Schatten nicht ein Phänomen, von dem man sich gar nicht trennen kann? Wo immer ich hingehe, nehme ich meinen Schatten mit. Ich kann nicht vor ihm davonlaufen. Er wird mich immer verfolgen, immer an mir kleben, wohin ich auch gehe. Beziehen wir auch das Wissen mit ein, daß im Universum keine Kräfte oder Energien verlorengehen, so müssen wir erkennen, daß es unmöglich ist, die eigenen Schattenanteile auf Dauer «erfolgreich» zu verleugnen. Bei jedem Versuch in diese Richtung erzeugen wir neue Schattenbereiche, die an uns kleben, uns verfolgen und irgendwann Formen annehmen werden.

Versuchen wir zum Beispiel, das Wasser des Lebens in eine einengende Struktur zu pressen, was gleichbedeutend ist mit Lebensverneinung, so werden wir mit einem der größten menschlichen Schatten konfrontiert: der Todesangst. Wir können sagen, daß sich hinter jeder Angst ein Schatten verbirgt, der mit einem lebensverneinenden Glaubenssatz verbunden ist. Glaubenssätze wie «Ich habe dieses Leben nicht verdient», «Ich bin nichts Besonderes», «Ich muß mich anstrengen, um eine Lebensberechtigung zu haben» o. ä. beruhen auf Nichtwissen. Und dieses Nichtwissen, diese Unbewußtheit in uns stellt die Dunkelheit im Westen dar und somit das Prinzip der Trennung von unserem weiblichen Potential.

Die Metapher von der Vertreibung aus dem Paradies beschreibt symbolisch den Sturz aus der Einheit des Bewußten ins Unterbewußte. Mit diesem sogenannten «Sündenfall» haben wir begonnen zu polarisieren, zu trennen in Licht und Dunkelheit, in Gut und Böse, in Bewußtsein und Unterbewußtsein (Schatten). Wen wundert es da noch, daß die Schlange – ein Symbol für den Mythos des Lebens – in unseren Köpfen sehr stark überlagert ist vom Bild des Bösen?

Menschen gehen auf unterschiedliche Weise mit ihren Schattenbereichen um. Die einen geben sehr viel Kraft hinein, diese zu unterdrücken, und die anderen projizieren ihre eigenen Schatten auf die Außenwelt, indem sie Feindbilder erschaffen, gegen die sie dann kämpfen können. Was sie jedoch da tun ist nichts anderes, als unbewußt ihren eigenen Schatten zu bekämpfen.

Wenn wir wollen, können wir mit unserem Schatten anders umgehen. Dies erfordert allerdings die Bereitschaft, das «Böse» als Teil des Lebens zu akzeptieren und es nicht nur in der Außenwelt zu sehen, sondern auch in uns selbst. Statt vor dem Schatten davonzulaufen, können wir uns umdrehen und uns mit ihm konfrontieren. Indem wir uns diesen Schatten genauer anschauen und uns mit ihm auseinandersetzen, bringen wir Licht in die Dunkelheit und bringen die unbewußten Anteile ins Bewußtsein.

Stellen Sie sich vor, Sie schleppen immer eine große Truhe mit sich herum, von der Sie nicht wissen, was sich darin befindet. Irgendwann haben Sie kaum noch Kraft, diese Truhe zu tragen, und Sie versuchen, sie loszuwerden, sie zu verstecken oder zu zerstören. Aber das gelingt nicht. So werden Sie an den Punkt kommen, sich entscheiden zu müssen, die Truhe zu öffnen und sich den Inhalt anzuschauen. Zuerst werden Sie nur das sehen, was Sie am liebsten verdrängen möchten, doch wenn Sie die Bereitschaft haben, immer genauer hinzuschauen und anzunehmen, was Sie da finden, so werden Sie wirkliche Kraftnahrung in dieser Truhe entdecken: Hoffnung, Liebe, Schönheit, Lust, Intuition und Kreativität – alles Ausdrucksformen des Lebens.

Dann werden Sie ein unendlich großes Energiepotential vom Mysterium des Lebens freisetzen können, das Sie sinnvoll für Ihr Leben und für andere verwenden können. Stellen Sie sich vor, wieviel Energie Sie zur Verfügung hätten, wenn Sie Ihren Schatten nicht mehr bekämpfen müßten, unendlich viel Energie, um Ihr Leben gemäß Ihrem wahren Selbst zu leben, Ihre Lebensfreude auszudrücken und Ihre Kreativität zu vergrößern.

Wir alle tragen solche Truhen mit uns herum. Es gibt niemand anderen, der sie uns aufgeladen hat. Das, was wir in der Therapie «Schattenarbeit» nennen, ist nichts anderes als Licht in unsere Truhe zu bringen, den Schatten zu befreien, um so das gebundene Potential freisetzen und in unser Leben integrieren zu können.

Wir können zwei Arten von Schatten unterscheiden: den hellen, lichtvollen und den dunklen Schatten. Der lichtvolle Schatten beinhaltet das Potential, das durch unsere Erziehung, Konditionierungen und Tabus der Gesellschaft in uns unterdrückt wurde, zum Beispiel Lebensfreude, Kreativität, Spontaneität, Empfindsamkeit usw. Im Gegensatz dazu ist der dunkle Schatten das, was wir das

Böse nennen, der Dämon, das große Unbekannte. Wir alle haben ein Potential Böses in uns, doch wir werden feststellen, daß dies nur so lange böse ist, wie wir versuchen, davor wegzulaufen.

Der dunkle Schatten verkörpert all das, vor dem wir Angst haben. Es sind ebenfalls Kräfte, die in unserer Gesellschaft zum Tabu wurden und aufgrund dessen gar nicht existieren dürfen, wie zum Beispiel Lust, Macht, Instinkt o. ä. Das einzig Böse daran ist, daß wir diese Kräfte kaum noch frei leben und sie dadurch erst zu Dämonen geworden sind. So wird aus der nicht gelebten Lust Geilheit oder krankhafte Langeweile, aus der nicht gelebten Macht wird Ohnmacht oder Machtmißbrauch, aus dem nicht gelebten Instinkt entsteht Intellektualismus oder Hilflosigkeit.

Je mehr wir versuchen, die Schatten aus unserem Leben herauszuhalten, um so mehr werden sie Formen annehmen. Im kollektiven Bewußtsein sind es zum Beispiel Krieg, Hungersnot und Diktaturen, über die die Schattenbereiche der Gesellschaft zum Ausdruck kommen können.

Bei uns selbst können sie sich äußern über unsere Persönlichkeit, zum Beispiel durch Gefühlsausbrüche und Verhaltensweisen wie Jähzorn, Hinterhältigkeit, Neid, Geiz usw. Jedoch können unsere Schatten auch auf sehr heftige Art und Weise versuchen, auf sich aufmerksam zu machen durch äußere Einwirkungen wie Unfälle, Krankheiten, extreme Beziehungsschwierigkeiten, Schicksalsschläge, die uns aus heiterem Himmel erwischen, und vieles mehr. Durch solche Extremsituationen werden wir auf die Existenz des Schattens hingewiesen und bekommen damit die Möglichkeit, stehenzubleiben und uns mit ihm auseinanderzusetzen.

Ein Klient berichtete folgendes:

«Jede Nacht wache ich schweißgebadet auf, mit dem Gefühl, umgebracht zu werden. Dem Aufwachen ging jedesmal ein Alptraum voraus, in dem folgendes passierte: In einer dunklen Nacht gehe ich auf einer mir unbekannten Straße spazieren. Plötzlich stelle ich fest, daß ich verfolgt werde. Ich drehe mich kurz um und nehme eine große dunkle Gestalt wahr. Eine furchtbare Angst überfällt mich, und ich laufe weg. Doch je mehr ich laufe, um so schneller verfolgt mich dieses Etwas. Gleichzeitig stelle ich fest, daß ich immer mehr in die Dunkelheit hineinlaufe, bis sich schließlich der gesamte Traum in dieser Dunkelheit auflöst. An dem Punkt erwache ich ruckartig mit dem Gefühl eines gehetzten Tieres.»

In der Therapie entwickelte dieser Klient nach und nach Bereitschaft, sich diesem dunklen Etwas zu stellen, um zu erkennen, mit wem oder was er es zu tun hatte. Ihm wurde klar, daß er es benennen oder ihm einen Namen geben muß, damit es seinen Schrecken verliert. Nach mehrmaligen nächtlichen Anläufen stehenzubleiben, hatte er es dann schließlich geschafft, sich zu konfrontieren und die Frage zu stellen: «Warum verfolgst du mich und jagst mich in die Dunkelheit?» Zu seiner Überraschung bekam er die klare Antwort: «Ich verfolge dich nicht, du läufst davon.»

Dieses Beispiel verdeutlicht uns, daß es unmöglich ist, vor unserem Schatten davonzulaufen, denn wir können nicht vor uns selbst davonlaufen.

Unser gesamtes in uns schlummerndes Potential läßt sich vergleichen mit einer Farbpalette. Auf dieser befinden sich viele bunte Farben. Einige von ihnen kennen wir schon, und weil wir sie mögen, wenden wir sie in unserem Leben auch an. Andere Farben sind uns unbekannt, wir schauen sie nicht gerne an, vielleicht weil sie zu dunkel oder nicht schön genug sind, deshalb so verwenden wir sie nicht.

In der Schattenarbeit beginnen wir nun weitere Farben hinzuzunehmen, so daß unser Leben bunter, vielfältiger und multidimensionaler wird. Es ist ein Weg, immer tiefer in sein eigenes Potential vorzudringen, es zu sich zurückzuholen und zu leben. Wie im Mythos des Helden, der seine Weiblichkeit aus den Klauen eines Dämons befreit, so wird auch dies für manche ein langer Weg sein, der sich jedoch lohnen wird.

Projektion

In der Psychologie versteht man unter Projektion die Übertragung von eigenen Gefühlen, Wünschen und Vorstellungen auf andere. Wann immer ich mich von meinem Inneren abwende und mich statt dessen nach außen wende, so beginne ich meine eigenen Erfahrungen und Wesensmerkmale auf das Außen zu projizieren. Wenn wir sagen, die Welt ist Illusion, so ist das gleichbedeutend damit, daß ich die Welt als das Ergebnis meiner Projektionen ansehen kann.

Das heißt nicht, daß die Dinge der Welt nicht existieren, sondern daß ich sie interpretiere. Die Interpretation wird wiederum beeinflußt durch das, was mir bewußt ist und durch das, was mir unbewußt ist. So ist die Betrachtungsweise der Welt immer subjektiv.

In der Praxis sieht das dann folgendermaßen aus: Das, was wir in anderen Menschen sehen, bewerten oder schätzen, sind meistens unsere eigenen Wesensanteile, die wir nach außen projizieren. Es sind Teile von uns selbst, die wir verdrängen und noch nicht integriert haben. Bei unseren Projektionen muß es sich nicht immer um negative Dinge handeln, wir können zum Beispiel auch unsere innere Schönheit oder unsere Kreativität, die wir in uns nicht anerkennen oder zulassen wollen, auf andere Menschen projizieren. Das kann so weit gehen, daß wir andere, die in unseren Augen die Fähigkeiten besitzen, die wir auch gerne hätten, auf einen Thron setzen und uns selbst als klein und unfähig sehen. Unfähig sind wir in dem Moment tatsächlich, jedoch nur darin, daß wir unsere eigenen Fähigkeiten nicht erkennen können.

Wann immer wir uns verlieben, ist ebenfalls Projektion im Spiel, und das auf beiden Seiten. Zu Beginn einer Liebesbeziehung projizieren wir immer unsere Wunschträume, Sehnsüchte und Erwartungen auf den jeweiligen Partner. Ein Mann verliebt sich zum Beispiel in seine Traumfrau, weil er in ihr seinen eigenen weiblichen Anteil sieht, dessen er sich nicht bewußt ist. Meistens kommt dann nach der ersten Verliebtheitsphase die große Enttäuschung (= das

Ende der Täuschung), weil er dann beginnt, in seiner Partnerin Dinge zu sehen, die nicht übereinstimmen mit seinem großen Ideal von der Traumfrau. Dies wird dann die Zeit sein, wo eine Beziehung kriseln kann, jedoch auch eine wunderbare Gelegenheit entsteht, sich mit seinen Projektionen auseinanderzusetzen und voneinander zu lernen. Wenn der Mann wirklich dazu bereit ist, in seiner Partnerin sein eigenes Spiegelbild zu sehen, so hat er die Möglichkeit, einen neuen Anteil von sich selbst zu erkennen und zu lernen, seine Partnerin um ihrer selbst willen zu lieben.

Sobald wir andere kritisieren, verurteilen und bewerten, können wir mit Sicherheit davon ausgehen, daß wir projizieren. Die Wesensmerkmale, die wir bei uns selbst integriert haben, mit denen wir also keine Schwierigkeiten mehr haben, werden wir bei anderen weniger kritisieren. Sie besitzen für uns keinen Stellenwert mehr.

Verdeutlichen wir uns das einmal an einigen Beispielen: Uns begegnet ein Mann mit langen Haaren, und wir bewerten ihn negativ. Lange Haare können für Freiheit und Ausdruckskraft stehen. Wenn wir uns diese innere Freiheit und Ausdruckskraft jedoch nicht zugestehen und gleichzeitig ein starker Wunsch danach besteht, der ebenfalls verdrängt wird, dann entwickeln wir dem gegenüber Ärger, was wir nicht haben können. Und dieser Ärger wird jetzt auf den Menschen projiziert, der es wagt, diese Freiheit zum Ausdruck zu bringen.

Oder: An einem schönen sommerlichen Sonntagmorgen stellt ein Mann fest, daß der Garten mal wieder in Ordnung gebracht werden müßte. In Wirklichkeit hat er aber keine Lust dazu, denn er würde sich lieber ausruhen oder lesen. Dazu steht er jedoch nicht, und er bittet seine Frau darum, mit ihm gemeinsam im Garten Ordnung zu schaffen. Auf ihre Antwort hin, sie hätte dazu jetzt keine Lust, da sie lieber lesen wolle, regt sich der Mann auf und wirft seiner Frau vor, sie hätte anscheinend nie Lust dazu, im Garten zu arbeiten und würde das immer ihm überlassen (was tatsächlich jedoch nicht der Wahrheit entspricht). Was ist geschehen? Weil dieser Mann nicht zu seiner eigenen Unlust stehen kann und sich unbewußt dafür verurteilt, projiziert er eben diese Unlust und Verurteilung auf seine Frau, die dann den ganzen Ärger abbekommt.

Wenn wir immer wieder geizige Menschen verurteilen, so mag es sein, daß diese Menschen tatsächlich geizig sind, aber wir sollten uns dann doch irgendwann einmal fragen – da dies wohl ein wichtiges Thema für uns ist –, ob es sich hier nicht auch um eine Projektion unseres eigenen Geizes handelt, den wir in uns selbst verdrängen.

Jeder von uns projiziert, und das ist nicht grundsätzlich als negativ zu bewerten. Projektion kann jedoch dann gefährlich sein, wenn wir uns unsere Projektionen nicht bewußt machen, denn dann können wir nicht mehr sehen, daß Menschen, Tiere oder auch Gegenstände Spiegelbilder unseres Selbst sind.

So kann sich eine Nation ein Feindbild erschaffen, indem sie ihren eigenen Schatten auf eine andere Nation projiziert. Auf diese Weise entstehen Kriege, indem man außen bekämpft, was man bei sich selbst nicht akzeptieren kann.

 ÜBUNGEN ZUM WESTEN

2. ÜBUNG – *Projektion (für Gruppen)*

Mit Hilfe der nachfolgenden Übung können wir uns einerseits der Funktion von Projektion bewußt werden und andererseits zusätzlich Möglichkeiten entdecken, wie wir uns auf dem Weg der Selbstfindung Projektion zunutze machen können.

Anleitungstext für den Gruppenleiter:

- Sucht euch schweigend entweder hier in diesem Raum oder draußen in der Natur einen Gegenstand, der euch anzieht. Es ist egal, was es ist. Es kann ein Bild sein oder etwas von draußen wie eine Blume, ein Stein, eine verrostete Blechdose oder ein anderer skurriler Gegenstand, der euch besonders gefällt. Nehmt euch bis zu 15 Minuten Zeit dafür und kommt mit diesem Gegenstand wieder in die Gruppe zurück. *(Zeitdauer: 15 Minuten)*

- (Nach Rückkehr in den Gruppenraum:) Halte diesen Gegenstand in der Hand und schau ihn dir von allen Seiten ganz genau an. Nimm Verbindung mit ihm auf. Beginne dann, ihn zu analysieren und so ausführlich wie möglich zu beschreiben. Mach dir Notizen, was du an ihm schön findest, was du bewunderst, was du liebst, was dich an ihm fasziniert. Beziehe auch in deine Überlegungen und Notizen mit ein, was dir an ihm nicht gefällt: seine Schwächen, Mängel, Fehler, all das, was nicht schön, nicht perfekt ist. Nimm dir Zeit, deinen Gegenstand genauestens zu betrachten und zu analysieren. *(Zeitdauer: 10 Minuten)*

- Stell dir nun vor, dein Gegenstand wäre ein fühlendes, beseeltes Wesen: Was glaubst du, was dein Gegenstand fühlt, was wohl in ihm vorgeht und wovon er träumt? Schreib auf, was die größten Wünsche und Bedürfnisse dieses Gegenstandes sind, seine Hoffnungen und Sehnsüchte und seine Befürchtungen und Ängste. Was glaubst du, ist das Schlimmste, was ihm widerfahren könnte? Erforsche das gesamte Seelenleben deines Gegenstandes. *(Zeitdauer: 10 Minuten)*

- Gehe nun in einen inneren Dialog mit deinem Gegenstand. Frage ihn, was immer du ihn fragen willst, auch ob er dir etwas mitteilen will, und wenn ja, was. Frage ihn und antworte ihm. Schreibe diesen Dialog auf. Vielleicht willst du deinem Gegenstand auch einen Namen geben. Welcher Name paßt zu ihm, welchen Namen würde er gerne haben? Notiere dir alle diese Dinge. *(Zeitdauer: 10 Minuten)*

- Nehmt dann euren Gegenstand und eure Notizen und sucht euch einen Partner für die nächste Phase dieser Übung. Nehmt nach Möglichkeit einen Partner, den ihr noch nicht so gut kennt. Einigt euch, wer A und wer B ist. Und dann beginnt A seine Notizen, die er zu seinem Gegenstand gemacht hat, laut vorzulesen, und zwar in der «Ich-Form». B hört nur zu, ohne einen Kommentar dazu abzugeben. B achtet jedoch darauf, daß A die «Ich-Form» einhält. A nimmt dabei wahr, was in ihm vorgeht, wenn er das Geschriebene in der «Ich-Form» vorliest.

Denn das, was ihr aufgeschrieben habt, ist nichts anderes als eure Projektion auf diesen Gegenstand. Hört die Botschaft, die dieser Gegenstand für euch hat. Hört, was ihr euch selbst zu sagen habt. *(Zeitdauer: je 10 Minuten)*
• Macht euch Notizen über eure Erfahrungen und tauscht euch gegenseitig aus. *(Zeitdauer: 15 Minuten)*

Angst

Es geht also darum, daß wir uns unsere Projektionen bewußt machen beziehungsweise daß wir stehenbleiben, uns umdrehen und unserem Schatten ins Gesicht schauen. Das Neurotische, Krankhafte und Gefährliche besteht nur darin, daß wir unseren Schatten im Dunklen lassen. Und das macht angst. Angst ist ein Zeichen dafür, daß wir uns von etwas abgetrennt haben. Je mehr Angst wir empfinden, desto mehr haben wir uns von uns selbst entfernt.

Was geschieht eigentlich, wenn wir Angst haben? Angst wird meistens von uns als ein Gefühl gesehen, jedoch ist es mehr ein Zustand. Das, was wir bei Angst fühlen, sind die Symptome, die diesen Zustand auslösen: erhöhter Pulsschlag, Herzklopfen, Adrenalinausstoß, Schweißausbrüche, Atemstörungen, Schmerzen in der Brust u. ä.

Das Wort «Angst» leitet sich aus dem Lateinischen *angustus* ab und bedeutet Enge. Angst ist also ein Bewußtseinszustand der Einengung; ein Zustand, der immer dann entsteht, wenn wir beginnen, uns von etwas abzutrennen und das Abgetrennte verdrängen. Je weiter wir uns von unserer Quelle, unserer Spiritualität und Individualität abtrennen und je weniger wir zu unseren Gefühlen und Empfindungen stehen, desto mehr erzeugen wir diesen Zustand der Einengung, was wir dann als Angst erleben. Das, was wir einengen, sind die Teile unseres Potentials, von denen wir uns abgespalten haben, unsere Schattenbereiche.

Wenn wir versuchen, ein Tier in die Enge zu treiben, so wird es sofort angreifen, auch wenn es normalerweise friedlich ist. Das gleiche geschieht mit diesen abgespaltenen Teilen. Sie werden sich irgendwann wehren und mit aller Kraft aus ihrer Einengung herauswollen, und oftmals suchen sie, wie wir gesehen haben, außergewöhnliche Wege, um auf sich aufmerksam zu machen.

Werden wir uns bewußt, daß Angst nur ein Zustand der Einengung ist, und können wir die Bereitschaft entwickeln, uns auf unsere Angst einzulassen, so kann sie zu einem Wegweiser zu unseren Schattenbereichen werden.

Unser Transformationsprozeß, der uns jetzt in den Westen geführt hat, läßt uns unweigerlich einem der größten Ängste und damit Schatten der Menschheit begegnen: der Angst vor dem Tod. Diese Form der Angst ist aus der Abtrennung vom Mysterium des Lebens entstanden. Kennen wir das wirkliche Mysterium des Lebens nicht, so ist Angst, daß alles ein Ende haben könnte, eine ganz natürliche Reaktion.

 ÜBUNGEN ZUM WESTEN

3. ÜBUNG – *zum Thema Angst (für Gruppen oder allein)*
In der folgenden Übung können wir uns unsere Angst bewußt machen, indem wir sie aus der Abstraktion in eine konkrete Form bringen. Sie wird somit für uns und für andere sichtbar, so daß wir besser mit ihr umgehen können.

Anleitungstext:

- Legt eure Malutensilien bereit, nehmt ein paar tiefe Atemzüge und entspannt euch.
- Und nun erinnere dich: Es gibt in deinem Leben bestimmt ein Thema oder eine Situation, die für dich angstbesetzt ist. Das kann eine Situation aus der Vergangenheit sein, die für dich heute noch Bedeutung hat, oder aber eine immer wiederkehrende Situation oder ein Thema. Vielleicht ist es Angst vor Aus-

einandersetzungen mit anderen Menschen oder Angst, nicht geliebt zu werden, oder vielleicht auch Angst davor, daß dir etwas Schlimmes passieren könnte. Visualisiere eine solche Situation und gehe ganz hinein, durchlebe sie in deiner inneren Vorstellung ...

- Bist du allein oder sind andere beteiligt? Wie entsteht diese Situation? Laß sie ganz lebendig werden, so wie du es aus deinem Alltag kennst ...
- Und fühle deine Angst. Was macht diese Angst mit dir? Welche Gedanken hast du? Welche Impulse verspürst du? Vielleicht willst du wegrennen?
- Es gibt in deinem Körper eine oder mehrere Stellen, wo du diese Angst fühlst, vielleicht in den Schultern, im Bauch, im Hals oder im Herzen. Spüre, wo in deinem Körper du die Angst wahrnehmen kannst ... An was erinnert dich diese Angst? Spüre nach, welche Form oder Gestalt deine Angst hat ... *(Zeitdauer: 10 Minuten)*
- Und jetzt öffne in deiner eigenen Zeit die Augen und male deine Angst, bringe sie auf das Papier. Laß dabei die Angst deine Hand führen und dich leiten. Laß es zu, daß deine Angst sich darstellt und bleibe während des Malens im inneren Kontakt mit der Körperstelle, wo die Angst lokalisiert ist, laß dich nicht ablenken. *(Zeitdauer: 10 Minuten)*
- Betrachte deine gemalte Angst, mach dir Notizen zu dem Bild und rede mit jemandem über deine Angst, wodurch du deine Angst offen zeigst.

Der Tod

Wir alle tragen die große Frage in uns: «Gibt es ein Leben nach dem Tod?» Eigentlich müßte diese Frage jedoch lauten: «Gibt es ein Leben vor dem Tod?» Rein physisch zu leben heißt noch lange nicht, wirklich lebendig zu sein. Sehr viele Menschen sind psychisch oder emotional mehr tot als lebendig. Sobald wir uns vom Mysterium des Lebens abgetrennt haben, hören wir auf, uns vom Lebensfluß tragen zu lassen. Das Resultat ist die Einengung des Lebens, also die Todesangst, die uns ständig begleitet. Es ist die Angst, daß wir bald sterben, bevor wir begonnen haben zu leben.

Dieser Tod, vor dem die meisten Menschen Angst haben, ist jedoch eine große Illusion. Er existiert nur, weil wir ihn erschaffen, indem wir innerhalb von Zeiträumen denken. So sind wir davon überzeugt, daß mit dem Tod alles zu Ende ist. Oder – wenn Reinkarnation zu unserem Weltbild gehört – wir glauben, daß wir in einen Rhythmus von Leben – Tod – Leben – Tod eingebunden sind. Aber gerade das ist die Illusion.

In Wirklichkeit gibt es keinen Tod, sondern nur Leben. Leben ist ein ständig fließender Strom ohne Anfang und ohne Ende. In diesem Strom fließen wir, solange wir nicht in Zeiträumen denken, denn dadurch setzen wir Grenzen innerhalb des Lebensflusses, und wir erhalten den Eindruck, daß wir von einer Grenze zur anderen schwimmen. Wenn wir an einer Grenze angekommen sind, dann sterben wir, um dann irgendwann hinter dieser Grenze wieder in ein neues Leben zu kommen usw. Der Tod ist jedoch nichts anderes als ein Übergang in einen anderen Zustand des Lebens. Es gibt kein Ende, sondern nur ein kontinuierliches Fließen von einem Zustand des Lebens in einen anderen.

Wir müssen verstehen, daß das Prinzip des Lebens sich auf verschiedenen Schwingungen gründet. Unser Körper ist nichts anderes als eine Manifestation einer Schwingung des Lebens, die sich beim Sterben in eine feinstofflichere Schwingung transformiert. Da wir die Gewohnheit haben, an dem festzuhalten, was wir kennen, erhalten wir bei diesem Übergangsprozeß den Eindruck zu sterben und uns aufzulösen. In Wirklichkeit hören wir aber nie auf zu leben, wir verändern nur unsere Schwingung. Aus diesem Grunde ist es auch unsinnig, von vielen Leben zu sprechen, denn es gibt nur ein Leben in unterschiedlichen Schwingungszuständen.

Im tibetischen Buddhismus wird dieser Übergang «*Bardo*» genannt. «*Bar-Do*» bedeutet wörtlich «zwischen *(Bar)* zwei *(Do)*», womit der Zustand zwischen Tod und Wiedergeburt oder der Übergangszustand von einer Schwingungsebene in eine andere gemeint ist. In diesen Zwischenzustand gehen wir, wenn die grobstoffliche Schwingung unseres Körpers in eine höhere feinstofflichere Schwingung transformiert wird.

Die Tibeter sagen: «*Bevor du leben kannst, lerne zu sterben, und lerne dies in jedem Moment deines Lebens.*» Das bedeutet nichts anderes, als daß wir an keinem Lebenszustand festhalten, sondern immer bereit sind, loszulassen und uns dem Lebensfluß hinzugeben. Solange wir Angst vor dem großen Moment des Todes haben, ist es uns unmöglich, wirklich zu leben und uns so auf das Mysterium des Lebens einzulassen. Die meisten Menschen schieben Gedanken an ihren eigenen Tod weit von sich, obwohl der Tod uns tagtäglich in der Welt begegnet.

Es wird oft beschrieben, daß Tod etwas sehr Schönes sein kann und daß viele Menschen den Tod als friedvoll und lichtvoll erleben. Aber dies ist nicht unbedingt der Normalfall. Es kann manchmal sehr schwer und hart sein, diesen Übergang zu vollziehen. Wenn das Leben sich aus dem Körper zurückzieht, um in einem anderen Zustand weiter zu existieren, dann hängt vieles davon ab, in welchem Maß wir loslassen und uns diesem Prozeß hingeben können. Deshalb ist es wichtig, schon während unserer Lebzeiten im physischen Körper sterben, sprich loslassen zu lernen (siehe auch Kapitel «*Rekapitulation*»).

Wenn wir jeden Tag in dem Bewußtsein beginnen würden, daß dieser Tag der letzte unserer Existenz auf Erden sein könnte und wir in jeder Minute sterben könnten, dann würde der Tod zu einem Verbündeten für uns werden. Wir würden lernen, jeden Augenblick des Lebens auf dieser Erde zu nützen und das im Alltag umzusetzen, was wirklich sinnvoll und wichtig ist.

Der Tod als Verbündeter verhilft uns dazu, Prioritäten zu setzen, und er bringt uns ins Hier und Jetzt. Wir würden erkennen, daß es nichts als Zeitverschwendung bedeutet, über Vergangenheit und Zukunft nachzugrübeln. Nützen wir wirklich jeden Augenblick unseres Lebens voll aus, dann werden wir schließlich beim Sterben nicht den Eindruck haben, etwas verpaßt zu haben. Letztlich ist es die Angst davor, im Augenblick des Sterbens erkennen zu müssen, daß wir an uns vorbeigelebt haben, die dazu führt, daß wir den Gedanken an den Tod verdrängen.

Diese Ängste und die Entscheidungen, die wir daraufhin am Lebensende treffen, werfen uns dann in den Kreislauf der Wiedergeburt zurück. Die Erkenntnis «Ich habe nie gelebt, wie ich hätte leben können» oder die Entscheidung «Ich habe noch einiges zu erledigen und abzuschließen» bringt uns in einen neuen physischen Körper hinein.

Wenn wir erkennen, daß das Mysterium des Lebens aus einer Kontinuität von verschiedenen Schwingungszuständen besteht, die sich in einem bestimmten Rhythmus abwechseln, dann können wir uns mit dem Tod aussöhnen, und er wird seinen Stachel verlieren. Gleichzeitig haben wir begriffen, was Leben wirklich bedeutet.

 ÜBUNGEN ZUM WESTEN

4. ÜBUNG: *Vorbereitung auf das Sterben*
Die Übungen zum Sterben verfolgen den Zweck, sich mit der Todesangst auseinanderzusetzen, sich auf das Sterben vorzubereiten und den Tod als Begleiter anzuerkennen. Sie sind auch geeignet für Menschen, die von ihrem nahenden Tod durch Krankheit wissen. Wenn wir mit dem Thema Tod große Angst und Schrecken verbinden, dann sollten diese Übungen nicht allein durchgeführt werden, sondern in Gruppen oder in Einzelarbeit unter fachkundiger Begleitung.

Es ist wichtig, bevor wir sterben, mit allen Menschen und Situationen unseres Lebens abgeschlossen zu haben, so daß nichts mehr offen ist. Alles was nicht geklärt ist, alles was unabgeschlossen ist, nehmen wir mit über den Tod hinaus. Liebes-, Haß- oder Schuldgefühle, die wir gegenüber anderen Menschen haben, sogar finanzielle Schulden, Ängste, Süchte, unerfüllte Wünsche, all das löst sich mit dem Tod nicht auf, sondern wird von uns mitgenommen. Wie wir gesehen haben, werden wir während des Sterbeprozesses massiv damit konfrontiert. Die unabgeschlossenen Situationen, die nicht ausgesprochenen Worte und die offenen Wünsche und Bedürfnisse halten uns fest und machen uns Menschen das Sterben oft schwer und leidvoll.

Wir können diesen Ballast vorher schon abwerfen, um unser eigenes Sterben, das Hinübergleiten in den anderen Bewußtseinszustand, zu erleichtern. Keiner von uns weiß, wann er sterben wird, es kann schon heute oder morgen sein. Und es ist möglich, daß das Sterben so schnell geht, daß wir keine Chance mehr haben, alles Unabgeschlossene zu klären. Aus diesem Grund sollten wir jede Konflikt-Situation schon während unseres Lebens klären.

Wir können unsere Konflikte mit anderen bereinigen, indem wir uns entschließen, diesen Menschen Briefe (siehe nachfolgenden Anleitungstext) zu schreiben oder die Konflikte mit ihnen persönlich zu klären, damit sie abgeschlossen werden können. Damit ermöglichen wir uns schon zu Lebzeiten ein leichteres Sterben und brauchen nicht das ganze Gepäck all der unerledigten Dinge unseres Lebens mit uns herumschleppen.

Anleitungstext:

- Lege zwei Blatt Papier und einen Stift vor dich hin und schließe deine Augen, während du dich auf deine eigene Art und Weise in einen inneren Entspannungszustand begibst.

- Und nun stelle dir folgendes vor: Heute ist der letzte Tag in deinem Leben. Du weißt, daß die letzten Augenblicke deines Lebens angebrochen sind, und du hast noch einmal die Gelegenheit, auf dein Leben zurückzublicken. Nimm dabei wahr, was du noch zu erledigen hast; zum Beispiel offene Situationen mit anderen Menschen, die noch nicht geklärt sind, oder andere unabgeschlossene Dinge ...
- Vielleicht gibt es in deinem Leben einen Menschen, den du als Feind ansiehst, jemand, mit dem du im Konflikt bist und mit dem du noch etwas klären möchtest, sei es, daß du dich entschuldigen willst, oder auch, um ihm zu verzeihen. Oder vielleicht willst du ihm auch nur deine Meinung sagen, was du dich bisher nicht getraut hast.   *(Zeitdauer: 10 Minuten)*
- Und jetzt schreibe diesem Menschen einen Brief, sozusagen einen Abschiedsbrief, kurz bevor du stirbst. Dieser Brief ist an ihn persönlich gerichtet, das heißt, du sprichst diese Person namentlich an. Und dann schreibe in diesen Brief all das hinein, was du noch mit ihm klären möchtest. Schreibe alles hinein, was du ihm noch sagen willst, auch wenn du etwas getan hast, was dir leid tut. Wenn du das Gefühl hast, ihm das verzeihen zu können, was er dir angetan hat, so schreibe das auch in diesen Brief hinein. Teile ihm mit, wie es dir in dem Konflikt mit ihm ergangen ist. Schreibe den Brief in aller Stille und nimm dir 20 Minuten Zeit dafür. Beginne jetzt mit diesem Brief.   *(Zeitdauer: 20 Minuten)*
- Und nun schließe deine Augen erneut und konzentriere dich wieder auf dich selbst. Es sind immer noch die letzten Stunden deines Lebens, und du wirst dich jetzt erinnern an Menschen in deinem Leben, die du liebst ...
- Werde dir dabei bewußt, welcher Person, die du sehr magst oder liebst, du noch etwas sagen möchtest, bevor du stirbst ... Richte dein Bewußtsein jetzt auf diesen Menschen, spüre ihn in deiner Nähe und wisse, es ist Zeit Abschied zu nehmen. Vielleicht gibt es Dinge, die du dieser Person immer schon sagen

wolltest, es jedoch nie getan hast. Und wenn es einfach nur darum geht, ihr zu sagen: «Ich liebe dich.»

- Nimm wahr, wie es dir dabei geht, wenn du dich von diesem Menschen verabschieden mußt. Es ist auch wichtig, daß wir von einem geliebten Menschen loslassen können, denn auch das kann eine Last sein, die wir mitnehmen.

(Zeitdauer: 10 Minuten)

- Und nun schreibe auch an diesen Menschen einen Abschiedsbrief. Teile ihm all das mit, was du ihm noch sagen möchtest aus einem Gefühl der Liebe heraus, vielleicht, wie dankbar du bist, daß es ihn oder sie gibt oder was auch immer. Du hast 20 Minuten Zeit, diesen Brief zu schreiben und wahrzunehmen, wie es dir dabei geht. Beginne jetzt damit.

(Zeitdauer: 20 Minuten)

5. ÜBUNG – *Phantasiereise: Bekanntschaft mit dem Tod (für Gruppen)*

Anleitungstext:

- Legt euch bequem hin, nehmt ein paar tiefe Atemzüge und entspannt euch.
- Registriere nun bewußt, was dich mit deiner Außenwelt verbindet, und dann erlaube dir, dich langsam von deiner Außenwelt zu lösen, indem du ganz sanft nach innen atmest. Laß deinen Atem nach innen fließen. Fühle deinen Körper und laß dich mit deinem Atem fließen, immer mehr nach innen. Bleibe offen dabei für alle Gefühle, für alle Gedanken und Bilder, die kommen. Laß all deine Erwartungen los und verabschiede dich vom Leben. Löse dich auch von deinen Ängsten, etwas verpassen zu können.
- Was immer du bereit bist zu erfahren, was immer für deine gegenwärtige Entwicklung von Bedeutung ist, wird dir gezeigt werden. Alles andere brauchst du jetzt noch nicht zu wissen.

Nimm wahr, wie du mit jedem Atemzug immer tiefer sinkst. Entspanne dich mit jedem Ausatmen noch tiefer, laß weiter los. Erlaube deinem Bewußtsein, sich immer weiter auszudehnen. Dehne deine Wahrnehmung bis weit über diesen Raum hinaus aus, dehne dich aus, weiter, immer weiter ... Dann erinnere dich, daß dies deine Todesstunde ist.

- Mach dir bewußt, daß sich der Tod dir jetzt langsam nähert. Wie nimmst du ihn wahr? Welche Bilder und Gefühle tauchen auf? Siehst du eine Gestalt, die auf dich zukommt, oder fühlst du nur eine bestimmte Energie? Achte auf deine Wahrnehmung des Todes. Was verkörpert der Tod für dich in diesem Moment? Kannst du den Tod willkommen heißen, oder verfällst du in Angst und Panik? *(Zeitdauer: 3 Minuten)*
- Öffne dich jetzt uneingeschränkt für alles, was du wahrnimmst, für alles, was du erlebst. Der Tod kommt immer näher, du siehst ihn auf dich zukommen. Er begleitet dich schon dein ganzes Leben, ohne daß du ihn wahrgenommen hast. Kannst du erkennen, daß der Tod keinen eigenen Willen hat, daß er nichts von dir will? Er handelt im Auftrag einer höheren Intelligenz. Auf dieser Ebene bestimmt niemand außer du selbst. Diese Situation ist dir sehr wohl bekannt. Viele Male hast du sie schon durchlebt. Viele Male bist du aufgrund dieser hohen Spannung unbewußt geworden. Du bist eingeschlafen und hast dir dadurch die große Chance des bewußten Übergangs genommen. Du selbst bestimmst, wie der Tod zu dir kommt, indem du ihn willkommen heißt.
- Du weißt und spürst, daß der Tod dir alles wegnimmt, was nicht zu deiner Essenz gehört. Er ist der letzte Prüfstein. Es steht dir frei, aus dieser jetzt kommenden Begegnung ein Drama zu machen oder Erfüllung und Befreiung zu erfahren. Mach dir das Geschenk bewußt, das der Tod dir jetzt gibt; er ist unbestechlich. Du kannst und brauchst ihm nichts vorzumachen, auch nicht, daß du keine Angst vor ihm hast. Du kannst ihm ohne Maske und Verkleidung entgegentreten. Du kannst

dir erlauben, dich nackt und unverstellt zu zeigen und dabei erkennen, wer du in Wirklichkeit bist. Jetzt, in deiner Todesstunde besteht die Möglichkeit, einen wesentlichen Schritt weiterzugehen auf dem Weg zu dir selbst. Der Tod rückt immer näher. Du spürst ihn jetzt ganz nah bei dir. Er beugt sich über dich und berührt deinen Körper. Kannst du wahrnehmen, daß er eine bestimmte Stelle deines Körpers berührt? Er wird dich an der Stelle berühren, an der dein Körper beginnt sich aufzulösen. Vertraue deiner Wahrnehmung. *(Zeitdauer: 5 Minuten)*

- Der Tod nimmt als erstes deinen physischen Körper. Erlebe jetzt, wie dein physischer Körper sich langsam auflöst. Spüre, wie sich deine physische Wahrnehmung langsam zurückzieht. Du nimmst noch einen letzten tiefen Atemzug und spürst beim Ausatmen, wie das Leben aus dem Körper herausfließt. Du überschreitest die Schwelle – JETZT. *(Zeitdauer: 3 Minuten)*

- Welche Räume betrittst du jetzt? Erlebe jetzt alle Einzelheiten, erfahre jetzt, was auf der anderen Seite passiert. Auf welche Weise bewegst du dich, was siehst du, was hörst du? Jetzt beginnt dein Lebensfilm vor deinem inneren Auge abzulaufen. Du blickst noch einmal zurück auf dein Leben. Laß dich all die Dinge sehen, mit denen du dich beschäftigt hast und von denen du sagst, sie seien wichtig. Erlaube dir, aus dieser Perspektive heraus jetzt zu erkennen, was wirklich wichtig war, was weniger und was gar nicht wichtig war. Prüfe, was wirklich zu dir gehört und was nicht. Was rückt jetzt aus deinem Leben in den Vordergrund? Kannst du erkennen, was deine wahre Bestimmung und deine Lebensaufgabe für dieses Leben ist, jetzt wo dein Lebensfilm vor dir abläuft? *(Zeitdauer: 10 Minuten)*

- Nachdem du dir dein Leben noch einmal angeschaut hast, wende dich wieder ganz dir selbst zu. Öffne dich noch einmal der Wahrnehmung des Todes. Mache dir klar, daß er nichts anderes ist als dein Begleiter, der dir hilft, die Schwelle zu übertreten. Bist du bereit, die Schwelle zu übertreten?

- Schließlich kommt der Moment, wo dir gesagt wird, daß es Zeit wird, wieder in deinen Körper zurückzukehren. Nimm dir Zeit, auf deine Weise Abschied zu nehmen von der Welt, die sich dir hier offenbart hat und achte genau auf deine Gedanken, die dir bei der Vorstellung, Abschied nehmen zu müssen, kommen. *(Zeitdauer: 3 Minuten)*

- Stell dir nun vor, daß du dich einer Schwelle aus Licht näherst. Visualisiere eine Lichtschranke, die sich vor dir befindet. Etwas in dir weiß, daß diese Lichtschranke das Tor zum Leben ist, der Zugang zu deinem Körper. Was oder wer erwartet dich in deinem Leben? Mach dir dies bewußt. Laß dich deutlich sehen und wissen, wofür es sich lohnt zu leben. Laß dir die Zeit dazu und warte so lange, bis du es deutlich sehen kannst, wofür es sich für dich lohnt zu leben. Wofür möchte ich leben? Beantworte dir diese Frage. Welche Qualitäten möchte ich entwickeln und in mein Leben tragen? Welchen Beziehungen möchte ich jetzt mehr als bisher Aufmerksamkeit schenken? Welchen Aufgaben möchte ich mich mehr widmen? Wem oder was soll mein Leben geweiht sein? *(Zeitdauer: 5 Minuten)*

- Wenn du jetzt bereit bist, laß dich ganz sanft über diese Schwelle des Lichtes in das Leben hineingleiten, beginne wieder tiefer zu atmen und verbinde dich ganz langsam und bewußt wieder mit deinem Körper und mit diesem neugewonnenen Wissen. Nimm deinen Körper vollständig in Besitz und fülle ihn ganz aus. Wenn Schmerz oder Traurigkeit wegen des Verlustes der Unbegrenztheit und Weite auftauchen, erinnere dich an das, wofür es sich lohnt zu leben. Wisse, daß es dir jetzt immer leichter fallen wird, zum Beispiel in der Meditation die Schwelle von Raum und Zeit zu überschreiten.

- Und jetzt komme ganz allmählich wieder zurück, erinnere dich an den Raum, in dem wir uns hier befinden. Nimm dir die Zeit, die du brauchst, um wieder in diesen Raum und vollständig in deinen Körper zurückzukehren, der hier liegt oder sitzt. Nimm einige tiefe Atemzüge, öffne deine Augen, wenn du dazu bereit bist, und fühle dich wieder ganz im Hier und Jetzt.

In dieser Phantasiereise sehen wir, daß wir den Tod als Verbündeten erleben können, der mit uns geht und nicht gegen uns ist. Bisher sind wir davon ausgegangen, daß der Tod etwas ist, gegen das wir kämpfen müssen, weil er uns das Leben nimmt. Das Gegenteil ist jedoch der Fall: Der Tod gibt uns das Leben. Er hält uns immer wieder dazu an, die Schritte in unserem Leben zu tun, die es uns ermöglichen, in den Lebensfluß hineinzukommen. Wenn es den Tod nicht gäbe, würden wir gar nichts tun. Wir würden uns auf dem, was ist – oder nicht ist –, ausruhen, und nicht an uns arbeiten. In diesem Sinne können wir den Tod als eine Kraft betrachten, die uns in den Lebensstrom bringt. Das Wissen um die Existenz des Todes läßt uns überhaupt erst die Frage nach dem Sinn des Lebens stellen und motiviert uns weiterzudenken, weiterzufühlen, uns mit transpersonalen oder immateriellen Dimensionen zu beschäftigen. Der Tod zeigt uns also, daß es da noch etwas anderes gibt, wo es sich lohnt hinzuschauen, hinzugehen oder zurückzugehen.

Unser Tod kann auch als Ratgeber bei Entscheidungsfragen dienen. Wenn wir unsicher sind, was wesentlich und wichtig ist in unserem Leben, so können wir unseren Tod fragen oder uns vorstellen, wir hätten nur noch kurze Zeit zu leben. Die Antwort wird vermutlich eine ganz andere sein, als unser Ego erwartet hätte. Nehmen wir unseren Tod auf diese Art als ständigen Begleiter an, so wird unser Leben einen ganz anderen Verlauf nehmen, da wir dadurch Prioritäten in unserem Leben setzen können.

Anleitungstext:

- Legt euch jetzt bequem hin, nehmt ein paar tiefe Atemzüge und entspannt euch.
- Stell dir vor, du liegst in einem Raum auf einem Bett oder einer Liege. Es kann ein dir vertrauter Raum sein oder einer aus deiner Phantasie. Du hast die Augen geschlossen und atmest sanft

ein und aus. Laß den Atem durch deinen ganzen Körper fließen und nimm dir einen Moment Zeit, deinen Atem zu beobachten. Nimm wahr, wie du einatmest und ausatmest. Ganz sanft und ohne Anstrengung und in deiner eigenen Zeit entspannst du dich dabei. *(Zeitdauer: 5 Minuten)*

- Und so ganz allmählich erwacht in dir das Bedürfnis, deine inneren Augen wieder zu öffnen und dich in dem Raum, in dem du liegst, ein wenig umzuschauen. Während du das jetzt tust, nimmst du gegenüber von dir eine Tür wahr. Ganz neugierig geworden, was sich wohl hinter dieser Türe befindet, stehst du auf und gehst auf diese Türe zu. Und wenn du sie im nächsten Moment öffnest, findest du dich wieder auf dem oberen Absatz einer Treppe. Diese Treppe führt ganz tief hinunter, sie ist sehr lang. Geh nun Stufe für Stufe diese Treppe hinunter. Immer tiefer und tiefer steigst du hinunter, bis du irgendwann festen Boden unter deinen Füßen spürst. Und nun stehst du in der freien Natur. Du siehst weite Flächen voll von saftigem Gras und blühenden Blumen. In der Ferne kannst du einen Waldrand wahrnehmen, der dich irgendwie anzieht, so daß du dich entschließt, dorthin zu gehen. Und wenn du näher kommst, bemerkst du, daß sich dort am Rande des Waldes ein schmaler Bach durch die Wiesen schlängelt. Er gefällt dir sehr, dieser kleine Bach, und so folgst du seinem Lauf. Du gehst weiter, immer weiter am Bach entlang.

- Plötzlich bemerkst du einen ganz anderen Boden unter deinen Füßen. Er ist nicht mehr weich und elastisch, sondern ganz sandig. Du schaust dich um und registrierst, daß die Landschaft sich völlig verändert hat. Während du dich vielleicht noch darüber wunderst, nimmst du wahr, daß du dich am Rande einer Art Wüstenlandschaft befindest. Überall stehen Kakteen, und du spürst deutlich den Sand unter deinen Füßen. Der Himmel hängt blauschwarz über dir, wohin du schaust, überall Trockenheit und Öde. Während du weitergehst in diese Wüstenlandschaft hinein, riechst du die sengende Hitze und siehst hier und da abgestorbene Pflanzen und Steine herumliegen.

- Und jetzt erkennst du am Horizont, daß dort etwas anderes ist als Wüste, und du entschließt dich, darauf zuzugehen. Links von dir nimmst du Büsche wahr, und je weiter du gehst, desto mehr Pflanzen tauchen an deiner linken Seite auf. Die Wüste befindet sich jetzt rechts von dir und links von dir ein immer undurchdringlicher werdendes Dickicht aus Pflanzen und Bäumen, die du noch nie gesehen hast. Je weiter du gehst, um so mehr Pflanzen und Bäume tauchen auf. Sie werden so zahlreich, daß du das Gefühl hast, zwischen zwei Welten zu gehen. Auf der rechten Seite trockener, brennender Sand und auf der linken Seite ein total undurchdringliches Dickicht aus fremdartigen Büschen, Bäumen und Pflanzen.
- Ganz plötzlich bleibst du stehen, weil sich in einem Gebüsch etwas bewegt. Du schaust näher hin und siehst eine Schlange, die jetzt aus dem Gebüsch emporzüngelt. Du bist wie gelähmt. Du stehst ganz starr, und sobald du dich bewegst, versucht sie, dich am Weitergehen zu hindern. Du registrierst, daß es eine Klapperschlange ist. Spüre dein inneres Gewahrsein dieser Schlange gegenüber. Die Schlange sieht dich an. Du bemerkst, daß sie dir tief in die Augen schaut. Und auch du schaust sie an, schaust ihr mitten in ihre Augen. Beobachte, wie es dir dabei geht. Was passiert in dir? Welche Gefühle hast du, wenn du Auge in Auge mit der Schlange stehst? *(Zeitdauer: 3 Minuten)*
- Nach einer scheinbar endlosen Zeit bemerkst du, daß sie dir gar nichts tut. Du gehst ganz langsam weiter. Im Vorbeigehen schaust du dir die Schlange noch einmal genau an. Beobachte sie gut, präge dir ihre Zeichnung ein. Es scheint keine normale Schlange zu sein, denn sie trägt ein Zeichen auf ihrer Stirn, ein Zeichen, das du schon von irgendwoher kennst. Während du weitergehst, machst du dir Gedanken, was diese Schlange wohl bedeutet. Du fragst dich, ob sie wohl eine Aufgabe hat und welche das wohl sein mag? Du weißt, welche Aufgabe sie hat.

- Setze nun deinen Weg weiter fort, während sich immer noch links von dir das undurchdringliche Dickicht befindet und rechts von dir die trockene, brennende Wüste. Im nächsten Moment, ganz plötzlich, versperrt dir eine riesige Spinne deinen Weg. Sie hat quer über den Weg ein Netz gespannt, das so groß ist, daß du es nicht umgehen kannst. Dieses Netz ist so stark und dicht, daß du auch nicht hindurchkommst. Vor dir lauert die Spinne, und es ist dir unmöglich weiterzugehen. Diese Spinne muß schon sehr lange an dem Netz gearbeitet haben, so groß ist es.
- Und je näher du kommst, um so größer wird dieses Netz. Die Spinne hat mittlerweile ihre Arbeit unterbrochen und schaut dich an. Sie fixiert dich ununterbrochen. Nach einiger Zeit beginnst auch du diese Spinne zu fixieren. Schau sie dir an. Wenn du genauer hinblickst, erkennst du die Weisheit in ihren Augen. Du verlierst deine Angst und schaust sie neugierig an und nimmst dabei nur noch die Weisheit in den Augen der Spinne wahr. Du beginnst dich zu fragen, warum sie wohl dieses Netz spinnt. Beobachte diese Spinne und warte auf deine innere Antwort. *(Zeitdauer: 3 Minuten)*
- Nach einer Weile gibt die Spinne dir den Weg frei. Du findest einen Durchgang durch das Netz und kannst unbehelligt deinen Weg fortsetzen. Und wieder verändert sich die Landschaft. Sie wird, je mehr du fortschreitest, immer steiniger und bergiger. Du läßt Wüste und Dickicht hinter dir, während sich vor dir ein riesiger Berg auftürmt. Du steigst langsam immer höher und höher bis zur Spitze des Berges ... Langsam bemerkst du, daß die Steine, auf denen du hochsteigst, aus erkalteter Lava bestehen, und dir wird auf einmal klar, daß du einen Vulkan besteigst. Du spürst deutlich unter deinen Füßen die steinige Lavamasse.
- Der Pfad wird immer steiler. Während du höher und höher steigst, bemerkst du ein leises Zittern und Brodeln unter deinen Füßen, und du nimmst wahr, daß dieser Vulkan noch immer aktiv ist. Im Inneren des Vulkans brodelt es. Du läßt dich je-

doch nicht beirren und steigst noch höher hinauf, bis du schließlich den Rand des Vulkans sehen kannst. Während du langsam auf den Rand zugehst, beginnen dir Schwefeldämpfe ins Gesicht zu steigen, und du kannst diesen Vulkan jetzt auch immer mehr riechen. Überall aus den Ritzen und Spalten steigen kleine gekräuselte Schwefeldämpfe auf, und es wird immer wärmer unter deinen Füßen. Du läßt dich jedoch nicht beirren und gehst weiter. Jetzt bist du am Rande des Vulkans angekommen und blickst ins Innere hinein, in die brodelnde Masse heißer, roter Lava. Und während du so hineinschaust, siehst du plötzlich aus dem Inneren des Vulkans einen Reiter auf einem Pferd emporkommen. Du spürst, daß etwas auf dich zukommt, dem du nicht entweichen kannst. Du stehst wie angewurzelt und kannst nichts tun. Der Reiter nähert sich dir.

- Schau dir diesen Reiter ganz genau an. Nimm wahr, daß er eine skelettartige Gestalt hat. Die Augen sind tief ausgehöhlt. Und jetzt wird dir klar, daß dieser Reiter der Tod ist. Er reitet immer näher auf dich zu. Du bist ganz erstarrt.

  (Zeitdauer: 3 Minuten)

- Und jetzt ergibst du dich ganz dieser Situation und dem, was passiert. Der Tod bleibt stehen und schaut dich an. Du spürst, daß er dir etwas zu sagen hat. Höre nun auf die Botschaft des Todes. Vielleicht teilt er dir gleich etwas mit, dann höre einfach zu. Sonst frage ihn, wie du ihn als Ratgeber in deinem Leben einsetzen kannst. Höre die Antwort des Todes und merke sie dir gut. *(Zeitdauer: 5 Minuten)*

- Nachdem du die Botschaft erhalten hast, schließt du noch für eine Weile deine inneren Augen und läßt die Worte ganz in dein Bewußtsein dringen. *(Zeitdauer: 2 Minuten)*

- Und nun öffnest du wieder deine inneren Augen und bemerkst, daß alles um dich herum verschwunden ist. Du befindest dich nicht mehr auf dem Vulkan, sondern wieder am unteren Ende der Treppe, die zu deinem Zimmer führt. Langsam steigst du jetzt die Treppe hinauf, und währenddessen hast du den Eindruck, daß du eine lange, lange Reise durch eine andere Zeit gemacht hast.

- Du warst in einer anderen Zeit an einem anderen Ort und kehrst jetzt an deinen Ort und in deine Zeit zurück. Du steigst Stufe für Stufe die Treppe nach oben, höher und höher und denkst dabei an deine Reiseerlebnisse zurück. Erinnere dich noch einmal an die Schlange und die Spinne, die dir begegnet sind. Laß sie nochmals vor deinem geistigen Auge auftauchen. Woher kennst du diese Tiere? Kennst du sie vielleicht auch aus deinem jetzigen Leben? Erinnere dich an die Situationen, in denen dir diese beiden Tiere schon begegnet sind, an Situationen, in denen diese Tiere eine Rolle für dich gespielt haben. Vielleicht sind sie dir in äußerer Form begegnet, vielleicht aber auch als Symbol. Welchen Sinn hat die Schlange in deinem jetzigen Leben? Vielleicht hat sie jetzt auch einen anderen Körper? Was verkörpert die Spinne in deinem jetzigen Leben? *(Zeitdauer: 3 Minuten)*
- Und währenddessen gehst du weiter die Stufen hinauf. Stufe um Stufe, ganz langsam. Jetzt erinnerst du dich an die Begegnung mit dem Tod. Du denkst noch einmal an die Botschaft, die der Tod dir übermittelt hat. Vielleicht gelingt es dir, diese Botschaft in dein Leben zu integrieren. Vielleicht kannst du sehen, wo in deinem Leben du diese Botschaft anwenden kannst und welche Dinge dadurch eine andere Bedeutung gewinnen. *(Zeitdauer: 3 Minuten)*
- Allmählich verblassen die Bilder des Todes wieder, und du hast die letzten Stufen der Treppe vor dir. Jetzt kommst du zur Tür, die zu deinem Zimmer führt. Wenn du sie öffnest und eintrittst, bemerkst du gleich, daß sich irgend etwas in diesem Zimmer verändert hat. Alle Gegenstände in dem Zimmer sind noch so, wie sie vorher waren, und trotzdem hat sich etwas verändert. Während du dich hinsetzt, um dich von dieser Reise auszuruhen, bemerkst du plötzlich, daß sich ein Adler auf deinem Fensterbrett niedergelassen hat. Ruhig sitzt er da mit an-

gelegten Flügeln und schaut dich an, und in diesem Blick vereinigt sich alles, was du heute erlebt hast.

- In dem Energiestrom, der jetzt zwischen dem Adler und dir
hin- und herläuft, vereinigt sich alles, was du auf dieser Reise
erlebt hast. All deine Erlebnisse verschmelzen. Sie verschmelzen in den Augen des Adlers zu einem einzigen Symbol. Schau
in die Augen des Adlers, wo dieses Symbol jetzt erscheint. Es ist
ein Symbol, das dich immer an die strahlende Kraft und Gegenwart des Todes erinnert. Schau dir dieses Symbol gut an, laß
es ganz lebendig werden vor deinem inneren Auge, laß es ganz
deutlich und klar werden.   *(Zeitdauer: 5 Minuten)*
- Dann komme in deiner eigenen Zeit wieder hierher in diesen
Raum und male ein Bild von deinem Symbol.

Das Mysterium des Lebens:
Tod und Wiedergeburt

Das Mysterium des Lebens zu kennen, bedeutet das Wissen darüber
zu haben, wie wir von einem Schwingungszustand in einen anderen
überwechseln können. Im Sterbeprozeß erfahren wir dieses Wissen.

Wie wir gesehen haben, setzt sich die Persönlichkeit, das Vehikel
der menschlichen Seele, aus dem physischen, emotionalen und
mentalen Körper zusammen. Diese drei Körper stellen verschiedene Schwingungszustände innerhalb des Lebensflusses dar. Der
Sterbeprozeß dient dazu, daß sich der physische Körper im jeweils
höheren Schwingungszustand auflöst bis hin zum seelischen Körper. Die Seele begibt sich dabei auf eine Reise durch die einzelnen
Körper hindurch und eignet sich die Essenz der einzelnen Schwingungszustände an.

Die Essenz des physischen Körpers zum Zeitpunkt des Sterbens
kann sportlich, beweglich oder schwerfällig sein, und diese Essenz
nimmt die Seele mit und bringt sie wieder in einen neuen Körper

hinein. In weiteren Phasen des Sterbeprozesses eignet sich die Seele die Essenz der Emotionen (zum Beispiel Ängste, Mitgefühl u. ä.) und der mentalen Strukturen (wie Glaubenssätze, Lebensvorstellungen u. ä.) an, die im Emotional- und Mental-Körper gespeichert sind. Wenn die Seele im Kreislauf die Phase der karmischen Anziehungskraft erreicht, hat sie mit Hilfe dieser Essenzen die Möglichkeit, sich eine neue irdische Existenz zu erschaffen.

Die Aneignung der Essenzen während des Sterbeprozesses dauert durchschnittlich 49 Tage, mindestens eine Woche. Es gibt jedoch Ausnahmen und Unterschiede, wie zum Beispiel bei Seelen, die im Bardo steckenbleiben, oder Seelen, deren Intensität ihres Karmas – sei es positiv oder negativ – sie direkt ins nächste Leben katapultiert. Im tibetanischen Totenbuch, dem «*Bardo Thödol*», finden wir eine genaue Beschreibung dieser 49 Tage wieder. Schauen wir uns doch jetzt einmal diesen Übergangsprozeß des Todes genauer an.

Nach dem tibetanischen Totenbuch ist der letzte Gedanke, bevor wir den letzten Atemzug machen, ausschlaggebend für unsere neue Existenz. Wenn dieser Gedanke zum Beispiel lautet: «Mein Leben war völlig sinnlos», dann habe ich mir eine nächste körperliche Existenz vorprogrammiert, die ich wiederum als sinnlos erlebe. Ist der Gedanke «Endlich kann ich gehen, es war alles so schwer hier auf Erden», dann werde ich in einer sehr schweren neuen Existenz wiedergeboren. Sterbe ich mit dem letzten Gedanken «Ach, war das wunderbar, mein Leben war völlig erfüllt von Liebe und Glück», dann wird meine nächste Existenz hiervon bestimmt sein.

Eine naheliegende Idee wäre nun, daß man sich vornimmt, beim Sterben einen bestimmten Gedanken zu denken, den man sich einprägt nach dem Motto: «Wenn ich mir ganz fest vornehme, beim Sterben an etwas Positives zu denken, dann könnte mein nächstes Leben ja nur besser werden.» Leider ist das ein Trugschluß. Selbst wenn wir einen solchen positiven Satz für uns gefunden hätten und ihn auswendig lernen würden, damit er im Augenblick des Sterbens präsent ist, so würde dies trotzdem nicht funktionieren. Im Moment des Sterbens hätten wir diesen Satz wieder vergessen, denn der letzte Gedanke ist das Ergebnis unserer gesamten Vergangenheit.

Es ist so, als würde sich die Vergangenheit in einem Punkt zusammenziehen. Dieser letzte Gedanke beinhaltet als Synthese des vergangenen Lebens alles, was noch offen, unerledigt und nicht abgeschlossen ist. Und er wird nur dann positiv sein, wenn wir immer wieder während unseres Lebens bereit sind, offene Situationen zu klären und loszulassen. Aus diesem Grunde sagen die Tibeter: *«Wenn du leben willst, lerne zuerst zu sterben.»*

Haben wir während des Lebens das Sterben geübt, so bedeutet das auch, daß wir im entscheidenden Augenblick den Übergang in einen anderen Bewußtseinszustand bewußt erleben können. Meistens ist die Spannung während des Sterbens so groß, daß wir einfach in eine Ohnmacht übergehen. Wir werden unbewußt, weil wir die Spannung nicht ertragen.

Diese Ohnmacht verhindert jedoch unseren Einfluß auf den Sterbeprozeß und den Übergang in eine neue Existenz. Dann sind wir vorübergehend wirklich tot im Sinne von «nichts ist mehr da», und alles kann mit uns passieren. Wir sind Opfer geworden. Üben wir jedoch während unseres Lebens zu sterben, so wird während des «großen Momentes» nichts Neues mehr auftreten, so daß wir uns nicht mehr in eine Ohnmacht flüchten müssen und den Ablauf des Sterbens sowie den Übergang selbst bestimmen können.

Genauso wie wir das Einschlafen üben können, um auf der Traumebene die Geschehnisse bewußt zu gestalten, haben wir auch die Möglichkeit des Einflusses auf unsere Todesursache. Viele wählen unbewußt einen plötzlichen Unfalltod oder die letzte Lebensstunde im Koma oder Morphiumrausch, weil sie Angst vor dem Tod haben und das Sterben nicht bewußt erleben wollen. Wir können uns vornehmen, einen bewußten Tod zu sterben, damit wir unseren letzten Gedanken bewußt denken, um dann frei in die nächste Existenz gehen zu können. Wenn wir heute die Absicht dafür legen und im Leben weiter daran arbeiten, werden wir durch diese 49 Tage des Übergangs bewußt hindurchgehen können.

Der Zeitpunkt des Herzstillstands ist der Augenblick, in dem die Seele beginnt, den physischen Körper zu verlassen. Der Ausgang der Seele befindet sich idealerweise im Nacken, bei sehr spirituellen Menschen wird der Austritt durch das Kronenchakra stattfinden.

Viele Seelen suchen sich jedoch als Austritt die unteren Chakren aus, was mit vielen Schmerzen verbunden sein kann und immer dazu führt, daß die Seele in einen Tiefschlaf verfällt. In den unteren Chakren befindet sich unser verdrängtes Potential, durch das sich die Seele «krampfhaft» hindurchdrängen muß, so wie ein Baby sich bei der Geburt durch einen verkrampften, zu engen Muttermund bewegen muß. Durch den Tiefschlaf wird die Seele dann die kommenden 49 Tage nicht mehr bewußt erleben, was aber nicht bedeutet, daß diese dann ausbleiben.

Der weitere Übergangsprozeß bringt die Seele von der dritten in die vierte Dimension. Die folgenden Phasen dienen der Seele als Erfahrungsprozeß und letzte Möglichkeit, Unabgeschlossenes abzuschließen, mit einem einzigen Unterschied zum Leben: Während des Lebens haben wir mehr Möglichkeiten, unsere Erfahrungen und deren Intensität mitzubestimmen, im Moment der seelischen Loslösung vom physischen Körper hat unsere Seele jedoch keine Entscheidungsmöglichkeiten mehr. Sie wird einfach in die emotionalen und mentalen Erfahrungen hineingeworfen, die davon bestimmt sind, wie wir unser Leben gelebt und was wir nicht abgeschlossen haben. Die Seele hat keine Möglichkeiten, dem zu entgehen.

Die erste Erfahrung beim Übergang von der dritten in die vierte Dimension ist der sogenannte «Tunneleffekt». Er tritt nur auf, wenn die Austrittstelle der Nacken oder das Kronenchakra ist, während bei allen anderen Austrittstellen die Seele sofort in einen chaotischen Verwirrungszustand stürzt, aus dem sich dann der Tiefschlaf ergibt. Der «Tunneleffekt» bedeutet, daß wir uns selbst dabei beobachten, wie wir durch einen Tunnel hindurchgehen, an dessen Ende ein helles Licht leuchtet. Dieses Licht wird oft als das Licht Gottes oder als Engel beschrieben, andere identifizieren es als Jesus, Maria oder Buddha, je nachdem welches Weltbild und Glaubenssystem das Leben des Sterbenden geprägt hat. Haben wir allerdings an nichts geglaubt, so wird uns in dieser Phase ebenfalls «nichts» begegnen.

Das Licht, das uns hier begegnet, ist nichts anderes als unser eigenes Licht. Es ist das Licht unseres innersten Wesens, unser eigenes göttliches Licht. Das tibetanische Totenbuch bezeichnet es als das «*Urlicht*», das die strahlende Klarheit der Natur des Geistes ausdrückt. Wenn wir den Sterbeprozeß bewußt durchlaufen und bei der Begegnung mit diesem Licht sagen können «Das bin ich», dann können wir sofort den Kreislauf von Leben und Tod verlassen, das heißt aus dem Rad der Inkarnationen aussteigen. Wir sind dann nicht gezwungen, noch einmal inkarniert zu werden, können dies aber freiwillig tun oder aber in andere Dimensionen aufsteigen.

Die Schamanen nennen diese Möglichkeit, im Augenblick des Todes in einen erleuchteten Zustand zu gelangen: den «*vertikalen Pfad*». Und das tibetanische Totenbuch lehrt, daß das Erkennen des Urlichtes der Schlüssel zur Freiheit bedeutet. Um dieses Licht jedoch erkennen zu können, ist es unerläßlich, in die Natur des Geistes bereits zu Lebzeiten eingeführt worden zu sein und diese Erkenntnis durch Meditation stabilisiert und in unser Leben integriert zu haben.

Die meisten Menschen werden ganz einfach wieder inkarniert, weil sie in diesen emotionalen Verstrickungen festhängen, wie Liebes-, Schuld-, Haß- oder Rachegefühlen. Wenn wir zu Lebzeiten all unsere Erfahrungen aufgearbeitet haben, können wir im Moment des physischen Todes unseren Lebensfilm ohne «Hänger» ablaufen lassen, können im erleuchteten Zustand bleiben und unser Bewußtsein auch nach dem Tod behalten. Bleiben wir jedoch in unserem Lebensfilm hängen, haben wir keine Wahlmöglichkeit: Wir werden wieder durch unsere emotionalen Muster inkarniert, weil wir unser Licht als etwas Fremdes, von uns Abgetrenntes mißverstanden haben. Dieses Licht wird dann verblassen, und wir fallen in eine tiefe Dunkelheit und damit in den Kreislauf der Inkarnationen.

Die Dunkelheit ist ein Zwischenraum zwischen der dritten und der vierten Dimension, in dem die Möglichkeit besteht, erdgebunden zu bleiben. Normalerweise gehen wir durch diesen Zwischenraum recht schnell hindurch, es sei denn, es gibt etwas, was uns erdgebunden bleiben läßt. Erdgebundenheit bedeutet, daß eine Seele sich nicht lösen kann von der Erde, und auch nicht durch die folgenden Phasen des Sterbeprozesses hindurchzugehen vermag. Sie ist also weder auf der Erde noch kann sie in die vierte Dimension gelangen. Die Seele bleibt statt dessen innerhalb der Erdatmosphäre stecken. Das tibetanische Totenbuch sagt, daß die Seelen, die im Bardo steckenbleiben, zu Geistern oder Gespenstern werden.

Im Zwischenraum zwischen der dritten und vierten Dimension beginnt nun dieser Lebensfilm, den wir bereits erwähnt haben, vor uns abzulaufen. Wir sehen unser gesamtes Leben, das wir hinter uns gelassen haben, in Sekundenschnelle vor uns wie einen Film ablaufen. All unsere Wünsche und Sehnsüchte begegnen uns. Wir beginnen die karmischen Zusammenhänge unseres Lebens zu erkennen, welche Folgen bestimmte Entscheidungen hatten und was wir versäumt haben. So erhalten wir hier nochmals die Gelegenheit, unser gesamtes Leben zu betrachten und Schlüsse daraus zu ziehen, um es dann loszulassen. Erfolgt dieses Loslassen letztendlich nicht, so bleiben wir erdgebunden.

Vom Medizinischen betrachtet ist bis zu diesem Zeitpunkt noch eine Reanimation möglich. Fast alle reanimierten Menschen berichten von diesem «Tunneleffekt», von der Begegnung mit dem Licht und von dem «Lebensfilm», der vor ihnen ablief; allerdings wird dies von der Medizin als pathologisch abgestempelt.

Können wir loslassen, so gibt es keine Wiederkehr mehr. Die Seele beginnt in die astralen Ebenen einzutreten. Die Astralwelt ist stark formbar. Sie besteht aus feinstofflicher Materie, die ganz schnell auf feinste Regungen reagiert. In der Astralwelt wird die Seele mehrere Etappen durchlaufen, sich zuerst aus dem Emotional-Körper und dann aus dem Mental-Körper zurückziehen. Doch bevor dies geschieht, tritt für die Seele ein intensiver Erfahrungsprozeß ein.

Alle emotionalen Schwingungen nehmen Form an, weil die Materie der Astralwelt auf diese Schwingungen sofort reagiert. Die Seele hat den Eindruck, als würde sie einen Raum betreten, der angefüllt ist mit lebendigen Wesen, die jedoch in Wirklichkeit die Manifestationen ihrer eigenen unbewußten und bewußten Emotionen darstellen. Auf dieser Ebene gibt es keine Grenzen mehr. Wir werden in diesem Raum mit all unseren Emotionen in sichtbarer Weise konfrontiert, und zwar um ein Siebenfaches stärker als zu Lebzeiten. So kann unser Haß die Form von fleischfressenden Ungeheuern annehmen, die sich auf uns stürzen und uns scheinbar das Fleisch vom Körper reißen. Das ist vergleichbar mit dem, was als Hölle bezeichnet wird, die allerdings nicht irgendwo außerhalb existiert, sondern in uns selbst.

In der Astralwelt unterscheiden wir sieben verschiedene Stufen, die von der Seele betreten werden. Die drei niedrigsten Stufen sind die sogenannten Höllenbereiche, in denen wir mit den dunkelsten Emotionen oder mit den Schatten konfrontiert werden, die wir beim Sterben unerlöst mitnehmen. Die weiteren Ebenen sind das, was wir das Fegefeuer nennen, und Bereiche, die wir als Himmel bezeichnen würden, wo uns die freudvollen und liebevollen Emotionen begegnen. Wir werden also auf diesen Ebenen mit all unseren Emotionen konfrontiert und gezwungen, uns mit ihnen auseinanderzusetzen. Dies geschieht so lange, bis wir erkannt haben, daß zum Beispiel dieses Rudel fleischfressender Ungeheuer Teile von uns selbst sind. Wenn wir erkennen, daß sie unseren eigenen Haß repräsentieren, wird das Drama ein Ende haben.

Ebenso verläuft das auf den höheren Ebenen des «Himmels», wo unsere Freude oder unsere Liebe wunderschöne Gestalten annehmen kann, und wir hier eher den Wunsch hätten zu verweilen. Doch auch dies ist nur eine Illusion, die wir zu durchschauen haben. Auch hier geht es darum einzusehen, daß diese wunderbaren Erscheinungen ebenfalls nur Facetten von uns selbst sind. Bei den Manifestationen unseres Hasses werden wir versuchen, so schnell wie möglich davonzukommen, während wir auf der Ebene von Freude und Liebe verweilen möchten. Beides hält uns jedoch auf diesen Ebenen so lange fest, bis wir diese Erscheinungen als unterschiedliche Formen unseren eigenen Emotionen erkennen und uns dadurch von ihnen befreien können. Erst wenn das geschieht, kann die Seele ihre Wanderschaft durch den Kreislauf fortführen.

Die Seelen durchwandern also sieben verschiedene Ebenen auf der Astralebene, welche den sieben Schwingungsmustern des Emotional-Körpers entsprechen; doch nicht jede Seele wird durch alle sieben Ebenen gehen müssen. Die einen finden sich gleich in der dritten oder fünften Ebene wieder, andere vielleicht sofort in der siebten. Es hängt davon ab, was und wieviel wir schon während unseres Lebens von diesen Gefühlen aufgearbeitet haben. Wir durchlaufen immer die Ebenen, auf denen wir emotional noch etwas zu erkennen haben. So wird es Seelen geben, die niemals auf die oberen Ebenen der Astralwelt gelangen werden, weil sie sich während ihres Lebens nur mit niedrigen Gefühlen beschäftigt haben. Sie durchlaufen dementsprechend nur die unteren Ebenen und fallen anschließend in einen Tiefschlaf.

Im tibetanischen Totenbuch wird diese Phase «*die Begegnung mit den zornigen und friedlichen Gottheiten*» beschrieben. Auf den niederen Ebenen begegnen uns die Dämonen, auf den höheren Ebenen die Lichtwesen und Engel, die wir alle selbst erschaffen haben.

Nach Abschluß dieser Phasen zieht sich die Seele aus dem Emotional-Körper zurück – es ist so, als würde sie sich ihres Emotional-Körpers entkleiden – und nimmt nur die Essenz der Erfahrungen mit den Emotionen mit. Die Schwingungen ihres Emotional-Körpers gehen anschließend über in das kollektive Bewußtsein, während die Seele weitergeht in die nächste Ebene, die ebenfalls aus sieben Stufen besteht. Hier betritt sie die Räume ihres Mental-Körpers, in denen sie mit allen Vorstellungen, Wertungen, Urteilen und Meinungen konfrontiert wird, die sie sich als Mensch im Leben gebildet hat.

Auch hier gilt, daß alle Gedanken, die uns während unserer Lebenszeit beschäftigt haben, Form annehmen. Ohne einen physischen Körper, der uns auf dem Boden hält, werden sie augenblicklich zur Wirklichkeit. Waren unsere Gedanken während unseres Lebens von Schrecken und Leid geprägt, dann werden wir auf dieser Ebene eine sehr leidvolle Welt erleben. Hier kann die Seele schließlich erkennen, daß all dies von ihr selbst produziert wurde und daß sie die Fähigkeit besitzt, Wirklichkeiten selbst zu erschaffen. Sehr intensiv wird ihr hier verdeutlicht, daß das äußere Erscheinungsbild der Welt ein Abbild der inneren Welt ist.

Für uns Menschen in der dritten Dimension ist es sehr viel schwieriger, dies zu erkennen, weil wir die Zusammenhänge unserer Gedanken mit unseren Lebenssituationen schwer durchschauen können. Um so wichtiger ist es, uns diese Tatsache immer wieder bewußt zu machen und im Hier und Jetzt anzunehmen, daß alles, was uns begegnet, von uns selbst erschaffen wurde, also eine Reflexion von uns selbst ist. Haben wir das zu Lebzeiten bereits gelernt, dann werden wir in diesen Zwischenbereichen keine großen Schwierigkeiten mehr haben.

Nach dieser Phase gehen die Schwingungen des Mental-Körpers ebenfalls über in das kollektive Bewußtsein, während die Seele wieder nur die Essenz ihrer Erfahrungen mit dem Mentalbereich integriert und mitnimmt.

Nun geht die Seele ein in die fünfte Dimension oder in die Phase der Stille. Diese Phase der Stille erleben die meisten Seelen als Tiefschlaf. Sie bewußt zu erleben, hängt davon ab, wieviel spirituelle Energie eine Seele zu Lebzeiten entfaltet und gespeichert hat. Die fünfte Dimension ist mit dem Verstand nicht mehr zu begreifen. Sie ist unbeschreiblich. Wir können nicht genau sagen, was die Seele dort erlebt oder ob sie überhaupt etwas erlebt. Es ist alles möglich oder auch nichts.

Nach dem tibetanischen Totenbuch sind bis zu diesem Zeitpunkt 49 Tage vergangen, wobei dieser Zeitraum jedoch von der Seele als unterschiedlich lange oder kurz erlebt werden kann. Sie kann subjektiv den Eindruck haben, daß alles wie im Zeitraffer abläuft oder aber sich wie eine Ewigkeit hinzieht.

Irgendwann wird diese Ruhephase vorbei sein, weil die Seele in eine karmische Anziehungskraft hineingerät. Diese karmische Anziehungskraft besteht aus ihren Sehnsüchten oder Wünschen, noch etwas erledigen, erleben oder erschaffen zu wollen, und all dies wird die Seele in eine neue Geburt hineinziehen. Sie beginnt also aus ihrem Tiefschlaf zu erwachen, wird sich selbst wieder bewußt und verspürt den Drang, sich neu zu inkarnieren.

Der Geburtsprozeß

Der gesamte Vorgang der Geburt in eine neue Inkarnation hinein verläuft ähnlich wie der Vorgang des Sterbeprozesses, nur in umgekehrter Reihenfolge. Die Seele kehrt langsam wieder zurück in die dritte Dimension, indem sie zunächst die mentale Ebene und dann die emotionale Ebene durchläuft, um sich wieder mit einem Mental- bzw. Emotional-Körper einzukleiden, die ihr die Gelegenheit bieten, wieder an das vergangene Leben anzuknüpfen. Dies sind die beiden ersten Phasen einer neuen Inkarnation.

Im gesamten Universum geht keine Information verloren, alles wird gespeichert. Wie wir wissen, sind die Schwingungen Träger der Informationen, und wir haben gesehen, daß sich die Schwingungen der einzelnen Körper beim Sterbeprozeß im großen «Kessel» des kollektiven Bewußtseins (Akasha-Chronik oder morphogenetisches Feld) auflösen. Gerät die Seele nun in die karmische Anziehungskraft hinein, so wird sie durch dieses morphogenetische Feld hindurchgezogen. Hier bindet sie die mentale und emotionale Essenz an sich, die qualitativ der vorherigen Inkarnation gleicht und die den Plan für das beinhaltet, was sie noch zu lernen und zu bewältigen hat, um alte Fehler auszugleichen.

Im kollektiven Bewußtsein befinden sich alle Informationen aller Menschen, die jemals auf der Erde gelebt haben, und dies seit Anbeginn der Zeiten. Bindet die Seele jetzt Informationen aus diesem großen «Kessel» an sich, so bedeutet das, daß diese Informationen tatsächlich nur qualitativ ihrer Seelenessenz entsprechen, jedoch niemals nur den Erfahrungen ihrer eigenen früheren Leben entsprechen, sondern auch den Erfahrungen anderer Menschen auf dieser Erde.

Für die Reinkarnationstherapie heißt dies, daß die Bilder, die während einer Rückführung auftauchen und die wir als Erinnerungen eines vergangenen Lebens identifizieren, nicht unbedingt Erfahrungen unserer eigenen Seele darstellen müssen. Das können eben solche Informationen sein, die wir aus dem großen «Kessel» herangezogen haben und die qualitativ der Essenz unseres vergangenen Lebens entsprechen. Erleben wir uns in einer Rückführung als Priester eines Tempels, dann müssen wir diese Erfahrung nicht selbst gemacht haben, es kann bedeuten, daß unsere Seele eine Essenz gespeichert hat, die der des Priesters entspricht. Das erklärt auch, warum so viele Menschen sich angeblich als eine Reinkarnation von Napoleon oder Cleopatra erleben. In der Reinkarnationstherapie wird leider nicht immer berücksichtigt, daß nicht die Form wichtig ist, die wir bei der Rückführung erleben, sondern die emotionale und mentale Essenz.

Nachdem die Seele sich einen neuen Mental- und Emotionalkörper geschaffen hat, kommt sie immer näher in die Anziehungskraft der Erde. Sie gerät in den Raum zwischen der vierten und dritten Dimension, innerhalb der eine Seele während des Sterbeprozesses auch erdgebunden bleiben kann. Hier beginnt schließlich der Prozeß der biologischen Inkarnation.

Da die Seele hierfür die Unterstützung von Eltern braucht, die sich um die biologische Zeugung kümmern, beginnt sie nun sich die besten Bedingungen auszusuchen. Die Kriterien für diese Auswahl basieren auf den Lernerfahrungen, die die Seele in ihrem neuen irdischen Leben machen will.

Wenn zum Beispiel in der Seelenessenz noch ein Muster beziehungsweise ein Glaubenssatz besteht wie «Niemand liebt mich», wird diese Seele sich Eltern mit entsprechenden Voraussetzungen aussuchen, die ihr Kind wirklich nicht lieben können. Erst durch diese Herausforderung werden bei dem Kind bestimmte Kräfte freigesetzt, durch die es diese offene Gestalt schließen oder dieses Muster transformieren kann. Würde die Seele sich Eltern aussuchen, die das Kind sehr lieben, dann würde es die entsprechenden Lernerfahrungen nicht machen können, weil die Konfrontation mit dem Muster «Niemand liebt mich» fehlen würde.

So sucht sich eine Seele die Eltern, die Nationalität, die Kultur, die sozialen Strukturen aus, die ihr exakt die Bedingungen für ihre notwendigen Erfahrungen bieten. Nachdem die Seele sich nun Eltern ausgesucht hat, beginnt sie sich in der Aura der Mutter einzunisten, wobei die Aura so etwas ist wie eine energetische Gebärmutter. In bestimmten Ausnahmefällen kann die Seele sich aus karmischen Gründen ebenfalls in der Aura des Vaters einnisten. Es ist möglich, daß eine Seele bis zu ca. zwei Jahren hier ihren biologischen Zeugungsakt abwartet. Kommt kein Zeugungsakt zustande, weil der Willen der Eltern eine zu große Gegenabsicht bildet, so wird sie sich wieder zurückziehen und sich neue Bedingungen suchen.

Ab dem Zeitpunkt der Befruchtung einer Eizelle stellt die Seele eine energetische Verbindung zur befruchteten Eizelle her, vergleichbar mit einer energetischen Nabelschnur. Dann folgen die neun Monate Schwangerschaft. Die Seele nimmt ihren neuen Körper noch nicht endgültig in Besitz, sondern überschattet ihn, während sie mit ihm durch die energetische Nabelschnur verbunden ist. Erst wenn die Geburtswehen einsetzen, geht sie endgültig in den physischen Körper ein.

Perinatale Matrizen

Der Verlauf der neun Monate Schwangerschaft einschließlich des Geburtsvorganges ist für die Seele sehr wichtig und prägend. Ab dem Augenblick der Befruchtung wird die Seele wieder vier ver-

schiedene Phasen durchlaufen, die den vier Phasen des Sterbeprozesses entsprechen, nur diesmal in umgekehrter Reihenfolge.

Die erste Phase umfaßt die neun Monate der Schwangerschaft.
Die zweite Phase beginnt mit den Kontraktionen der Gebärmutter.
Die dritte Phase stellt den Durchgang durch den Geburtskanal dar,
und die vierte Phase beginnt mit dem Heraustreten in die Welt, das
eigentliche Geborenwerden.

Diese vier verschiedenen Phasen wurden von Stanislaf Grof intensiv erforscht und als «perinatale Matrizen» benannt (in Kurz-
form: «PM-Phasen»). Sie können von jeder Seele ganz unterschiedlich erlebt werden, je nach emotionaler und mentaler Essenz, die
eine Seele mitgebracht hat. Die Erfahrungen während der PM-Phasen prägen unsere Verhaltensmuster, unsere Kontaktbereitschaft,
und sie bestimmen gleichzeitig, ob wir in- oder extrovertiert sind,
scheu oder draufgängerisch, mutig oder ängstlich. So legen sie den
Grundstock für die Aktivierung aller psychischen Muster und Gewohnheiten unseres gesamten künftigen Lebens und damit die Entfaltung der Seelenessenz. Diese Erfahrungen stellen sicher, daß die
Lernaufgaben im Leben freigesetzt und aktiviert werden können.

Erlebnisse in den Phasen von Schwangerschaft und Geburt sind
häufig mit verschiedenartigen transpersonalen Erfahrungen archetypischer, mythologischer oder symbolischer Art verbunden; sie
sind formgebender Ausdruck für die Qualität, die jede einzelne PM-
Phase beinhaltet.

Perinatale Matrix 1 (PM 1-Phase)

Diese Phase bezieht sich auf die neunmonatige Schwangerschaft
und bedeutet für die Seele im allgemeinen der reinste Seins- oder
Paradies-Zustand, begleitet von Einheits-Erfahrungen: Einheit mit
der Mutter, mit sich selbst und dem ganzen Kosmos. Die Seele erlebt sich in einem Raum der völligen Geborgenheit, schwebend und
frei, während sie sowohl über die biologische als auch über die ener-

getische Nabelschnur alle Nahrung bekommt, die sie braucht. Sie braucht sich um nichts zu kümmern, alles ist da.

Dieser paradiesische Zustand kann jedoch auch ernsthaft beeinträchtigt werden. Es können Störungen ausgelöst werden durch Streßerlebnisse, Ängste und Sorgen der Mutter, Beziehungsschwierigkeiten der Eltern oder durch Einnahme von Medikamenten, Alkohol oder Drogen. Wenn die Mutter nicht schwanger sein will und das Kind ablehnt, so beeinflußt dies ebenfalls den Seins-Zustand der Seele. Wir können davon ausgehen, daß während der Schwangerschaft die Seele des noch Ungeborenen an allen Belastungen der Mutter, seien sie psychischer oder körperlicher Natur, teilnimmt.

Wird der paradiesische Zustand immer wieder gestört, so können sich daraus Grundgefühle entwickeln wie «Ich darf mich nicht hingeben» oder «Ich darf nicht *sein*, denn immer wenn ich bin, kommt irgend etwas, was mir weh tut, was mich stört und mich aus diesem Seins-Zustand herausholt». Ein solcher Mensch wird in seinem künftigen Leben wahrscheinlich Schwierigkeiten haben, sich fallenzulassen oder zu erleben, wie es ist, nur zu *sein*. Es wird für ihn sowohl in der Meditation als auch in der Sexualität schwierig sein, loszulassen und in die Tiefe der inneren Stille einzutauchen oder sich der Ekstase hinzugeben. Durch die Erfahrungen im Mutterleib wird er eine Erwartungshaltung und eine Wachsamkeit dafür entwickeln, daß jeden Moment etwas passieren könnte. Für das Leben entwickelt sich der Glaubenssatz: «Wenn es mir gut geht und ich mich absolut wohlfühle, dann passiert etwas.» Freude und Wohlergehen können dadurch nicht genossen werden, und dieser Mensch geht mit Anspannung durch sein Leben.

Wenn die Mutter zu Beginn der Schwangerschaft Abtreibungsgedanken hegt, dem Kind also das Recht zu leben verweigert, aus welchen Gründen auch immer, so kann bereits in dieser vorgeburtlichen Phase beim Ungeborenen der Grundstein für einen Glaubenssatz gelegt werden wie: «Ich habe kein Recht zu leben» oder «Ich bin es nicht wert, daß ich lebe».

Ein extremes Beispiel hierfür: Eine Mutter versucht im zweiten

Monat der Schwangerschaft mit Hilfe von Stricknadeln selbst eine Abtreibung zu vollziehen. Diese mißlingt jedoch, und sie trägt das Kind trotzdem aus. Dieses Kind wächst heran, und als Erwachsener stellt sich schließlich ein psychotischer Verfolgungswahn ein. Das gefühlte Erleben, verfolgt zu werden, steigert sich bis zu Wahnvorstellungen, die aus einer Welt von Dämonen bestehen, die ihn mit spitzen Nadeln quälen. In der medizinischen Psychiatrie werden diese Symptome als Schizophrenie diagnostiziert. Das eigentliche Erleben gründet sich jedoch auf die Erfahrung im Mutterleib. Der Embryo im Mutterleib hat keine logische Erklärung dafür, was diese Stricknadeln bedeuten und warum dies passiert, er erlebt nur die nackte Bedrohung seines Lebens. Die psychotischen Phantasien des Erwachsenen spiegeln diese alten, im Körper gespeicherten Ängste und Erinnerungen des Embryos wider. Könnte dieser Mensch in der Gegenwart, durch bestimmte therapeutische Maßnahmen (wie zum Beispiel holotropes Atmen) diese Erfahrung im Mutterleib nochmals durchleben, so bestünde die Möglichkeit, daß die übersteigerten Wahnvorstellungen sich auflösen, weil er sich ihrer Herkunft bewußt wird und an dem eigentlichen Problem arbeiten kann: die Abtreibungsabsichten der Mutter und ihre Auswirkungen auf sein Selbstbild.

Wenn der Fötus die PM 1-Phase nicht loslassen will, sich also weigert, aus der Gebärmutter auszutreten, wird diese Phase nicht vollständig abgeschlossen. Das kann in seinem späteren Leben die Folge haben, daß dieser Mensch unbewußt über Drogen oder übermäßiges Meditieren immer wieder versucht, in diesen Zustand der PM 1-Phase zurückzukehren. Oder die Folgen sind übermäßige Harmoniesucht. Es werden alle möglichen Anstrengungen vollzogen, um dafür zu sorgen, daß die Umgebung und die Mitmenschen immer harmonisch und friedlich sind. Beides stellt eine Verweigerung des Lebens dar und den Wunsch, wieder ins Paradies zurückzukehren.

Mögliche Erfahrungen während der PM 1-Phase

Visionen von weitem Himmel und vom Paradies in Form von prächtiger Natur, Einheitserlebnisse mit dem Kosmos, tiefe Ehrfurcht und Liebe gegenüber der Schöpfung, ozeanische Ekstase u. ä;

Erfahrungen auf archetypischer Ebene von Verschlungenwerden; Begegnungen mit metaphysischen Kräften, bis hin zu apokalyptischen Visionen vom Ende der Welt (z. B. bei Abtreibungsversuchen), verbunden mit unangenehmen Körpergefühlen, wie Spasmen, Kälte- und Ekelgefühlen.

Perinatale Matrix 2 (PM 2-Phase)

Die PM 2-Phase wird eingeleitet durch die Kontraktionen der Gebärmutter, wobei sich im gleichen Rhythmus die Aura der Mutter zusammenzieht. Dies bedeutet, daß die Wehen gleichzeitig auf der biologischen Ebene (der Gebärmutter) und auf der energetischen Ebene (der Aura) ablaufen. Durch die Wehen auf der biologischen Ebene setzt die Geburt des physischen Körpers ein, durch die Wehen auf der energetischen Ebene wird die Geburt der Seele in den Körper eingeleitet. Die Seele des Kindes nimmt ihren Platz endgültig im physischen Körper ein.

Gehen wir einmal davon aus, daß die PM 1-Phase ohne große Störungen verlaufen ist, so lebte das Kind bis hierhin in einem paradiesischen Seinszustand. Und nun plötzlich beginnt sich ohne Vorwarnung die Gebärmutter ruckartig und rhythmisch zusammenzuziehen, wodurch das Kind aus seinem angenehmen Seinszustand herausgerissen wird. Seine harmonische Welt bricht zusammen, und die Austreibung aus dem Paradies beginnt. Der Körper des Kindes wird immer mehr eingeengt und verliert an Raum. Das Kind wird völlig bewegungslos. Erfahrungen in diesem Zustand können Empfindungen hervorrufen wie «Ich habe keine Chance», «Es gibt keinen Ausweg», «Ich werde getrennt», «Ich werde eingeengt» o. ä.

In der PM 2-Phase hat sich der Muttermund noch nicht geöffnet, so daß sich das Ungeborene wirklich in einer ausweglosen Situation befindet. Der Weg nach außen ist noch nicht frei; es kann weder raus, noch kann es wieder zurück in den Seinszustand. Welche Auswirkungen diese Erfahrung auf das Ungeborene und sein späteres Erdenleben hat, hängt wiederum von der Essenz der Seele ab. Entweder es zieht sich ganz zurück im Sinne von «Ich muß aushalten», «Ich muß durchhalten und die Zähne zusammenbeißen» oder «Wenn ich mich ganz still verhalte, dann passiert mir nichts». Eine andere Reaktionsweise kann sein, daß das Kind beginnt zu kämpfen im Sinne von «Ich brauche meinen Platz» oder «Ich benötige Raum zum Atmen und zum Leben».

Als Erwachsene reagieren wir dann bei größeren Lebensschwierigkeiten, indem wir uns zurückziehen, die Zähne zusammenbeißen und versuchen durchzuhalten, bis alles vorbei ist. Denn in der PM 2-Phase haben wir erlebt, daß sich dieser Zustand der Einengung wieder auflöst, wenn sich der Muttermund öffnet. So haben wir gelernt, daß eine Krisensituation wieder vorbeigeht, wenn wir nur lange genug aushalten. Vielleicht haben wir daraus aber auch gelernt, daß wir eine solche Situation nur dann bewältigen können, wenn wir lange und stark genug kämpfen. Psychische Muster, die diese Erfahrungen widerspiegeln sind Opferdasein, angepaßtes oder rebellisches Verhalten.

Für den Fötus ist das Einsetzen der Geburt durch die Kontraktionen der Gebärmutter verbunden mit immer stärker werdenden Angstgefühlen und der Wahrnehmung einer unmittelbaren Gefahr für sein Leben. Der weitere Verlauf der PM 2-Phase ist ausschlaggebend für den späteren Umgang mit Angst und in welcher Form Angst erlebt wird. Diese Phase kann zum Beispiel sehr lange andauern und von heftigen Wehen begleitet sein, oder aber der Muttermund öffnet sich sehr schnell, so daß das Kind bald einen Ausweg findet. Angstformen, die daraus entstehen können, sind: Angst vor Enge (zum Beispiel Klaustrophobie), Angst, eingesperrt zu werden, oder Lebensangst im allgemeinen.

Die Gefühle von Menschen, deren Erleben unter dem Einfluß einer sehr heftigen PM 2-Phase stehen, können geprägt sein von Hilflosigkeit, Hoffnungslosigkeit, existentieller Verzweiflung, Einsamkeit u. ä. Es kann sogar ein stark prägender Eindruck entstehen, mißbraucht worden zu sein.

Wird die PM 2-Phase als zu schmerzvoll erlebt, so kann es vorkommen, daß die Seele sich weigert, den Körper vollständig in Besitz zu nehmen und ihn weiterhin überschattet. Im Extremfall kann dies zu einer Totgeburt führen. Inkarniert sich die Seele trotzdem physisch, so tut sie das in dem Fall jedoch nicht wirklich vollständig. Dies bedeutet, daß die Empfindungs- und Erlebnisfähigkeit eines solchen Menschen sehr stark eingeschränkt ist und daß er bei anderen den Eindruck vermittelt, nicht ganz präsent zu sein. Er besitzt eine starke Tendenz zur Tagträumerei und ist nicht fähig, mit beiden Beinen im Leben zu stehen. Deshalb wird er sich auch schwer tun, sein eigenes Leben zu organisieren und sich Konfrontationen zu stellen.

Mögliche Erfahrungen während der PM 2-Phase:
Archetypische Bilder und Erleben von riesigen, alles verschlingenden Drachen, Schlangen, Spinnen oder Kraken; Visionen von der Hölle; das Gefühl gefangen zu sein oder sich in einer ausweglosen Situation zu befinden, die nie endet; Kriegsbilder, Folter, Inquisition; gefährliche Seuchen und Krankheiten; Gefühl der Sinnlosigkeit und Wertlosigkeit sowie Körperwahrnehmungen wie Herzklopfen, Hitze- und Kälteempfindungen, Atemnot.

Perinatale Matrix 3 (PM 3-Phase)

Die PM 3-Phase beginnt mit der Öffnung des Muttermundes. In diesem Stadium setzen sich die Gebärmutterkontraktionen fort, und der Körper des Kindes wird allmählich in den engen Geburtskanal hineingepreßt. Während dieses Vorgangs wird auf den Körper des Kindes ein Druck von 25 bis 50 kg ausgeübt, wodurch zusätzlich eine enorm starke Reibung entsteht. Das Kind hat den Eindruck zu verbrennen und in einen Kampf zwischen Leben und Tod zu geraten.

Für das Ungeborene stellt diese Phase eine wirkliche Herausforderung und ein gewaltiger Überlebenskampf dar, bei dem sein Lebenswille aktiviert wird. Im positiven Fall wird das für sein Leben die Konsequenz haben, daß dieser Mensch Durchsetzungskraft, einen starken Willen und die nötige Fähigkeit entwickeln kann, um schwierige Situationen zu meistern.

In der PM 3-Phase kann es jedoch zu schweren Komplikationen kommen. Das Ungeborene kann unter starkem Sauerstoffmangel leiden, wenn sich die Nabelschnur um seinen Hals geschlungen hat, und es kann Fruchtwasser und Blut schlucken müssen, was Ekel- oder Erstickungsgefühle hervorrufen kann. Das Kind ist in dieser Phase stark auf die Mutter angewiesen, die alle Kraft einsetzen muß, um seinen Körper herauszupressen. Wenn ihr Pressen zu schwach oder der Kopf des Kindes zu groß ist, so daß es steckenbleibt und diese Phase sich dadurch noch länger hinzieht, ist das für das Kind ein wirklich höllischer Zustand.

Eine schwierige Situation kann für das Kind eine Zangengeburt bedeuten. Zu Beginn der PM 3-Phase hat es seine Lebenskraft aktiviert, aus der Situation herauszukommen. Es hat also sozusagen kraftvoll Anlauf genommen und eine sich steigernde Spannung aufgebaut, und plötzlich kommt die Zange, die es herauszieht. Damit kommt es zu einer unabgeschlossenen Situation, da die kraftvolle Anspannung plötzlich abgebrochen wird, ohne sich entladen zu können; sie kommt nicht zur Vollendung. Das kann im Leben dieses Menschen zu einem Wiederholungszwang führen, der sich in der Unfähigkeit äußert, bestimmte Ideen zu Ende zu führen. Er wird am Anfang sehr viel Willen aufbringen und Spannung aufbauen können, die dann jedoch ruckartig auf ihrem Höhepunkt wieder abfällt, so daß nichts zu Ende geführt werden kann. Im sexuellen Bereich kann das zu Orgasmusunfähigkeit führen, wo sich ebenfalls Spannung aufbaut und bevor sie sich entladen kann, wieder abbricht (vorzeitiger Samenerguß).

Eine weitere Möglichkeit besteht darin, daß ein solcher Mensch durch den Wiederholungszwang unbewußt immer wieder schwierige Situationen in seinem Leben erschafft, die fast aussichtslos sind (zum Beispiel selbst verschuldete Arbeitslosigkeit), in denen er dann in Wartestellung geht, bis jemand kommt, der ihn da herausholt: «Warum soll ich mich anstrengen, es wird sowieso jemand kommen, der mich da herausholt.»

Während der PM 3-Phase wird also der (Lebens-) Wille aktiviert und geprägt. Das, was ein Mensch durch seine Erfahrungen in diesem Geburtsstadium für sein Leben mitnimmt, kann sich bewegen innerhalb der Bandbreite von einem überaus stark ausgeprägten Willen und dem Gefühl, immer kämpfen und sich gegen andere durchsetzen zu müssen bis hin zum genauen Gegenteil: einem sehr schwach ausgeprägten Willen, verbunden mit extremen Sinnlosigkeitsgefühlen: «Warum soll ich etwas tun, es hat sowieso keinen Sinn, ich kann mich noch so sehr anstrengen, ich werde es nicht schaffen.» Letzteres kann entstehen, wenn die PM 3-Phase extrem lange gedauert hat, zum Beispiel durch das Steckenbleiben des Kindskörpers.

Neben der Stärkung des Willens und damit der Lebenskraft aktiviert die PM 3-Phase zusätzlich die Sexualkraft und die Lust. Wir erfahren in diesem Geburtsstadium, daß Lebenslust und sexuelle Lust eng mit Schmerzen verbunden sein können. Die möglichen Folgen sind, daß wir unsere Lebenslust zurückziehen, um keine Schmerzen zu erleiden oder aber Schmerzen suchen, um Lust erfahren zu können (wie zum Beispiel bei sado-masochistischen Sexualpraktiken). Ein Glaubenssatz, der dem zugrunde liegt, lautet: «Nur wenn ich leide, habe ich ein Recht, Lust zu erfahren.»

Mögliche Erfahrungen während der PM 3-Phase:

Archetypische Bilder und Erleben von titanischem Kampf; Bedrohung durch Dämonen; Mord und Blutopfer; Teilnahme an blutigen Schlachten; Tod- und Wiedergeburtserlebnisse; Kreuzigung, Explosionen und Feuerwerk; gleichzeitiges Empfinden von Lust und Schmerz, Zerstörungswut; sadomasochistische Orgien; Körperwahrnehmungen von Ersticken, Muskelspannungen, Übelkeit und Erbrechen, mangelhafte Schließmuskelkontrolle, Herzbeschwerden.

Perinatale Matrix 4 (PM 4-Phase)

Schließlich kommt der Augenblick, wo das Kind es geschafft hat, durch den Muttermund in die äußere Welt zu treten. Nach einer Phase extremer Steigerung von Angst, Druck, Schmerzen und sexueller Spannung wird es geboren und sieht zum ersten Mal nach langer Dunkelheit das helle Tageslicht oder das grelle Lampenlicht des Entbindungszimmers. Zusätzlich wird es mit unbekannten Stimmen, Geräuschen und Gerüchen konfrontiert. Es ist ein Zeitpunkt, wo das Kind durch die große Erschöpfung des Geburtsprozesses und die neue Umgebung nichts nötiger braucht als Wärme, Liebe, Geborgenheit und das Gefühl, willkommen zu sein.

Bei unseren modernen medizinischen Geburtsmethoden sind diese Bedingungen jedoch selten erfüllt. Im allgemeinen wird das Neugeborene viel zu schnell von der Mutter abgenabelt und anschließend gewogen, gemessen, gebadet, und das meistens von fremden Menschen. Oft wird es zusätzlich noch kopfüber an den Füßen gehalten und bekommt einen Klaps auf den Po. Diese Prozedur löst bei einem Neugeborenen einen Schock aus, verbunden mit dem Gefühl, in einer feindlichen Umgebung «gelandet» zu sein. Wo sind die vertrauten leisen Geräusche, die von der Mutter kamen, und ihr Herzschlag? Wo ist der vertraute Geruch der Mutter? Je länger das Kind von der Mutter getrennt ist und nicht das bekommt, was es in diesen ersten Lebensminuten braucht, um so wahrscheinlicher ist es, daß bereits zu diesem Zeitpunkt Mangelbedürfnisse entstehen, die auch sein weiteres Leben beeinflussen werden. Hier kann bereits der Grundstein gelegt werden für ein Glaubenssystem wie zum Beispiel: «Ich bekomme nicht das, was ich brauche», «Für mich ist niemand da», «Die Welt ist mir feindlich gesinnt» o. ä.

Das Neugeborene wird schmerzhaft konfrontiert mit dem, was Trennung bedeutet, Trennung von der kosmischen Einheit, Trennung von der Mutter, Trennung von allem, was ihm bisher vertraut war, bis hin zur Trennung von seinem wahren Wesen. Stanislaf Grof nennt das die Erfahrung des «Ich-Todes», die mit Gefühlen der «totalen Vernichtung» verbunden sein kann und denen «Visionen von blendend weißem oder goldenem Licht» folgen können.

Wenn diese Erfahrungen gut verarbeitet werden, dann ist das Ergebnis größere Lebensfreude, Selbstbewußtsein und die Fähigkeit, das Leben zu bewältigen, werden sie es jedoch nicht, so können Einsamkeits- und Minderwertigkeitsgefühle sowie Bedürftigkeit nach Geborgenheit das Leben prägen. Und diese Bedürftigkeit kann sich zu einem Faß ohne Boden entwickeln, weil man unbewußt immer wieder die PM 4-Phase wiederholen will, in der Hoffnung, sie würde endlich so verlaufen, wie man es gebraucht hätte.

Durch diese Erfahrung von Trennung beginnen wir bereits kurz nach der Geburt, eine Hülle um unser wahres Wesen aufzubauen, wie eine Membrane, die sich später zu unserer Persönlichkeit formt. Die Art und Weise, wie wir die drei vorherigen PM-Phasen und den Empfang auf dieser Erde erlebt haben, bestimmt die Qualität dieser Membrane und damit die späteren Entwicklungsmöglichkeiten unserer Persönlichkeit; damit ist der «Nährboden» für unser menschliches Dasein angelegt.

Mögliche Erfahrungen während der PM 4-Phase:
Archetypische Bilder und Visionen von gigantischen Räumen oder Hallen, strahlende Licht- und Farbwahrnehmungen; Gefühle von Wiedergeburt, Erlösung und Brüderlichkeit, humanitäre und kreative Neigungen; manische Aktivitäten, Größenwahnvorstellungen. Das Durchtrennen der Nabelschnur kann bewirken: stechende Schmerzen in der Nabelgegend, Aussetzen der Atmung, Todes- und Kastrationsängste.

Diese 4 PM-Phasen von Schwangerschaft und Geburt bestimmen und prägen unser weiteres Leben ganz entscheidend. Vor allem werden die Phasen, in denen wir die größten Schwierigkeiten erlebt oder die wir nicht abgeschlossen haben, weil wir steckengeblieben sind, den größten Einfluß auf unsere Gefühlswelt und unsere Verhaltensmuster ausüben. Wir können die perinatalen Matrizen jedoch für uns aufarbeiten, sie abschließen und transformieren.

Eine der besten Möglichkeiten, die uns hierfür zur Verfügung steht, ist das *Holotrope Atmen*, das von Stanislav Grof entwickelt wurde und das auch in Deutschland – meist in Form von Gruppen – angeboten wird. Holotropes Atmen ist eine Tiefenatmung, die von spezieller, intensiver Musik unterstützt und begleitet wird. Es verschafft uns Zugang zu tiefen Schichten des eigenen Unbewußten, wo unverarbeitete Erinnerungen an die perinatalen Erfahrungen wachgerufen, durchlebt und integriert werden können. Es stellt eine intensive Selbsterfahrung dar, die uns ermöglicht, die perinatalen Matrizen abzuschließen, Lebenskonflikte mit größerer Klarheit zu erkennen und gegebenenfalls zu überwinden, alte Verletzungen der Vergangenheit zu heilen sowie neue spirituelle Dimensionen des Seins wiederzuentdecken. Dieser Prozeß ist wie eine abenteuerliche Reise durch das Land unseres Bewußtseins, auf der wir als ganzer Mensch angesprochen werden: Körper, Gefühl, Geist und unser Bezug zum Göttlichen. Unterstützt wird der Integrationsprozeß durch Körperarbeit, Mandala-Malen und Gruppengespräche.

Wenn wir erfahren haben, welche der perinatalen Phasen von

uns nicht abgeschlossen wurden, können wir das schließlich ganz bewußt tun, indem wir hindurchgehen, uns hindurchatmen und so neue Erfahrungen mit dieser PM-Phase machen, um dann einen Übergang zur nächsten Phase zu schaffen. Das kann zum Beispiel ein Transformationsprozeß sein, der uns hindurchführt durch das Opferdasein der PM 2-Phase hinein in die Konfliktbereitschaft der PM 3-Phase, um zu lernen, Konflikte auszuhalten und schließlich den Willen einzusetzen, um in die PM 4-Phase zu gelangen und im Leben anzukommen.

Weitere und ausführlichere Informationen zu diesem Thema finden Sie in den Büchern von Stanislaf Grof.

Der Kreis schließt sich

Wie wir gesehen haben, treten wir mit der Geburt von der vierten Dimension in die dritte Dimension des irdischen Lebens ein, wobei die Essenz der Seele im Emotional- und Mental-Körper wieder aktiviert wird. Dann durchleben wir eine Existenz auf der Erde und haben auf dieser Ebene die Chance, die aktivierten Muster zu bereinigen, zu transformieren und zu integrieren, um schließlich wieder durch das Tor des Todes von der dritten in die vierte Dimension hinüberzuwechseln.

Dieser ständig wiederkehrende Kreislauf stellt das Mysterium des Lebens dar. Er bietet unserer Seele viele Erfahrungsmöglichkeiten und Wachstumschancen, bis wir uns als das erkannt haben, was wir in Wirklichkeit sind und über den vertikalen Pfad aus dem Rad der Wiedergeburten aussteigen können.

Perinatale Matrizen
in Bezug zu den vier Phasen des Sterbeprozesses

PM 1-PHASE	Harmonie, Einheit mit dem Kosmos, Glückseligkeit, Symbiose, Hingabe	↔	Ruhephase am Ende des Sterbeprozesses	4. STERBE-PHASE
PM 2-PHASE	Opferdasein, Entfaltung der Konfliktbereitschaft, Prägung der Frustrationsschwelle, Nährboden für mentale Strukturen; Aktivierung der Schwingungsessenzen des Mental-Körpers	↔	Konfrontation mit den mentalen Mustern und Integration; Ablegen des Mental-Körpers	3. STERBE-PHASE
PM 3-PHASE	Aktivierung von Lebenskraft, Willenspotential, Lust, Durchsetzungsvermögen, Fähigkeit zum Loslassen; Aktivierung der Schwingungsessenzen des Emotional-Körpers	↔	Auseinandersetzung mit den Emotionen und Integration; Ablegen des Emotional-Körpers	2. STERBE-PHASE
PM 4-PHASE	Angenommensein, Vertrauen, Trennung, Einsamkeit, Unsicherheit	↔	Loslassen von allem und Hinübergleiten vom Leben in den Sterbeprozeß	1. STERBE-PHASE

Das bewußte Wieder-Eintauchen in das Mysterium des Lebens bedeutet gleichzeitiges Eintauchen in die Tiefen unserer unbekannten, inneren Welten, die von den Phasen des Sterbens und der

Geburt geprägt sind. Wenn wir bereit sind, uns sowohl auf die Konfrontation mit unseren Ängsten und Schatten als auch mit ungeahnten Kräften und Lebensmöglichkeiten einzulassen, so erfordert dies als Ausgangsbasis eine stabile Persönlichkeit. Diese «Plattform» brauchen wir, um uns von dort aus mit der dunklen Nacht unserer Seele auseinanderzusetzen. Ist unsere Persönlichkeit sehr instabil, so kann die Gefahr bestehen, in eine Psychose zu geraten.

Deshalb ist es zu Beginn des Transformationsprozesses notwendig, im Süden die Stabilität zu erlangen, die wir persönlich für diese zweite Transformationsphase im Westen benötigen. Im Süden haben wir gelernt, in Kontakt zu kommen mit dem Lebensfluß und haben wieder Zugang zum «Wasser des Lebens» erhalten. Das gibt uns jetzt die Basis, uns als nächstes über die Bewältigung unserer Ängste und die Konfrontation mit unseren Schatten unsere Macht zurückzuholen; die Macht, die wir an andere abgegeben hatten, die Macht, die uns zum Spielball des Lebensflusses hat werden lassen, die Macht, die wir brauchen, um jetzt unserer Lebenskraft eine bestimmte Richtung zu geben.

Macht

Wir laden Sie ein, liebe Leserinnen und Leser, einmal für einen kurzen Moment die Augen zu schließen und sich vorzustellen: *Sie haben Macht!* ... Wie war Ihre Reaktion? Welche Gefühle hat diese Vorstellung bei Ihnen ausgelöst? Hatten Sie ein unangenehmes Gefühl im Bauch, weil Macht für Sie etwas Negatives bedeutet?

Macht ist in unserer Gesellschaft negativ besetzt; wenige wollen machtvoll sein und dazu stehen. Die meisten von uns haben immer nur die Macht kennengelernt, die nicht das Wissen vom Mysterium des Lebens besitzt. Wer nicht wirklich mit dem Lebensfluß in Kontakt ist oder aus dem Herzen heraus agiert, wird Macht mißbrauchen.

Das gesamte Universum ist aus den zwei Energien *Liebe* und *Macht* entstanden. Die Liebesenergie ist die Anziehungskraft für die Materie. Aber erst die Machtenergie bringt die Materie in eine bestimmte Struktur hinein, während die Liebe diese Strukturen zu einem synergetischen System miteinander verbindet. Macht erschafft Bewußtsein. Es ist das Licht, durch das wir erkennen und reflektieren können. An anderer Stelle haben wir hierfür die Begriffe *Absicht* und *Wille* benutzt. Absicht, Wille und Macht sind drei unterschiedliche Aspekte dieser einen göttlichen Energie, welche die Schöpfung in Bewegung setzt. Absicht verleiht die Fähigkeit, Ideen von einer möglichen Struktur zu entwickeln. Wille ist die Antriebskraft und bringt diese Ideen in Bewegung, während die Macht konkrete Strukturen bildet und die Ideen umsetzt, die dann von der Energie Liebe zu neuen, ganzheitlichen Systemen (Persönlichkeiten, biologische Systeme, Planeten usw.) verbunden werden.

Wenn wir hier von Macht sprechen, so ist damit auch gleichzeitig Absicht und Wille gemeint, denn alle drei bilden eine Einheit und sind nicht voneinander zu trennen, es sei denn bei Machtmißbrauch. Dazu kommt es, wenn die Absicht fehlt und dadurch der Zugang zur Fähigkeit, Ideen zu formulieren; oder es fehlt der Wille, wodurch Bewegungslosigkeit entsteht; oder es fehlt die Macht und damit die Möglichkeit zur konkreten Umsetzung. Alle Beispiele führen zu Machtmißbrauch, weil wir keine andere Möglichkeit haben als uns selbst und andere zu manipulieren.

Wirkliche Macht steht jedoch im Einklang mit dem Gesetz vom Mysterium des Lebens, was letztlich auch bedeutet, die Existenz, das Zusammenspiel und den Umgang mit dieser dreifachen Energie zu kennen. Das Gesetz umfaßt das Wissen, wie wir Absicht, Wille und Macht anwenden. Auf der einen Seite könnten wir mit unserer Macht zerstören und jemanden töten und auf der anderen Seite mit ihr kreativ erschaffen, indem wir dem Lebensfluß eine bestimmte Richtung geben. Damit wir lernen, mit unserer Macht zu erschaffen, ist es notwendig, sie mit der Kraft der Liebe, die wir im Süden kennengelernt haben, zu verbinden.

Oft lernen wir in unserer Kindheit, daß wir keine Macht haben dürfen und daß die Absicht, die sich durch kindliche Phantasien Ausdruck verschafft, wertlos oder von unserem Umfeld nicht erwünscht ist. Wir erfahren dadurch, daß wir den Lebensfluß, den wir durch unseren Willen so stark verspüren, nicht in eine bestimmte Richtung bringen dürfen (= nicht in Bewegung setzen dürfen), weil wir uns ruhig, still und lieb verhalten sollten. Experimentieren, um Neues zu erfahren, ist nicht erwünscht. So kommt es dazu, daß wir uns irgendwann «tot» stellen und die Fähigkeit verlieren, unserem Leben eine bestimmte Richtung zu geben. Im Extremfall kann das dazu führen, daß wir kaum Willensenergie aufbringen und daher in unserem Leben auch nichts bewegen können. Wir geraten in eine Passivitätshaltung und sind unfähig, zu agieren und werden so zum Spielball unseres Schicksals.

Leben wir unsere natürliche Macht nicht, so bleibt uns nichts anderes übrig, als sie indirekt auszuleben, zum Beispiel über Manipulation, wodurch sie einen negativen Aspekt bekommt. Eine der raffiniertesten Formen von Manipulation ist die Opferrolle, da sie so gut wie nie als Machtausübung erkannt wird. In der Rolle des Opfers fühlen wir uns ohnmächtig (= ohne Macht) oder tun so, als wären wir machtlos. So können wir immer sagen, daß die anderen Macht auf uns ausüben.

Wir teilen unsere Welt in Opfer und Täter ein, und augenscheinlich sieht es so aus, daß es immer die Täter sind, die Macht ausüben. Sie sind die Bösen, auf die wir unseren Schatten projizieren können, die wir benutzen als Spiegelbilder unseres verborgenen Schattenpotentials. Die Täter leben ebenfalls ihre wirkliche Macht nicht, sie haben sich nur eine andere Form der Manipulation ausgesucht, die direkter und offensichtlicher ist als bei den Opfern. Opfer und Täter sind völlig aufeinander angewiesen, damit dieses Spiel der Machtlosigkeit funktioniert. Gäbe es keine Täter mehr, das heißt würden die Menschen beginnen, im Wissen vom Mysterium des Lebens zu handeln, dann hätten die Opfer niemanden mehr, den sie anklagen könnten, und sie wären gezwungen, ihr Opferdasein aufzugeben.

Wir können vier verschiedene Arten von Manipulation unterscheiden:

Das Beschwichtigen: der Versuch, den anderen zu beruhigen, indem wir auf ihn einreden. Hierzu gehört auch liebevoll, freundlich, fürsorglich zu sein, damit kein Konflikt entsteht. Wir manipulieren unser Umfeld, indem wir nichts anderes als Harmonie zulassen.

Das Kritisieren: Wir üben Druck aus, indem wir versuchen, Fehler des anderen aufzudecken, um ihn dann über diese Schwachstelle manipulieren zu können, zum Beispiel über Schuldgefühle. Dadurch können wir den anderen auf Abstand halten, so daß er uns nicht verletzen kann, und wir haben ihn bewegungsunfähig gemacht.

Das Belehren: Ein schulmeisterhaftes Auftreten, durch das wir bei anderen bestimmen, was sie zu tun haben und wie es zu geschehen hat. Wir wissen immer alles besser und sind davon überzeugt, daß die anderen ohne unsere Ratschläge nicht leben können. Wir lassen keine andere Meinung gelten.

Die Schuldzuweisungen: Nur die anderen sind schuld an unserem Unglück: «Du bist schuld, daß es mir schlecht geht.» Damit drücken wir aus, daß es uns schlecht geht, wenn wir vom anderen nicht das bekommen, was wir brauchen, und wir bringen andere dazu, sich darüber Gedanken zu machen, was sie für uns tun könnten.

Jeder von uns kennt die eine oder andere Art von Manipulation von sich selbst, auch wenn es schwerfällt, sich das einzugestehen. Da wir fast immer nur Macht als Manipulation erfahren, geben wir ihr eine negative Bedeutung, so daß wir vor Macht Angst bekommen und sie verneinen. Es ist jedoch unmöglich, die Macht in uns einfach abzustellen, denn sie ist ein Bestandteil unseres menschlichen Lebens. Der Versuch, sie nicht zu leben, läßt sie in Verhaltensformen hineinfließen, die wir dann Manipulation oder Mißbrauch nennen.

Gleichzeitig beginnen wir damit auch, unsere Macht an andere abzugeben. Wir geben anderen die Macht über uns selbst, weil wir sie selbst nicht haben wollen. Und so werden wir wieder zum Opfer.

Wenn uns jedoch irgendwann bewußt wird, daß wir mit unserem Opferdasein eine kaum erkennbare Form der Macht ausüben, indem wir, weil wir nicht Täter sein wollen, uns zum Opfer gemacht haben, aber dadurch gleichzeitig wieder zum Täter wurden, ohne es zu wissen; wenn wir das erkennen, dann hört dieser Kreislauf vielleicht auf, und wir können unsere eigene Macht wieder übernehmen, ohne manipulieren zu müssen.

Leben wir unsere Macht, indem wir das Wissen vom Mysterium anwenden, dann wird es möglich sein, daß wir unser Leben in eine Richtung führen, die unserem innersten Wesen entspricht. Und gleichzeitig werden wir mit unserem Wissen, unseren Erfahrungen und unserer Liebe aufbauende Wirkungen erzielen.

 ÜBUNGEN ZUM WESTEN

7. ÜBUNG IN DREI PHASEN: *Phantasiereise und Auseinandersetzung mit dem Schatten durch Maskenarbeit (für Gruppen)*

Es folgt jetzt ein Beispiel für Schattenarbeit, die in drei Phasen aufgeteilt ist: eine vorbereitende Phantasiereise, das Modellieren einer Schatten-Maske aus Ton und eine «Masken-Ausstellung», die zum Verfassen einer Geschichte führt. Diese Arbeit sollte nur in Gruppen durchgeführt werden, wobei zu Beginn jeder Teilnehmer einen Klumpen Modellier-Ton vor sich liegen hat, der als Grundstruktur für die Maske dient.

Phase 1: Phantasiereise

- Legt euch bequem hin, während ihr einige tiefe Atemzüge macht und euch in gewohnter Art und Weise entspannt. Laßt den Atem den ganzen Körper durchströmen und entspannt euch. *(Zeitdauer: 3 Minuten)*
- Und nun mach dir bewußt, welche Probleme und Schwierigkeiten dich in deinem Leben belastet haben oder immer noch belasten. Erinnere dich dabei auch an Personen, die mitbetei-

223

ligt waren oder sind. Auf welche Weise verhindern all diese Probleme oder Konflikte, die du mit anderen hast, deine Lebendigkeit, deinen freien Ausdruck, deine Liebe? Auf welche Weise nehmen sie dir die Möglichkeit, dich frei auszudrücken, dich frei zu entfalten? Mit welchen Ängsten kommst du jetzt in Berührung? Welche Sorgen und Befürchtungen hast du jetzt? Laß sie einfach da sein und hab die Bereitschaft, dir das jetzt einmal anzuschauen.

- Wie gehst du mit diesen Problemen um, das heißt, wie ist deine Überlebensstrategie, die du aus diesen Schwierigkeiten heraus entwickelt hast? Welcher negative Glaubenssatz oder welche lebensverneinende Überzeugung liegt diesen Ängsten zugrunde? Welcher Glaubenssatz ist das bei dir? Vielleicht: «Ich bin nichts Besonderes» oder «Ich habe es nicht verdient» oder «Ich bin nichts wert» oder «Ich kann das nicht» usw. *(Zeitdauer: 5 Minuten)*

- Jetzt, nachdem du dir all diese Überlegungen gemacht hast, stell dir vor, du befindest dich in deiner Wohnung. Dir kommt plötzlich in den Sinn, daß du einmal etwas tiefer gehen könntest, weil es für dich hinter diesen Problemen und Schwierigkeiten deines Lebens vielleicht etwas zu entdecken gibt. Und so nimm dir Zeit, deine Wohnung zu verlassen und dich auf den Weg in den Keller zu begeben ... Stell dir deinen Keller vor, so wie du ihn kennst, in dem Haus, wo du wohnst, und gehe nun die Kellertreppe hinunter. Nimm dir Zeit, um dich in deinem Keller zu orientieren. Und während du dich umschaust, entdeckst du plötzlich im Keller eine Türe, die du vorher noch nie gesehen hast. Es ist so, als wärst du immer an dieser Tür vorbeigegangen, ohne sie zu bemerken.

- Sie ist dir unbekannt, und sie macht dich neugierig. Du entschließt dich, diese Tür zu öffnen, um zu schauen, was dahintersteckt. Langsam öffnest du die Tür, und dann nimmst du hinter der Tür eine Treppe wahr, die nach unten führt. Du beginnst, diese Treppe hinunterzusteigen. Es ist eine ganz alte

Treppe, und ein modriger, feuchter Geruch kommt dir entgegen. Du steigst langsam, Stufe für Stufe diese Treppe hinunter, und du weißt nicht, wohin dich dein Weg führen wird. Du gehst immer tiefer und tiefer hinunter. Es ist ziemlich dunkel, aber trotzdem noch so hell, daß du dich orientieren kannst. Deine Augen gewöhnen sich immer mehr an diese Düsternis. Du hast keine Ahnung, wohin dich diese Treppe wohl führen wird.

- Und jetzt steigst du die letzten Stufen der Treppe hinunter und erkennst, daß diese Treppe zu einer weiteren Türe führt. Du stehst jetzt vor dieser Tür. Schau dir zuerst einmal die Tür genauer an: Wie sieht sie aus, aus welchem Material ist sie gefertigt? Ist sie alt oder neu? Auf dieser Tür kannst du jetzt ein Schild mit einer Aufschrift entdecken, und im schwachen Licht kannst du entziffern, was da geschrieben steht:

Mein Reich des Dämons
- Vielleicht macht dir das ein wenig angst, und du spürst ein mulmiges Unbehagen. Laß es da sein und entscheide dich jetzt bewußt, diese Tür zu öffnen und dich dem zu stellen, was dich dahinter erwartet. Dann öffne die Tür und gehe langsam in den Raum hinein. Dieser Raum erscheint dir zuerst leer. Du beginnst dich zu orientieren. Schau dich um … An einer Wand erkennst du jetzt einen großen Spiegel. Du gehst langsam auf den Spiegel zu, und wenn du davorstehst, schaust du in den Spiegel hinein.
- Was du da jetzt siehst, ist dein Schatten. Du siehst deinen eigenen Dämon im Spiegel. Schau genau hin, hab die Bereitschaft hinzuschauen. Du siehst den Teil, der sich in all deinen Schwierigkeiten und Problemen zum Ausdruck bringt. Was kannst du sehen? Laß alles da sein, was du sehen kannst … Wie geht es dir dabei, was macht das mit dir? Laß die Angst da sein. Wie sieht dieser Schatten aus? Was drückt er aus? Kennst du diesen Schatten, wenn ja, woher kennst du ihn? Wo zeigt er

sich in deinem Leben? In welchem Verhalten findest du ihn wieder? *(Zeitdauer: 5 Minuten)*

- Du weißt, daß dieser Schatten ein Potential von dir enthält, ein Potential, das dir wahrscheinlich noch nicht bekannt ist. Sei dir dabei bewußt, daß dieser Schatten nur zum Dämon geworden ist, weil du ihn in diesen Spiegel verbannt hast. Hab jetzt die Bereitschaft, etwas näher mit diesem Dämon in Kontakt zu kommen und sein Potential zu entdecken. *(Zeitdauer: 3 Minuten)*
- Wenn ich «Jetzt» sage, öffnest du deine Augen, richtest dich auf und legst deine Hände auf den Ton, der vor dir liegt. Du hast 45 Minuten Zeit, um diesen Dämon auf deinen Ton zu übertragen. Bleibe während dieser ganzen Zeit im inneren Kontakt mit dem, was du sehen kannst. Bleibe in Kontakt mit deiner Angst, die vielleicht da ist, und drücke sie im Ton aus, gib dem Ton eine Form. Laß deine Hände machen und denke nicht zu sehr darüber nach, was du machst.
- Dadurch, daß du deinem Schatten eine Form gibst, verliert er schon seinen Schrecken. Beginne JETZT. Laß deine Gedanken und Überlegungen ausgeschaltet, laß dein Gefühl in deine Hände hineinfließen. Laß deine Hände formen, was du in dir wahrnehmen kannst, in deinem Keller, in deinem Spiegel. Wann immer du merkst, daß du aus dem inneren Kontakt herauskommst, schließe die Augen und atme wieder in diesen Spiegel hinein. So kannst du den Kontakt wieder herstellen.

Phase 2: Modellieren einer Tonmaske

Während die Teilnehmer aus Ton eine Maske modellieren, gibt der Gruppenleiter zwischendurch folgende Anleitung:

Spüre den Klumpen Lehm in deinen Händen und laß den Schatten, deinen Dämon daraus erwachsen. Gestalte die Maske aus dem ganzen Lehm, nicht aus einzelnen Stücken. Laß die Maske aus einem Stück herauswachsen. Laß dir Zeit, du brauchst nicht mehr wegzurennen. Spüre in dich hinein, werde dir bewußt darüber, was du machst, woher du das kennst. Laß deine Hände formen, während du in deinem Keller vor dem Spiegel stehst und deinem Dämon ins Gesicht schaust. Spüre, was der Schatten ausdrückt. Laß deine Hände formen und nimm wahr, wie es dir damit geht. Welche Empfindungen hast du? Bist du gleichgültig, traurig, wütend, ängstlich? ... Du bist dabei, deinen Schatten sichtbar zu machen. Du machst ihn sichtbar für dich und für andere. Wie geht es dir damit? Laß diese Gefühle in deine Arbeit einfließen. Fühle und forme. Erschaffe!

Nachdem die Maske aus Ton geformt wurde, sollte der Ton leicht antrocknen (er darf jedoch nicht zu trocken werden). Danach wird der gesamte Ton mit Vaseline gut eingecremt. Dann werden Gipsbinden (in jeder Apotheke erhältlich) in kleine Stückchen geschnitten, durch eine Schüssel mit Wasser gezogen (wobei die Gipsbinde nicht zuviel Wasser einsaugen darf) und anschließend auf die Tonform gelegt. Auf die Art wird die Tonform komplett in mehreren Schichten (3 bis 4) übereinander belegt. Dadurch entsteht eine Gipsmaske, die dann für längere Zeit trocknen muß (in der Regel 4–5 Stunden). Es ist wichtig, daß die Gipsform völlig trocken ist, um sie dann vorsichtig von dem Ton abzulösen. Das vorherige Einreiben mit Vaseline bewirkt, daß der Ton nicht an dem Gips kleben bleibt.

Diese Gipsmaske wird noch etwas nachgetrocknet (mit Hilfe eines Haarföns) und anschließend bemalt. Geeignet hierfür sind wasserlösliche Farben, aber auch Naturalien, wie Blätter, kleine Zweige oder ähnliches, die an der Maske festgeklebt werden können. Jeder Gruppenteilnehmer kann auf diese Weise seine Maske ausarbeiten, wobei er auch während dieser Arbeit im inneren Kontakt mit dem Dämon im Kellerspiegel bleiben sollte. Für diese Arbeit sollte so viel Zeit wie möglich gelassen werden. Die Maske ist fertig, nachdem schließlich seitlich zwei Löcher gestochen worden sind, durch die ein Gummiband gezogen wird.

Alle Masken werden wie in einer Ausstellung im Raum aufgebaut oder auf den Boden gelegt. Die Gruppenteilnehmer haben kleine Zettel (in der Anzahl der vorhandenen Masken) in der Hand und besuchen nun diese Masken-Ausstellung, so als würden sie einen Museumsbesuch machen.

Anleitungstext:

- Schaut euch die vorhandenen Masken in Ruhe schweigend an, die eigene ausgenommen. Dann schreibt zu jeder Maske einen Kommentar oder eine Kritik auf einen der Zettel. Dieser Kommentar kann aus einem Wort bis zu maximal drei Sätzen bestehen. Wenn ihr fertig mit dem Schreiben seid, legt den Zettel verdeckt, das heißt mit der Schrift nach unten, neben die Maske. Was ihr schreibt, sollte aus eurem inneren Gefühl kommen. Was drückt diese Maske für euch aus? Welche Gefühle bekommt ihr beim Betrachten dieser Maske? Welche prägnante Aussage könnt ihr zu jeder Maske machen? Tut dies mit jeder Maske (eure eigene ausgenommen), so daß zum Abschluß bei jeder Maske mehrere Zettel liegen.
  (Nachdem dieser Vorgang beendet ist):
- Und nun geht jeder zu seiner Maske und nehmt die Zettel, die bei ihr liegen. Sucht euch einen Platz im Raum, legt alle Zettel vor euch hin und laßt die Worte, die darauf stehen, auf euch wirken. Dann schreibt aus diesen Aussagen eine Geschichte, ein Gedicht oder ein Lied. Laßt eurer Phantasie freien Lauf, ihr könnt alles ausschmücken mit eigenen Worten, bringt jedoch alle Texte auf den Zetteln in eurer Geschichte unter. Bemerkt auch, welche Gefühle oder Emotionen durch diese Aussagen auftauchen. Spürt sie und verwendet sie, indem ihr die Geschichte eurer Maske, eures Dämons niederschreibt.

(Zeitdauer: ca. 40 Minuten)

- Nachdem jeder seine Geschichte geschrieben hat, werden diese in der Runde vorgelesen.

Ergebnis einer Gruppen-Arbeit mit Schatten-Masken aus dem «Kreis der Wandlung»:

Im Nachfolgenden geben wir einige Beispiele aus einer solchen Gruppenarbeit wieder, die im Laufe eines Zyklus vom «Kreis der Wandlung» durchgeführt wurde. Sie verdeutlichen, wie Menschen in dieser Arbeit ihren Schatten erleben und wie die Schatten ihren Schrecken verlieren, sobald sie sichtbar geworden sind.

Schwarze Sonne

Sonne heiß ich – Schwarze Dunkle
Sonne war ich – Helle Warme
einst vor langer Zeit vereint
selber Zentrum – selber Schöpfer
Gefallen dann in weite Fernen
Immer tiefer
Immer schneller
finstre Sonne, Dunkle – Böse
Schwarze – mit nur wenig Licht
Suchend nach dem Zentrum
voller Hohn doch auch – und Trauer
Das Wissen lähmt – das Alte –
Pervers wird es und böse
modrig, gammlig – immer mehr
dunkle Sonne, Böse.
Teuflisch bist du, – geil, pervers
wirst zum Teufel – diesem Bösen

lachend, hämisch
Schwarze Sonne, Finstre –
hast du ganz das Leuchten schon verlernt?
Wenn ich gelb wär,
ganz erlöst vom Schatten – – –
… eine Sonne wär ich,
eine Helle …

Die Angst des Marshmallow-Man

Der Schreck der Erkenntnis – heute rot, morgen tot.

Dein Spiegelbild erinnert mich an einen Totenschädel – er macht mir angst durch seine Einfachheit.

Deine Einfachheit macht dich ausdrucksstark – und doch machst du mir gleichzeitig angst durch deine Ausdruckslosigkeit.

Deine Leere löst Kälte und Einsamkeit in mir aus.

Du schrecklich hohles Monstergesicht, wie bist du tot und leer.

Was für ein Gespenst – mit deinen Augenhöhlen, die wie leere Löcher sind.

Tod und Leere – Entsetzen
Zerfressener und klaffender Tod
Ich will ausgefüllt werden!!!   Mit Leben

Der kotzende steinerne Löwe

Er ist teuflisch und ur-ur-uralt. Er trägt die Maske des Todes. Viele Menschen gehen an ihm vorbei, er steht in einer großen Stadt. Viele sagen: «Diese Maske löst Ekel in mir aus» oder «Es ist ein Teufelsgesicht, es macht mir angst».

Der steinerne Löwe ist voll der Bosheit, voll Ekel und Leid über all das, was er den ganzen Tag hören muß. Oft denkt er, wenn so ein Menschlein vor ihm steht: «Bäh, bist du blöd, daß du dich immer wieder durch mich beeindrucken läßt» oder auch: «Ihr kotzt mich alle an, Pfui Teufel.»

Heut' gerade sind wieder besonders viele Menschen dagewesen, die alle was vom Teufel und Hölle gebrabbelt haben und auch zum steinernen Löwen gesagt haben: «Du kotzt mich an.» Zum letzten von ihnen hat der Löwe ganz laut gesagt: «Bääh, leck mich, du kriegst mich nicht!»

Denn meine Frist, der steinerne, kotzende Löwe zu sein, ist vorbei – meinen Schmerz und meine Leiden laß ich los. Oder klar gesagt: «Bääh, ausgekotzt.» Warum?

Ganz spät ist noch ein kleiner Junge vorbeigekommen, der hat einfach gesagt: «Trauriger kleiner Dämon, laß mich dich umarmen.» Und das war, wie halt immer, die Heilung.

Teufel, Teufel

Eines Tages wollte der Teufel die Welt kennenlernen. In seiner wahren Gestalt traute er sich aber nicht aus der Hölle. Er überlegte lange, und dann beschloß er, sich als Clown zu verkleiden.

Er stellte sich also vor den Höllenspiegel und begann sein schattiges Wesen überzuschminken. Schalkhaft blinzelte er seinem Spiegelbild zu und flüsterte: «Du verrätst mich nicht.»

Damit er nicht mit leeren Händen kam, packte er sich eine Tasche voll Drogen, die er gegebenenfalls anbieten wollte. Dann machte er sich auf den Weg.

Als erstes begegnete er einem Kind, das schaute ihn an und sagte: «Du Teufel!» Das fand der Teufel sehr erschreckend und verwirrend. Er fühlte sich nackt und ungeschützt und bekam Furcht. Er sagte: «Koste von meinen Beeren, sie bringen dich in andere Welten und laß mich leben.» Aber das Kind zeigte ihm die Faust und entgegnete: «Wage es zu mucken, dann hab ich dich.» Der Teufel machte, daß er davonkam.

Nachdem er eine Weile gegangen war, begegneten ihm drei junge

Frauen auf dem Weg zum Pilzesuchen. Er fragte sie: «Wie findet ihr mich?»

Die erste sah ihn nachdenklich an, dann antwortete sie: «Aus der Ferne sahst du aus wie ein böses, gefährliches Tier, das sticht und verschlingt, mir lief ein Schauer über den Rücken. Aber nun, wo ich dich genauer betrachte, hast du zwar teuflische Hörner und einen brutalen Mund, der mir auch angst macht (ich hasse Typen mit brutalem Mund), aber du hast auch etwas Clownhaftes, als trügst du eine Narrenkappe.»

Die zweite lächelte ihn traurig an und sagte: «Wundgestoßene Hörner und tiefe, tiefe Augen, aber ich zeige euch meine Zähne!»

Die dritte meinte: «Für mich drückst du Freude und Weisheit aus.»

Der Teufel war während dieser Antworten unter seiner Schminke immer blasser geworden und begann sich sehr unwohl zu fühlen. Er verstand die Welt offensichtlich nicht, und er fühlte sich auch in keiner Weise verstanden, im Gegenteil.

Er, Angehöriger der Priesterschaft von Teufel und Stier (das mußte er sich hier noch mal klarmachen), kam mit den Menschen nicht zurecht. Gesenkten Hauptes und ziemlich entmutigt teufelte er in seine Hölle zurück.

Diese Geschichten sind der beste Beweis dafür, wie kreativ der Schatten macht, wenn wir bereit sind, uns mit ihm auseinanderzusetzen, ihn anzuschauen und ihn anzunehmen. Wenn wir uns erlauben, über oder mit unserem Schatten zu lachen, dann springen wir über den Schatten, so daß er seinen Schrecken verliert und kein Schatten mehr ist. Humor ist das beste Heilmittel für den Schatten, denn dadurch verliert er seinen Stachel.

Vielleicht sind diese Beispiele an Übungen eine Anregung für Sie, dem Schatten spielerisch, kreativ zu begegnen.

Mit den Beispielen für kreative Schattenarbeit schließen wir das Tor des Westens und treten ein in den Norden.

8. KAPITEL Der Norden: Ausdrucksform des menschlichen Potentials

Aus der Dunkelheit im Westen, der dem Element Erde entspricht, haben wir begonnen, unser verborgenes Potential zu befreien. Im Norden kommen wir in Kontakt mit dem Element Luft, durch das unser Potential in Bewegung gesetzt wird und Ausdrucksstrukturen erhält. Während wir im Westen uns mit unserer unterdrückten Macht konfrontiert haben, lernen wir nun im Norden, diese Macht anzuwenden.

Das erfordert die Fähigkeit, mit beiden Füßen auf der Erde zu stehen, authentisch und bewußt zu leben, und vor allem Verantwortungsbewußtsein zu entwickeln. Verantwortung in diesem Sinne ist nicht gleichzusetzen damit, aus Pflichtbewußtsein heraus für andere da zu sein. Vielmehr ist hier mit Verantwortung gemeint, daß wir aus dem heraus *antworten*, was wir wahrnehmen, erfahren und wissen. Das setzt Flexibilität und Mut voraus, weil wir in dem Moment loslassen müssen von festgelegten engen Vorschriften, Konzepten und Glaubensmustern, von eingeprägten Traditionen, Familienstrukturen und Rollenverhalten. Wir lernen, aus all diesen Beeinflussungen auszusteigen und unsere eigene Wahrheit selbst zu bestimmen.

Werkzeuge und Hilfsmittel für unseren Transformationsprozeß im Norden sind die formbildenden Kräfte unserer Ahnen, das heißt die Wiederanbindung an die Welt der Archetypen sowie unser Intellekt, unser Wissen und die Logik.

Funktion und Möglichkeiten des Verstandes

Eine unserer Aufgaben im Transformationsprozeß des Nordens besteht darin, unseren Verstand auszubilden durch Aneignung von Wissen um kosmische, irdische und menschliche Zusammenhänge, um sie dann mittels der Logik in eine konkrete Struktur zu bringen und unsere Absicht für unser Leben klar auszurichten. Für diese Prozesse benötigen wir ein hohes Maß an Konzentrationsfähigkeit, die wir durch Meditation stärken können. Der durchschnittliche Mensch benutzt maximal nur fünf bis zehn Prozent seiner Gehirnkapazität, und regelmäßig durchgeführte Meditation ist ein höchst wirkungsvolles Mittel, mehr von unserem Gehirnpotential zu nutzen. Meditation verlangsamt die Körperfunktionen, bringt den Verstand zur Ruhe und schult ihn darüber hinaus, seine Aufmerksamkeit auf einen Punkt zu konzentrieren.

Zunächst sollten wir – falls wir es nicht bereits schon tun – lernen, unseren Verstand wertzuschätzen und zu lieben. Möglicherweise wird Sie diese Aussage überraschen, jedoch scheint es, als wäre der Verstand der Schatten der Spiritualität. Kennen Sie das auch: Sie meditieren, und es ist Ihnen fast unmöglich, Ihre Alltagsgedanken abzustellen. Sie hadern mit Ihrem Verstand und fragen sich vielleicht, wo der Knopf ist, um ihn endlich abzuschalten. Leider wird der Verstand in diesem Zusammenhang von vielen Menschen oftmals als negativ oder hinderlich betrachtet, jedoch ist er ein Steuerungsorgan, das wichtige Funktionen und Aufgaben in unserem Leben und unserer spirituellen Entwicklung erfüllt. Aus diesem Grund sollten wir aufhören, ihn zu bekämpfen, sondern ihn wertschätzen als einen Freund, der uns unterstützt und den wir brauchen.

Während unseres Transformationsprozesses verhilft unser Verstand uns zum erforderlichen Wissenshintergrund, um schließlich mittels der Logik Zusammenhänge erfassen und Verknüpfungen zwischen Wissen und inneren Erfahrungen herstellen zu können. Das ist die Basis dafür, daß wir unsere Absicht auf ein Ziel ausrichten und unserem Lebensfluß eine Richtung geben können.

Der Gedankenfluß zu Beginn unserer Meditationspraxis stellt nichts anderes dar als gespeicherte Programme, die automatisch ablaufen, sobald wir in die innere Stille eintreten. Unser Ego und unser bewußter Geist weigern sich einfach loszulassen und damit die Kontrolle aufzugeben. Wir können jedoch lernen, die Gedanken zu ignorieren, so wie vorüberziehende Wolken am Himmel, von deren Existenz wir zwar wissen, denen wir jedoch keinerlei Aufmerksamkeit schenken, weil wir uns gerade auf etwas anderes konzentrieren. Wenn wir während der Meditation – ob wir uns dabei nun auf ein Objekt, ein Mantra oder unseren Atem konzentrieren – unseren Gedanken nachhängen, so besteht die Übung darin, immer und immer wieder konsequent mit unserer Aufmerksamkeit zum Objekt unserer Wahl zurückzukehren, auch wenn das hundertmal nötig sein sollte; und das ohne uns und unseren Verstand negativ zu bewerten. Es erfordert zwar viel Zeit und Geduld, aber irgendwann wird der Gedankenfluß keine Wirkung mehr zeigen, er tritt in den Hintergrund unseres Bewußtseins und der Inhalt unserer Meditation in den Vordergrund.

Nach der indischen Meditationslehre beginnt ab diesem Zeitpunkt erst wirklich das, was wir «Meditation» nennen. Wenn wir uns zum Beispiel eine längere Zeit auf eine Blume konzentriert haben und kein anderer Gedanke uns mehr beeinträchtigt, so daß nur noch die Blume in unserer Wahrnehmung existiert (Kontemplation), verschmelzen wir schließlich mit ihr, das heißt wir werden selbst zur Blume. Sind wir gleichzeitig ein Mensch und eine Blume, dann sind wir auch jedes andere Lebewesen. Dieses Verschmelzen führt nicht nur zur Erfahrung unseres innersten Selbstes, sondern auch zum Bewußtsein über die Einheit alles Existierenden.

So können wir mit allem verschmelzen, auch mit Vorstellungen und Konzepten von kosmischen und irdischen Zusammenhängen, mit schöpferischen, archaischen Urkräften oder mit Archetypen. Die Objekte der Meditation werden Teil unseres Selbst und finden durch die Persönlichkeit ihren Ausdruck. Letztlich wurden wir

Menschen auf diese Weise durch die göttliche Schöpferkraft nach seinem «Ebenbild» erschaffen, jedoch auch alle Welten und Universen. Obwohl der Mensch von dieser göttlichen Perfektion weit entfernt ist, so besitzt er doch im Verborgenen selbst die Fähigkeit zu erschaffen.

Um zu dieser Fähigkeit zu gelangen, lernen wir hier im Norden den Intellekt auszubilden. Wir schulen uns darin, klar zu denken, eine Idee oder ein Gedankenkonzept aufzunehmen und mit unserer Logik darüber zu reflektieren. Die Fähigkeit über einen Gedanken zu reflektieren, bedeutet Verknüpfungen zu anderen Gedankengängen herzustellen und auf diese Weise neue Gedankenkonzepte zu erschaffen. Wirklich schöpferisch können wir erst dann werden, wenn wir aufhören, etwas Gelesenes oder Gehörtes unreflektiert zu übernehmen und weiterzugeben. Das führt zu blinden Glaubenssystemen und zu Beeinflußbarkeit, und es entfernt uns immer mehr von unserer eigenen Wahrheit.

Gerade im esoterischen Bereich, wo über Medien oder Seminare eine Vielzahl von Therapie- und Heilmethoden und damit verbundenen Glaubenssystemen angeboten wird, besteht die Gefahr von Wissensüberladung. Zahlreiche Menschen auf der Suche nach sich selbst lesen ein Buch nach dem anderen oder besuchen («konsumieren») ein Seminar nach dem anderen, so daß Reflexion und damit Verarbeitung kaum mehr möglich ist. Schließlich verlieren sich diese Menschen selbst im Wissens-Input.

Sich Zeit zu nehmen für Reflexion ist daher besonders wichtig, um die eigene Wahrheit herauszufinden. Eine sehr gute Übung zur Schulung und Verfeinerung der reflektiven Fähigkeit besteht darin, daß wir nach dem Lesen eines Buches den Inhalt für uns selbst auswerten, das heißt ein schriftliches Exzerpt anfertigen. Aus diesem Grund bitten wir auch die Teilnehmer unseres Trainings «*Kreis der Wandlung*», nach jedem Seminar einen Erfahrungsbericht zu schreiben, um das Gehörte, Gelernte und Erfahrene jeweils noch einmal zu reflektieren.

Wenn wir Wissen verarbeitet haben, das heißt, wenn wir Wissen von außen verbinden mit dem auf eigenen Erfahrungen beruhenden Wissen, so kommen wir schließlich irgendwann zur Weisheit. Weisheit verbindet Gefühl und Verstand miteinander und ist ein Seinszustand, in dem Wissen zur Intuition wird, aus der heraus wir unser Leben bestimmen können.

Der Montagepunkt

Ein sehr wirksames Mittel, um unser Bewußtsein zu erweitern, ist die Arbeit mit einem Energiepunkt in unserer Aura, der bestimmt, wie wir die Welt wahrnehmen: der «Montagepunkt».

Der Montagepunkt ist eines der wichtigsten und komplexesten Themen im spirituellen Bereich und gleichzeitig das am wenigsten bekannte. Eine ausführliche Beschreibung des Montagepunktes finden wir in den Büchern von Carlos Castaneda * über die toltekische Tradition wieder. In dieser schamanischen Tradition Südamerikas gehört der Montagepunkt zum Geheimwissen und wird von den Lehrern nur an ihre Schüler weitergegeben, weil der Umgang mit dem Montagepunkt sehr viel Wissen, Können und Verantwortungsbewußtsein voraussetzt. Aber nicht nur bei den alten Schamanen ist der Montagepunkt bekannt. Bereits die Rosenkreuzer wußten um ihn, und Alice Bailey nennt ihn in ihren Büchern das *«permanente Atom»*.

Der Montagepunkt ist in der menschlichen Aura schwer wahrzunehmen, deshalb schreiben auch so wenige über ihn. Bevor wir uns jedoch näher mit dem Montagepunkt beschäftigen, lassen Sie uns ein wenig tiefer in die Welt der Tolteken eintauchen.

Das gesamte Universum besteht aus einer unendlichen Ansammlung von unterschiedlichsten Energiefeldern (Emanationsfeldern),

---

* Die Kunst des Träumens, Die Kunst des Pirschens, Das Feuer von innen, Die Kraft der Stille.

die übereinander liegen und sich gleichzeitig durchdringen. Überall dort, wo sich ein sichtbares Objekt befindet, bilden diese Lichtfäden ein Energiefeld.

Die Tolteken benutzen den Begriff «Gott» nicht. Sie unterscheiden statt dessen zwischen zwei Welten:

Das «Tonal»

Das Tonal ist unsere konkrete, sichtbare und faßbare Welt, die in Wirklichkeit aus einer Vielfalt von virtuellen Teilchen besteht, die im Zusammenspiel unterschiedliche Realitäten bilden und durch unsere Beschreibungen wahrgenommen wird.

Das «Nagual»

Das ist die Welt des Unbekannten, des Unsichtbaren, die Welt des Unfaßbaren. Es ist die Welt der absoluten Wirklichkeit, die wir mit unserem Menschsein niemals erfassen können.

Wenn wir in der Welt des Tonals verhaftet sind, können wir das Nagual nicht erkennen, dazu müssen wir das Tonal erst verlassen. Und das bedeutet, daß wir all unsere Beschreibungen loslassen und uns in völliger Strukturlosigkeit auflösen müßten.

Das Nagual wird bei den Tolteken durch einen Adler symbolisiert. Der «Adler» stellt die Urenergie und damit den Ursprung aller Emanationsfelder dar. Er atmet die Emanationen (virtuelle Welten) in Form von Lichtfäden aus, wodurch Universen, Planeten, Menschen usw. erschaffen werden. So entsteht die Welt des Tonals. Der Adler bringt jedoch nicht nur alles hervor, er nimmt auch alles wieder zurück, das heißt er bezieht seine Nahrung (Energie) aus der Welt des Tonals. Er schenkt uns Bewußtsein, damit es wachsen kann, und nimmt uns dieses durch unsere Erfahrungen angereicherte Bewußtsein wieder, wenn wir sterben. Der Adler ernährt sich also von unserem Bewußtsein, was letztendlich bedeutet, daß wir nur für diese Urenergie leben.

Wenn wir uns im Sterbeprozeß der Welt des Tonals nicht bewußt sind, dann geht das, was wir als Mensch waren, wieder zurück in den großen Ozean des kollektiven Bewußtseins und löst sich in seine Essenz auf. Ist die Zeit gekommen, daß die Seele wiedergeboren werden soll, atmet der Adler neue Emanationsbänder für diese Seele aus, aus denen sie sich einen Emotional-, Mental- und physischen Körper zusammensetzen kann, wobei Emotional- und Mentalkörper das «Lichtei» um den physischen Körper herum bilden.

Die menschliche Aura besteht also aus vielen faserförmige Emanationen, die spiralförmig oval um den physischen Körper herum angeordnet sind. Auf der Oberseite eines dieser Bänder, etwa 20–25 cm oberhalb des Kopfes, befindet sich der Montagepunkt mit einem Durchmesser von etwa 3–4 cm.

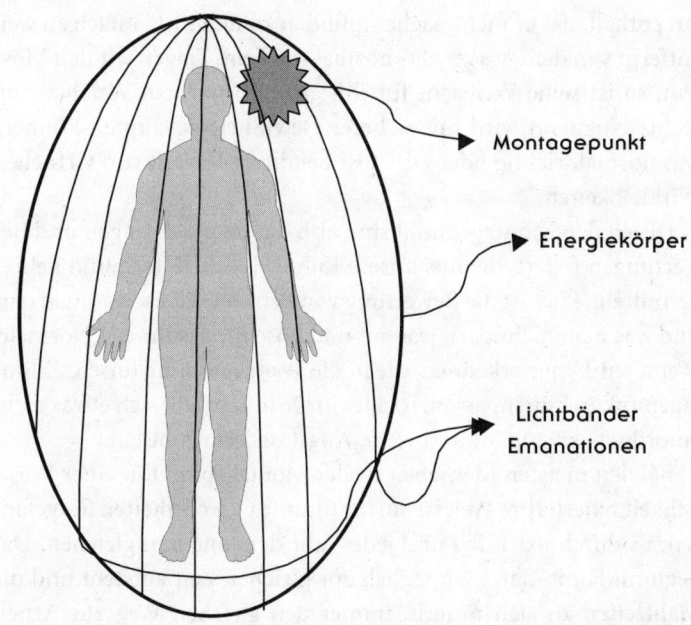

Montagepunkt

Energiekörper

Lichtbänder
Emanationen

Der Montagepunkt bewegt sich entlang der Licht- oder Emanationsbänder – vorausgesetzt er ist beweglich – und beleuchtet damit eine der virtuellen Welten um uns herum, die wir dann als unsere Wirklichkeit wahrnehmen. Kultur, soziales Umfeld, Erziehung, Familientraditionen, eigene Erfahrungen und letztlich die ins Leben mitgebrachte Seelenessenz sind die Kräfte, die jeweils festlegen, auf welchem der Lichtbänder sich der Montagepunkt befindet.

Ein Afrikaner, der gegrillte Ameisen ißt, hat seinen Montagepunkt auf einem anderen Lichtband in bezug auf Essen als wir. Der Montagepunkt eines gläubigen Moslems, für den mehrere Ehefrauen Normalität darstellen, befindet sich in einer anderen Wirklichkeit (Lichtband) als der eines Katholiken. Ist dies ein überzeugter, streng gläubiger Katholik, so wird er weder die Welt des Moslems verstehen (umgekehrt jedoch auch nicht) noch die indische Philosophie, weil beides zu viel unbekanntes und fremdes Gedankengut enthält, das er nicht nachempfinden kann. Es ist einfach zu weit entfernt von dem, was er als «normal» ansieht. Fragen wir den Moslem, so ist seine Weltsicht für ihn genauso normal. Wer hat nun recht? Niemand wird mit sicherer Gewißheit behaupten können, was normal, richtig oder falsch ist bei dieser Vielfalt von virtuellen Wirklichkeiten.

Durch den Montagepunkt sind also die Beschreibungen und Bewertungen fixiert, die uns unsere Kultur, unsere Eltern und Lehrer vermitteln. Hier ist die Bewertung von dem verankert, was man darf und was man nicht darf, was gut und böse ist, das für uns Normale. Wenn wir Dinge erkennen, die in die Wahrnehmung unseres Montagepunktes hineinpassen, ist alles in Ordnung, läßt sich etwas nicht einordnen, erzeugt dies Abwehr, Angst und Unwohlsein.

Bei den meisten Menschen ist der Montagepunkt in einer Wirklichkeit fixiert. Ihre Welt ist auf bestimmte Gewohnheiten festgefahren, wodurch jeder Tag und jedes Jahr dem anderen gleichen. Das beginnt damit, daß man täglich zur gleichen Zeit aufsteht und die Mahlzeiten zu sich nimmt, immer den gleichen Weg zur Arbeit fährt und den Tag mit Fernsehen beendet. Die Ferien werden jedes Jahr am gleichen Urlaubsort verbracht, weil man dort alles schon so gut kennt und sein gewohntes Bier und Essen erhält. Bequemlichkeit, Gewohnheit und Angst vor Veränderung fixieren den Montagepunkt, schwächen auf diese Weise unseren physischen Körper und lassen uns schneller altern.

So grenzen wir uns durch unsere eigenen individuellen Realitäten von anderen Dimensionen ab, die parallel zu unserer Welt existieren, so daß das Leben langweilig und leer wirkt. Und diese Leere müssen wir wiederum mit unnützen Dingen füllen, was einerseits unsere Konditionierungen festigt und andererseits den Montagepunkt weiterhin in dieser Realität festhält. Ein sich ständig wiederholender Kreislauf, aus dem wir jedoch aussteigen können.

Wenn wir uns wirklich weiterentwickeln wollen, ist es unumgänglich, den Montagepunkt mehr und mehr zu lösen, das heißt ihn beweglich werden zu lassen, so daß wir schließlich irgendwann unsere Wahrnehmung in alle Welten, auf alle Emanationsbänder ausdehnen können. Das setzt jedoch voraus, daß wir bereit sind, unsere Vorstellungen, Beschreibungen, Glaubenssätze (persönliche und religiöse), Weltanschauungen und Konditionierungen loszulassen und unser einseitiges Denken und Handeln aufzugeben. Im Klartext heißt das, sich an keine Identität mehr zu binden und alle Wirklichkeiten als real zu betrachten, auch wenn wir sie noch nicht kennen. Den Montagepunkt beweglicher zu machen, stellt jedoch auch eine Herausforderung an unsere Verantwortung dar, denn hierdurch erlangen wir unsere Macht wieder, bewußt Einfluß auf unser Leben zu nehmen.

Durch das Loslassen erweitert sich unsere Sichtweise der Welt. Nach und nach verlassen wir die Welt des Tonals und erkennen die Wirklichkeit dahinter: das Nagual. Bewegt sich unser Montagepunkt, nehmen wir nicht mehr nur die kümmerliche Beschreibung eines Baumes wahr, sondern erkennen seine Lichtbänder, die Energien, die er tatsächlich ist. Durch unsere Bereitschaft, das Andere zu akzeptieren, dehnt sich unser Bewußtsein immer mehr aus, so daß sich schließlich unser Montagepunkt irgendwann auf allen Lichtbändern unserer Aura bewegen und sich letztlich ganz vom Licht-Ei lösen kann, was die absolute Freiheit bedeutet. Es gibt nichts Normales und Unnormales mehr, alles ist möglich. Wir sind ein Teil von allem, ein Teil des Ganzen, wir sind eine Vielfalt von Licht und Energie, von virtuellen Welten. Aus dieser Bewußtseinserweiterung erwachsen Toleranz, Mitgefühl, Verständnis, Wissen um kosmische Zusammenhänge und die Macht zu erschaffen. Wir werden zum Schöpfer unserer Realität und durchschauen, daß das physische Universum (Tonal) nichts als Illusion ist, ein konstruiertes Gebilde, das nur in der Wahrnehmung des Wahrnehmenden existiert.

Wenn wir es schaffen, den Montagepunkt freizusetzen, gibt es Zeit und Raum nicht mehr. Wir sind in allen Welten gleichzeitig zu Hause, wir nehmen alle Lichtbänder zur gleichen Zeit wahr. Wir sitzen hier und sind uns gleichzeitig bewußt, was gerade in den anderen Wirklichkeiten abläuft. Auch vergangene Leben finden parallel und gleichzeitig statt. Eigentlich bedeutet das «im Hier und Jetzt zu sein». Wir bewegen uns nicht mehr nur im Tonal, der Montagepunkt konnte sich vom Licht-Ei lösen, was letztlich bedeutet, daß wir multidimensionales Bewußtsein erlangt haben.

Auf diese Weise haben wir ein individuelles, freies Bewußtsein entwickelt, das schließlich bei unserem Tod nicht mehr vom «Adler» vereinnahmt wird. Wir sind uns unserer Energiefelder bewußt und in allen Energiefeldern zu Hause, also auch im ganzen Universum. Wir können aus dem Rad der Wiedergeburten aussteigen oder freiwillig auf die Erde zurückkehren. Bei den Tolteken heißen diese Menschen «Naguals» oder «Schlangenmenschen» und in der indischen Tradition «Nagas».

Das Loslösen des Montagepunktes erreichen wir durch lange, kontinuierliche spirituelle Arbeit und durch das Freisetzen der Energie, die an Konditionierungen gebunden ist. Dieser Prozeß sollte in jedem Fall unter fachkundiger Begleitung geschehen, da er Gefahren beinhaltet, die nicht unterschätzt werden dürfen. In keinem Fall sollten labile, zu wenig geerdete Menschen solche Techniken praktizieren. Nicht umsonst gehört der Montagepunkt bei den Tolteken zum Geheimwissen. Normalerweise springt er bei geringen Verschiebungen, wie sie zum Beispiel bei tiefer Meditation, bei Rückführungen oder anderen spirituellen Erfahrungen geschehen, nach kurzer Zeit von alleine wieder zurück an seine gewohnte Stellung. Wenn wir den Montagepunkt jedoch immer wieder durch bestimmte Techniken bewußt verschieben, um in andere Welten reisen zu können, besteht die Gefahr, davon abhängig zu werden und schließlich den Kontakt zu dieser Realität völlig zu verlieren, vor allem, wenn diese bewußte Verschiebung ohne fachgerechte Anleitung geschieht.

Der Montagepunkt kann sich jedoch auch unbeabsichtigt verschieben, und zwar durch Unfall, Schockeinwirkung, hohes Fieber und Drogen, was schlimme Folgen haben kann. Er rutscht dann mitunter unbeabsichtigt in eine andere Welt hinein und verharrt dort für eine längere Zeit in einer für den Menschen fremden, ungewohnten Wirklichkeit, weil dieser Mensch nicht genug absichtsvolle Kraft besitzt, um von einer Wirklichkeit in eine andere wechseln zu können. Auf diese Weise kann das, was wir Psychose, Schizophrenie oder Wahnsinn nennen, vorprogrammiert sein. Dieser Mensch hat plötzlich eine ganz andere Wahrnehmungsebene, hat Halluzinationen, hört Stimmen und sieht Gestalten, die er nicht einordnen kann. Unsere Psychiatrien sind voller Menschen, deren Montagepunkt sich zu stark verschoben (ver-rückt) hat, ohne wieder in die Ausgangsstellung zurückzukehren. Wenn ein Mensch verrückt ist, bedeutet das nichts anderes, als daß der Montagepunkt ein Stück aus seiner Verankerung weggerückt ist.

Auch in der Nacht, wenn wir träumen, hat der Montagepunkt seine Stellung verändert. Er rutscht auf die Innenseite des Licht-Eis, was uns ermöglicht, eine andere virtuelle Welt wahrzunehmen: die Traumwelt. (Die Lichtbänder, die nach innen in das Licht-Ei hineingehen, führen uns in innere Welten, zum Beispiel Träume oder Meditationen; die Lichtbänder, die nach außen gehen, führen uns in die Außenwelt.) Wir träumen und erleben uns in dieser völlig veränderten Welt, in der Dinge möglich sind, die wir sonst nicht kennen. Das, was da passiert, ist jedoch genauso real wie alles aus unserer Welt des Tagesbewußtseins. Durch das Erwachen des Verstandes verschiebt sich der Montagepunkt schließlich wieder an die Oberfläche des Lichtbandes und wir gleiten in die uns gewohnte Alltagswelt zurück.

1. ÜBUNG: *Der Sufi-Tanz*

Durch die nachfolgende Übung können Sie erfahren, wie es sich anfühlt, wenn der Montagepunkt leicht in Bewegung gerät. Der Sufi-Tanz kann unbesorgt auch alleine zu Hause durchgeführt werden, wobei zu Beginn nicht länger als 5 bis 10 Minuten geübt werden sollte. Danach kann die Dauer langsam gesteigert und schließlich beliebig lange durchgeführt werden. Diese Übung synchronisiert die beiden Gehirnhälften, irgendwann schaltet sich der bewußte Verstand ab, und wir kommen ins reine Sein.

- Sie drehen sich nach einer sehr rhythmischen Musik entgegen dem Uhrzeigersinn gleichmäßig um die eigene Achse.
- Der linke Fußballen bleibt dabei wie festgenagelt auf dem Boden, die linke Ferse leicht angehoben. Der rechte Fuß hebt sich vom Boden ab, mit ihm erzeugen Sie die Drehung.
- Der rechte Arm wird leicht gebogen nach oben gehalten, die Handinnenfläche halten Sie geöffnet in Augenhöhe. Der rechte Arm sollte jedoch nicht abgewinkelt werden, damit die Energie fließen kann.
- Der linke Arm wird etwas vom Körper entfernt seitwärts nach unten gehalten, die Hand hängt locker zur Erde. Die Sufis stellen sich vor, daß sie Himmel und Erde miteinander verbinden, indem sie die Energie von oben in den rechten Arm fließen lassen, dann durch den ganzen Körper hindurch in den linken Arm und von dort in die Erde weiterfließen lassen.
- Bevor Sie mit der Drehung beginnen, richten Sie Ihren Blick gezielt auf die rechte Handinnenfläche; dadurch vermeiden Sie Schwindelgefühle. Tauchen währenddessen Gedanken auf, so schenken Sie ihnen keine Aufmerksamkeit.
- Auf diese Weise drehen Sie sich kontinuierlich entgegen dem Uhrzeigersinn um die eigene Achse, zuerst ganz langsam, um ein Gefühl für die Drehung zu bekommen, dann immer schneller zum Rhythmus der Musik.

- Wenn sich der Montagepunkt leicht zu bewegen beginnt, so können Sie das für einen kurzen Augenblick an einer veränderten Wahrnehmung feststellen. Es kann ein Gefühl sein, gedreht zu werden, es können auch Bilder bis hin zu Visionen auftauchen.

Bei den Tolteken finden wir drei Techniken wieder, auf die wir hier im Zusammenhang mit dem Montagepunkt kurz eingehen wollen:

1. Die Kunst des Pirschens
2. Die Kunst des Träumens
3. Die Meisterung der Absicht

Die Kunst des Pirschens

Die Schamanen sehen in der Kunst des Pirschens die Basis, auf der ihr ganzes Tun gründet. So werden die Schüler von den Lehrern als erstes in dieser Kunst unterrichtet. Das Pirschen wird von ihnen als die Kunst definiert, das eigene Verhalten auf neuartige Weise für bestimmte Ziele einzusetzen; oder anders ausgedrückt, aus dem normalen Verhalten in der Alltagswelt, das zur Routine geworden ist, auszusteigen. Die Kunst besteht darin, ganz bewußt in jede nur mögliche Rolle zu schlüpfen und diese so zu spielen, daß die Identifikation vollkommen ist. Jeder gute Schauspieler beherrscht die Kunst des Pirschens, diese hundertprozentige Identifizierung mit der Rolle, die er laut Drehbuch gerade zu spielen hat. Durch das systematisch geübte Aussteigen aus dem alltäglichen Routineverhalten und das damit verbundene Annehmen anderer Gewohnheiten und Weltsichten wird die eigene Wahrnehmung verändert und der Montagepunkt bewegt.

Die Schamanen unterteilen die Menschen aufgrund ihrer Veranlagung in «Träumer» und «Pirscher». Wenn jemand als «Träumer» geboren wird, kann er seinen Montagepunkt am besten über die

Kunst des Träumens verschieben und so in andere Welten gehen. Einem geborenen «Pirscher» wird es dagegen leichter fallen, in andere Rollen zu schlüpfen.

 ÜBUNGEN ZUM NORDEN

2. ÜBUNG: *In anderes Rollenverhalten schlüpfen*

Nachfolgend einige Beispiele, wie Sie das Pirschen üben und herausfinden können, ob Sie als Pirscher geboren wurden:

Denken Sie zunächst einmal über Gewohnheiten und Rollenverhalten nach, das für Sie selbst bisher unvorstellbar und fremd war. Das kann etwas ganz Verrücktes oder aber etwas ganz Alltägliches sein. Und haben Sie Mut, dies dann für eine Zeitlang auszuführen.

Hier einige Beispiele:

- Sie könnten sich alte, verschlissene Kleidung anziehen und sich einen Tag lang als Obdachloser in die Fußgängerzone setzen und um Geld betteln. Beteiligen Sie sich an den Gesprächen der anderen Bettler, integrieren Sie sich ganz in diese Szene, ohne daß diese erkennen, daß Sie nicht einer von ihnen sind. Versuchen Sie, sich in das morphogenetische Feld eines Bettlers einzuklinken, indem Sie sich ganz in die Rolle und Situation eines solchen Menschen versetzen mit allem, was dazu gehört. Sie werden hierbei mit Wahrnehmungen und verschiedensten Stimmungen und Emotionen konfrontiert werden, die Ihnen bis dahin fremd waren. Kein Wunder, mit dieser Welt sind Sie bisher so intensiv noch nie in Kontakt gekommen.

- Wenn Sie wollen und sich trauen, dann schlüpfen Sie doch einmal für einige Zeit in die Rolle eines Punkers. Sie könnten sich die Haare neonfarbig tönen, sich flippige Kleidung anziehen und mitten hinein in die Punkerszene gehen und mit diesen Menschen Kontakt aufnehmen. Konfrontieren Sie sich einmal mit dieser ganz anderen Welt und erleben Sie sie.

- Sind Sie ein sehr strukturierter Mensch, der seine Urlaubsreisen genau plant, dann stellt es sicherlich für Sie eine Herausforderung dar, einmal das Gegenteil auszuprobieren. Verzichten Sie bewußt darauf, ein Reiseziel und eine Reiseroute festzulegen. Verzichten Sie ebenfalls darauf, lange Listen auszuarbeiten, was Sie alles im Urlaub brauchen werden, packen Sie statt eines großen Koffers lediglich eine kleine Reisetasche oder einen Rucksack mit dem Nötigsten. Buchen Sie auch kein Hotel von zu Hause aus, sondern nehmen Sie Ihre Tasche und fahren Sie zum Bahnhof. Hier stellen Sie sich vor den Fahrplan, schließen die Augen und tippen mit dem Finger irgendwohin auf den Fahrplan. Und dorthin fahren Sie dann mit dem Zug. An dem Bahnhof, wo Sie ankommen, machen Sie es genauso. Nehmen Sie Fernzüge und nicht den Nahverkehr, und irgendwo bleiben Sie dann. Lassen Sie sich einfach einmal überraschen, wohin Ihr Weg Sie dann führt, zu welcher Unterkunft, zu welchen Menschen usw. Wenn Sie offen dafür sind, kann das eine sehr spannende Erfahrung für Sie bedeuten.
- Das gleiche können Sie auch mit Ihrem eigenen Auto ausprobieren. Setzen Sie sich hinein und fahren Sie irgendwohin, egal wohin.
- Einige weitere Anregungen: Ändern Sie für eine Zeitlang Ihren Tagesrhythmus, indem Sie zu anderen Zeiten aufstehen, schlafen gehen und Ihre Mahlzeiten einnehmen. Essen Sie einmal eine Zeitlang ganz andere Nahrungsmittel, als Sie es gewohnt sind.
- Wenn Sie ein scheuer und schüchterner Mensch sind, wagen Sie es zum Beispiel einmal, auf die Straße zu gehen und vollkommen fremde Menschen anzusprechen. Versuchen Sie, mit ihnen eine Unterhaltung zu führen.
- Wenn Sie ein Instrument spielen, könnten Sie einmal als Straßenmusikant auftreten.
- Sind Sie eine Frau, die sich immer wieder über die «Anmache» von Männern ärgert, verkleiden Sie sich einmal selbst als Mann

und treten Sie als solcher in der Öffentlichkeit auf. «Machen» Sie dabei andere Frauen «an» und nehmen Sie wahr, was Sie in dieser männlichen Rolle empfinden.

Sicherlich wird Ihnen das Richtige einfallen, das für Sie eine Herausforderung darstellt. Es geht nicht allein darum, etwas Verrücktes zu tun, sondern vor allem darum, etwas Ungewohntes zu wagen, das sich von Ihrer alltäglichen Routine unterscheidet. Es ist möglich, daß Sie unvermutet sehr interessante Erfahrungen dabei machen, die Ihr Bewußtsein erweitern werden.

Die Kunst des Träumens

Die Kunst des Träumens besteht darin, daß wir in der Traumwelt bewußt werden. Die Tolteken sagen: *Der Träumer träumt den Geträumten.* Im Traum haben wir einen anderen Körper als im Wachbewußtsein: den Traumkörper. Und mit diesem Traumkörper können wir uns in der Traumwelt genauso bewegen, mit anderen Menschen reden und Einfluß auf Dinge nehmen wie in unserer Alltagswelt auch. Voraussetzung dafür ist jedoch, daß wir den Traumkörper wach träumen können, und das bedeutet *bewußtes Träumen* (die Tibeter nennen diese Technik *luzides Träumen*). Es geht über das Wissen oder Erinnern an das, was wir geträumt haben, weit hinaus. Bewußtes Träumen heißt, im Traum unser Dasein steuern und Geschehnisse beeinflussen zu können.

Um dieses Ziel zu erreichen, ist kontinuierliche, stufenweise Übung erforderlich. Die erste Stufe ist die, daß wir uns im Traum bewußt unsere eigenen Hände anschauen, und das so lange, bis wir sie ganz klar sehen können. Danach nehmen wir den Arm bewußt wahr und schließlich alle weiteren Körperteile, bis wir uns im Traum vollständig wahrnehmen können. Um das zu schaffen, müssen wir die Kraft der Absicht schulen. Irgendwann kommen wir dann an den Punkt, wo wir den Traum wach träumen und ihn so bewußt steuern können wie zu jeder Zeit unseres Wachseins. So haben wir schließlich zwischen Wach- und Traumzustand und damit zwischen der unbekannten Nagual-Welt und der sichtbaren Tonal-Welt eine Verbindung geschaffen.

Die Meisterung der Absicht

Die Meisterung der Absicht bedeutet, unsere Energie in eine ganz bestimmte Richtung zu fokussieren und sie an einem Punkt der Wahrnehmung festzuhalten. Wie wir gesehen haben, ist unsere Wahrnehmung relativ und wird vom Montagepunkt bestimmt. Wir können grundsätzlich verschiedene Realitäten wahrnehmen, benötigen jedoch dazu ein Bindeglied, um zu jeder Stunde zum Beispiel einen Tisch noch als Tisch zu erkennen. Die Welt des Tonals besteht aus einer Vielfalt von virtuellen Welten, die sich ständig in Bewegung und Veränderung befinden. Der Montagepunkt bewirkt den (scheinbaren) Stillstand einer dieser virtuellen Welten, so daß sie für uns eine Beständigkeit erlangt. Damit aber für alle Menschen die gleiche Welt wahrnehmbar ist, also eine Eiche für alle auch eine Eiche ist, benötigen wir das Bindeglied «Absicht». Dieses Bindeglied bestimmt, was wir wahrnehmen, und letztlich steuert es damit auch unser Schicksal.

Aus der Biologie wissen wir, daß unser physischer Organismus so aufgebaut ist, daß er 120 bis 200 Jahre alt werden könnte, wenn wir nicht darauf konditioniert wären, nur 70–80 Jahre alt zu werden. Wenn wir uns von dieser Konditionierung lösen könnten, würden wir nicht altern, wir würden jung und frisch bleiben. Deshalb besteht die dritte Technik, um den Montagepunkt zu verschieben, in der Sammlung oder Konzentration des Willens. Wenn der Wille und damit die Absicht ausreichend geschult worden sind, wird es uns irgendwann einmal möglich, uns nach und nach von allen Konditionierungen zu befreien, also die Bindeglieder zu lösen, die uns an eine bestimmte Welt binden. Das setzt den Montagepunkt frei und ermöglicht die Wahrnehmung sämtlicher virtuellen Welten.

Mystiker aller Zeiten, die diese Erfahrung gemacht haben, waren in ihren Beschreibungen der Meinung, daß ihnen Gott begegnet ist. Gleiches berichten reanimierte Menschen, wenn sie ihre «Nah-Tod»-Erlebnisse schildern. Sie alle begegneten dem reinen weißen Licht, unserem Höheren Selbst.

Die Macht der Zweifel

Wenn wir während unseres Transformationsprozesses im Norden daran arbeiten, unseren Montagepunkt beweglicher zu machen, so ist das ebenfalls der Zeitpunkt, wo wir unweigerlich mit Zweifeln konfrontiert werden. Unser Ego meldet sich mit Zuflüsterungen wie: «Was soll das alles, das kann doch alles gar nicht wahr sein. Du bildest dir das nur ein. Hör auf damit!»

Durch die Abtrennung von unserem wahren Wesen ist das Ego entstanden, daher ist es – wenn wir uns erinnern – nur Schein oder Illusion. Die Welt des Tonals ist das Zuhause des Egos, hier hat es seine Vormachtstellung erhalten. Nun beginnen wir immer mehr in die Welt des Naguals einzudringen. Wir gehen tiefer, lassen Altes los, entdecken Neues und erweitern unser Bewußtsein – kurz wir verändern uns. Das bedeutet für unser Ego, daß seine Vormachtstellung bedroht wird. Es versucht festzuhalten an den alten «Wahrheiten», an dem, was wir gewohnt sind und was deshalb bisher für uns Sicherheit bedeutete. Alles, was nicht mit vergangenen Erfahrungen vergleichbar ist, wird angezweifelt und als falsch oder illusionär abgestempelt.

An dieser Stelle geht es zunächst einmal darum, daß wir uns erinnern, daß die Zweifel eine Reaktion unseres Egos sind, das um sein Überleben kämpft und uns an der Oberfläche halten will. Der nächste Schritt besteht darin, daß wir die Zweifel akzeptieren. Wenn wir versuchen, gegen die Zweifel zu kämpfen, indem wir noch mehr meditieren oder spirituelle Übungen durchführen, werden wir immer stärker in deren Sog hineingezogen. Jeder Versuch, unter Zwang dagegen anzugehen, wird das Ego also nur noch mehr stärken. Durch das klare Bewußtwerden, womit wir es in dieser Phase unseres Transformationsprozesses zu tun haben, und durch Akzeptanz und Ja-Sagen nehmen wir den Zweifeln und damit unserem Ego die Macht.

Diese Phase ist eine gute Gelegenheit, um innere Gelassenheit zu trainieren und bei uns zu bleiben. Es bedeutet wirkliche Macht, in unserer Zentrierung bleiben zu können, mag kommen was will. Haben wir gelernt, uns nicht mehr von unserem Ego manipulieren zu lassen, so werden wir uns auch nicht mehr von anderen manipulieren lassen.

Schließlich gibt es auf dem spirituellen Weg immer wieder einen Punkt, an dem wir sagen müssen: «Ich weiß nicht ...» Wenn wir diese Fragen offenlassen können, wenn es für uns unwichtig geworden ist, ob die ganze spirituelle Suche und persönliche Weiterentwicklung richtig oder falsch ist, dann haben Zweifel keine Angriffsfläche mehr. Wir müssen aufgeben, verstehen zu wollen. Irgendwann werden wir dann sagen können: «Ich weiß, daß ich nichts weiß!» Dann erst sind wir wirklich bereit, Altes loszulassen und offen für Neues zu sein.

Was bedeutet Männlichkeit und Weiblichkeit?

Ein wesentliches Ziel während des Transformationsprozesses im Norden ist, unser Lebenspotential in eine Struktur zu bringen und auszudrücken. Um das zu erreichen, lernen wir, wieder Verbindung zu unseren «Ahnen» aufzunehmen, den weiblichen und männlichen Archetypen. Sie liefern uns die Ausdrucksmöglichkeiten und

Fähigkeiten, uns entsprechend unserem Wesen zu verwirklichen. Voraussetzung ist, daß wir sie zunächst einmal kennenlernen und uns in ihnen wiedererkennen können.

Archetypen sind Inhalte des kollektiven Unbewußten. Hierbei handelt es sich um Urbilder, die seit alters her über lange Zeiträume übermittelt wurden. Jeder Mensch trägt sie also in sich. Ein wohlbekannter Ausdruck der Archetypen sind der Mythus und das Märchen. Wir werden uns jedoch hier im Norden mit den männlichen und weiblichen Archetypen oder Urkräften beschäftigen.

Es gibt einen ganz klaren Unterschied zwischen Mann und Frau – diesen Unterschied kennen wir vom organischen Aufbau her, und den können wir nicht «wegdiskutieren». Es gibt jedoch noch einen anderen Unterschied, eine riesige Kluft zwischen beiden Geschlechtern, die wir auch nicht auflösen können. Mann und Frau werden niemals zu einer Einheit verschmelzen können, so sehr wir uns das auch wünschen und ersehnen.

Männer empfinden und denken ganz anders als Frauen, sie sehen die Welt anders als Frauen und haben ganz andere Vorstellungen als sie. Durch dieses andere Wahrnehmen und Empfinden entstehen immer wieder Mißverständnisse und Probleme in Beziehungen. Für eine Frau ist es unmöglich, das Wesen eines Mannes wirklich nachempfinden oder verstehen zu können, und umgekehrt trifft das gleiche zu. Mann und Frau sind wie Hund und Katze, die verschiedene Sprachen sprechen.

Wir werden zwar diese ersehnte innige Einheit nicht erreichen, jedoch können wir die verschiedenen Sprachen lernen und sie respektieren. Der Weg dorthin führt uns dazu, daß Männer das Weibliche in sich kennen und verstehen lernen und die Frauen das Männliche in sich. Dadurch können wir die Einheit in uns selbst nachvollziehen und im Außen den Unterschied zwischen Mann und Frau akzeptieren.

Gott erschuf den Menschen als Mann und Frau. Diese Aussage finden wir nicht nur in der Schöpfungsgeschichte der Ur-Bibel, sondern in allen Kulturen wieder. Es bedeutet, daß der Mensch zuerst als Mann und Frau erschaffen wurde, als androgynes Wesen, das heißt Mann und Frau in einer Person. Wir waren also irgendwann einmal eine Einheit, bis es zur Trennung kam. Tief in unserem archaischen Bewußtsein schlummert noch diese Ahnung, daß wir irgendwann einmal vereinigt waren. Jedoch rührt das aus einer Zeit her, als es noch keine Stofflichkeit gab und die Seelen sich noch nicht in physischen Körpern inkarniert hatten. Die Evolution hat zuerst auf anderen Bewußtseinsebenen stattgefunden.

Irgendwann vor unendlich langer Zeit geschah es, daß die Materie dichter wurde, die Atome begannen sich abzukühlen und langsamer zu schwingen. Dadurch verfestigte sich die Materie, der Abstand der Atome wurde geringer, und die Seelen wurden durch diese Verdichtung in der entstehenden Stofflichkeit gefangen. Polarität entstand. Hierfür zersplitterten sich die Seelen in zwei Teile, in Frau und Mann.

In unserer Schöpfungsgeschichte ist zu lesen: *Sie aßen vom Baum der Erkenntnis und begannen, sich ihrer Nacktheit zu schämen.* Das heißt nichts anderes, als daß Mann und Frau sich ihrer Trennung bewußt wurden.

An anderer Stelle heißt es: *Eva gab Adam den Apfel vom Baum der Erkenntnis.* Der Apfel ist rund und symbolisiert die Ganzheit – Ganzheit bedeutet auch Nahrung. Die Metapher hat nichts mit der allgemein üblichen Interpretation von Verführung zu tun, sondern es bedeutet, daß die Frau dem Manne die Nahrung gibt. Oder anders ausgedrückt: Das Weibliche ist das nährende Prinzip für das Männliche, während das Männliche die ganzheitliche Nahrung nach außen trägt, also damit in Aktion tritt.

Nachdem Adam den Apfel gegessen hat, kommt er zur Erkenntnis von Gut und Böse. Der Mensch erlangte also Kenntnis von den Polaritäten und verlor so den Zustand des Paradieses, den Zustand der Einheit. Adam und Eva waren sich im Paradies ihrer Existenz noch nicht bewußt. Sie mußten das Paradies verlieren und in die Polarität «fallen», um zwischen «Ich» und «Du» unterscheiden zu können und sich ihrer selbst bewußt zu werden.

Ohne die «Vertreibung» aus dem Paradies gäbe es niemanden, der sich selbst erkennen könnte, alles wäre eine einheitliche, sich ihrer selbst nicht bewußten Energie, ohne Bewegung und Entwicklungsmöglichkeiten. Die sogenannte «Erbsünde» ist also in Wirklichkeit keine Sünde, sondern eine Notwendigkeit der Schöpfung. Jedoch hat diese Trennung im Menschen eine schmerzvolle Sehnsucht nach der Einheit (dem Paradies) hinterlassen. Diese Sehnsucht spüren wir in der Beziehung mit einem geliebten Menschen, mit dem wir so gerne verschmelzen würden. Und diese Sehnsucht ist auch die Kraft, die uns auf einen spirituellen Weg bringt, um wieder zu uns zurückzufinden, zu unserem wahren Wesen.

Schauen wir uns die Polarität des weiblichen und männlichen Prinzips einmal genauer an: Das Weibliche ist die vertikale oder empfangende Kraft, das Männliche die horizontale oder gebende Kraft. Am Anfang war beides vorhanden. Das Weibliche bedeutet, einen Zugang zum Ganzen, zum Kosmischen, zur Urquelle oder zum Ursprung zu haben. Das bedeutet, Zugang zur Intuition, zur Kreativität, zum Schöpferischen zu haben, ist weiblich, darum gebären auch die Frauen die Kinder und nicht die Männer. Der schöpferische Akt an sich, Kinder zu erschaffen, ist also Aufgabe der Frau. Auf höherer Ebene hütet die Frau das Mysterium des Lebens, sie läßt die kosmische Energie durch sich hindurchfließen und leitet sie an den Mann weiter, der sie dann zu offenbaren hat.

Einige Urvölker der präindustriellen Kulturen, wie zum Beispiel die Aborigines, leben dieses Prinzip heute noch. Sie haben eine ganz klare Trennung in der Aufgabenstellung von Mann und Frau. Die Frauen leben das akausale Prinzip und die Männer das kausale. Die Frauen empfangen die Visionen für den Stamm oder Familienclan und geben sie weiter an die Männer, die dafür sorgen, daß die Vision in die Tat umgesetzt wird. Diese klare Einteilung wurde lange Zeit auf Erden gelebt, wobei hier weder das eine noch das andere als besser oder schlechter bewertet wurde. Es ist jedoch nur möglich, wenn die Frauen einen Zugang zur vertikalen Kraft und die Männer einen Zugang zur horizontalen Kraft in sich selbst haben.

Im Laufe von Jahrtausenden haben wir Menschen diesen inneren Zugang verloren. Der Mann hat sich immer mehr im strukturellen Denken verstrickt und sich so von der weiblicher Kraft entfernt. Er verlor die Öffnung zum Mysterium des Lebens, und das Ego-Bewußtsein gewann die Oberhand. Die Frau ihrerseits hat dadurch die Verbindung zum Männlichen verloren und fühlte sich mit ihrer vertikalen Kraft alleingelassen. Sie hatte keine Möglichkeit mehr, die kosmischen Energien dem Manne zu übertragen, so versiegte der einseitige Kontakt zum Vertikalen in der Strukturlosigkeit. Aus diesem Dilemma ist letzten Endes der Geschlechterkampf entstanden. Keiner kann dem anderen mehr geben, was er braucht, um sich ganz zu fühlen.

Eine Folge daraus war zunächst, daß die Frauen die Macht an sich rissen und so für lange Zeit auf der Erde das Matriarchat entstand. Die entscheidenden herrschenden Frauen waren hauptsächlich unter den Priesterinnen zu finden. Um den Männern den Zugang zum Mysterium völlig zu versperren, machten sie daraus ein wohlgehütetes Geheimnis. Dadurch entfernten sich die Frauen jedoch letztlich selbst vom Mysterium, weil sie ihre Herrschaft nur durch die horizontale Kraft aufrechterhalten konnten.

Das Matriarchat entwickelte sich zum Patriarchat, das bis in unsere Zeit auf der Welt vorherrscht. Das Weibliche wurde endgültig auf der Erde unterdrückt, von den Frauen ebenso wie von den Männern. Die Ratio – der Verstand – übernahm die Macht auf der Erde. Die Frauen fielen immer mehr in die Opferrolle, weil sie die horizontale Kraft nicht beherrschten und diese erst erlernen mußten. Um die Vorherrschaft zu behalten, wußten die Männer sehr wohl den Frauen den Zugang zur horizontalen Kraft zu versperren, indem sie die Frauen in ihrer Opferrolle festhielten.

Die Folge davon war, daß die Männer das Horizontale, ihre schöpferische Tatkraft, ebenfalls verloren. Letztlich verwechselten sie die schöpferische Tatkraft mit der Rationalität, und Gefühle und Intuition hatten keinen Stellenwert mehr. Auf diese Weise kam es schließlich auch zur Ausbeutung der Erde. Die Entwicklung des

Menschen auf seiner evolutionären Reise aus tiefen Urzeiten bis hin zur Gegenwart hat letztlich zur Kultivierung des Verstandes und zum Glauben geführt, daß intellektuelle Errungenschaften allem anderen überlegen sind.

Was bedeutet Männlichkeit und Weiblichkeit für uns in der heutigen Welt? Was zeichnet einen Mann und eine Frau aus? Noch heute bestimmen überlieferte Rollenmuster die Erziehung von kleinen Jungen und Mädchen, und noch heute wird Männlichkeit gleichgesetzt mit Härte und Stärke. Die meisten Jungen lernen bereits sehr früh, daß sie keine Gefühle zeigen dürfen, während dies den Mädchen erlaubt ist. Gefühle zeigen und Weinen ist «weibisch», Jungen bzw. Männer müssen hart sein, müssen Kraft haben und sich im Leben durchsetzen. Ein «gestandener Mann» zeigt eben nicht, daß er ergriffen und berührt ist, er hat seine Emotionen fest im Griff. Er hat im Leben seinen «Mann zu stehen», das heißt Verantwortung im Beruf und für die Familie zu übernehmen. Da sie diese Glaubensmuster verinnerlicht haben, fällt es den meisten Männern schwer, sich zu öffnen.

Immer mehr Männer wehren sich jedoch in der heutigen Zeit – bewußt oder unbewußt – gegen Festlegungen, wie ein Mann zu sein hat. Sie steigen aus dem typisch männlichen Rollenverhalten aus, indem sie zum Beispiel an Selbsterfahrungsgruppen teilnehmen, um zu lernen, ihre Gefühle auszudrücken. Oder sie nehmen für eine Zeitlang Erziehungsurlaub und betreuen zu Hause das Kleinkind, während die Frauen ihrer Arbeit nachgehen. Der Grund dafür liegt in der Sehnsucht des Mannes nach dem Weiblichen (in sich) und dem ursprünglich Männlichen, dem Horizontalen; und das hat nichts mit Härte zu tun, sondern ist – im Gegenteil – sehr weich, jedoch auf eine andere Art weich als das Weibliche.

Und auch die Frauen empfinden eine starke Sehnsucht nach dem Männlichen (in sich) und nach dem ursprünglich Weiblichen, dem Vertikalen, das sie verloren haben. Diese auf beiden Seiten vorhandene Sehnsucht ist der Grund dafür, daß Männer und Frauen sich ineinander verlieben.

Anima und Animus

Jedes Geschlecht trägt männliche und weibliche Anteile in sich (mehr oder weniger stark ausgeprägt) und drückt sie unterschiedlich aus. Die sogenannten «männlichen Frauen» haben nicht mehr männliche Energie, sie leben nur eine verzerrte Weiblichkeit. Und in den «weichen Männern» steckt ebenfalls nicht mehr weibliche Energie, sondern sie leben eine verzerrte Männlichkeit.

Eine starke Frau, die schwerpunktmäßig ihre männliche Energie lebt, wird sich meist in Männer verlieben, die sehr viel Weiblichkeit leben (im Sprachgebrauch «Softies» genannt). Bodybuilder oder Machos interessieren sie nicht, denn ihren männlichen Teil lebt sie ja selbst, den braucht sie nicht. Umgekehrt das gleiche: Ein männlicher Mann wird sich immer mehr von einer sehr weiblichen Frau angezogen fühlen, da er seine eigene weibliche Energie wenig lebt.

So sind wir immer auf der Suche nach dem, was wir nicht in uns integriert haben: unserer Anima und unserem Animus, den archetypischen Entsprechungen von weiblich und männlich in uns. Paradox ist, daß wir das Fehlende nicht dort suchen, wo wir es finden könnten, nämlich in uns selbst. Wir suchen es im anderen, und dort glauben wir, es gefunden zu haben, wenn wir uns verlieben. Wir sehen im anderen unser Spiegelbild oder das, wonach wir selbst Sehnsucht haben. Die Sehnsucht ist so stark, daß unser gesamtes Hormonsystem auf Hochtouren arbeitet und unsere Sexualhormone stimuliert werden. Wir wollen eins mit dem anderen werden, mit ihm verschmelzen – was jedoch nicht möglich ist. Letztlich will der Mann die Anima besitzen und die Frau sich dem Animus hingeben. Und was tatsächlich in der Phase des Verliebtseins geschieht, ist, daß beide Partner Katalysator für den anderen werden, so daß der Mann in dieser Zeit seine Anima und die Frau ihren Animus leben kann.

Irgendwann endet jedoch jede Verliebtheitsphase. Beide Partner lernen sich näher kennen und entdecken mehr und mehr, daß der Mensch, der uns dieses Spiegelbild vermittelt hat, diesem Bild gar nicht entspricht. Der Spiegel bekommt Risse, und wir beginnen die «Verschmutzungen» wahrzunehmen. Wir erkennen, daß ein anderer Mensch hinter diesem Spiegel steht, der gar nicht unserem Prinzen oder unserer Prinzessin entspricht. Dies ist der Zeitpunkt, wo viele Beziehungen auseinandergehen.

Wenn uns jedoch bewußt ist, daß wir projizieren, haben wir die Chance, mit Hilfe des Partners unsere Anima oder unseren Animus in uns selbst zu finden. Aber wir müssen akzeptieren, daß der andere ein Mann beziehungsweise die andere eine Frau ist und anders denkt und fühlt. Erst wenn diese gegenseitige Akzeptanz und Unterstützung vorhanden ist und wir gleichzeitig bereit sind, den anderen in seiner Einzigartigkeit anzunehmen, können wir eine harmonische Beziehung erleben – jedoch immer mit dem Wissen, daß eine Verschmelzung nicht möglich ist.

Die beiden Pole männlich-weiblich (Yang-Yin) müssen von jedem Menschen im Innern ausgeglichen und in Einklang miteinander gebracht werden. Der Kampf der Geschlechter hört erst dann auf, wenn der Mann schließlich das Horizontale mit dem Vertikalen und die Frau das Vertikale mit dem Horizontalen in sich verbunden hat. Dann sind Mann und Frau nicht mehr abhängig von der Liebe des anderen, sie brauchen den anderen nicht mehr, damit sich jeder ganz fühlen kann. Erst dann kann eine wirklich tiefe und reife Liebe zwischen Mann und Frau entstehen und eine andere Form von Partnerschaft auf inneren und äußeren Ebenen beginnen. Zwei reife, eigenständige Menschen, die mehr als Gefühle verbindet, sondern auch das Bewußtsein: Du bist ich, und ich bin du. Ich kann etwas von dir lernen, und du kannst etwas von mir lernen. Ich kann mich in meiner Ganzheit in mir wiederfinden, wenn du bereit bist, mir den «Apfel» zu geben – diese ganzheitliche Nahrung. Du kannst deine Ganzheit in dir finden, wenn ich bereit bin, dir meine Tatkraft zu zeigen – ein Geben und Nehmen, ohne zu bewerten, was mehr Bedeutung hat.

Gott schuf den Menschen als Mann und Frau in einem Ganzen. Die beiden trennten sich, verloren einander, und irgendwann finden sich diese zwei Hälften wieder in der Ganzheit – in sich selbst. Wir finden das Männliche und Weibliche mit dem jeweils innewohnenden anderen Pol sehr klar dargestellt im Yin-Yang-Zeichen. Die weiße Seite symbolisiert das Männliche, das in sich das Weibliche trägt (schwarzer Punkt), während die schwarze Seite das Weibliche darstellt, in dem das Männliche (weißer Punkt) enthalten ist:

Die verschiedenen Ausdrucksformen von Anima und Animus

Anima und Animus, die beiden archetypischen Kräfte in jedem Menschen, können jeweils in vier verschiedene Ausdrucksformen eingeteilt werden, das heißt jede Frau hat vier weibliche und jeder Mann vier männliche Urkräfte zur Verfügung. Es sind verschiedene Facetten des Bewußtseins, durch die wir unserem Lebenspotential eine Struktur verleihen können.

Die männlichen Archetypen:	Die weiblichen Archetypen:
Der Vater	Die Mutter
Der Held	Die Amazone
Der ewige Jüngling	Die Hetäre
Der Herrscher	Die Hexe / Medium

Diese Archetypen finden wir in vielen Mythologien wieder. Ob in der griechischen Mythologie von Zeus die Rede ist oder in der hinduistischen Mythologie von Shiva – immer geht es um die Entsprechungen der Facetten menschlichen Bewußtseins. Die Mythen erzählen uns darüber, wie wir in Kontakt mit diesen Archetypen kommen und sie integrieren können. Darüber hinaus wird uns berichtet, in welchem Verhältnis sie untereinander stehen, was ihre Vorlieben und Abneigungen sind und welche Möglichkeiten sie uns bieten, unser Potential zu strukturieren. Die «Götter» stellen die formgebenden Kräfte des Universums dar. Früher sind diese Götter von den Menschen verehrt und respektiert worden, denn sie wußten noch davon, daß sie Teil von uns und wir ein Teil von ihnen sind. Wenn sie äußerlich dargestellt wurden in Bildern, Statuen oder im Theater des griechischen Dramas, dann geschah dies, um sie den Menschen in Erinnerung zu bringen.

Die Arbeit mit den verschiedenen Archetypen verhilft uns dazu, immer mehr Facetten des menschlichen Bewußtseins und des menschlichen Seins kennenzulernen und zu integrieren, um schließlich zur Ganzheit zu gelangen. Haben wir als Mann die vier männlichen Archetypen integriert, so haben wir damit gleichzeitig auch das Weibliche in uns integriert. Das gleiche gilt für eine Frau: Wenn sie die vier weiblichen Archetypen in sich vereinigt hat, so hat sie ebenfalls das Männliche integriert, weil in allen Archetypen jeweils das Männliche und Weibliche enthalten ist.

Die Archetypen ermöglichen uns eine Vielfalt an Strukturen, durch die wir unser Lebenspotential äußern können. Zeus zum Beispiel drückt die absichtsvolle Kraft aus. Er wird meistens mit einem Blitz in der Hand dargestellt, den er in Richtung Erde wirft. Durch die Darstellung dieses kraftvollen Archetypus in der griechischen Mythologie konnten sich die Menschen ihrer eigenen Kräfte bewußt werden.

Den Ursprung von Theatervorstellungen finden wir in Griechenland wieder. Sie stellten damals keine Freizeitbeschäftigungen dar, sondern Dramen, Darstellungen vom Leben der Archetypen. Den Zuschauern wurde auf diese Weise gezeigt, was menschliches Bewußtsein ist und was im einzelnen im Bewußtsein passiert. Stellen Sie sich einmal vor, Sie würden ein Spiel Ihres Bewußtseins auf einer Bühne erleben, dann könnten Sie Schätze oder Kräfte entdecken, die Sie vorher bei sich nicht kannten. In diesen Theateraufführungen fand Bewußtseinsarbeit statt, und heute haben viele therapeutische Konzepte dies übernommen.

Die Entstehung der Archetypen

Die universelle kosmische Energie, von der wir schon so oft gesprochen haben, ist im Prinzip nichts anderes als gebündelte Energie – weißes, klares Licht, in dem alles enthalten ist, das ganze Leben mit allen vorstellbaren und unvorstellbaren Kräften. Es ist das Undifferenzierte, das sich in den Erscheinungsformen zum Farbspektrum differenziert. Wenn diese gebündelte kosmische Energie auf die Erde fließt, wird sie sozusagen vom kollektiven Bewußtsein wie durch eine Linse gebrochen und differenziert. Diese Linse spaltet die androgyn kosmische Energie in männliche und weibliche Kraft, in Animus und Anima auf. Himmel (Animus) und Erde (Anima) trennen sich, die Polaritäten entstehen

Animus wird zum Transformator für die kosmischen Kräfte – die Entsprechung hierzu beim Menschen ist das Kronenchakra, das die spirituellen Energien transformiert. Die Anima wiederum wirkt als Transformator für die irdischen Kräfte – beim Menschen stellt die Entsprechung das Wurzelchakra dar, durch das die Kundalini-Energie transformiert wird. Wir Menschen werden also sowohl von der Erdenergie (Anima) als auch von der kosmischen Energie (Animus) genährt. Beide Energien sind ständig dabei, sich miteinander zu vereinigen und sich wieder voneinander zu trennen. Dadurch entsteht eine pulsierende Strahlung, die das magnetische Kraftfeld der Erde bildet, die bunte Welt der Archetypen, der Urbilder oder Urideen (Samen). Diese Welt besteht aus acht Hauptgruppen von Farbmustern oder Strahlen und ist vergleichbar mit den Emanationsbändern innerhalb der menschlichen Aura, auf denen sich der Montagepunkt bewegt. Die Farben können wiederum viele unterschiedliche Schattierungen besitzen, so wie wir zum Beispiel die Farbe Rot in verschiedenen Tönungen kennen.

Das pulsierende, magnetische Kraftfeld umgibt die Erde atmosphärisch. Wenn sich nun eine Seele in einen menschlichen Körper inkarnieren will, zieht sie eins dieser Urbilder an sich und wird regelrecht davon durchtränkt. Karmische Gründe bestimmen, welchen von diesen acht Archetypen eine Seele sich aussucht und ob es ein männlicher oder weiblicher Archetypus ist. Dadurch wird in dieser Phase der Seelen-Inkarnation bereits das spätere Geschlecht bestimmt. Der weibliche Körper bietet der Seele in ihrem Erdenleben die besten Voraussetzungen, das weibliche Urbild und der männliche Körper das männliche Urbild zu verwirklichen. Auf diese Weise unterstützen die Energien der Archetypen uns Menschen dabei, daß wir unsere karmischen Lernaufgaben und unser Lebensziel erreichen.

Die Archetypen im Medizinrad

Aus schamanischer Sicht können jeder Himmelsrichtung im Medizinrad zwei Archetypen zugeordnet werden, und zwar jeweils ein männlicher und ein weiblicher. Im Süden finden wir die Archetypen *Mutter* und *ewiger Jüngling (Puer Aeternus)*. Die Entsprechungen zu diesen beiden sind auf der gegenüberliegenden Seite im Norden: der *Vater* und die *Hetäre (das ewige Mädchen)*. Im Westen sind die *Schamanin* (C. G. Jung nennt sie das *Medium*) und der *Held* (oder *Krieger*) zu Hause, und dem Osten sind der männliche Archetypus des *Weisen* (oder *Schamanen*) und der weibliche Archetypus der *Amazone* zugeordnet. Die männlichen und weiblichen Archetypen liegen sich also jeweils gegenüber und bilden Oppositionen.

Was bedeutet es nun ganz konkret für unser Leben, daß sich die Urbilder gegenüberstehen? Nehmen wir einmal an, daß eine Frau dem Archetypus der Mutter angehört. In diesem Fall wird sie am

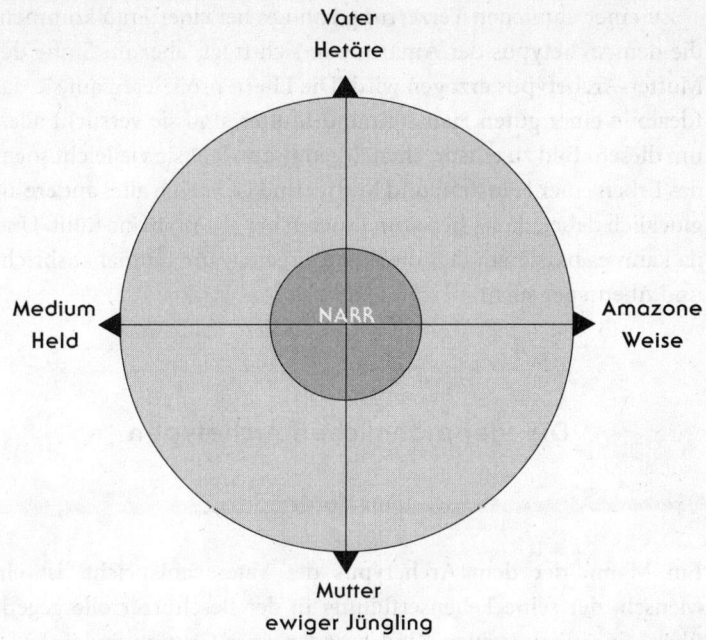

Vater
Hetäre

Medium
Held

NARR

Amazone
Weise

Mutter
ewiger Jüngling

besten mit einem Mann harmonieren, der dem Archetypus des Vaters entspricht, dagegen wird sie Schwierigkeiten haben mit einem Partner, der den Archetypus des Helden verkörpert.

Es ist nicht ganz leicht herauszufinden, zu welchem der acht Archetypen wir selbst gehören, da es zu Verzerrungen durch unsere Erziehung gekommen sein kann. Wenn ein Mann den Typus des ewigen Jünglings mitbringt, er jedoch von seinen Eltern eher nach dem Archetypus des Helden erzogen wird, dann wird er immer Schwierigkeiten haben, dem Wunschbild seiner Eltern zu entsprechen. Er wird nie der Macher, der Held oder Abenteurer sein können, weil das konträr zu seinem Archetypus ist, jedoch wird es aufgrund seiner Erziehung für ihn auch nicht leicht sein, seinen eigenen Archetypus zu erkennen und zu verwirklichen.

Zu einer ähnlichen Verzerrung kann es bei einer Frau kommen, die den Archetypus der Amazone in sich trägt, aber im Sinne des Mutter-Archetypus erzogen wird. Die Eltern projizieren auf sie das Idealbild einer guten Hausfrau und Mutter, und sie versucht alles, um diesem Bild zu entsprechen. Irgendwann lebt sie vielleicht sogar das Leben einer Hausfrau und Mutter und ist jedoch alles andere als glücklich dabei, da sie sich vom Inneren her als Amazone fühlt. Und da kann es passieren, daß diese Frau irgendwann einmal ausbricht und Abenteuer sucht.

Die vier männlichen Archetypen

Der Vater

Ein Mann, der dem Archetypus des Vaters entspricht, ist ein Mensch, der seine Lebenserfüllung in der Beschützerrolle gegenüber seiner Frau, seinen Kindern oder einer Gruppe findet. Er ist immer bereit, anderen zu helfen und hat für jeden ein offenes Ohr, sei es für seine Freunde, für eine Gemeinschaft oder eine Nation, und wird sich stets tatkräftig für andere einsetzen. Er sorgt dafür, daß eine Gemeinschaft entsteht, daß diese zusammenhält und auch zusammenbleibt. So repräsentieren zum Beispiel die Stammeshäuptlinge in alten Kulturen diesen Archetypus. Der Vorsitzende eines Vereins bis hin zum Präsidenten einer Nation sollten ebenfalls diesem Archetypus entsprechen. Seine Fähigkeiten bestehen in Stärke, Stabilität und Beständigkeit. Ein Mann vom Archetypus des Vaters wird seiner Frau stets treu sein und ihr Sicherheit, Schutz und Beständigkeit geben; der typische treusorgende Ehemann, an den man sich anlehnen kann.

Dies sind die positiven Seiten des Vater-Archetypus, die dem Idealfall entsprechen, jedoch nicht immer gelebt werden. Jeder Archetypus hat auch einen negativen Teil, seine Schattenseite. Wann immer wir den eigentlichen Archetypus von uns abtrennen, indem wir uns weigern, unsere wahre archetypische Rolle zu übernehmen, oder wenn durch mißverstandene Erziehung eine Verzerrung stattgefunden hat, übernehmen bzw. leben wir die Schattenseite des jeweiligen Archetypus.

Die Schattenseite des Vater-Archetypus ist der Tyrann, der Despot. Es ist der autoritäre Mann, der alles kontrollieren und festhalten muß, der sich jeder Veränderung widersetzt, starr im Verhalten ist und seine Meinung immer bis zum Exzeß vertritt. Seine Meinung und sein Weg sind das einzig Richtige, und dafür kämpft er bis zur Selbstaufgabe. Der Tyrann ist derjenige, der jede Art von Wachstum und Veränderung verhindert, während der Vater die Entwicklung anderer fördert und unterstützt. Männer, die den Aspekt des Tyrannen extrem leben, können sehr verbittert und hart sich selbst und anderen gegenüber sein, weil sie für nichts und niemanden mehr empfänglich sind und auch niemanden mehr an sich heranlassen.

Der Held

Der Held findet seine Erfüllung darin, eine Machtposition in der Gesellschaft einzunehmen und wichtige soziale oder kulturelle Veränderungen einzuleiten. Hierzu gehören Chefs oder Manager großer Unternehmen und vor allem Männer, die von heroischen Träumen und Ideen angetrieben werden. Sie streben immer danach, große Ideale zum Wohle des Ganzen in die Tat umzusetzen, wie Projekte in der Dritten Welt oder Hilfsorganisationen, die sie ins Leben rufen. Sie sind sogar bereit, in lebensbedrohlichen Situationen ihr Leben für andere zu opfern. Ein Mann vom Archetypus des Helden hat sehr viel Mut und Ausdauer, die er auch dringend benötigt, um seine oft gegen eine bestehende gesellschaftliche Ordnung verstoßenden Pläne und Ideen verwirklichen zu können. Nicht selten verläßt er den üblichen, der Norm entsprechenden Weg und sucht statt dessen neue, unbekannte Wege. Er besitzt einen machtvollen Willen, großes Organisationstalent und Führungsqualitäten. Der Held ist derjenige, der Möglichkeiten und Wege zur Selbstverwirklichung öffnet und diese Möglichkeiten auch an andere weitergibt. Dieser Archetypus ist häufig unter Gruppenleitern zu finden, da er andere sehr leicht begeistern und motivieren kann.

Die Schattenseite des Helden ist der Diktator, der Unterdrücker, der mißbraucht, manipuliert und betrügt. Das sind Männer, die rücksichtslos ihre Ellbogen einsetzen, um sich und ihre Ideen durchzusetzen. Ihnen geht es nicht um das Wohl des Ganzen, sondern einzig und allein um ihre Macht. Diesen Negativaspekt finden wir leider sehr häufig in Chefetagen und an der Börse, obwohl hier eigentlich der Held agieren sollte. Der Diktator hat ständig Angst, seine Macht zu verlieren und sieht auch überall Menschen, die ihm seine Macht nehmen wollen. Dagegen wehrt er sich auf eine feindselige und zerstörerische Art und Weise.

Ein Diktator ist der größte Gegner von Gemeinsamkeit. Er wird lieber eine Beziehung oder eine Gemeinschaft zugrunde richten, als Gefahr zu laufen, daß ihm jemand die Regie aus der Hand nimmt. Vor allem wird er sehr aggressiv reagieren, wenn seine Frau beginnt, selbständig zu agieren und ihre eigenen Ideen und Meinungen in die Beziehung oder in die Familie einzubringen. Der Diktator ist unsensibel gegenüber den Gefühlen der anderen, aber auch seinen eigenen Gefühlen gegenüber. Nur durch diese Unsensibilität kann er so rücksichtslos sein, sonst wäre es in dieser Form nicht möglich. Der Diktator nützt rücksichtslos die Schwächen anderer aus, während der Held – also die lichtvolle Seite dieses Archetypus – die Entwicklung der Stärken anderer fördert.

Der ewige Jüngling

Das ist der Typ Mann, der nie alt wird, der immer leichtfüßig, frisch und jugendlich wirkt. Er ist der Liebling auf allen Partys, der den oberflächlichen Smalltalk ebenso beherrscht wie das Führen tiefgründiger Gepräche. Der ewige Jüngling ist ein Mensch, bei dem andere das Gefühl haben, sich öffnen und ihre Seele zeigen zu können, weil er Offenheit und Verstehen ausstrahlt. Er besitzt einen sehr wendigen und lebendigen Geist, ist sehr flexibel und hat einen großen Sinn für Schönheit und Ästhetik. Deshalb finden wir diesen Archetypus auch sehr häufig bei Künstlern. Ein solcher Mann ist auch immer ein Lebenskünstler, weil er aus allem etwas machen kann, nicht unbedingt viel Geld braucht, aber trotzdem immer klarkommt. Er lebt nicht, um zu arbeiten, sondern arbeitet, um leben zu können. Daher legt er sich auch nicht gerne fest – weder auf einen Arbeitsplatz noch auf eine Frau. Er nimmt das Leben sehr gelassen und lebt perfekt die «unerträgliche Leichtigkeit des Seins».

Ein Mann vom Archetypus des ewigen Jünglings durchbricht alle gesellschaftlichen Konventionen, was ihn bei den einen beliebt, bei den anderen aber verhaßt macht. Seine Beziehungen lebt er sehr intensiv mit viel Romantik und Gefühl. Die Frauen achtet und verehrt er sehr und schafft es, daß «Mauerblümchen» an seiner Seite aufblühen, jedoch kann er sich nie auf Dauer auf eine einzige einlassen. So hinterläßt er oft Enttäuschung. Gigolos, Heiratsschwindler und Casanovas gehören zu diesem Archetypus.

Und hier liegt bereits der Übergang zur Schattenseite des ewigen Jünglings: der Macho, der sein Potential negiert, ablehnt und verdrängt. Die Intensität der Gefühle des ewigen Jünglings wird beim Macho zu Ruhelosigkeit. Er fühlt sich ständig getrieben und versucht zu vermeiden, in die Tiefe zu gehen, weil er Angst vor seiner Gefühlsintensität hat. Das sind dann die Männer, die sehr viel Wert auf Kleidung, Schmuck und übermäßige Körperpflege legen. Solange sie sich mit Äußerlichkeiten und Oberflächlichem beschäftigen, besteht keine Gefahr, ihre Gefühle wahrzunehmen. Ein solcher

Mann geht zwar auch viele Beziehungen ein, aber dies geschieht mehr aus einer Sex- oder Beziehungssucht heraus, weil er ohne Beziehung nicht leben kann – übrigens ganz im Gegenteil zum ewigen Jüngling, der sehr wohl auch zum Alleinsein fähig ist. Es ist die (Sehn)sucht, seine intensiven Gefühle zu leben, die den Macho treibt, aber gleichzeitig hat er so viel Angst vor Nähe und Tiefe, daß er eine Beziehung nur kurze Zeit aushält. Er ist der typische «Mann für eine Nacht», den eine Frau danach selten wiedersieht. Der Macho ist stark narzißtisch, arrogant und konfliktscheu. Sich selbst nimmt er am wichtigsten, dann kommen seine materiellen Güter, und irgendwann entdeckt er vielleicht, daß es auch noch andere Menschen gibt. Er ist der Typ Mann, der sich nicht mit den dunklen Seiten des Lebens auseinandersetzen will.

Der Weise

Der Weise entspricht dem spirituellen Lehrer, Hohepriester, Heiler oder Schamanen. Er ist ein Kanal für kosmische Kräfte und Gesetzmäßigkeiten und hat die Fähigkeit und die Aufgabe, diese auf die Erde zu bringen und anderen Menschen zu vermitteln. Der Weise (oder Schamane) ist ein Wanderer zwischen den Welten und stellt Verbindungen her. Sein ganzes Leben ist auf spirituelle Dimensionen ausgerichtet, wo er seine Erfüllung findet – während die Schamanin ihr Leben auf die irdische Dimension ausrichtet im Kontakt mit der Erde. Im Medizinrad finden wir daher den Schamanen auch im Osten und die Schamanin im Westen.

Der Weise besitzt geistige Reife und tiefes Verständnis für alle Wesen, weil er die kosmischen Gesetzmäßigkeiten durch Erfahrung begreift. Seine Macht gründet sich auf Liebe und Verständnis. Obwohl er ein spiritueller Lehrer ist, wird er niemals einen Schüler annehmen und andere von sich abhängig machen. Wenn er Antworten gibt, so werden diese nicht belehrend sein, sondern Denkanstöße darstellen, die anderen zur eigenen Bewußtwerdung verhelfen.

Die Schattenseite des Weisen entspricht dem Fanatiker, dem Guru, der sein Wissen mißbraucht, um Macht über andere Menschen zu erlangen. Er kann sehr überzeugend sein und ist oft ein Vertreter von exklusiven oder heilbringenden Lehren, überzeugt davon, daß nur seine Konzepte Heilung und Erleuchtung bringen. Nicht selten schürt er Angst und Schuld in den Herzen der Menschen, vor allem dann, wenn sie nicht mehr an ihn glauben und ihre eigenen Wege gehen wollen.

Die vier weiblichen Archetypen

Die Mutter

Eine Frau, die zum Archetypus der Mutter gehört, trägt sehr großen Lebensreichtum in sich und kann diesen auch an andere weitergeben, und zwar nicht nur durch ihr Tun, sondern schon allein durch ihre Ausstrahlung und Präsenz. Sie ist fähig, große Geborgenheit zu schenken, und das tut sie in hingebungsvoller Weise sowohl für ihre Familie als auch für ihre Freunde. Für eine Frau dieses weiblichen Archetypus ist schon früh klar, daß sie Kinder haben will, und das bereits in sehr jungem Alter und am liebsten mehrere. Sie kann sich vollkommen aufopfern als Mutter, aber nicht im Sinne von Opferdasein, sondern mit einer echten, tiefen Liebe und Hingabe. Sie ist voller Geduld und repräsentiert die Kraft der Urmutter auf der Erde. Schwachen und Gestrauchelten vermittelt sie den Trost und das Mitgefühl, das diese Menschen brauchen, um wieder auf die Beine zu kommen. Und immer wieder umgibt sie die Aura von Geborgenheit. Das ist die Frau und Mutter, bei der man sich zu Hause fühlt. Man kann ihr sein Herz ausschütten und wird in den Arm genommen, ohne große Erklärungen abgeben zu müssen – sie ist einfach die Mutter, die da ist –, und alles ist gut.

Sie ist die weibliche Entsprechung zum Archetypus des Vaters, der jedoch mehr dynamische Energie beinhaltet. Dieses Beschützende und sich Einsetzen für andere ist beim Vater das, was die Mutter mit Geborgenheit und Trösten vermittelt. Eine Frau vom Mutter-Archetypus würde ihren Mann, der Ärger bei der Arbeit hatte, am Abend zu Hause trösten, ohne dabei viele Worte zu verlieren. Ein Mann, der dem Vater-Archetypus entspricht, würde im umgekehrten Fall hingehen und mit dem Chef seiner Frau einige Worte reden, das heißt die Sache in die Hand nehmen und sehen, ob er etwas regeln kann.

Eine Frau, die dem Archetypus der Mutter angehört, hat eine starke, instinktive Weisheit (nicht zu verwechseln mit intuitiver Weisheit). Dies ist die Weisheit, die aus dem Bauch oder aus der Erde kommt, zum Beispiel wenn eine Mutter spürt, daß ihre Kinder, die gerade nicht bei ihr sind, in Gefahr sind. Sie weiß einfach, daß etwas nicht stimmt. Das ist auch die Frau, der man nichts verheimlichen kann. Es ist kaum möglich, die eigenen Gefühle vor ihr zu verbergen, sie hat den Instinkt dafür, wenn etwas nicht in Ordnung ist. Mit dieser instinktiven Weisheit kann sie die Bedürfnisse anderer sehr gut wahrnehmen und ihnen das geben, was sie brauchen, ohne daß diese etwas sagen müßten.

Die Schattenseite des Mutter-Archetypus ist genau das Gegenteil: besitzergreifend. Das ist die Mutter, die ihre Lieben mit Fangarmen umschlingt, sie nicht mehr losläßt und mit ihrer Zuwendung erdrückt. Eine Frau dieses Archetypus manipuliert ihren Mann und ihre Kinder, um deren Liebe zu bekommen, und verknüpft ihre eigene Liebe mit Bedingungen. Eine solche Frau leidet an einem starken Mangel an Selbstwertgefühl. Da sie sich selbst kaum etwas geben kann, braucht sie immer andere Menschen, für die sie dann alles tut. Dabei kann sie sich bis zur völligen Selbstaufgabe aufopfern und verausgaben. Das hat zur Konsequenz, daß sie unzufrieden und verbittert ist und sich ausgenutzt fühlt. Im Gegensatz zur lichtvollen Seite dieses Archetypus tut sie all dies nicht aus einer hingebungsvollen Liebe heraus, sondern um ihre eigenen Bedürfnisse zu befriedigen.

Die Amazone

Die Amazone ist eine Frau, die sehr körperbewußt ist und eine kämpferische Natur hat. Es ist die Rebellin, die sich gegen alles auflehnt und sich nirgends einordnen lassen will. Eine starke Frau, in ihrem Tun ausgesprochen effizient und wirkungsvoll. Sie ist sehr praktisch veranlagt und hat – obwohl sie sich im geistigen Reich des Ostens befindet – einen ausgeprägten Realitätssinn. Sie kann sehr gut mit Materie umgehen und ist stark erdverbunden. Die Amazone ist der weibliche Archetypus, der den Weisen – der sehr stark im Geistigen lebt – auf die Erde holt. Sie hat eine intuitive Intelligenz, eine natürliche Autorität und liebt es ganz einfach, ihre männliche Seite auszuleben, ohne jedoch dabei den Kontakt zum Weiblichen zu verlieren. Sie bleibt ein weibliches Wesen.

Die Schattenseite dieses Archetypus äußert sich in Herrschsucht und Hunger nach Macht bis hin zu Grausamkeit. Eine Frau, die diese Seite lebt, ist gefesselt an rigide Strukturen von Organisationen und Systemen. Für die hier vertretenen Ideologien und Glaubenssysteme setzt sie sich vehement ein und ist dabei sogar fähig zu destruktiven Aktionen und Intrigen. Das sind die Frauen, die es fertigbringen, innerhalb kurzer Zeit in einer Gruppe solche Intrigen zu säen, daß die Gruppe auseinandergesprengt wird. Den Kontakt zum Weiblichen hat sie völlig verloren, daher verachtet sie alles, was weich, weiblich, schwach und hilflos ist, und dabei kann sie sehr demütigend und kritiksüchtig sein.

Die Hetäre

Die Hetäre ist eine Frau, die Ästhetik und Schönheitssinn im Leben vertritt. Darüber hinaus ist sie intelligent, vielseitig begabt und kultiviert. Sie hat ihr Haus oder ihre Wohnung so eingerichtet, daß alles perfekt zusammenpaßt. Jedes Detail ist mit viel Sinn für Ästhetik und Geschmack ausgewählt und farblich aufeinander abgestimmt worden. Diese Ausgewogenheit und Ästhetik ist lebenswichtig für eine Frau vom Archetypus der Hetäre. Sie besitzt eine große Fähigkeit, zu kommunizieren und ihre Gedanken und Gefühle mitzuteilen. Erfüllt von spontaner Lebenslust wirkt sie auf andere sehr sinnlich und erotisch. Sie kann sich wie der ewige Jüngling nicht lange auf eine Beziehung einlassen. Läßt sie sich auf einen Mann ein, dann geschieht es kurz und intensiv mit großer Zärtlichkeit, Leidenschaft und ekstatischer Hingabe. Die Hetäre folgt immer der Stimme ihres Herzens, und gesellschaftliche Zwänge oder Normen sind ihr fremd. Sie achtet und hütet ihr Liebesempfinden wie einen kostbaren Schatz, den sie geschenkt bekommen hat und den sie jedoch auch sehr freizügig mit anderen teilen kann, wenn sie es will.

Die Schattenseite dieses Archetypus ist die Frau, die sich wie eine Hure prostituiert, die «Frau für eine Nacht». Sie ist leicht beeinflußbar und Spielball für äußere Reize. Da sie wenig Achtung und Liebe sich selbst gegenüber hat und unfähig ist sich abzugrenzen, gerät sie leicht in Abhängigkeiten und Süchte. Die Sinnlichkeit der Hetäre wird bei ihr zur Sexsucht, eine Sucht nach immer exzessiveren Sexspielen. Eine Schattenseite ist die Nymphomanin, die abhängig ist von der männlichen Bestätigung und sich selbst sexuell mißbraucht und von Männern ausbeuten läßt, die aber genauso die Männer kaltblütig benutzt und dann gnadenlos verläßt. Eine andere Schattenseite ist die absolut bestimmende Domina, bei der Männer nichts zu sagen haben.

Das Medium

C. G. Jung hat diesen Archetypus das Medium genannt, sie ist jedoch auch gleichzusetzen mit der Schamanin, Magierin, Hexe, Hohepriesterin oder – wie sie in der griechischen Kultur genannt wird – dem Orakel. Durch ihre ausgeprägte Erdverbundenheit hat sie einen tiefen Zugang zum kollektiven Unbewußten, zum irdischen Bewußtsein und zum Unterbewußtsein, dem dunklen Reich des

Menschen. Eine Frau dieses Archetypus kennt sowohl die feinstoff-lichen als auch die irdischen Ebenen und hat einen sehr guten Kon-takt zu den Naturgeistern, mit denen sie – wenn sie als Heilerin wirkt – arbeitet. Sie ist ausgesprochen inspirativ, sehr bewußt und hat einen liebevollen Bezug zur Erde. Ihre Erdverbundenheit er-möglicht ihr, sich auf höhere Kräfte einzulassen. Sie ist eine befä-higte Lehrerin, die ihre spirituellen und magischen Erfahrungen mit anderen Menschen sehr gut teilen kann. Fast alle Rituale der al-ten schamanischen Kulturen sind von Frauen dieses Archetypus er-schaffen worden.

Eine Schattenseite dieses Archetypus drückt sich in der fehlenden Verbundenheit zur Erde und damit zur materiellen und wissen-schaftlichen Welt aus. Diese Frauen wirken «abgehoben», so als würden sie in höheren Sphären schweben. Sie sind oft abergläubisch und verkünden den Weltuntergang oder andere Hiobsbotschaften. Zu ihnen gehören auch Wahrsagerinnen, die den Menschen haupt-sächlich negative, beunruhigende Voraussagen machen. Frauen, die die Schattenseite dieses Archetypus leben, sind anfällig für Krank-heiten und scheinen regelrecht blutleer und ohne Vitalität – das sind die anämischen Frauen, bleich, hohlwangig und teilnahmslos. Den Sorgen und Nöten anderer Menschen stehen sie verständnislos ge-genüber, jedoch können sie sehr schnell von kollektiven Kräften überschwemmt werden, was sich zum Beispiel darin zeigt, daß sie jede Modeerscheinung mitmachen. Sie sind chaotisch und oft sehr konfus, da sie Spielball von irrationalen Impulsen sind. Hysterie ist beispielsweise ein solch irrationaler Impuls des Organismus, der als Streßfaktor dadurch entsteht, daß die Frauen nur die Schattenseiten ihres Potentials leben.

Den eigenen Archetypus finden und leben

Schauen wir uns die hier beschriebenen acht Archetypen einmal genauer an, können wir feststellen, daß jeder einzelne sowohl männliche als auch weibliche Anteile enthält. Genauer gesagt sind bei den männlichen Archetypen, ebenso wie bei den weiblichen, jeweils zwei überwiegend weiblich geprägt und zwei männlich: Der ewige Jüngling und der Weise leben stark die weibliche Kraft, und der Held und der Vater repräsentieren mehr die dynamische, männliche Energie. Bei den weiblichen Archetypen sind es die Mutter und die Schamanin, die mehr die magnetische, weibliche Kraft verwirklichen, während die Hetäre und die Amazone sehr viel männliche Anteile enthalten.

Wir inkarnieren uns als Seele auf der Erde und bringen ein bestimmtes Urbild mit, einen von diesen acht Archetypen. In diesem Urbild liegen unsere Fähigkeiten, sprich unser Potential, das unsere Seele verwirklichen will. Um dem entsprechen oder dieses Potential leben zu können, müssen wir erst einmal herausfinden, welchem Archetypus wir angehören. Erst dann können wir erkennen, daß wir das sein dürfen, ja sein müssen, was wir sind. Es geht also darum, zum Urbild unserer Seele zurückzufinden, es zu befreien und zu leben, damit wir unsere Fähigkeiten und Stärken erkennen können, dann stimmt auch unser Selbstwertgefühl wieder.

Sind wir bereit, uns auf die Auseinandersetzung mit unserem ursprünglichen Archetypus einzulassen, werden wir feststellen, daß dies oftmals kein leichter Weg ist, denn es bedeutet zunächst Konfrontation mit unseren persönlichen Wertungen, Vorurteilen und Ängsten, die wir bestimmten Archetypen gegenüber haben. Jedoch gibt es keine guten oder schlechten Archetypen, es sind nur verschiedene Potentiale der Seele.

Ein Klient berichtete zum Beispiel davon, daß er das Buch «Der ewige Jüngling» von Marie-Louise von Franz gelesen und sich dort wiedererkannt habe. Diese Tatsache vermittelte ihm einen ganz schönen Schock, denn er wollte kein ewiger Jüngling sein, sondern ein erwachsener Mann. Er hatte daraufhin lange Zeit mit seinen Wertungen über diesen Archetypus zu kämpfen, bevor er bereit war, diese Erkenntnis anzunehmen und daraus folgend Konsequenzen für sein Leben zu ziehen.

So können wir auf diesem Weg ein Potential in uns entdecken, das wir gar nicht haben wollen. Viele Frauen haben zum Beispiel große Angst, eine Schamanin, Heilerin, Hexe oder ein Medium zu sein, weil sie in vergangenen Leben die Erfahrung gemacht hatten, wegen der Ausübung dieser Fähigkeiten umgebracht worden zu sein.

Der schwierigste Schritt in diesem Prozeß des Erkennens und Annehmens besteht jedoch darin, uns auch mit den Verzerrungen bzw. den Schattenseiten unseres Urbildes auseinanderzusetzen. Solange wir Angst davor haben, die Lichtseite unseres Archetypus zu verwirklichen, werden wir die Schattenseite davon leben. Nehmen wir einmal den Archetypus des Vaters: Dieses Urbild repräsentiert zwar überwiegend die männliche, das heißt die dynamische Kraft, jedoch bedeutet dies nicht, daß der Vater-Archetypus keine weibliche Energie beinhaltet. Wenn nun ein Mann nur die Dynamik dieses Urbildes, also das männliche Prinzip lebt, dann wird er zum Tyrannen und manifestiert so die Schattenseite seines Archetypus. Erst wenn er auch das Weibliche integriert hat, dann wird er zum idealen Vater. Dieses Beschützen-Wollen ist eine typisch weibliche Eigenschaft, hier in Verbindung mit dem Dynamischen. Das gleiche gilt für eine Frau vom Archetypus der Mutter: Wenn sie nur die männliche Seite in sich lebt, dann wird sie zur Alles-Beherrschenden, die anderen jeden Raum nimmt, sich zu entfalten.

Viele Menschen stecken fest in der dunklen Seite der Weiblichkeit, der Passivität, und das sind nicht nur Frauen, sondern auch Männer. Sind wir nur passiv, leiden und haben nicht die Kraft, unsere Probleme zu bewältigen, bedeutet das, daß die männliche Kraft, die Dynamik, fehlt. In Lebenskrisen, in denen wir sehr verletzlich, weich und traurig sind, brauchen wir jedoch beides: sowohl die weibliche als auch die männliche Kraft. Das Weibliche

(Magnetische) gibt uns die Ideen, wie wir unsere Lebenssituation regeln und uns selbst damit wieder in den Fluß bringen können. Und das Männliche (Dynamische) gibt uns die Kraft, durch die Krise hindurchzugehen, unser Leben wieder aktiv in die Hand zu nehmen. Wenn wir uns jedoch von einer Seite abschneiden, geraten wir ins Chaos. Schalten wir das Weibliche aus, dann haben wir keine Ideen, keine Visionen mehr und werden passiv und hilflos, weil wir nicht mehr in Kontakt mit uns selbst sind. Und trennen wir uns von der männlichen Kraft ab, würden wir in Selbstmitleid und Apathie zerfließen, alles nur noch auf uns zukommen lassen, das heißt handlungsunfähig sein.

Dynamik bedeutet in Bewegung zu gehen, etwas zu bewegen. Wenn diese Seite zu stark ausgeprägt ist, dann kann das im Extrem dazu führen, daß wir in unserem Leben zwar ständig herumwirbeln und immer in Aktion sind, aber trotzdem nichts passiert. Obwohl wir Ideen oder Pläne haben, verwirklichen sich diese nicht. Hier geht es darum, das Weibliche hervorzulocken. Wir alle sind auf einer Seite mehr geprägt als auf der anderen, und wir müssen lernen, die weibliche und männliche Seite in uns wieder in einen Ausgleich zu bringen.

Durch die nachfolgende kurze Übung können Sie erkennen, ob Sie mehr weiblich (magnetisch) oder mehr männlich (dynamisch) geprägt sind, das heißt, in welchem Bereich Ihr Potential liegt, das Sie mit in dieses Leben gebracht haben. Das muß jedoch nicht bedeuten, daß Sie dieses Potential auch leben. So können Sie Ihren Archetypus schon etwas mehr einkreisen. Wenn Sie mehr dynamische Anteile haben, so gehören Sie als Frau vielleicht den Archetypen Amazone oder Hetäre an und als Mann den Archetypen Held oder Vater. Bei einem größeren magnetischen Anteil kommen die Archetypen Jüngling oder Weiser sowie Hexe oder Mutter in Betracht.

3. ÜBUNG : MÄNNLICHE UND WEIBLICHE PRÄGUNG

Teil 1: Erkennen der männlichen und weiblichen Prägung

- Setzen Sie sich in meditativer Haltung hin und atmen Sie einige Male tief ein und aus, lassen Sie dabei den Atem durch Ihren ganzen Körper fließen. *(Zeitdauer: 3 Minuten)*
- Stellen Sie sich nun vor, wie Ihr Atem vor Ihnen auf den Boden fließt ... Lassen Sie Ihren Atem immer wieder nach außen fließen und nehmen Sie sich einen Moment Zeit, um durch Ihren Atem einen Kreis von etwa zwei Metern Durchmesser entstehen zu lassen ... Atmen Sie immer wieder in diesen Kreis hinein, während Sie das Bild dieses Kreises vor Ihrem inneren Auge aufrechterhalten. *(Zeitdauer: 3 Minuten)*
- Nun teilen Sie diesen Kreis in Ihrer inneren Vorstellung durch eine Linie von oben nach unten in zwei gleich große Hälften. Diese Linie verläuft genau durch die Mitte des Kreises von oben nach unten. *(Zeitdauer: 1 Minute)*
- Ihr Atem fließt immer weiter in diesen Kreis, der jetzt in zwei gleich große Hälften eingeteilt ist. Halten Sie den Kontakt mit diesem Kreis, während Sie sich jetzt vorstellen, daß Sie mit Ihrem Lichtfinger in die linke Hälfte des Kreises das Wort «Dynamisch» hineinschreiben ... Nun schreiben Sie auf die gleiche Art und Weise in die rechte Hälfte des Kreises das Wort «Magnetisch» ... Nehmen Sie weiter diesen Kreis wahr mit den beiden Worten in der rechten und linken Hälfte und atmen Sie hinein. *(Zeitdauer: 3 Minuten)*
- Und nun stellen Sie sich vor, Sie wenden sich von Ihrem inneren Bild des Kreises ab, so daß Sie ihn nicht mehr sehen können. Bitten Sie jetzt Ihre geistige Führung, die Mittellinie im Kreis nach rechts oder links in dem Maße zu verschieben, so daß das Verhältnis von dynamisch und magnetisch in Ihnen

widergespiegelt wird. Dann zählen Sie langsam von 1 bis 5 und wenden sich anschließend wieder Ihrem Kreis zu ... Nehmen Sie nun wahr, wohin sich diese senkrechte Linie verschoben hat und welche Seite nun größer ist? So können Sie erkennen, ob die männliche (dynamische) oder die weibliche (magnetische) Seite in Ihnen stärker geprägt ist. Versuchen Sie einmal prozentual zu schätzen, wie groß das Verhältnis beider Seiten jetzt zueinander ist. *(Zeitdauer: 3 Minuten)*

- Wenn Sie dieses Verhältnis klar erkennen können, kommen Sie wieder in Ihr Tagesbewußtsein zurück.

Es folgen einige Hinweise und Übungen, wie Sie Ihre schwächer ausgeprägte Seite unterstützen und aktivieren können:

Teil 2: Übungen für diejenigen, die überwiegend dynamisch geprägt sind

- Schauen Sie sich Filme an, bei denen Ihre Gefühle aktiviert werden (Heimatfilme, Love-Stories etc.) und hören Sie sanfte, weiche Musik. Umgeben Sie sich mit Menschen, die sehr weiblich sind. Unternehmen Sie lange Spaziergänge in der Natur, aber allein. Schauen Sie sich dabei in der Natur um und begegnen Sie ihr wirklich. Berühren Sie die Erde und die Bäume. Vergraben Sie sich im Sand, wenn Sie im Urlaub an einem Strand sind.

- Töpfern oder modellieren Sie mit Ton. Malen Sie Bilder. Tanzen Sie, und lassen Sie dabei fließende Bewegungen zu. Meiden Sie jede sportliche Tätigkeit, bei der es um das Siegen geht, also Wettkämpfe, Fußballspiele usw. Meiden Sie Drogen, Alkohol, Tabletten und alle Süchte.

- Suchen Sie sich – wenn es Ihnen möglich ist – Menschen (alte Leute, Kinder) oder Tiere, die Sie umsorgen können, um Ihre mütterlichen Aspekte zu wecken. Singen Sie viel. Suchen Sie sich einen Menschen, zu dem Sie Vertrauen haben, dem Sie jeden Tag mitteilen können, wie Sie sich fühlen. Gestehen Sie sich und anderen Ihre Ängste ein. Geben Sie sich die Berechtigung, andere um Hilfe zu bitten und sie auch anzunehmen.

- Nehmen Sie sich mehr Zeit, um zu SEIN und verbringen Sie weniger Zeit mit dem TUN. Machen Sie es sich täglich zur Gewohnheit, sich hinzusetzen und für eine Zeitlang nichts zu tun – nicht zu lesen, keine Musik zu hören, nicht fernzusehen –, einfach gar nichts zu tun und in den Tag hineinzuträumen.

Teil 3: Übungen für diejenigen, deren stark ausgeprägte Seite magnetisch ist

- Machen Sie es sich zur Gewohnheit, sehr direkt zu sagen, was Sie wollen und keine versteckten Anspielungen zu machen. Führen Sie Diskussionen, meiden Sie jedoch Small-Talk, Geschwätz und Klatsch. Reden Sie insgesamt weniger, sondern handeln Sie mehr. Meiden Sie passive Aggressionen und lassen Sie Ihren Zorn zu.
- Betätigen Sie sich mehr physisch als psychisch. Üben Sie Sportarten aus wie Aerobic, Bodybuilding, Badminton, Squash etc. Schwimmen Sie mit Freunden um die Wette, oder machen Sie mit anderen ein Radrennen. Schauen Sie sich Fußballspiele und Action-Filme an.
- Erstellen Sie eine Liste mit den Menschen, von denen Sie abhängig sind und in welcher Form. Dann schauen Sie sich an, was Sie davon ab sofort selbst übernehmen können. Erstellen Sie gleichermaßen eine Liste der Dinge, die Sie nicht beherrschen, zum Beispiel Autoreparaturen, einen Reifen wechseln, einen Stecker reparieren, mit der Bohrmaschine umgehen o. ä., und führen Sie diese Dinge dann aus.
- Versuchen Sie etwas zu analysieren. Seien Sie bereit, sich auf ein Abenteuer einzulassen, zum Beispiel allein zu verreisen. Stellen Sie produktive Projekte auf die Beine, zum Beispiel Hilfsprogramme für Obdachlose o. ä.
- Führen Sie die Aktionen aus oder setzen Sie die Dinge um, die Ihnen einfallen – und zwar selbst. Gehen Sie mehr ins TUN als ins SEIN.

Wir alle werden durch äußere Einflüsse in unserem Leben, sei es durch Erziehung oder gesellschaftliche Normen in Richtungen gedrängt, die bestimmten Archetypen entsprechen. Selbst in unserer sogenannten modernen Zeit erziehen die meisten Eltern ihre Kinder noch im Sinne des Vater- bzw. Mutter-Archetypus. Eine Frau in unserer Gesellschaft wird bereits mit der ersten geschenkten Puppe in ihrer Kindheit darauf vorbereitet, voll und ganz in der Rolle der Mutter und treusorgenden Hausfrau aufzugehen. Und von einem Mann wird erwartet, daß er hinausgeht ins Leben, Leistung bringt, um das Geld für die Familie zu verdienen, daß er kämpft und als Soldat sein Land beschützt – kurz er hat den Eigenschaften des Vater-Archetypus zu entsprechen. Ein Mann, der jedoch das Potential des ewigen Jünglings in sich trägt, wird dieser Rolle als Vater und Beschützer niemals gerecht werden können, er wird irgendwann resignieren oder ausbrechen. Aber das Ausbrechen ist nicht leicht. Diese Klischeevorstellungen in uns sind so fest verankert, daß es uns schwerfällt zu erkennen, daß wir einen anderen Archetypus als den der Mutter oder des Vaters repräsentieren – und es wird uns noch schwerer fallen, diesen zu leben.

Das Problem liegt darin, daß in unseren gesellschaftlichen Strukturen die anderen Archetypen nicht berücksichtigt werden. Es wird in keiner Schule gelehrt, daß es einer Frau vom Urbild der Amazone wichtig ist, in ihrem Leben etwas zu leisten, etwas Greifbares zu erschaffen oder für andere zu kämpfen und daß sie einen Beruf ergreifen sollte, der diesem Potential entspricht.

Wie stark gesellschaftliche Entwicklungen und Trends uns Menschen dazu veranlassen, Anteile von bestimmten Archetypen zu leben, sehen wir zum Beispiel an der Frauenbewegung. Frauen wie Alice Schwarzer, die dem Archetypus der Amazone entsprechen, haben in Deutschland das Bild der emanzipierten Frau geprägt, und plötzlich fühlten sich viele Frauen berufen, diesem Bild zu entsprechen. Von ihrer Erziehung her waren das zum größten Teil Frauen, die entsprechend dem Mutter-Archetypus erzogen worden waren, gleichgültig ob sie dieses Urbild in sich trugen oder nicht. Nun mag es sein, daß eine Frau, die aus gesellschaftlichen und familiären Zwängen ausgebrochen war, um sich in der Frauenbewegung zu engagieren, tatsächlich dem Archetypus der Amazone entsprach und so zu ihrem Urbild zurückfand. Genausogut ist es möglich, daß diese Frauen jedoch den Archetypus der Hetäre oder der Schamanin in sich trugen und nun wiederum – wie bereits vorher durch die Erziehung – ihrem eigenen Urbild nicht gerecht wurden.

Das sind die Verzerrungen, die durch Erziehung und Klischeevorstellungen entstehen und durch die wir in die Schattenseite unseres Archetypus gehen. Wir leben nicht gemäß unserem Urbild, dem wir von unserem Wesen her zugehörig sind, sondern versuchen, uns einem Bild anzupassen, das unsere Eltern, die Gesellschaft und die Kultur uns vorgaben. Da wir dem jedoch niemals entsprechen können, ist die Konsequenz die, daß unser Selbstwertgefühl leidet, daß wir uns als Versager fühlen und Schuldgefühle haben, weil wir zum Beispiel unfähig sind, die gute, hingebungsvolle Mutter oder der treusorgende, beschützende Vater zu sein.

Von unserem Potential her entsprechen wir also zunächst nur einem Archetypus in diesem Leben, das heißt wir gehen von einem Urbild aus, auch wenn wir glauben, uns ebenfalls in anderen Archetypen wiederzuerkennen. Sicherlich leben wir auch Anteile von diesen, jedoch kommen wir nicht zur Ganzheit, wenn wir zu früh in viele Richtungen streben. In erster Linie geht es darum, dieses eine Urbild, das mehr Gewicht hat als alle anderen, herauszukristallisieren, es ganz in unser Leben aufzunehmen und es von seinen Schattenseiten zu befreien. Dieses eine Potential zu leben, heißt auch eine starke Liebe zum eigenen Körper zu entwickeln, zu seiner Weiblichkeit beziehungsweise Männlichkeit und sich als Frau beziehungsweise Mann voll anzunehmen.

Erst wenn wir die Lichtseite unseres Urbildes leben, das dem Potential unserer Seele entspricht, können wir damit beginnen, uns nach und nach mit den anderen Urbildern zu verbinden, die wir natürlich auch sind. Der Kosmos – und als Teil von ihm wir selbst – ist vielfältig, multidimensional. Letztlich tragen wir die Potentiale aller

Archetypen in uns, auch wenn sich unsere Seele meist dazu entschließt, in einem Leben schwerpunktmäßig mit dem zu arbeiten, das ihrer Lebensaufgabe am dienlichsten ist.

Es ist durchaus möglich, das Potential mehrerer Urbilder in einem Leben zu verwirklichen. So können Menschen einen Wechsel vollziehen, wenn sie ein Kind bekommen und bereit sind, sich dieser Verantwortung zu stellen. Ein Mann kann in seinem Leben zum Beispiel lange Zeit dem ewigen Jüngling entsprochen und die Schattenseite dieses Archetypus gelebt haben. Hat er es schließlich erreicht, im Laufe seines Transformationsprozesses die lichtvolle Seite des ewigen Jünglings zu entwickeln, und er wird plötzlich Vater, so kann seine Aufgabe darin liegen, als nächstes den Vater-Archetypus zu integrieren. Das wäre natürlich nicht möglich, würde er noch die dunkle Seite des ewigen Jünglings leben. Genauso kann eine Frau vom Archetypus der Amazone oder Hetäre, wenn sie ein Kind bekommt, einen Wechsel zum Mutter-Archetypus vollziehen, vorausgesetzt, sie hat ebenfalls bereits die lichtvolle Seite ihres Urbildes gelebt.

Wenn wir das Potential eines Urbildes vollständig entwickelt und ganz in unser Leben integriert haben, dann werden wir das nie mehr verlieren. Wir werden es immer zur Verfügung haben. So kommen wir schließlich irgendwann zur erstrebten Ganzheit. Das bedeutet, wir entsprechen dann nicht mehr nur einem Urbild, einer Himmelsrichtung, sondern dem ganzen Kreis. Unsere Position hat sich dementsprechend verändert: Wir befinden uns nunmehr in der Mitte des Kreises, haben das gesamte Spektrum aller Potentiale der vier Himmelsrichtungen zur Verfügung und können nach Belieben damit spielen. Jetzt sind wir der «Narr», der alle Archetypen in sich vereinigt hat und alles leben kann. Der Narr verkörpert den neunten Archetypus.

Die Archetypen Anima/Animus sind ein Thema, das seit Urzeiten in den Menschen wirkt. Wir finden dieses Thema in allen Mysterien, Mythologien und Märchen wieder. Es ist nichts anderes als die Auseinandersetzung mit den Polaritäten. Mit den acht verschiedenen Archetypen haben wir die Polaritäten differenziert, etwas klarer gemacht, damit es leichter fällt, uns selbst zu erkennen und unser Potential zu verwirklichen.

 ÜBUNGEN ZUM NORDEN

Übung 4: Den eigenen Archetypus kennenlernen und verkörpern
Diese Übung besteht aus zwei Teilen: Der erste Teil ist eine Phantasiereise, in der wir unserem Archetypus begegnen und ihn kennenlernen. Der zweite Teil besteht darin, daß wir unseren Körper bemalen, um den Archetypus darzustellen. Beide Übungsteile sind für Gruppen gedacht, die Phantasiereise kann jedoch auch allein durchgeführt werden.

Teil 1: Phantasiereise: Begegnung mit dem eigenen Archetypus

- Bevor wir diese Reise antreten, treffen wir zunächst ein paar Reisevorbereitungen. Überprüfe, ob du auch ganz bequem daliegst ... Vielleicht willst du deine Kleidung noch etwas lockern, damit dich nichts einengt ... Und nachdem du es dir ganz bequem gemacht hast, nimm dir vor, während der gesamten Reise wach zu bleiben, lege einfach diese Absicht jetzt fest ... Und nun lasse deinen Atem durch deinen gesamten Körper fließen ... Beim Ausatmen fließt der Atem nach unten bis in die Füße hinein ... und beim Einatmen ziehst du deinen Atem von den Füßen nach oben, bis in deinen Kopf hinein ... Mit jedem Atemzug kannst du dich immer mehr und immer tiefer entspannen ... Dein Körper wird schwerer und schwerer, so daß du den Eindruck hast, als ob er eine Mulde in den Boden drückt ... ganz entspannt und losgelassen, während dein Atem sanft ein- und ausströmt ... ohne Anstrengung ... Es gibt nichts zu tun ... einfach nur daliegen und geschehen lassen ...
- Und nun stelle dir vor, daß du ganz allmählich aus deinem Körper herausschwebst nach oben, so als würde ein Teil von dir, ein Doppelgänger, sich von deinem Körper lösen und ganz lang-

sam in die Höhe schweben … Du nimmst wahr, wie dein Doppelgänger über deinem Körper schwebt, der hier sicher und geborgen in diesem Raum liegt … Mit deinem Atem bleibst du in Verbindung mit diesem Doppelgänger … während du dich nun immer mehr mit ihm identifizierst … Mach dir bewußt, daß du das bist, der hier im Raum herumschwebt und daß du diesen Zustand dazu benutzen kannst, um eine Reise zu machen … eine Reise in deine inneren Welten …

• Mit deiner Vorstellungskraft beginnst du dich jetzt in eine sehr karge Landschaft zu projizieren … eine Landschaft, die du vielleicht kennst oder die du in deiner Phantasie jetzt erschaffst … Es ist eine steinige, karge und unfruchtbare Wüstenlandschaft … Während du dich in dieser Landschaft umschaust, kannst du Sand, Steine und vielleicht ein paar vertrocknete Pflanzen wahrnehmen … Und je mehr du dich vertraut machst, um so stärker spürst du die Ausstrahlung dieser Landschaft … sie ist von sehr mystischer und geheimnisvoller Qualität … Nimm die Umgebung ganz genau wahr, indem du jetzt ein wenig in dieser Landschaft herumwanderst … Du weißt nicht genau, wohin, du bewegst dich einfach durch diese Wüstenlandschaft … Vielleicht begegnen dir ein paar Tiere wie Eidechsen oder Schlangen … Und es ist möglich, daß es stellenweise sehr schwierig für dich ist, diese Landschaft zu durchwandern … Vielleicht spürst du Anstrengung … und eine Schwere, die auf dir lastet … doch du gehst einfach weiter …

• Du steigst über Felsen hinweg, über Steine, während du allmählich wahrnimmst, wie intensiv und stark die Sonne auf dich herabbrennt … Du schaust zum Himmel und siehst eine glühende, strahlende Sonne … immer bewußter wird dir die Hitze, die diese Sonne verursacht, und die Strahlen, die sich in deine Haut brennen … Es scheint dir, als ob du Feuer in dir spürst … Die Sonne ist teilweise so stark, daß sie dich blendet und du für eine Zeitlang gar nichts mehr sehen kannst …

• Und so ganz allmählich läßt die Strahlung der Sonne mehr und mehr nach, und der Himmel verdunkelt sich ... Du kannst wieder die Landschaft um dich herum wahrnehmen und bemerkst jetzt, daß sie sich verändert hat. Plötzlich ist strahlendes, sprühendes Leben um dich herum ... Überall sprießen Pflanzen aus der Erde ... Du nimmst verschiedene Farben wahr ... und Düfte ... und du verspürst einen sanften Wind, der deinen Körper streichelt. Die Windbrise tut dir gut. Sie ist erfrischend und kühlt das Feuer etwas ab ... Und du gehst deinen Weg weiter durch die Landschaft, während du wahrnimmst, wie sie sich verändert hat ... Du fühlst, wie der Wind immer stärker wird, wie du vom Wind plötzlich vorangetrieben wirst, wie eine mächtige Kraft, die dich vorantreibt ... vielleicht auch eine Ruhelosigkeit ...

- Und jetzt verändert sich deine Landschaft wieder ... Und du kommst an ein Wasser ... Du schaust dich um ... ganz erstaunt bemerkst du, daß, wo du auch hinschaust, überall Wasser fließt ... Wasser in Form von Quellen ... Bächen ... Flüssen ... die dahinrauschen ... Du gehst hin zum Wasser und streckst deine Füße und deine Hände hinein, um dich abzukühlen ... und während du das tust, beginnt es jetzt zu regnen, so daß Wasser jetzt auch von oben auf dich herabfällt ... Das Wasser dringt durch deine Poren hindurch ... Es ist so, als würde das Wasser dein ganzes Wesen durchströmen ... Du nimmst wahr, wie du einfach dahingetrieben wirst von diesem Wasser, wie das Wasser dich trägt ... Du läßt es einfach geschehen, vom Wasser getragen zu werden ... In dir und um dich herum nur Wasser ...

- Plötzlich wird alles still ... Und du schaust dich um und findest dich wieder auf einer Wiese ... Und auf dieser Wiese stehen vier Tore im Kreis um dich herum. Und diese Tore haben unterschiedliche Farben. Das Tor, das sich vor dir befindet, ist von blauer Farbe ... Das Tor, das sich hinter dir befindet, ist gelb ... Das Tor rechts von dir hat eine grüne Farbe ... und das letzte Tor, das sich links von dir befindet, ist rot ... Du nimmst wahr, wie du in der Mitte dieses Kreises von vier Toren stehst, und all-

mählich wird dir bewußt, daß jedes Tor ein Durchgang ist ...
ein Durchgang in eine andere Welt, in eine andere Dimension ...

- Neugierig geworden erwacht in dir das Bedürfnis, diese Tore einmal näher zu betrachten. Und du beginnst dir nun in Ruhe jedes einzelne Tor anzuschauen, indem du dich langsam im Kreis drehst und deinen Blick auf ein Tor nach dem anderen fallenläßt ... Schau dir jedes Tor genau an, seine Form und seine Farbe ... vielleicht gibt es Symbole an den Toren ... vielleicht fühlst du dich von einem Tor besonders stark angezogen oder auch abgestoßen ... Nimm wahr, wie es dir dabei geht, wenn du nach und nach jedes einzelne Tor betrachtest ...

- Nachdem du dir das letzte Tor angeschaut hast, nimmst du nun plötzlich wahr, wie jemand langsam in deinen Kreis tritt. Es ist dein Geistführer oder deine Geistführerin, die du vielleicht schon kennst von früheren Begegnungen her ... Nimm die Energie deines Geistführers wahr, während er langsam auf dich zukommt ... Spür, wie es dir mit ihm geht ... Und dann begrüßt euch in eurer eigenen Art und Weise, wie auch immer ihr das tut ...

- Im nächsten Augenblick nimmt dich dein Geistführer an die Hand und teilt dir mit, daß er zu dir gekommen ist, um dich zu deinem Tor zu führen, um dir das Tor in der Himmelsrichtung zu zeigen, wo du hingehörst ... Laß es einfach geschehen, vertraue dich seiner Führung an und laß dich überraschen, zu welchem dieser vier Tore er dich führt ... Du nimmst jetzt ganz genau wahr, vor welchem dieser vier Tore du nun stehst, während dich dein Geistführer bittet, durch dieses Tor hindurchzugehen ... Spür, ob du dazu bereit bist, auf der anderen Seite dieses Tores deinen Archetypus und seine Welt wiederzufinden ...

- Wenn du dazu bereit bist, dann trete durch dieses Tor hindurch ... jetzt ... Du findest dich wieder in einer anderen Welt ... Laß dir Zeit, dich zu orientieren ... Schau dir genau an, was für eine Welt das ist ... Eine Wasserwelt ... eine windige, leichte, beschwingte Welt ... eine sonnige, warme, heiße Welt ... oder eine sehr grüne Welt ... Wie geht es dir in dieser Welt? ... Was strahlt sie aus? ... Was für eine Qualität findest du hinter diesem Tor für dich? ... Laß sie auf dich wirken ...

- Nachdem du dich ein wenig vertraut gemacht hast, taucht jetzt in einiger Entfernung vor dir ein Wesen auf ... Wenn du eine Frau bist, so wirst du es als ein weibliches Wesen erkennen, und wenn du ein Mann bist, so wird sich dir ein männliches Wesen zeigen ... Du weißt in diesem Moment, daß du jetzt deinem Archetypus begegnest ... Und während du nun langsam auf dieses Wesen zugehst, schaust du es dir genau an ... Wie sieht dieses Wesen, das deinen Archetypus verkörpert, aus? ... Es steht nackt vor dir ... Die einzige Bekleidung, die es trägt, ist eine Körperbemalung ... Sein ganzer Körper ist von oben bis unten bemalt mit verschiedenen Farben, Symbolen, Strukturen ... Wie auch immer ... Die Bemalung drückt seine spezielle Energiequalität aus ... Versuch nicht zu verstehen ... Schau dir die Körperbemalung genau an ... die Farben ... die Strukturen ... die Symbole ... Was strahlt dein Archetypus aus? ... Wie geht es dir mit ihm und seinem Aussehen, seiner Ausstrahlung? ... Empfindest du eher Ablehnung oder Akzeptanz ...

- Und nun wird dir dieses Wesen, das deinen Archetypus verkörpert, erzählen, warum es für dich wichtig ist ... wo seine Bedeutung liegt für dein Leben und welchen Zweck es in deinem Leben erfüllt ... Es wird dir erzählen, was du tun kannst, um es in dein Leben zu integrieren ... Nimm wahr, wie es dir dabei geht, all das zu hören ... und wenn du Fragen hast, dann stelle deine Fragen ...

- Und bevor ihr euch wieder verabschieden werdet, fühle in dich hinein, ob du bereit bist, diesen Archetypus, dieses Wesen, in dein Leben zu integrieren, auch wenn du vielleicht jetzt noch nicht weißt, auf welche Art und Weise ... Spüre einfach, ob diese Bereitschaft bei dir da ist ... Wenn du fühlst, daß du bereit bist, dieses Wesen in dein Leben zu bringen, einen Teil von dir werden zu lassen, dann sag es ihm ... Wenn du spürst, daß du jetzt noch nicht bereit oder fähig dazu bist, aber vielleicht später, dann teile ihm auch dies mit ...

- Gut. Und nun verabschiede dich von deinem Archetypus ... und gehe langsam wieder zurück durch das Tor, und während du das tust, schaust du dir noch einmal dieses Wesen, deinen Archetypus an. Präge dir sein Aussehen genau ein, so daß du es nicht mehr vergißt ... Wie ist seine Körperbemalung? ... Welche Energie, welche Qualität drückt es über seinen Körper aus? ... Bevor du wieder durch dieses Tor hindurchgehst, nimm all dies noch einmal ganz bewußt wahr ... Und dann verlasse die Welt deines Archetypus durch das Tor hindurch ... und auf der anderen Seite findest du dich wieder auf der Wiese mit den vier Toren, wo dein Geistführer oder deine Geistführerin auf dich wartet ... Und bevor du dich nun auch von deinem Geistführer verabschiedest, hast du jetzt die Möglichkeit, ihn um einen Rat zu bitten. Frage ihn, was für dich wichtig ist, um deinen Archetypus in dein Leben zu integrieren, worauf du zu achten hast, was es für dich zu vermeiden gilt ...

- Verabschiede dich jetzt auch von deinem Geistführer. Wenn du magst, bedanke dich für seine Hilfe und Unterstützung ... und beginne dann, dich von der Mitte des Platzes wieder langsam in diesen Raum hineinzuprojizieren ... Erinnere dich wieder an deinen Körper hier in diesem Raum und ziehe deinen Doppelgänger zurück ... Indem du wieder beginnst, tiefer zu atmen, zieh deinen Doppelgänger wieder ganz in dich hinein, verschmelze wieder völlig mit ihm ... Spüre deinen Körper ... vielleicht magst du dich ein wenig dehnen und strecken, deine Glieder bewegen, so daß du immer wacher werden kannst ... Laß dir Zeit, deine Augen schließlich wieder zu öffnen, um wieder vollständig ins Hier und Jetzt zurückzukehren und wieder ganz hier zu sein ...

Bevor wir zum zweiten Teil dieser praktischen Arbeit mit den Archetypen kommen, hier noch eine Zusammenfassung und einige Erläuterungen zu den vier Himmelsrichtungen und ihren Zuordnungen:

Himmels-richtung	Farbe	Element	Männlich	Weiblich
WESTEN	GRÜN	ERDE	KRIEGER, HELD	HEXE, MEDIUM
SÜDEN	BLAU	WASSER	EWIGER JÜNGLING	MUTTER
NORDEN	GELB	LUFT	VATER, PATRIARCH	HETÄRE
OSTEN	ROT	FEUER	KÖNIG, WEISER	AMAZONE

Das Tor, durch das wir hindurchgegangen sind, ist das Tor, hinter dem unser Potential liegt und wo uns unser Archetypus begegnet ist, der das Bild unserer Seele verkörpert. Im Westen wird uns wahrscheinlich die Schamanin, die Seherin oder der Held, Krieger, Soldat o. ä. begegnet sein. Wir sollten uns jedoch nicht vom Aussehen des Archetypus verwirren lassen. So ist es möglich, daß uns im Süden ein Indianer begegnet ist. Das heißt nicht, daß sich ein Schamane in den Süden verirrt hat, sondern die Qualität, die er ausstrahlt, ist von Bedeutung. Es gibt durchaus Indianer, die die Qualität des ewigen Jünglings ausstrahlen, die sich nirgendwo festlegen, die das Nomadenhafte leben.

Die Ausstrahlung des Potentials zeigt sich auch in der Zeichnung, in der Bemalung des Gesichtes und des Körpers. Die Urvölker bemalten sich ihren Körper, um sich so mit ihrem Potential zu verbinden.

Teil 2: Körperbemalung

- In der Gruppe erfolgt der nächste Schritt. Um sich noch stärker mit ihrem Archetypus zu verbinden und ihm einen Ausdruck zu verleihen, übertragen die Gruppenteilnehmer die Symbole, Strukturen und Farben ihres Archetypus auf den eigenen Körper. Die Teilnehmer sollten bis auf Badehose oder Bikini nackt sein, während sie ihren gesamten Körper von den Füßen bis einschließlich des Gesichts mit den Zeichen ihres archetypischen Potentials bemalen und verzieren. Dabei werden Körperfarben oder Theaterschminke verwendet.

- Während dieses Prozesses sollten die Teilnehmer immer mehr in die Rolle ihres Urbildes schlüpfen, das heißt sich immer mehr mit ihm verbinden, so daß ein tiefer Kontakt zu seinem Potential entsteht.

- In einem archetypischen Tanz mit wechselnder Musik haben die Teilnehmer anschließend die Möglichkeit, die Qualität ihres Urbildes auszudrücken.

Hier endet unsere Reise durch den Norden. Mit viel Bereitschaft haben wir einen Ausgleich zwischen den Polaritäten geschaffen und das wirkliche Potential unserer Seele kennengelernt. Das ermöglicht uns, daß wir mehr aus unserer Bestimmung heraus leben können und öffnet uns das Tor im Osten, wo uns die kosmischen Gesetzmäßigkeiten und unser schöpferisches Potential begegnen. Wir sind empfangsbereit für neue Visionen und besitzen die Möglichkeit zur Umsetzung.

◈ 9. KAPITEL Der Osten: Der schöpferische Prozeß

Im Norden haben wir die Möglichkeiten unseres Selbstausdrucks kennengelernt und können jetzt durch das Tor des Ostens gehen, der letzten Station unseres Transformationsprozesses. Hier im Osten beginnen wir, unser inneres Licht und die Schätze unseres ureigensten Wesens zu erkennen. Der Osten hat die Qualität des Geistes, des inneren Meisters, der Weisheit und des Wissens; deshalb können wir hier auch die Visionen für unser Leben empfangen.

Der Schwerpunkt im Osten liegt in der spirituellen Arbeit, im Gegensatz zum gegenüberliegenden Westen, wo es um die Schattenarbeit geht. Im Westen sind wir in die Sphäre des Unterbewußten eingetaucht, im Osten treten wir nun in Kontakt mit dem Überbewußten, was uns geistige Klarheit und Einklang mit den kosmischen Gesetzmäßigkeiten verschafft.

Während der Arbeit mit den Archetypen haben wir erfahren, daß wir mehr sind als nur Frau oder Mann und daß wir in verschiedenen Lebensphasen bestimmte Teile unseres Selbst kennenlernen und bewußt leben können. Dies sind jedoch immer nur Ausschnitte unseres Selbst; nur in seltenen Momenten erfahren wir uns als Ganzheit, das heißt alle Aspekte unserer Seele gleichzeitig.

Stellen wir uns nun hier im Osten die Frage «Wer bin ich?», so wird uns die Vision, die wir empfangen, auch nur zeigen, mit welcher Facette unserer Seele wir zur Zeit konfrontiert werden, das heißt welchen Ausschnitt unserer Seele wir jetzt gerade (er)leben. Von größerer Bedeutung sind jedoch die Fragen: «Wo stehe ich in diesem Moment in meinem Leben? Was habe ich zu tun? Was sind die Schritte, die ich zu gehen habe?» Die Vision zeigt uns den Weg, der zu gehen ist.

Wenn es darum geht, eine Vision zu empfangen, müssen wir auch wissen, wie wir sie umsetzen können, sonst bleibt unsere Vision im Raum schweben, bis sie schließlich wie eine Seifenblase zerplatzt. Deshalb wollen wir vorab etwas tiefer in die Weisheit von schöpferischen Gesetzmäßigkeiten eindringen.

Vorausgesetzt, es gibt so etwas wie Gott, so wird auch er irgendwann einmal eine Vision von einem Universum gehabt haben, das schließlich durch seine Schöpferkraft entstanden ist. Das ist zwar eine etwas profane Vorstellung eines komplexen schöpferischen Aktes, jedoch ist es für uns von Bedeutung, die göttlichen, schöpferischen Gesetzmäßigkeiten zu kennen, um unsere Visionen umzusetzen.

Zunächst wenden wir uns den kosmischen Gesetzmäßigkeiten zu, die am besten in den hermetischen Gesetzen dargestellt sind.

Die hermetischen Gesetze

Die hermetischen Gesetze wurden verfaßt von Hermes Trismegistos und überliefert in Form einer großen Steinplatte, der Tabula Smaragdina. Sie wurde in Ägypten gefunden und auf ein Alter von ca. 4000 Jahren geschätzt.

Hermes Trismegistos war ein erleuchteter Meister, der hier auf der Erde gelebt hat und später in vielen Kulturen als Gott verehrt wurde. Den Mythen und Sagen nach soll die ägyptische Gottheit «Thot», die im ägyptischen Totenbuch verzeichnet ist, identisch gewesen sein mit Hermes Trismegistos; vorher soll er als hochgestellter Weiser in Atlantis gelebt haben. Hermes bedeutet auf griechisch «Dolmetscher» oder «Deuter», und er wird in der griechischen Mythologie als himmlischer Götterbote dargestellt. Ähnliches sagt die ägyptische Mythologie über die Gottheit Thot aus. Er soll auf die Erde gekommen sein, um die Menschen die Geheimnisse der Wissenschaft, das Schreiben und Rechnen, die Religion, die Musik, die

Kunst, die Astrologie, die Medizin und das Schmelzen von Metallen zu lehren. Er soll derjenige gewesen sein, der den Tag in zwölf Stunden eingeteilt hat. Er war aber auch gefürchtet, da er imstande gewesen sein soll, dank seiner schöpferischen Fähigkeiten alles nach seinem Willen entstehen zu lassen.

Auf dieser in Ägypten gefundenen Steinplatte, der Tabula Smaragdina, sind in drei verschiedenen Sprachen – Hieroglyphen und sumerische sowie babylonische Keilschrift – die sieben Prinzipien kosmischer Gesetzmäßigkeiten (auch «hermetische Prinzipien» genannt) aufgezeichnet. Auf diesen sieben Prinzipien hat Hermes die gesamte philosophische Lehre aufgebaut, die heute von unseren Atomphysikern bestätigt wird. Sie sind die Basis der hermetischen Philosophie, die auch die «philosophia perennis» genannt wird, was «ewige Wahrheit» bedeutet, die Wahrheit, die niemals vergeht, die in allen Traditionen und Formen vorhanden ist.

Die gesamte Esoterik, die wir heute kennen – seien es die Tempelorden, die Rosenkreuzer, die Alchemie oder die Kabbala –, beruft sich auf diese hermetischen Gesetze. Wenn wir sie verstehen, begreifen und leben, so bringen sie uns in Einklang mit den kosmischen Rhythmen.

Die hermetischen Gesetze wurden viele tausend Jahre nur mündlich übertragen, bevor sie vor ca. 4000 Jahren in dieser schriftlich niedergelegten Form der Steintafel gefunden wurden. Um Mißbrauch dieses Wissens zu vermeiden, war es vor dieser Zeit üblich, nur wenigen eingeweihten Menschen diese «Geheimnisse» zu vermitteln, und zwar persönlich vom Lehrer direkt an den Schüler. Die Schüler mußten sich bestimmten Prüfungen unterziehen, um zu beweisen, daß sie auch würdig waren, dieses Geheimwissen zu empfangen.

Tabula Smaragdina heißt übersetzt «Die smaragdene Tafel». Der Smaragd ist ein Symbol für den kristallklaren, zielgerichteten Geist. So ist der Inhalt der Tabula Smaragdina das Ergebnis eines kristallklaren, zielgerichteten Geistes – klares, zielgerichtetes Denken, die Qualität des Ostens.

Es ist wahr – ohne Lügen – gewiß und wahrhaftig
was oben ist, ist wie das, was hier unten ist.
Und was hier unten ist, ist wie dasjenige, was dort oben ist.

Auszurichten die Wunder eines einigen Dinges
Und wie alle Dinge von einem Einigen sind
durch eines Einigen Betrachten
also sind von den einigen Dingen
alle Dinge geboren durch die Zubereitung.

Dieses Dinges Vater ist die Sonne
dieses Dinges Mutter ist der Mond
Der Wind hat's in seinem Bauche getragen
dieses Dinges Ernährerin oder Amme ist die Erde
der Vater aller Vollkommenheit in der ganzen Welt ist dieses.

Seine Kraft bleibt vollkommen,
wenn es in die Erde verwandelt ist
Scheide die Erde vom Feuer
das Dünne oder Zarte vom Zähen oder Groben
lieblich mit großem Verstande – oder vorsichtig

Von der Erde steigt es auf in den Himmel
und steigt wieder herab zu der Erde
und nimmt an sich die Kraft der Dinge die oben sind
Auf diese Weise wirst du die Ehre der ganzen Welt
empfangen und alle Finsternis wird von dir weichen.

Dieses ist die Kraft und Stärke aller Kräfte und Stärken
weil es alle dünnen oder zarten Dinge überwinden
und alle harten und festen Dinge durchdringen wird.
So ist die Welt erschaffen worden
Hierauf entstehen viele wunderbare Bereitungen
deren Art und Weise diese ist

Darum bin ich der dreimal große Hermes genannt
weil ich drei Teile der Weisheit besaß
Nun ist vollendet,
was ich von der Bearbeitung des Goldes gesagt.

Versuchen wir, den Inhalt über den Verstand zu begreifen, so werden wir die Sprache der Tabula Smaragdina kaum verstehen. Wir können uns die tiefere Bedeutung des Inhalts nur dann erschließen, wenn wir uns ganz auf ihn einlassen. Er ist wie ein Rätsel, das auf unterschiedliche, individuelle Weise von jedem gelöst werden kann, der sich damit eingehend und intensiv beschäftigt. Wir werden an dieser Stelle deshalb auch nur unsere eigene subjektive Interpretation der Tafel wiedergeben können, die nicht den Anspruch auf Allgemeingültigkeit erhebt:

Wenn Hermes von einem «Ding» spricht, so können wir wohl davon ausgehen, daß er damit das meint, was wir mit «Gott» bezeichnen würden. Sprechen wir Menschen von Gott, so haben wir dabei automatisch eine bestimmte festgelegte Vorstellung von dem, was oder wer Gott ist, die durch unsere religiöse Erziehung und unseren Glauben geprägt wurde. In Wirklichkeit kann es jedoch niemals eine Definition oder Beschreibung für Gott geben, die das wiedergibt, was er / sie / es tatsächlich ist. Weil sich das, was wir als Gott bezeichnen, weit jenseits jeglicher Beschreibungskategorien befindet, wird Hermes es auch in weiser Voraussicht als «das Ding» bezeichnet haben. Dieses Ding kann alles bedeuten und nichts, und das ist ja auch genau das, was «Gott» ist: ALLES und NICHTS. Es ist weder das Oben noch das Unten, weder das Kalte noch das Warme, weder die Liebe noch der Haß, weder die Freude noch der Schmerz, weder Licht noch Dunkelheit, es ist ALLES und NICHTS. Und somit kommen wir zum ersten kosmischen Gesetz, dem Prinzip des Geistes.

Das erste kosmische Prinzip
Das All ist Geist, das Universum ist geistig

Das gesamte Universum gründet sich auf dem «Ding» (Gott oder Geist), das, was ALLES und NICHTS ist. Alle Formen, die irgendwo im All existieren, alle Sterne, Planeten und Galaxien, von der Ameise bis zum Menschen, sind aus dem Geist, aus diesem «Ding» heraus entstanden. Das All (der Raum) ist die substantielle Realität, die allen Erscheinungsformen zugrunde liegt. Der Geist ist nichts und doch entsteht alles aus ihm. Der Geist ist weder Bewegung noch Stillstand, eben genau das Ding, das wir nicht begreifen. Das Ding ist Gedanke und kein Gedanke ... und hierbei schalten sich unsere Gedanken aus, denn dem kann unser Verstand nicht mehr folgen. Unser Verstand und damit unser Denken ist genau das Gegenteil, nämlich Bewegung, es ist zielgerichtet, zielorientiert, es verfolgt einen bestimmten Sinn und Zweck. Dieses «Ding», der Geist, ist die ursachlose Ursache aller Ursachen, diese substantielle Realität, die existiert und nicht existiert.

Nachfolgende Meditationsübung dient dazu, dieser ursachlosen Ursache aller Ursachen etwas näher zu kommen:

 ÜBUNGEN ZUM OSTEN

1. ÜBUNG : ***Meditation über ein Koan***
- Schließen Sie die Augen und nehmen Sie einige tiefe Atemzüge ... Lassen Sie nun Ihren Atem zu Ihrem Stirnzentrum fließen ... Ihre ganze Aufmerksamkeit und Wahrnehmung geht zum Stirnzentrum ... Nichts anderes ist im Moment von Bedeutung ... Und so ganz allmählich lassen Sie nun in Ihrem Stirnzentrum ein helles, klares Licht auftauchen, wie eine Sonne ... Mit jedem Atemzug können Sie das Licht dieser Sonne immer klarer werden lassen ... Vielleicht hat Ihre Sonne eine bestimmte Farbe, dann lassen Sie sie da sein ...
- Atmen Sie weiter in Ihr Stirnzentrum, in diese Sonne hinein,

und lassen Sie zu, daß sich dieses helle Licht immer mehr in Ihrem Kopf ausbreitet ... Erst links und rechts von Ihrer Stirn, dann nach oben und nach unten ... Von der Stirn aus breitet sich diese Sonne immer mehr aus, sie dehnt sich aus wie ein Luftballon, der aufgeblasen wird.

- In diesem hellen Licht, das von Ihrer Stirn ausgeht, ist jetzt nur ein Gedanke, den Sie zulassen: «Die ursachlose Ursache aller Ursachen.»
- Wenn andere Gedanken auftauchen, dann lassen Sie sie gehen und kehren immer wieder zu dem einen Gedanken zurück ...
- In diesem Licht in Ihrer Stirn ist nur ein einziger Gedanke vorhanden: «Die ursachlose Ursache aller Ursachen» ...
- Meditieren Sie über diesen einen Gedanken 30 Minuten lang und nehmen Sie wahr, was dieser Gedanke in Ihnen auslöst.

Wiederholen Sie diese Meditation, so oft es Ihnen möglich ist. Und haben Sie Geduld dabei! Am Anfang wird es Ihnen nur schwerlich gelingen, den Geist darin zu finden. Wenn Sie mit solchen Saatgedanken (Koans) arbeiten, werden Sie bemerken, daß Sie zuerst unruhig werden. Da können Gedanken auftauchen wie: «Was ist das für ein Unsinn, wozu soll das gut sein?» Ihr Körper wird unruhig, es juckt hier und kribbelt da. Dann werden Gedanken kommen wie: «Vielleicht gibt es ja doch eine Lösung? Es muß eine Lösung geben!» Sie wollen verstehen, Sie wollen wissen, welche Erkenntnis in dieser (vordergründig unsinnigen) Aussage steckt: Die ursachlose Ursache aller Ursachen.

Wenn Sie alles, was auftaucht, gehenlassen und ignorieren und sich immer wieder auf diesen einen Gedanken konzentrieren, dann werden Sie irgendwann in eine innere Leere eintreten, die vollkommen still ist. Und wenn Sie diese Leere und Stille für einige Sekunden aushalten können, dann werden Sie erfahren, was die ursachlose Ursache aller Ursachen ist: Es ist das einzige in uns, das wirklich ist.

Gott hat uns nach seinem Ebenbild erschaffen, das heißt jedoch nicht, daß dieses «Ding», das wir Gott nennen, eine Nase, zwei Augen und Ohren, Haare und einen Körper wie wir Menschen hat, sondern daß das «Ding» (Gott) die Urform des Menschen in sich trägt. Das «Ding» selbst jedoch hat keine Form und bringt doch alle Formen hervor.

Dieser Satz: «Gott hat den Menschen nach seinem Bilde erschaffen» heißt, daß wir Menschen ALLES in uns enthalten und NICHTS, genau wie Gott. Wir tragen diesen Geist, diese Leere, die ALLES und NICHTS ist, in uns. Und damit haben wir das gesamte göttliche Potential zur Verfügung. Das bedeutet, wenn Gott fähig ist, aus sich selbst heraus zu erschaffen, dann sind wir Menschen dazu ebenfalls fähig. Wir sind Schöpfer unseres eigenen Lebens, unseres Alltags und sogar der ganzen Welt.

Dieses «Ding» gründet sich auf den Geist, auf die substantielle Realität des Universums. Dieses «Ding» atmet aus, durch die Ausatmung gerät alles in Bewegung, und es entsteht Licht. Wie wir aus der Quantenphysik wissen, ist Licht eine Welle in Bewegung und gleichzeitig Teilchen, die sogenannten Photonen. Der Einfachheit halber und weil wir hier kein Buch über Quantenphysik schreiben, nennen wir diese Photonen Lichtfunken. Sie sind Ursprung und Ursache von allem Erschaffenen, also auch von uns Menschen.

Das zweite kosmische Prinzip
Wie oben, so unten – wie innen, so außen –
wie im Größten, so im Kleinsten

Wenn wir beginnen, unser Selbst zu erforschen, so ergründen wir gleichzeitig das Universum, und wenn wir das Universum erforschen, so erforschen wir gleichzeitig uns selbst. Beschäftigen wir uns mit Mikrobiologie und verstehen die Funktionsweise und den Aufbau einer Körperzelle, dann wissen wir, wie das Universum aufgebaut ist: wie oben, so auch unten. Ob es nun der Mikrobiologe oder der Astronom ist, es gibt Symposien, an denen moderne Wissenschaftler aller Fakultäten teilnehmen, die dieses Denken verfolgen. Obwohl ihr Forschungsweg bis dorthin unterschiedlich war, kommen sie inzwischen alle zum gleichen Ergebnis, und das ist die Essenz des zweiten kosmischen Gesetzes: Das Kleine ist im Großen enthalten und das Große im Kleinen, das heißt, daß alles ein holografisches System ist, in dem das Große in allen Teilen im Kleinsten enthalten ist und umgekehrt.

Blicke einer Ameise in die Augen, so erblickst du Gott.

Betrachte eine Blume und schaue dir das Universum an.

Sieh in die Augen eines Neugeborenen und betrachte die Liebe Gottes.

Erlebe die innere Leere und sieh das Antlitz Gottes.

mache dir das zu deiner Wahrheit.

Es ist alles begründet auf dem einen Geist, auf der einen Substanz, die ALLES ist und NICHTS. Zwischen meinen Fingern halte ich den Geist, denn der Geist ist überall. Er ist nicht nur da draußen im All, sondern hier in uns und um uns herum. Wir sind Geist, und wir leben im Geist. Wenn wir in das NICHTS eine Form bringen, dann ist der Geist auch in dieser Form. Und wenn diese Form ein Holzkasten ist, dann ist der Geist in diesem Holzkasten. Der Körper, den wir haben, ist nichts anderes als eine Form, die in und durch den Geist wandelt.

In der Tabula Smaragdina heißt es: «Der Wind hat's in seinem Bauche getragen.» Mit dem Wind ist symbolisch der Geist gemeint, der atmet und alles bewegt. Durch die Bewegung entstehen zuerst die Lichtfunken, und daraus setzen sich dann die Formen zusammen. Es ist das, was wir Evolution nennen. Und Evolution kann nur geschehen, wenn Bewegung da ist. Durch Bewegung entsteht Energie, und Energie ist Leben.

Kommen wir zurück zu dem Gesetz: wie oben, so auch unten. Es bedeutet auch, daß auf allen Ebenen die gleichen Gesetzmäßigkeiten herrschen. Ein Beispiel: In einem Konflikt, der zwischen Kindern im Kindergarten ausgetragen wird, herrschen die gleichen

Gesetzmäßigkeiten wie im Konflikt zwischen der UNO und Saddam Hussein. Wenn wir das Prinzip der Gesetzmäßigkeiten verstehen, das heißt, wie dieser Konflikt im Kindergarten entsteht, so können wir das auch auf die Konfliktlösung zwischen UNO und Hussein übertragen. Solange wir unsere Familienkriege nicht gelöst haben und das dahinterstehende Gesetz nicht verstehen, werden wir auch keine Lösung für die großen Kriege dieser Welt finden.

Die Astrologie funktioniert ebenfalls nach dem gleichen Prinzip: wie oben, so auch unten. Wenn wir die Astrologie richtig verstanden haben, dann sagen wir nicht, der Planet Mars hat einen Einfluß auf uns, sondern im Menschen sind die marsianischen Kräfte enthalten. Und um die marsianischen Kräfte definieren zu können, ziehen wir zum Vergleich den Planeten Mars heran. Wir beobachten seine Kräfte, seine Bewegung und seinen Rhythmus, um so Rückschlüsse auf die marsianischen Kräfte in uns ziehen zu können. Da das Prinzip «wie oben so auch unten» uns sagt, daß die Informationen und Kräfte einer Form überall in allen Formen existieren, sind alle Planeten letztlich in uns enthalten, und zwar in Form ihrer Qualitäten und Schwingungen.

Das dritte kosmische Prinzip
Nichts ist in Ruhe, alles bewegt sich,
alles ist in Schwingung

Da gibt es also den Geist – das ist der Nullpunkt –, und dieser Geist atmet aus. Es entsteht das Prinzip: wie oben, so auch unten. Nachdem der Geist ausgeatmet hat, gibt es keine Ruhe mehr, denn es gerät alles ins Fließen, in Bewegung. So entsteht das Gesetz der Schwingung. Der Flügelschlag eines Schmetterlings bewegt das Universum. Mit dieser Theorie beschäftigt sich heute sogar die Wissenschaft, die Chaosforschung.

Der Nullpunkt ist vorbei, und aus der Null ist die Eins entstanden. Aus dieser Eins, aus diesen Energien, entstehen Schwingungen, die Träger für Informationen sind. Diese Informationen wiederum sind die Grundlage für alle Formen: genetische, biologische, magnetische, spirituelle usw.: In-form-a(k)tion = in Form gebrachte Aktion. Das ist der Ursprung der unterschiedlichen Erscheinungsformen in der Materie.

Die Relativitätstheorie von Einstein besagt: Energie ist Materie in Bewegung, und Materie ist Energie im Stillstand. Das heißt übersetzt: Alles ist Energie in Schwingung. Und wenn sich die unterschiedlichen Frequenzen dieser Schwingung verdichten, bis sie fast zum Stillstand kommen, bilden sie die verschiedenen Formen der Materie. Welche Formen gebildet werden, hängt von der Art der Informationen ab, die im Vordergrund stehen oder in einer größeren Dichte vertreten sind. Prinzipiell sind alle Informationen gleichzeitig vorhanden.

Wenn wir reden, gerät die Luft in Schwingung, die Luftmoleküle und damit die Lichtfunken (Informationen) werden im Raum verdichtet. Über unsere Sprache, Tonlage und Wortwahl können wir Einfluß auf unsere Umwelt nehmen, denn sie bestimmen die Verdichtung und damit die Qualität der Informationen, die wir durch die Sprache erzeugen und die von anderen Menschen über ihr Aurafeld erfahrbar wird.

Das trifft nicht nur auf das gesprochene Wort zu, sondern auch auf Gedanken. Meditiert eine Gruppe von Menschen gemeinsam in einem Raum, so ist die energetische Atmosphäre in diesem Raum recht gut spürbar. Wenn diese Gruppe darüber hinaus für einen längeren Zeitraum ein gemeinsames Ziel, eine Richtung, eine Vision hat, die jeder Teilnehmer auf seine Art und Weise verfolgt, so entsteht aus diesen Informationen eine Form: das Gruppenbewußtsein. Vorausgesetzt, jeder Gruppenteilnehmer hätte die Fähigkeit entwickelt, in die Leere des Geistes hineinzugehen, ins reine Sein, dann könnte dieses Gruppenbewußtsein sogar sichtbar gemacht werden. Wenn alle Formen ihren Ursprung in dem einen Geist haben, dann ist es möglich, alle Dinge durch diesen einen Geist beeinflussen zu können. Das heißt letztlich, daß wir erschaffen können.

Deshalb sagt Hermes zum Gesetz der Schwingung: Wer das Gesetz der Schwingung versteht, hat das Zepter der Macht in der Hand. Durch unsere bloße Anwesenheit versetzen wir schon alles in Schwingung, doch dies geschieht unbewußt und dadurch unkontrolliert. Wir haben wenig Vorstellung davon, in welchem Maße wir in unserem Leben ständig Einfluß nehmen, allein dadurch, daß wir denken, reden und uns bewegen. Wenn wir verstehen, wie wir Schwingungen eine Richtung geben können, was Informationen sind und wie wir sie verdichten, können wir Einfluß auf alles nehmen. Wir werden zum Schöpfer, weil wir das Prinzip der Magie beherrschen. Deshalb wurden die hermetischen Gesetze über Jahrtausende geheimgehalten, denn allein das Gesetz der Schwingung zu verstehen, es zu kontrollieren und bewußt auszuüben, beinhaltet eine ungeheure Macht, die sowohl erschaffen als auch zerstören kann.

Weiter sagt das dritte hermetische Gesetz aus, daß die langsam schwingenden, groben die schnelleren, feinstofflicheren Schwingungen überlagern. So gibt es Menschen, die vom Äußeren her sehr grob wirken, jedoch vom Inneren her ausgesprochen feinfühlig sein können. Wenn wir einen sehr feinen, intuitiven Impuls haben, jedoch auch grobe Schwingungen wie Ärger in uns tragen, so kann dieser intuitive Impuls nicht zu uns durchdringen, er wird von der gröberen Schwingung des Ärgers überdeckt. Die Arbeit im Medizinrad und vor allem im Osten zielt darauf ab, daß die Schwingungen unseres Energiekörpers in eine höhere, feinstofflichere Frequenz geführt und dadurch zu einem besseren Informationsträger werden können. Erst dann wird es möglich, Informationen mit einer höheren Qualität zu empfangen und umzusetzen. Durch diese Bereinigung unseres Energiekörpers treten wir immer mehr in den kosmischen Informationsfluß ein. Ein sehr empfehlenswertes und wirksames Mittel auf diesem Weg ist die Meditation.

Das vierte kosmische Prinzip

Alles ist zweifach, alles hat sein Paar,
alles hat seinen Gegensatz

Das Gesetz der Polarität besagt, daß alles, was existiert, seinen Gegensatz (Gegenpol) hat und daß ohne Gegensätze nichts entstehen kann.

Viele von uns kennen die Erfahrung, daß eine Gefühlsqualität, die sehr extrem geworden ist, wie zum Beispiel Angst, ganz plötzlich in das Gegenteil umschlägt. So kann aus extremer Angst tiefe Ruhe werden. Solche Extremsituationen zeigen uns, daß die Gegensätze auf einer tieferen Ebene im Prinzip identisch sind, während wir uns in alltäglichen Situationen mehr ihrer Unterschiede bewußt sind. Diese Unterschiede liegen jedoch lediglich in der Bewertung und der Intensität, und zwar indem wir uns mit einem Pol (zum Beispiel der Angst) mehr identifizieren als mit dem anderen Pol. Dadurch bekommt der eine Gegensatz mehr Kraft, mehr Energie und mehr Wirkung als der andere.

Werden wir von einer Emotion sehr stark beherrscht oder haben einen dominierenden Persönlichkeitsteil in uns erkannt, so ist es wichtig, daß wir uns dem Gegenpol zuwenden und diesen verstärken. Es wird ein Teil sein, den wir wahrscheinlich bisher stark vernachlässigt haben. Unsere Konzentration ist meistens auf einen Pol gerichtet, an dem wir festhalten, ob dieser nun Angst oder Mut und Zuversicht heißt, spielt dabei keine Rolle. Es geht darum, beiden Polen die gleiche Aufmerksamkeit und die gleiche Berechtigung zu geben, denn dann kann keiner der beiden zu stark werden und uns beherrschen. Dann stehen wir in der Mitte und können beide Pole für uns nutzen, wir können beginnen, mit ihnen zu spielen.

Das Polaritätsgesetz beinhaltet ein weiteres Prinzip: «Alle Wahrheiten sind halbe Wahrheiten.» Das bedeutet, wann immer wir eine Wahrheit verfolgen, so gibt es automatisch eine andere Wahrheit, die genau das Gegenteil dieser einen Wahrheit darstellt. Wenn also jede Wahrheit nur eine halbe Wahrheit und das Gegenteil genauso stimmig ist, wonach können wir uns dann noch richten? Hinzu kommt noch die Tatsache der Relativität: Alles ist relativ. Wo beginnt Wahrheit, und wo endet Lüge? Wo fängt Wärme an, wo hört Kälte auf? Wo beginnt schnell, und wo endet langsam?

Letztlich geht es bei allem darum, aus halben Wahrheiten heraus die Mitte zu finden, das heißt die Relation mit einzubeziehen, denn alle Gegensätze haben einen gemeinsamen Mittelpunkt. Wenn wir diesen Mittelpunkt, diesen dritten Punkt gefunden haben, entsteht ein Dreieck, dann sind wir in uns selbst, in unserer inneren Mitte, zwischen beiden Polen. Dieses «In-der-Mitte-Sein» ist ein innerer Zustand, von dem aus wir beide Seiten sehen und erfahren können, in dem Wissen, daß alles Wahrheit ist, ohne von einer Seite beeinflußt zu werden. Hier haben wir Zugang zu unserem Geist – und vor allem zu unserer eigenen Wahrheit. Ohne diesen dritten Punkt sind wir gefangen in den Polaritäten und werden entweder von der einen oder der anderen Seite beherrscht.

 ÜBUNGEN ZUM OSTEN

2. ÜBUNG: *Polarität ausgleichen*

Diese Übung wird im Stehen durchgeführt:

- Stellen Sie sich mit leicht gebeugten Knien auf den Boden und schließen Sie Ihre Augen. Atmen Sie für einige Atemzüge lang tief ein und aus und entspannen Sie Körper und Geist. Spüren Sie Ihre Fußsohlen auf dem Boden, während Sie ganz locker dastehen.
- Und nun erinnern Sie sich an eine bestimmte Angst, die Sie aus Ihrem Leben kennen. Jeder von uns ist bereits mit Angst konfrontiert worden: Angst, nicht das Richtige zu tun, Angst, sich auszudrücken, sich zu zeigen, Angst, zu versagen usw. usw. Denken Sie jetzt an eine Angst, die Ihnen bekannt ist, und richten Sie Ihr Bewußtsein, Ihre Wahrnehmung auf diese Form von Angst, jedoch ohne daß Sie sich mit ihr identifizieren.
- Stellen Sie sich vor, Ihre Angst steht neben Ihnen. Und während

Sie das tun, nehmen Sie wahr, ob Sie Ihre Angst links oder rechts von Ihnen wahrnehmen. Und nun schauen Sie auf der Seite, wo Sie die Angst wahrnehmen, auf den Boden. Dort werden Sie jetzt Kleidungsstücke bemerken, ganz bestimmte, die Ihrer Angst entsprechen. Lassen Sie sich einen Moment Zeit, um diese Kleidungsstücke, die da neben Ihnen auf dem Boden liegen, ganz genau wahrzunehmen ...

- Und nun treten Sie ganz langsam und bewußt einen Schritt zu dieser Seite, wo sich Ihre Angst befindet, und ziehen anschließend die Kleider der Angst an, so daß Sie ganz und gar in diese Angst hineinschlüpfen ... Spüren Sie, wie das ist, wenn Sie sich ganz mit Ihrer Angst identifizieren ... Nehmen Sie Ihren Körper wahr: Wie stehen Sie jetzt da? Welche Körperhaltung haben Sie jetzt eingenommen? ... Wie ist Ihre Atmung? ... Wo empfinden Sie Verspannungen? ... Welche Empfindungen haben Sie? ... Welche Gedanken tauchen auf? ... Wie drückt diese Angst sich aus? ... Wenn diese Angst eine Person wäre, deren Kleider Sie jetzt tragen, was für eine Person wäre das? Wie sieht diese Person aus? Wie fühlen Sie sich in dieser Person? ...

- Und jetzt ziehen Sie diese Kleidungsstücke wieder aus, ganz bewußt, ganz langsam ... und machen einen bewußten Schritt hin zurück zu Ihrem Ausgangspunkt, so daß Sie aus dieser Person der Angst wieder herausschlüpfen. Nehmen Sie wahr, wie es Ihnen dabei geht, wie Sie sich dabei fühlen. Nehmen Sie die Veränderung wahr, wenn die Angst wieder neben Ihnen steht. Sie sind nicht mehr die Angst, Sie sind nun nicht mehr mit ihr identifiziert. Spüren Sie, was sich jetzt verändert hat. Sie sind ganz bewußt herausgegangen aus der Angst. Wie ist jetzt Ihre Körperhaltung? Was ist anders? Wie sind jetzt Ihre Gedanken und Empfindungen? ... Lassen Sie noch einmal Ihren Blick auf die Seite fallen, auf der die Angst steht. Schauen Sie sich noch einmal Ihre Angst von außen an ...

- Jetzt lassen Sie Ihren Blick ganz langsam auf die andere Seite neben Ihrem Körper wandern. Schauen Sie genau hin: Hier auf der anderen Seite befindet sich das Gegenteil Ihrer Angst. Hier steht die Polarität zu Ihrer Angst ... Wie heißt die Polarität zu Ihrer Angst, wie sieht sie aus? ... Und nun schauen Sie wieder auf den Boden, auch dort liegen Kleidungsstücke. Nehmen Sie diese jetzt ganz genau wahr ...

- Und nun machen Sie wieder ganz bewußt einen Schritt zu der Seite, auf der sich die Polarität Ihrer Angst befindet, und beginnen Sie wieder damit, die Kleidung des anderen Pols anzuziehen ... Fühlen Sie, in was Sie da hineinschlüpfen und womit Sie sich jetzt identifizieren ... Schlüpfen Sie auch in diese Person hinein und nehmen Sie wahr, wie sich jetzt Ihr Körper anfühlt ... Wie stehen Sie da? ... Was drücken Sie jetzt aus? ... Was ist das für eine Person? ... Was denken und empfinden Sie als diese Person? ...

- Und nun ziehen Sie auch diese Kleidungsstücke wieder aus, lassen Sie sich Zeit, um wieder ganz bewußt aus dieser Rolle herauszuschlüpfen ...

- Machen Sie wieder einen Schritt in die Mitte hinein, zurück zu Ihrem alten Standpunkt. Tun Sie diesen Schritt ganz bewußt ...

- Sie haben jetzt an Ihrer linken und rechten Seite zwei Pole stehen: Der eine Pol ist die Angst, der andere Pol ist _____ _____, und Sie stehen in der Mitte zwischen diesen beiden Polen.

- Nehmen Sie wahr, wie es Ihnen hier in dieser Position, in der Mitte, geht. Sie sind weder der eine Pol noch der andere, Sie stehen in der Mitte und können beides betrachten. Nehmen Sie beide Seiten, beide Pole, ganz bewußt wahr, abwechselnd ... Was ist der Unterschied zwischen dem einen und dem anderen Pol? ... Wie geht es Ihnen in der Mitte zwischen den beiden Polen? ... Sie haben beide Pole zur Verfügung, sie gehören zu Ihnen, aber Sie sind sie nicht ...

- Überlegen Sie, während Sie sich beider Pole gewahr werden, was Sie mit dem einen und was Sie mit dem anderen machen könnten? Wozu könnten Ihnen diese beiden Pole dienen?

Wozu könnte Ihnen die Angst nützlich sein und wozu der Gegenpol zur Angst? ...

• Entspannen Sie sich nun langsam, und nehmen Sie sich die Zeit, die Sie brauchen, um diese Übung zu beenden ...

Wenn Sie wollen, machen Sie sich eventuell einige Notizen zu Ihren Erfahrungen.

Diese Polaritätsübung können Sie ebenfalls in bezug auf andere Emotionen anwenden, wie zum Beispiel Freude, Wut, Lust, Trauer, Eifersucht usw.

Das fünfte kosmische Prinzip
Alles fließt aus und ein,
alles hat seine Gezeiten

Das fünfte kosmische Prinzip stellt das Gesetz des Rhythmus dar. Und das besagt: Alles ist in Bewegung, und diese Bewegung hat einen bestimmten Rhythmus wie bei Ebbe und Flut. Alles hat seinen Hochpunkt und bricht dann irgendwann in sich zusammen, und erreicht einen Tiefpunkt, um schließlich einen neuen Anlauf zu nehmen und wieder nach oben zu kommen.

Wir alle kennen diesen Rhythmus zwischen «himmelhoch-jauchzend» und «zu-Tode-betrübt». Himmelhoch-jauchzend heißt, daß unser Energiekörper ganz schnell schwingt, und das empfinden wir als Freude und Glück. Durch die schnelle Schwingung des Energiekörpers dehnt sich die Aura aus, und wir haben das Gefühl, daß wir die ganze Welt umarmen könnten. Irgendwann wird die Schwingung jedoch wieder langsamer, der Energiekörper zieht sich wieder etwas zusammen, was zur Folge hat, daß wir betrübt sind und dem vorherigen Zustand nachtrauern. Meist kritisieren wir uns dafür, daß wir diesen glücklichen Zustand nicht haben halten können. Es ist jedoch ein ganz natürlicher Rhythmus, der einem kosmischen

Prinzip entspricht, dem wir nicht entrinnen können. Wir werden es kaum erreichen können, uns immer gut zu fühlen, da wir an dieses kosmische Gesetz vom Rhythmus gebunden sind. (Eine Ausnahme stellt der Erleuchtungszustand dar: Da befinden wir uns jedoch jenseits der Polarität.)

Viele Menschen – nachdem sie einige Male die Erfahrung des «Rauf und Runter» gemacht haben – trauen sich kaum noch, die Bewegung «nach oben» zuzulassen. Sie halten sich bewußt zurück, damit sie nicht in die Freude hineinkommen, weil sie entsetzliche Angst vor der Trauer (dem Tiefpunkt) danach haben.

Es gibt einfach Zeiten, in denen wir wunderbare Erfahrungen machen und diese in unserem Alltag auch umsetzen können. Und dann gibt es wieder Zeiten, in denen einfach nichts gelingen will, Zeiten, in denen wir in unseren alten Mustern festhängen. Meist werden diese Phasen durch starke Selbstkritik begleitet, was uns schließlich länger in diesem Tal festhält, als es nötig wäre.

Überall in der Natur manifestiert sich dieses kosmische Gesetz, wobei die Natur sich nicht dagegen wehrt, so wie wir Menschen das tun. Deshalb ist es gut zu begreifen, daß es das kosmische Gesetz der Gezeiten auch in uns gibt, und damit Berge und Täler, Höhepunkte und Tiefpunkte in unserem Leben. Wir können lernen, mit diesem Rhythmus mitzugehen. Wenn wir uns dem nicht mehr entgegenstellen, wird das Tief nicht mehr so schmerzhaft sein.

Deshalb liegt hier im Osten auch eine unserer Aufgaben darin zu lernen, in jedem Augenblick loslassen zu können, sich dem Rhythmus und dem natürlichen Fluß hinzugeben, dem Unplanbaren und dem Unausweichlichen. Voraussetzung dafür ist, auf der einen Seite Vertrauen aufzubauen, daß alles seine Richtigkeit hat und auf der anderen Seite unser beschränktes Denken aufzugeben, daß wir das Leben kennen würden und wüßten, was für uns gut ist.

Was wäre, wenn es keinen Rhythmus mehr gäbe? Dann gäbe es keine Bewegung mehr, was gleichbedeutend ist mit Stillstand. Dann würde keine Schwingung, keine Energie und keine Information existieren – es würde sich alles auflösen, denn Stillstand ist der Nullpunkt. Es liegt nahe, als nächstes die Frage zu stellen: Was ist der Sinn, daß dieses «Ding», dieser Geist, aus dem Nullpunkt herausgeht in die Bewegung hinein, indem er / sie / es ausatmet? Das ist die große philosophische Frage, die nicht einmal Hermes beantworten konnte. Wir könnten vielleicht spekulieren, daß das «Ding», der Geist, ausatmet, weil ihm langweilig ist. Nur diese Vermutung hat einen Haken: Langeweile existiert nicht im Geist. Das «Ding» atmet aus, und irgendwann wird eine Zeit kommen, da wird das «Ding» wieder einatmen – was ist dann? ...

In der Hindu-Philosophie gibt es Berechnungen, wie lange dieses «Ding» ausatmet und wie lange es wieder einatmet. Das sind die Entwicklungszyklen der Evolution. Nach unserer Zeitrechnung sind das 432 000 (vierhundertzweiunddreißigtausend!) Billiarden Jahre, in denen dieses «Ding» ausatmet. Dann atmet es wieder 432 000 Billiarden Jahre ein – und dann verschwindet wieder alles. Diese Zeitrechnung ist eingeteilt in ganz bestimmte Zyklen bzw. Rhythmen, die wir in den Berechnungen der Mayas (Maya-Kalender) wiederfinden. An dieser Stelle weisen wir auf das Buch «Der Maya-Faktor» von Jose Arguelles hin, das sich sehr ausführlich mit dieser Thematik beschäftigt, ausführlicher, als wir es hier tun können.

Das sechste kosmische Prinzip
Jede Ursache hat ihre Wirkung,
jede Wirkung hat ihre Ursache,
alles geschieht gesetzmäßig

Das sechste kosmische Prinzip besagt, daß es keinen Zufall gibt. Zufall ist höchstens das, was uns gesetzmäßig zufällt. Das bedeutet: Alles geschieht nach einem gesetzmäßigen Prinzip. So gibt es für alles eine Ursache. Jede Ursache hat eine bestimmte Wirkung. Jede Wirkung löst eine bestimmte Aktion aus. Jede Aktion löst wiederum eine bestimmte Re-Aktion aus. Jede Re-Aktion erzeugt ein Gleichgewicht oder ein Ungleichgewicht, eine Harmonie oder eine Disharmonie. Aus dieser Harmonie oder Disharmonie heraus ist wiederum die Ursache festgelegt, die eine neue Wirkung für eine Aktion und eine Re-Aktion auslöst.

Ein Beispiel: Wenn ich einen Menschen beleidige, hat das eine bestimmte Ursache, das heißt, es gibt einen Grund dafür, daß ich das tue. Die Wirkung auf meine Handlung ist, daß dieser Mensch sich verletzt fühlt. Das löst bei ihm eine bestimmte Aktion aus, daß er mir zum Beispiel eine Ohrfeige gibt. Meine Re-Aktion darauf ist, daß ich mich auch verletzt fühle, weil mir das weh tut. Das ist ein disharmonischer Zustand, der eine neue Ursache für eine weitere Aktion meinerseits darstellt.

Schauen wir uns in diesem Zusammenhang einmal die Entstehungsgeschichte von Greenpeace an: Alles nahm seinen Anfang, als ein Mann mit der Idee, gegen die Umweltverschmutzung der Meere zu protestieren, in einem Ruderboot den Atlantischen Ozean überquerte. Durch seine Idee legte er die Ursache für das fest, was danach folgte. Die Wirkung war, daß die gesamte Weltpresse darüber berichtete. Die Aktion, die wiederum dadurch ausgelöst wurde, bestand darin, daß sehr viele Menschen auf die Idee kamen, etwas Ähnliches zu machen. Es folgte eine Ketten-Re-Aktion, wodurch das Projekt Greenpeace ins Leben gerufen wurde. Die Tätigkeiten von Greenpeace lösen bei den Menschen unterschiedliche Re-Aktionen hervor: Ein Teil ist dafür, ein Teil ist dagegen (Polaritäten), wodurch ein Gleichgewicht oder ein Ungleichgewicht erzeugt wird. Das wiederum legt neue Ursachen fest usw. usw.

Diese Abfolge – und nichts anderes – bedeutet das karmische Gesetz. Wir ernten immer die Wirkung von dem, was wir verursacht haben, es kommt alles auf uns zurück, wobei das weniger mit Schuld und Bestrafung zu tun hat, als die meisten Menschen glauben. Das trifft nur dann zu, wenn ich selbst (meine Seele) glaube, daß ich etwas falsch gemacht habe und nun auch dafür bezahlen muß. Dann wird meine Seele alles dafür tun, um einen Ausgleich zu schaffen. Wenn ich jedoch bereit bin, die Verantwortung für alle

Konsequenzen meiner Handlungen (Wirkung) zu tragen, dann wird alles für mich möglich, und ich bin frei.

Ein großes Problem ist, daß wir Menschen meist nicht einschätzen können, welche Wirkung unsere Taten haben. Daß es am Weitblick fehlt, zeigt sich auch in der Medizin. Eine Zeitlang wird ein neues Medikament getestet, bis es schließlich als «ungefährlich» eingestuft und auf den Markt gebracht wird. Welche negative Folgen ein Medikament schließlich auf lange Sicht haben kann, führt uns das Beispiel Contergan vor Augen.

Das siebte kosmische Prinzip

Geschlecht ist in allem,
alles hat männliche und weibliche Prinzipien,
Geschlecht offenbart sich auf allen Ebenen

Das letzte kosmische Prinzip sagt uns, daß jeder Mensch sowohl den weiblichen als auch den männlichen Aspekt in sich trägt. Beides ist auch in denjenigen, die sagen, sie seien eine Frau, weil sie wie eine Frau aussehen, und ebenfalls in denen, die sagen, sie seien ein Mann, weil sie wie ein Mann aussehen. Die Männer tragen das Weibliche in sich und drücken das Männliche aus, und die Frauen tragen das Männliche in sich und drücken das Weibliche aus. Wir sind weder nur das eine noch ausschließlich das andere. Wir legen nur einen Schwerpunkt fest. Dann begeben wir uns nach Außen auf die Suche nach dem anderen Teil, der uns fehlt. Unsere Partner sind im Prinzip nichts anderes als das Spiegelbild des Teiles, auf den wir weniger Gewicht gelegt haben. Wir gehen immer mit unserer Anima beziehungsweise unserem Animus eine Beziehung ein, den beiden Archetypen, die in uns leben. (Dieses Thema haben wir ja bereits ausführlich im Kapitel Norden behandelt.)

Fassen wir die hermetischen Gesetze noch einmal zusammen:
Diese sieben kosmischen Gesetze sind Teil unseres Seins. Ihren Wert erreichen sie erst dann, wenn wir es geschafft haben, im Einklang mit diesen kosmischen Prinzipien zu leben. Es geht darum, sie über das theoretische Erfassen hinaus in uns zu entdecken und wirklich zu integrieren:

Das erste besagt, daß alles Geist ist, daß alles dieses «Ding» ist, wie Hermes es nennt. Haben wir das verinnerlicht, dann tragen wir dieses höchste Wissen in uns, daß es letztlich keine Individualität, kein ICH gibt, daß es nur diesen einen Geist gibt, nach dessen Ebenbild wir Menschen geschaffen sind, und daß wir alle eins sind in diesem Geist.

Die Integration des zweiten Prinzips «wie oben, so auch unten, wie innen, so auch außen» verhilft unserem Verstand dazu, wirklich zu verstehen und zu begreifen und tiefer in die kosmische Weisheit einzudringen.

Das Prinzip der Schwingung zeigt uns, daß alles Bewegung und Resonanz ist. Wenn wir das verstanden und integriert haben, können wir Einfluß nehmen und Schöpfer sein.

«Es gibt von allem zwei Seiten» ist die Aussage des Polaritätsgesetzes, das heißt, es gibt niemals nur Freude und Licht, sondern auf der anderen Seite auch Schmerz und Dunkelheit. Haben wir dieses kosmische Prinzip verinnerlicht, so führt dies zu einem größeren Verständnis und Akzeptanz gegenüber anderen und zu Frieden im Herzen.

Wenn wir gelernt haben, gemäß dem fünften kosmischen Prinzip mit dem Rhythmus mitzugehen und uns nicht mehr zu wehren, so können wir uns vertrauensvoll sowohl den Höhen als auch den Tiefen auf unserem Weg hingeben. Eine solche Hingabe an das Leben setzt ein Potential von Energie frei, das sich in tiefer Lebensfreude ausdrückt.

Das Integrieren des Prinzips von Ursache und Wirkung führt dahin, daß alle Lebenssituationen zu Lehrmeistern für uns werden, denn wir wissen, daß es keinen Zufall gibt.

Und das siebte kosmische Gesetz hat uns letztlich gelehrt, daß in allem das männliche und weibliche Prinzip enthalten ist. Jetzt wissen wir, daß unser «Partner da draußen» der Teil von uns selbst ist, den wir noch nicht integriert haben. Und im Zusammenspiel mit dem Partner können wir dann lernen, diesen Teil, den er verkörpert, auch in uns zu entfalten.

Wenn wir so im Einklang mit den kosmischen Gesetzen und damit mit dem Ganzen stehen, wissen wir, wer wir sind, und Gefühle von Einsamkeit und Entfremdung hören auf zu existieren. Wir erkennen ganz klar, daß unser Umfeld ein Spiegelbild unserer selbst ist, in dem wir uns jederzeit wiedererkennen können.

Ein riesiger Schatz an Erfahrungsmöglichkeiten eröffnet sich uns. Wir brauchen keine Erklärungen und Konzepte mehr, um Erfahrung einzuordnen, denn tief in uns wissen wir einfach, weil wir es leben. Solange wir noch Erklärungen für eine Erfahrung brauchen, kommen wir von dem eigentlichen Erleben der Erfahrung weg. Wirkliches Verstehen bedeutet, die Erfahrung da sein und wirken zu lassen. So gelangen wir allmählich an den Punkt, wo wir nicht mehr verstehen wollen – sondern einfach wissen. Dieses Wissen geht über die Bedeutung hinaus, der wir heutzutage verhaftet sind: Es beinhaltet Intuition, kreative Kraft, Inspiration und Verbindung mit der inneren Weisheit.

Bevor wir im Osten unsere Visionen empfangen, ist es notwendig, uns noch tiefer in das Thema einzuarbeiten. Wir betrachten noch einige wichtige Aspekte, die wir zum Verständnis und zur Umsetzung der Visionen benötigen.

Ich, Beobachter und Wesensstern

Zuerst wenden wir uns dem inneren Beobachter zu, um zu verstehen, wie er sich vom Ich unterscheidet.

Das Ich kann sich nicht selbst erkennen als Ich. Wenn wir sagen:

Ich bin eine Individualität, und ich bin eine Frau oder ein Mann, bedeutet das, daß es etwas oder jemanden über das Ich hinaus geben muß, der «Ich» sagt und sich damit identifiziert. Wir können uns nicht selbst sehen, wir brauchen einen Spiegel dafür. Und diesen Jemand oder dieses Etwas wollen wir hier den «inneren Beobachter» nennen. C.G. Jung sagt dazu «Über-Ich», man kann es auch als die Seele oder unser innerstes Wesen bezeichnen.

Dieser innere Beobachter richtet seine Aufmerksamkeit auf das Geschehen innerhalb des Bewußtseinsfeldes (siehe Kapitel «Landkarte des Bewußtseins»). Vergangene Eindrücke und Erfahrungen bestimmen dabei, worauf er sich fokussiert. Dadurch entsteht eine Zusammenballung von Schwingungen mit den unterschiedlichsten Informationen, mit denen sich der Beobachter identifiziert und denen er einen Namen gibt. So können wir zum Beispiel sagen: Ich bin Mutter, ich bin Vater, ich bin Beamter, ich bin Therapeut usw. Der Eindruck von einem Ich als ein eigenständiges Ding ist geschaffen.

Der Beobachter ist der Wille. Und innerhalb des Ichs wird dieser Wille zum Wollen, was sich in unseren Wünschen und Bedürfnissen ausdrückt. Das ist der Unterschied zwischen Wille und Wollen. Der Beobachter hat also den Willen zu beobachten, und dadurch, daß er beobachtet, erschafft er ständig das Ich immer wieder von neuem und identifiziert sich damit. Der Beobachter beobachtet zum Beispiel eine Emotion, eine bestimmte Schwingung – die wir Gefühl nennen, weil wir die Schwingung empfinden und nicht denken –, und sobald er sagt, das bin ich, ist er eins mit der Emotion.

Das Ich ist also nichts anderes als ein Konglomerat von verschiedenen Schwingungen, Bildern, Vorstellungen, Glaubenssystemen, Erfahrungen usw. Und das Ich stellt nichts Beständiges dar, sondern besteht aus vielen Teilen, die in einem dauernden Wechsel stehen. Das heißt auch, daß ein konstantes Ich, das wir gerne hätten, weil wir ja wissen wollen, wer wir sind, nicht existiert. Das, was existiert, sind Bilder und Eindrücke, die beobachtet werden und mit denen der Beobachter sich identifiziert.

Daraus folgt, daß wir in uns kaum eine Antwort auf die existentielle Frage «Wer bin ich?» bekommen werden, denn eine klare Antwort würde ein konstantes Ich voraussetzen. Diese Ungewißheit über die eigene Identität stürzt uns oft in Verzweiflung und in ein Gefühl der inneren Leere, vor allem, wenn wir stark mit unserem Ich identifiziert sind. Und dann versuchen wir, aus dieser Leere wieder zu flüchten und identifizieren uns mit allem möglichen. Der Verstand entwirft die unsinnigsten Antworten, nur um zur Beruhigung irgendeine Antwort zu erhalten.

Würden wir jedoch einmal ruhig werden und in diese Leere hineingehen und sie aushalten, dann würden wir dem inneren Beobachter begegnen. Wenn wir in der Leere sind, hören wir die Frage nicht mehr, denn dort ist kein Ich mehr vorhanden, das diese Frage stellen könnte. In diesem Zustand von Leere und Stille erfahren wir dann, wer wir sind. Hier kommen wir zum ICH BIN. Das Erleben dieses Zustands kann nur umschrieben werden, da jede noch so gute Umschreibung niemals auch nur annähernd der Wirklichkeit entsprechen kann.

Ich bin alles und trotzdem bin ich nichts. Darin enthalten ist die Qualität von Freiheit, von freier Wahl: Ich kann mich mit allem draußen identifizieren, mit der ganzen Fülle des Lebens, mit Gefühlen oder Gedanken, aber trotzdem bin ich diese nicht. Im Tarot drückt der Narr diese Qualität aus. Er spielt mit den Identifikationen wie ein Jongleur, weiß aber gleichzeitig, daß er nicht der Ball ist, der durch die Luft fliegt, sondern daß er ihn dirigiert. Er selbst kann dem Ball einen Schwung geben und ihn so in eine bestimmte Richtung lenken.

Wenn wir diese Zustände für einige Augenblicke erleben, können wir von Erleuchtung sprechen, was jedoch nicht bedeutet, daß wir am Ende angekommen sind. Ein indisches Sprichwort sagt: «Erleuchtung ist wie eine Motte, die in die Kerze hineinfliegt.» Erleuchtung ist nur ein Augenblick, und dieser Augenblick kann Stunden oder auch Tage andauern, aber zu gegebener Zeit fallen wir wieder aus diesem Zustand heraus. Dann kehren wir wieder zurück zum Ich und beginnen erneut zu fragen. Jedoch haben wir einen Zustand erlebt, der unser Leben verändert und unserer Fragestellung eine ganz andere Qualität verleiht.

Auch danach wird der innere Beobachter fortfahren zu beobachten und damit immer wieder von neuem das Ich erschaffen, einfach weil er den Willen hat zu beobachten. Würde er diesen Willen einstellen, so würde das Ich zusammenbrechen, das heißt sich in die Bestandteile seiner Bilder und Informationen auflösen, und übrig bliebe nichts als Schwingung. Während des Sterbeprozesses geschieht das gleiche: Nachdem alle Bilder, Informationen und Emotionen, die das Ich ausmachen, in allen Einzelheiten noch einmal erfahren wurden, löst sich das Ich mit seinen Bestandteilen endgültig auf, und nur die Essenz bleibt übrig.

Die Auflösung des Ichs ist das Ziel einer jeden spirituellen Praxis. Und dem sollte immer eine intensive Persönlichkeitsarbeit (wie wir sie zum Beispiel in den vorangegangenen Kapiteln beschrieben haben) vorausgehen. Zuerst einmal ist es notwendig, ein klares, stabiles Ich aufzubauen und sich mit diesem Ich zu identifizieren. Das klingt vielleicht paradox, jedoch setzt die Disidentifikation vom Ich zuvor eine Identifikation mit dem Ich voraus. Aus diesem Grund besteht die Arbeit von Anfang an darin, mit den Emotionen zu arbeiten.

Es ist wichtig, voll in die Emotionen hineinzugehen und uns mit ihnen zu identifizieren, bevor wir uns dem inneren Beobachter zuwenden. Viele Menschen befinden sich in einem diffusen Stadium in bezug auf ihre Emotionen, das heißt sie sind nicht in Kontakt mit ihnen, weil sie sie verdrängen. Sind wir jedoch bereit, uns allen Emotionen zu stellen, sie zu bejahen und durch sie hindurchzugehen, dann wissen wir um unser Ich. Erst wenn wir soweit gekommen sind, können wir nach und nach lernen, die Position des Beobachters einzunehmen.

Aus dieser Position heraus erkennen wir in dem Moment, wo eine Emotion auftaucht: Da gibt es eine Schwingung in mir, aber ich bin nicht diese Schwingung. Ich bin mehr als diese Schwingung. So können wir die Emotion in unserem Körper empfinden, und der Beobachter ist fähig, diese zu beobachten, ohne sich mit ihr zu identifizieren. Und dann kann der Beobachter sich entscheiden, ob er mit dieser Schwingung in einen Ausdruck gehen will oder nicht. Beides ist in Ordnung. Wenn uns die Angst verbietet, ins Gefühl zu gehen, dann gibt es keine Entscheidungsmöglichkeiten mehr; das ist Verdrängung. Wir können diese Verdrängung zwar rationalisieren, indem wir sagen, ich übe meinen inneren Beobachter, doch «spiritualisieren» wir damit unsere Emotionen und machen etwas daraus, was es nicht ist.

Fassen wir noch einmal zusammen:
Der Beobachter hat den Willen, in Erscheinung zu treten. So bringt er sich selbst durch das Ich über Bilder, Vorstellungen, Gefühle und den physischen Körper nach außen zum Ausdruck. Erinnern wir uns an das Gesetz «*Der Beobachter beobachtet das Objekt seiner Beobachtung, und dadurch erschafft er das Objekt seiner Beobachtung ständig von neuem*», dann wissen wir, daß wir nichts beobachten können, ohne das Objekt unserer Beobachtung zu beeinflussen. Das bedeutet wiederum, daß das, was wir Wirklichkeit nennen, nicht unabhängig vom Beobachter existiert. Wir entwerfen unsere eigenen individuellen Realitäten, die wir nur als Vorstellungen durchschauen können, wenn wir die Identifikation vom Ich lösen und auf den Beobachter richten. Deshalb beginnen wir die Arbeit auf der Ich-Ebene, indem wir dieses Ich bereinigen von den Bildern, die Verzerrungen erzeugen, bis es transzendent für den Beobachter werden kann.

Schließlich werden wir wieder die Ebene des Beobachters einnehmen. Wenn wir uns so dem Nicht-Ich (Beobachter) gewahr werden, werden wir uns gleichzeitig der unbegrenzten Anzahl von Spielvarianten gewiß, die miteinander und gleichzeitig innerhalb der Zeit und des Bewußtseinsraumes existieren. An dieser Stelle treten wir in Kontakt mit den Visionen, die nichts anderes sind als die Anzahl der Spielvarianten des Bewußtseins. So wird unsere Realität zu einer Funktion unseres Mitwirkens an einer unbegrenzten Anzahl von Visionsmöglichkeiten.

Diese Aussage ist von großer Bedeutung, weil sie das gesamte Konzept von Visionen umfaßt. Wenn wir Visionen empfangen wollen, so benötigen wir den Zugang zum Beobachter, weil dieser die Visionen empfängt und nicht das Ich.

Aber kommen wir zunächst noch einmal zurück zu unserer anfänglichen Frage: «Wer bin ich?» Angekommen bei der Position des Beobachters werden wir uns zwangsläufig fragen: «Ist es das, was ich in Wirklichkeit bin: der Beobachter?» Und wir entsinnen uns wieder: Genauso wenig wie sich das Ich selbst erkennen kann, kann es der Beobachter tun. Es muß also über den Beobachter hinaus etwas oder jemanden geben, der sich mit dem Beobachter identifiziert. Und dann taucht die nächste Frage auf: Wer beobachtet den Beobachter? Und woher kommt die Antriebskraft für den Willen zu beobachten?

Und hier gelangen wir in den Bereich der Absicht, der gleichzeitig auch die Absichtslosigkeit darstellt, das große Unbekannte, kaum Beschreibbare, die Ebene der 6. Dimension. Obwohl es schwer zu benennen ist, wollen wir dieser Ebene doch einen Namen geben: der «Wesensstern». Jetzt wird unser Ich vielleicht jubeln und sagen: «Oh, wunderbar, dann bin ich also der Wesensstern?!» Aber auch das ist ein Trugschluß. Das Niedrige kann das Höhere nicht erkennen. Es kann sich dahin entwickeln, daß es transzendent für das Höhere wird und das Höhere zum Vorschein kommt. So kann das Ich nicht den Beobachter erkennen und der Beobachter nicht den Wesensstern. Das einzige, das den Wesensstern als solchen identifizieren kann, wäre etwas darüber Hinausgehendes. Der Trugschluß liegt darin, daß es auf der Ebene des Wesenssterns kein Ich mehr gibt, das die Frage stellen könnte: «Wer bin ich?» Welche Antwort auch immer wir uns geben, ob wir nun sagen, wir sind der Wesensstern oder vielleicht auch die Essenz von allem, das heißt die Essenz vom Ich, vom inneren Beobachter und vom Wesensstern oder etwas ganz anderes ... Es ist und bleibt das große Unbekannte, es wird die Wahrheit nie treffen, da diese Vorstellung ein Teil des Ichs darstellt. Und das Ich ist letzten Endes Illusion!

3. ÜBUNG : *Meditation – Kontakt mit dem Beobachter*

Es ist ratsam, diese Meditationsanleitung mit den angegebenen Pausen auf Kassette zu sprechen.

- Setzen Sie sich bequem hin und schließen Sie Ihre Augen. Lassen Sie Ihre Gedanken zur Ruhe kommen. Zählen Sie dann beim Einatmen bis sieben und beim Ausatmen bis vier. Mit diesem Atemrhythmus gehen Sie immer tiefer in einen entspannten Zustand. *(Zeitdauer: 5 Minuten)*
- Jetzt singen Sie dreimal das Mantra «ICH» und richten dabei Ihren Blick auf Ihre Nasenwurzel ... Lassen Sie es in Ihrem Inneren nachklingen und dann die Frage auftauchen: Wer ist das, der Ich sagt? *(Zeitdauer: 5 Minuten)*
- Jetzt kommt eine zweite Frage hinzu, die lautet: Wer erkennt das Ich, wer sieht das Ich?
- Denken Sie daran: Das Ich kann sich nicht als Ich sehen und erkennen. Vielleicht bekommen Sie ein Gefühl dafür, daß es in Ihnen eine andere Instanz als dieses Ich gibt ... Beginnen Sie, diese Instanz in Ihnen wahrzunehmen, ohne zu wissen, wer oder was das ist und wo das ist. Vielleicht können Sie es erahnen, daß da etwas ist, vielleicht spüren, vielleicht wissen Sie es auch ... Der Beobachter in Ihnen, der das Ich erkennt, der das Ich sieht und der sagt: Ich bin das, ich bin dieses Ich.
  (Zeitdauer: 5 Minuten)
- Und nun taucht eine weitere Frage in Ihnen auf: Wer ist der Beobachter? Wer ist das, der beobachtet? Der Beobachter beobachtet das Ich und dadurch, daß er beobachtet, kreiert er immer wieder von neuem dieses Ich. Wer ist dieser Beobachter?
  (Zeitdauer: 5 Minuten)
- Es ist nicht wichtig, ob Sie eine Antwort auf diese Frage erhalten. Fragen Sie sich nur immer wieder: Wer ist der Beobachter?
- Und der Beobachter beobachtet jetzt, daß ganz viele Dinge um

ihn herum sind: Gefühle und Gedanken, schöne und schlechte, Trauer, Freude, Wut, Frieden. Bilder von Ihrem Aussehen, Bilder von dem, was Sie tun, was Sie nicht tun, von Ihrem Umfeld, Bilder von dem, was Sie nicht sein wollen, und Bilder von dem, was Sie glauben zu sein, Bilder Ihres Glaubens und Ihrer Glaubensmuster, Bilder von dem, was Sie gerne wären, Bilder von der Person, zu der Sie sich gerne entwickeln würden ... All dies befindet sich um den Beobachter herum, und der Beobachter beobachtet. Sie können sich den Beobachter in einer großen Glocke oder Kugel vorstellen, und all diese Bilder befinden sich um die Glocke herum. Er erschafft die Bilder seiner Beobachtung. Spüren Sie, wie es Ihnen dabei geht, alles um Sie herum zu beobachten. Sie sind der Beobachter, der beobachtet. Dem, was Sie beobachten, geben Sie den Namen «Ich».

(Zeitdauer: 5 Minuten)

• Und wieder taucht eine andere Frage auf: Wer oder was erkennt den Beobachter? Genauso wie das Ich sich nicht selbst erkennen kann, kann der Beobachter sich auch nicht selbst erkennen. Wenn Sie fühlen, es gibt jemanden, der beobachtet, dann gibt es auch etwas oder jemanden, der den Beobachter als Beobachter erkennt. Wer oder was erkennt den Beobachter als Beobachter? Vielleicht haben Sie eine ganz feine, zarte Empfindung dafür. Diese feine Empfindung ist die Absicht.

(Zeitdauer: 5 Minuten)

• Das Unbekannte läßt den Beobachter hervorkommen, der den Willen hat zu beobachten und dadurch das Objekt seiner Beobachtung erschafft: das Ich mit all seinen Bildern, mit all seinen Gefühlen, Gedanken, Glaubensmustern, Vorstellungen von sein oder nicht sein, von haben wollen oder nicht haben wollen, von Wünschen und Bedürfnissen. Ihr Beobachter beobachtet jetzt, wie Sie sich fühlen, wie das Ich sich fühlt. Und der Beobachter entscheidet dann, ob dieses Ich etwas damit in Bewegung bringt oder nicht; ob es in Interaktion geht oder nicht.

(Zeitdauer: 5 Minuten)

- Mit einigen tiefen Atemzügen entscheidet sich der Beobachter nun, wieder in diesen Raum zurückzukehren. Nehmen Sie sich die Zeit, die Sie brauchen, um wieder aus Ihrer Innenwelt in die Außenwelt zurückzukommen und schließlich die Augen wieder zu öffnen.

Die Kabbala

Das Alte Testament ist ursprünglich in einer Geheimschrift verfaßt worden, um das Wissen vor Mißbrauch zu schützen. Dieses Wissen wurde verschlüsselt mit Hilfe der Althebräischen Schrift, deren 22 Buchstaben bestimmte Zahlen, Symbole und Zustände des Bewußtseins darstellen. Kennen wir den Kode nicht, so lesen wir das, was wir heute in der Bibel vorfinden. Das erste Buch Moses, die Genesis, vermittelt uns in Wirklichkeit nicht nur – wie allgemein angenommen wird – die Schöpfungsgeschichte der Erde durch Gott, sondern ebenso die schöpferischen Gesetzmäßigkeiten, sofern wir fähig sind, ihre Kodierung zu entschlüsseln.

Die Kabbala, eine alte Überlieferung, beschäftigt sich mit der Entschlüsselung dieses Geheimwissens. Das Wort Kabbala bedeutet – aus dem Hebräischen übersetzt – «empfangen». Sie stellt demnach eine mündliche Überlieferung der Geheimlehre dar, also das Empfangene.

Wann und von wem sie wirklich empfangen wurde, ist nie geklärt worden. Einer alten Überlieferung zufolge bekam Abraham die Geheimnisse der Kabbala direkt von Gott übermittelt und gab sie an seinen Sohn Isaak und dieser wiederum an Jakob weiter. Und es heißt auch, daß Moses ebenfalls am Berge Sinai das kabbalistische Wissen (die Thora) empfing und dieses schließlich in den ersten vier Büchern der Bibel verschleiert darstellte. Anderen Geschichten zufolge liegen die möglichen Wurzeln der Kabbala im alten Ägypten und auch in der sumerischen Kultur. Heute ist sie bekannt als das

Hauptstudiengebiet der jüdischen Priester (Rabbiner) und gilt als die Geheimlehre der Juden.

Unabhängig von ihrer Entstehung stellt die Kabbala ähnlich wie die *philosophia perennis* für uns so etwas wie eine ewige Wahrheit dar, ein wirkliches Geheimwissen, das wieder entschlüsselt wird, weil die Zeit dazu reif ist. Wenn wir das Wort «geheim» trennen, so wird daraus «geh heim», was nichts anderes heißt als nach Hause gehen! Darin liegt die tiefe Bedeutung von Geheimwissen.

Die Kabbala ist der Schlüssel zu den Mysterien der Schöpfung und zeigt uns auf, wie wir uns an unsere Urquelle wieder anschließen können und uns dessen bewußt werden, wer wir wirklich sind. Wir werden an dieser Stelle nicht ausführlich auf das gesamte Geheimnis der Kabbala eingehen können, sondern uns nur auf das Wissen beschränken, das für die Umsetzung unserer Visionen von entscheidender Bedeutung ist.

Hier beziehen wir uns auf die schöpferischen Prinzipien, die wir in den sieben Schöpfungstagen der Bibel wiederfinden, so wie sie uns die Kabbala überliefert hat. Sie zeigen uns die sieben Schritte, die zur Verwirklichung unserer Visionen erforderlich sind.

Der erste Satz der Genesis

Der erste Satz der Genesis heißt im Althebräischen: *Bereschit Bara Elohim Eth Ha Schamaim Ve Eth Ha Aretz*. Jeder von uns kennt die Übersetzung, die wir im ersten Buch Moses wiederfinden:

Am Anfang schuf Gott den Himmel und die Erde.

Da die Buchstaben der althebräischen Sprache jedoch Symbole, Allegorien und Metaphern enthalten, die verborgene Bedeutung haben, muß dieser erste Satz in Wirklichkeit vielschichtiger und umfassender übersetzt werden, als wir es in unserer Bibel wiederfinden können. Dem Buch «Die moderne Kabbala» von Migene Gonzáles-Wippler, H. Bauer Verlag, haben wir die nachfolgende Deutung des ersten Satzes der Genesis entnommen:

Der Geist Gottes verlieh dem zweifachen Prinzip von Leben und Tod, dem Puls des Lebens, dauerhaften Ausdruck, indem er es in einer unendlichen Menge von kosmischen Manifestationen einschloß und verwirklichte. *Dieses Schöpfungswerk ist ein immerwährender Prozeß, durch den das kosmische Prinzip bis in alle Ewigkeit in die Wirklichkeit umgesetzt wird.* Durch diese erste Manifestation der kosmischen Energie entstanden die ersten neun Archetypen allen Lebens. Die Schöpfung fand auf zweifache Weise statt, denn bei dem Prozeß der Erschaffung des äußeren Universums manifestierte sich gleichzeitig auch das kosmische Prinzip.

Wenn wir zusätzlich in unsere Betrachtungen die wirkliche Bedeutung von Elohim mit einbeziehen, so erfahren wir, daß im Althebräischen Elohim gleichzeitig männlich und weiblich ist und in der Pluralform verwendet wird. Folgen wir der allgemeinen Übersetzung von Elohim = «Gott», so wie es in unserer Bibel steht, so sollten wir genaugenommen «die Götter» sagen.

Dieses Schöpfungswerk ist ein immerwährender Prozeß, durch den das kosmische Prinzip bis in alle Ewigkeit in die Wirklichkeit umgesetzt wird. Und genau die Umsetzung dieses immerwährenden Schöpfungsprozesses geschieht ebenfalls durch uns. Und in diesem Sinne sind wir auch Götter, Beobachter, die sich auf einer Ebene jenseits aller Polarität befinden und über das Ich erschaffen. Hier wird ein Vorgang beschrieben, der immer noch stattfindet und nicht nur irgendwann einmal früher begann und dann vorbeiging. Es zeigt uns, daß es um die Schöpfungsprinzipien geht, die wir ständig anwenden, um zu erschaffen – und zwar jetzt, in jedem Moment, in jeder Sekunde! Wir erschaffen ständig, jedoch auf der unbewußten Ebene, weil wir nichts von diesen schöpferischen Vorgängen wissen und nicht in Kontakt mit den Beobachtern, den Elohim, stehen. Was spricht also dagegen, endlich damit zu beginnen, diesen schöpferischen Akt bewußt anzuwenden?

Wir sollten die Schöpfungsgeschichte nicht nur in der Vergangenheit ansiedeln, sondern erkennen, daß sie ihre Wahrheit auch entfaltet, wenn wir sie in die Gegenwartsform übertragen.

Wir werden daher in unseren folgenden Interpretationen von den Elohim als den Göttern sprechen sowie den gesamten Schöpfungsprozeß als etwas Gegenwärtiges betrachten.

Der zweite Satz der Genesis

Und die Erde war ohne Form und leer, und Finsternis lag über dem Antlitz der Tiefe, und der Geist Gottes schwebte über dem Antlitz der Wasser.

Ohne Form drückt den Zustand des Chaos aus: Die Materie ist noch nicht geordnet, ohne Sinn und ohne Inhalt (leer und Finsternis), das heißt die materielle Existenz ist noch bedeutungslos. Doch der Geist (Wille der Elohim) schwebt über dem Antlitz der Wasser («Wasser des Lebens»). Das Antlitz bezieht sich auf die Essenz, die schon in der Kraft des Lebens vorhanden ist, und die von den Beobachtern betrachtet wird (der Geist schwebt).

Die Elohim beginnen, sich auf den Geist ihrer göttlichen Kraft (Willen) zu konzentrieren, um den Höhepunkt ihrer Schöpferkraft zu erreichen. Dieser Satz zeigt uns, worauf es beim Erschaffen ankommt: uns auf die göttliche Kraft zu konzentrieren, das heißt unserem Willen die Richtung zu geben, die uns die Vision gezeigt hat.

Die sieben Schöpfungstage

Die folgenden sieben Schöpfungstage der Genesis sind eine genaue Anleitung für den eigentlichen Akt der Schöpfung. Sie zeigen uns, wie wir im einzelnen vorzugehen haben, wenn wir unsere Visionen in die Tat umsetzen wollen.

Wir werden zunächst die einzelnen Schöpfungstage aus der Bibel zitieren. Beachten Sie bitte dabei, daß wir Gott gleichsetzen mit Elohim (die Götter), und daß wir die Texte in die Gegenwartsform übertragen haben, da es sich um einen immerwährenden Prozeß handelt. Die Tage beziehen sich deshalb auch nicht auf die wirkliche Zeiteinheit von Tagen, sondern auf einzelne Schritte im Jetzt, in der Gegenwart. Dem schließen wir eine tiefergehende Deutung an. Wie bei allen alten Sprachen und Überlieferungen gibt es immer einen gewissen Interpretationsspielraum von dem, was ursprünglich wirklich gemeint war. Deshalb handelt es sich bei unserer Deutung auch nur um eine mögliche Auslegung, wobei es uns weniger um die theoretische Diskussion über die richtige Übersetzung, sondern mehr um die praktische Umsetzung geht.

Der erste Tag der Schöpfung

Und Gott spricht: Es werde Licht! Und Gott sieht, daß das Licht gut ist. Da scheidet Gott das Licht von der Finsternis. Und Gott nennt das Licht Tag und die Finsternis Nacht. Da wird aus Abend und Morgen der erste Tag.

Setzen wir voraus, daß Licht Erleuchtung und Erkenntnis heißt, und Tag im Hebräischen immer die Gegenwart bedeutet, während Finsternis oder Dunkelheit für das Unbekannte, das Unbewußte stehen, dann kommen wir zu folgender Deutung:

Der erste Schritt der Schöpfung ist die Visionssuche: Die Götter (Elohim) sprechen die Absicht aus, etwas zu erschaffen. In dem Moment herrscht noch ein Zustand von Finsternis (Nichterkennen). Aus der Absicht zu erschaffen entsteht Licht oder Erleuchtung (ein Verstehen in der Gegenwart). Das Erkennen in der Gegenwart ist das Empfangen der Vision: Die Götter erkennen und verstehen, daß die Vision gut ist. Und sie scheiden das Licht von der Finsternis.

Was heißt das jetzt konkret für unsere eigene Visionsarbeit? Wenn wir eine Vision empfangen, so werden Bereiche davon für uns noch im Dunkeln (unverständlich) sein, und andere Bereiche im Licht (erkennbar). Es geht nun darum, den Inhalt der Vision ins Jetzt, in die Gegenwart zu holen, indem wir Licht (das Verstandene) und Finsternis (das Unverstandene) voneinander trennen, damit wir uns nicht verwirren lassen. Die dunklen Bereiche müssen in das Verstehen hineingeholt werden. Dann wird aus dem Abend und dem Morgen der erste Tag.

Dieser Satz ist für unseren Verstand zwar unlogisch, da wir als erstes den Morgen und dann den Abend als einen Tag bezeichnen würden, jedoch zeigt er uns die schrittweise Entwicklung auf, die wir mit unserer Vision vollziehen: Auf der einen Seite ist bereits Sichtbares da, auf der anderen Seite tappen wir jedoch auch noch im Dunkeln, bevor wir Schritt für Schritt die Vision mehr in die Manifestation gebracht haben durch unser Verstehen und die Entschlossenheit (erste Grundkraft JOD). Erst dann gelangen wir zum Morgen, zum Hellen: zur Erkenntnis. So wird aus dem Abend und dem Morgen ein Tag, eine Gegenwart. Deshalb steht der Abend vor dem Morgen.

Der zweite Tag der Schöpfung

Gott spricht: Es wird eine Feste zwischen den Wassern, und sie soll eine Trennung der Wasser von den Wassern sein. Da wird aus Abend und Morgen der zweite Tag.

Im Hebräischen ist Feste ein Verb: Es bedeutet festigen oder eine Unterscheidung treffen. Mit Wasser ist das imaginative Denken gemeint, die Grundkraft HE.

Der zweite Schöpfungstag beinhaltet den Prozeß der bildhaften Vorstellung, um unsere Vision zu festigen. Durch unsere ständige Wiederholung konkretisiert und konturiert sich die ursprünglich empfangene Vision immer mehr, bis sie genügend Festigkeit und Struktur besitzt.

Während dieses Prozesses ist es außerdem bedeutsam, genauestens zu unterscheiden, von welcher Art unsere Motivation ist. Eine Trennung der Wasser von den Wassern heißt, die niederen, emotionalen von den wahren, höheren Beweggründen zu trennen. Konkret bedeutet es, daß wir unsere – bis dahin vielleicht noch versteckten und nicht bewußten – Motive und Ziele überprüfen, die mit der Verwirklichung unserer Vision zusammenhängen.

Der dritte Tag der Schöpfung

Gott spricht: Am dritten Tag sammeln sich die Wasser und das trockene Land erscheint. Das Land wird Erde genannt und bringt Gras, Kräuter und Bäume, jede Art mit ihrem eigenen Samen hervor. Da wird aus Abend und Morgen der dritte Tag.

Der dritte Tag ist das Stadium des Entwerfens und Planens. Wir bringen den Samen, das Leben, in unsere Vision, indem wir nachfühlen (die Wasser sammeln sich), wie wir unsere Vision empfinden, noch bevor sie umgesetzt ist. Wir stellen uns vor, daß sie jetzt im Moment bereits realisiert ist, und begleiten das mit intensivsten Gefühlen.

Zusätzlich lassen wir unsere Vision in allen Farben ganz lebendig werden; wir bewässern sie, indem wir uns das, was wir manifestieren wollen, bis ins kleinste Detail vor unserem inneren Auge ausmalen (Gras, Kräuter, Bäume). Dann wird wieder aus dem Abend und dem Morgen der Tag.

Dieser Schöpfungsschritt gehört immer noch zum strukturellen Aufbau und zur Grundkraft HE.

Gott spricht: Es werden Lichter an der Feste des Himmels, Tag und Nacht zu scheiden, und sie sollen als Zeichen dienen und zur Bestimmung von Zeiten, Tagen und Jahren. Und Gott macht zwei große Lichter: das größere Licht, daß es den Tag beherrsche, und das kleinere Licht, daß es die Nacht beherrsche, dazu auch die Sterne. Da wird aus Abend und Morgen der vierte Tag.

Übersetzt bedeutet dies, daß wir uns von dem, was wir erschaffen wollen, einen bestimmten Hintergrund machen sollten. Die Details (Sterne) der Vision sind jetzt sichtbar, unser Bewußtsein (zwei Lichter) ist in das eingetreten, was bis dahin unbekannt war. Wir haben ein Energiefeld und ein Bewußtsein (Zeichen und Zeiten) für unsere Vision erschaffen. Alle Voraussetzungen, mit unserer Vision in die Realität zu treten, sind damit gegeben.

Der Hintergrund ist unsere Motivation, unsere innere Haltung demgegenüber, was wir bisher erreicht haben. Zu diesem Zeitpunkt gilt es, diese noch einmal zu überprüfen, denn der vierte Tag ist der «point of no return» im Schöpfungsprozeß. Wenn wir über den vierten Schritt hinausgehen, gibt es ab da kein Zurück mehr. Deshalb sollten wir uns noch einmal klar darüber werden, was wir wirklich erreichen und zu welchem Zweck wir dies wollen. Das Resultat, das wir mit unserer Schöpfungsarbeit hervorbringen, wird exakt unserer inneren Einstellung entsprechen (Das, was ich säe, werde ich ernten!). Wenn wir erkennen, daß wir mit der Manifestation unserer Vision in das Leben anderer eingreifen und in irgendeiner Form manipulieren, so sollten wir ab diesem Zeitpunkt abbrechen und unsere Vision loslassen, indem wir uns nicht weiter damit beschäftigen. Sie wird sich in Kürze wieder auflösen.

Der vierte Tag ist der Abschluß des strukturellen Aufbaus der Grundkraft HE.

Gott spricht: Es errege sich das Wasser mit lebendigen Wesen, und Vögel sollen fliegen über der Erde. Und Gott erschafft große Walfische und alles, was da lebt und webt, wovon das Wasser wimmelt, und alle geflügelten Tiere, ein jegliches nach seiner Art. Da wird aus Abend und Morgen der fünfte Tag.

Durch die Bewegung (erregen) bringen die Götter Leben in das Energiefeld (Wasser) der Vision hinein. Die einzelnen Teile der Vision, die Motivationen oder Wünsche (webende Tiere – sie spinnen das Netz des Kraftfeldes), die Essenzen (lebendige Wesen – die Dynamik des Energiefeldes) und die Ideen (Vögel – leicht wie die Lüfte) innerhalb des geschaffenen Energiefeldes treten jetzt in aller Deutlichkeit hervor (Wal, er schwimmt unter und über dem Wasser).

Beim zweiten bis vierten Schöpfungstag ging es um die Struktur, die zweite Grundkraft HE. Und es ging weiter um die Vorstellung, die Organisation und die Überprüfung der Motivation. Ab dem fünften Schöpfungstag bringen wir das Energiefeld unserer Vision in eine dynamische Bewegung, die dann nicht mehr zu stoppen ist. Deshalb gibt es ab diesem Schritt kein Zurück mehr. Die Bewegung auf und unter dem Wasser bezieht sich auf unsere Gefühle, die wir in unsere entstehende Schöpfung hineinbringen. Die Gefühle setzen unsere strukturierte Vision in Bewegung. Das ist die Antriebskraft für jede weitere Manifestation. Wenn wir wunderbare Visionen entwerfen können, aber nicht in Kontakt sind mit unserer Gefühlswelt, dann werden die Visionen bloße Seifenblasen sein, die wieder zerplatzen; und wir kommen über den dritten Schöpfungstag nicht hinaus. Deshalb ist die Arbeit mit unseren Gefühlen (Wasser des Lebens) im Süden von so großer Bedeutung.

Der sechste Tag der Schöpfung

*Gott erschafft die Lebewesen der Erde, Vieh, Würmer und alle Tiere,
und er erschafft die Menschen nach seinem Ebenbild, männlich und
weiblich, und gibt den Menschen die Herrschaft über die Erde und alles, was darauf ist. Da wird aus Abend und Morgen der sechste Tag.*

Im sechsten Schöpfungsschritt sehen wir, wie unsere Vision allmählich ins Greifbare (Erde) übergeht. Dies ist ein schrittweiser Prozeß
und heißt nicht, daß die Vision plötzlich greifbar vor uns steht.
Vielmehr beobachtet der Beobachter die Vision und identifiziert
sich so mehr und mehr mit ihr, wodurch die Vision aufhört, als
Vision zu existieren und ein ICH (Mensch), ein ausführender Organismus, entsteht. Die Vision wird zu einem lebenden Wesen, zu
einem Teil unserer Persönlichkeit, die alle Möglichkeiten der Polarität umfaßt, das heißt sowohl die hingebungsvolle (weibliche) als
auch die dynamische (männliche) Kraft.

An dieser Stelle sind unsere Lernerfahrungen, die wir in den anderen Himmelsrichtungen durch die persönlichen Prozesse gewon-
nen haben, von großem Nutzen. Durch diese Integrationsarbeit
wissen wir, mit ausführenden Organismen («Ichs») umzugehen
und uns mit ihnen auseinanderzusetzen (Herrschaft), ohne uns zu
sehr mit ihnen zu identifizieren. So ist die Gefahr von Eigennutz,
Fanatismus und Zerstörung durch unbewußte Kräfte gebannt.

Der siebte Tag der Schöpfung

*Am siebten Tag vollendet Gott sein Werk, das er geschaffen hat, und er
ruht am siebten Tag von all seinem Werke, das er vollbracht hat. Und
Gott segnet den Tag und erklärt ihn als heilig.*

Der siebte Schritt in unserem Schöpfungsprozeß ist von ganz be-
sonderer Bedeutung. Von ihm hängt es ab, ob unsere Manifestation

wirklich sichtbar wird. Um das genauer zu verdeutlichen, zitieren wir zusätzlich das Gebot des Talmud zum siebten Tag, dem Sabbat der Israelis:

Gott spricht: Den Sabbattag sollst du halten, daß du ihm heiligst, wie dir der Herr geboten hat. Sechs Tage sollst du arbeiten und all deine Werke tun, aber der siebte Tag ist der Sabbat des Herrn, deines Gottes. Da sollst du keine Arbeit tun, weder dein Sohn noch deine Tochter, noch dein Knecht, noch deine Magd, noch dein Ochse, noch dein Esel, noch all dein Vieh, noch dein Fremdling, der in den Toren ist, auf daß dein Knecht und deine Magd ruhen gleich wie du.

Sechs Schritte lang sollen wir uns mit unserer Vision auseinandersetzen: empfangen, prüfen, visualisieren, wieder prüfen, empfinden, uns damit identifizieren und dann, im siebten Schritt, ist es an der Zeit, alles gehenzulassen. Jetzt geht es wirklich nur noch darum, die Vision loszulassen und uns nicht mehr um sie zu kümmern, denn der siebte Tag ist heilig. Heilig bezieht sich auf Ganzheit und drückt aus, daß unsere Vision jetzt eine Ganzheit erlangt hat, die durch jede gedankliche Überlegung oder rationale Beschäftigung wieder auseinandergerissen würde.

Wir sollen den Gebrauch der schöpferischen (Sohn) und der imaginativen (Tochter) Kraft zurückziehen und ruhenlassen, das heißt, uns keine Vorstellungen mehr machen von dem, was wir erschaffen.

Der Knecht ist die Angst, die Magd die Furcht, der Ochse ist das Analysieren, der Esel steht für das Abwägen (Soll ich, soll ich nicht? Ist es richtig, ist es falsch?) Das Vieh symbolisiert unsere innere Unruhe, und der Fremdling, der in den Toren ist, die innere Entfremdung von der Vision durch unser Denken. All das ruhenlassen heißt übersetzt: nicht ängstlich und furchtsam sein, nicht analysieren, abwägen, bewerten, sich selbst weder Ungeduld und Unruhe noch Entfremdung erlauben, sondern die Identifikation aufrechterhalten. Wir sollten darüber hinaus mit niemandem über unsere Vision sprechen, denn Bewertung, Kritik oder auch Neid von außen können uns ins Zweifeln bringen und uns von unserer Vision entfremden oder entfernen.

Der siebte Schritt enthält für uns die Aufforderung, ins absolute Vertrauen zu gehen, daß die Manifestation geschehen wird und es gut ist, wie sie geschehen wird. Durch die ersten sechs Stadien des Schöpfungsprozesses haben wir unsere schöpferische Tätigkeit aufrechterhalten, im siebten Stadium überlassen wir nun alles unserem inneren Urvertrauen und der Gewißheit, daß die Weisheit des Universums alles auf die Weise führen wird, wie es sein soll.

Die Verbindung zu unserer Schöpferkraft wiederherstellen

Das göttliche Prinzip (der Wesensstern) erschafft die Götter, die wiederum selbst erschaffen. Und wir, diese Quantengötter, wollten auf diesem Planeten etwas Besonderes erschaffen. Wir erkannten, daß die Erde ein ganz außergewöhnlicher Planet ist, dessen Materie die Möglichkeit bietet, ein multidimensionales Bewußtsein zu erschaffen. Ein Bewußtsein, das im gesamten Universum einmalig ist, das es sonst nirgendwo gibt und über das wir Kontakt mit allen anderen Ebenen des Universums aufnehmen können. Die Bedingungen hierfür finden wir auf der Erde, weil wir uns hier mit vielfältigsten Schwingungen und Informationen auseinandersetzen können. Es ist so, als wäre auf diesem Planeten alles gleichzeitig vorhanden, was normalerweise auf anderen Planeten nur vereinzelt erscheint: eine unglaubliche Vielfalt an Erscheinungsformen.

Wir schwebten einst über die Erde in geistiger Form und legten Samen für ein multidimensionales Bewußtsein in die Materie der Erde. Das war der erste Schöpfungsakt, den wir vollbracht haben, und diese Informationen sind in der gesamten Erdmaterie enthalten. Die ersten paar hunderttausend Jahre haben wir diese Informationen auf der Erde gehütet und dafür gesorgt, daß sie sich entfalten können. Es war notwendig, daß wir selbst immer tiefer in die Materie hineingingen und uns mit dem ICH identifizierten, damit der

Samen des multidimensionalen Bewußtseins zur Reife kommen kann. Wir mußten erfahren, wie diese Materie funktioniert, ähnlich wie ein Chemiker, der in einem Labor ein Experiment macht und zuerst die einzelnen Stoffe und ihre Wirkung kennenlernen muß. Durch diesen Prozeß haben wir schließlich den Kontakt zum Beobachter und zu unserer ursprünglichen Aufgabe verloren.

An diesem Punkt stehen wir jetzt. Wir sind als Ich durch die Materie hindurchgegangen, haben mannigfaltigste Erfahrungen hinter uns gebracht, und inzwischen kennen wir dieses Material. Die Identifizierung mit dem Ich führte uns tief ins Unbewußte hinein mit dem Ziel, durch den damit ausgelösten Selbsterkenntnisprozeß zur Liebe zu kommen. So sind wir jetzt genau an dem Punkt, an dem wir uns unserer ursprünglichen Aufgabe erinnern und sie vollenden können. Jetzt ist die Zeit, daß aus diesem lange gereiften Samen, den wir in die Materie legten, das erwachsen kann, was wir ursprünglich beabsichtigt haben. Es ist ein Experiment, und bei einem solchen kann man nie wissen, wie es letztendlich ausgeht.

Der erste Schritt ist der, daß wir uns wieder dessen erinnern, was wir vergessen haben: Wir sind Götter, die schöpferische Kräfte haben und diese ununterbrochen auf unbewußter Ebene ausüben. Würde dies nicht geschehen, so gäbe es keine Existenz. Wir müssen uns wieder bewußt werden, daß wir die Beobachter sind, die durch unser ständiges Beobachten all das aufrechterhalten, was wir erschaffen.

Wenn wir den inneren Kontakt zu dieser Schöpferkraft wieder herstellen, können wir beginnen, bewußt zu erschaffen. Das setzt jedoch ein völliges Loslassen des Ichs voraus. In dem Moment, in dem sich das Ich absolut dem Willen des Beobachters übergibt, wird es teilhaben am schöpferischen Prozeß. Der Fluß der Schöpfung ist eine ständige Bewegung, er stellt die Lebenskraft dar, die der Beobachter durch sein Beobachten in einer Dynamik hält, um das Erschaffene aufrechtzuerhalten. Wenn unser Ich sich dem völlig ergibt, werden wir von der Lebenskraft durchströmt und erfahren diesen wunder Zustand: «im Fluß des Universums sein.»

Damit stirbt das Ich als das, was es einst war, als ein wollender Faktor, und lebt weiter als ein ausführendes Organ, das am schöpferischen Prozeß bewußt teilnimmt. Das Ich wird zum Diener des Beobachters. Auch Jesus war in dem Moment, als er sagte «Möge der Kelch an mir vorüberziehen», in seinem Ich. Auch sein Ich hatte Angst, sich dem Göttlichen hinzugeben. Und schließlich konnte er sagen: «Dein Wille geschehe». So starb das Ich am Kreuz.

Die Schöpfungsgesetze anzuwenden, funktioniert nur dann erfolgreich, wenn unser Ich klar ist, und das bedeutet, daß nichts in unserer Ich-Struktur der Manifestation entgegenstehen darf. So können zum Beispiel Zweifel oder Schuldgefühle auftauchen, die ihre Wurzeln in moralischen oder religiösen Vorstellungen haben. Es gilt zu überprüfen, ob wir überhaupt damit einverstanden sind, bewußt diesen Schöpfungsprozeß zu vollziehen, um ein bestimmtes Ziel zu erreichen. Vielleicht haben wir das Gefühl, daß es uns nicht erlaubt ist, weil es ausschließlich Gottes Aufgabe ist. Wenn wir noch nicht an uns gearbeitet haben, werden wir vielleicht glauben, daß wir nicht wirklich in der Lage sind oder es nicht verdienen zu erschaffen. Ebenso ist die rechte Motivation sehr wichtig: Wollen wir zum Beispiel etwas erschaffen, um anderen Menschen zu imponieren oder damit es uns besser geht? Alle Zweifel, Unsicherheiten oder ein zu starkes Wollen werden den gesamten Schöpfungsakt lähmen oder ihm eine ungesunde Richtung geben.

Solange unser Ich noch fasziniert ist von den Bildern, Reizen und Erlebnissen im Bewußtseinsfeld und sich damit komplett identifiziert, ist es sich der Existenz des Beobachters nicht bewußt und kann sich daher dem schöpferischen Prozeß nicht wirklich hingeben. In diesem Fall wird das Erschaffen schwierig oder nur bei ganz bestimmten Dingen erfolgreich sein.

Das Wichtigste jedoch ist, daß wir die Transformationsprozesse der vorangegangenen Himmelsrichtungen wirklich abgeschlossen haben, bevor wir die Aufgabe des Erschaffens im Osten übernehmen. Wir haben mit diesem schöpferischen Prozeß ein sehr machtvolles Werkzeug in Händen, mit dem wir erschaffen, jedoch auch zerstören können. Angesichts der großen Verantwortung, die wir in diesem Prozeß tragen, ist es sehr wichtig, daß unser Herz offen ist und wir in der Liebe sind. Machtausübung ist eine äußerst gefährliche Angelegenheit, wenn sie nicht genügend in Liebe und Weisheit verankert ist. Erst wenn diese Basis gesichert ist, kann der Beobachter bewußt und gefahrlos die schöpferischen Prinzipien auf der Erde anwenden, weil Liebe und Weisheit dafür Sorge tragen, daß wir im Einklang mit den kosmischen Prinzipien handeln.

Die Verwirklichung unserer Visionen

Es gibt vielerlei Wege und Möglichkeiten, um Visionen zu empfangen. Jeder sollte selbst ein wenig experimentieren, um herauszufinden, welcher Weg ihm den besten Zugang vermittelt. Einige Möglichkeiten sind:
• Schwitzhütte
• Fasten und Rückzug in die Einsamkeit
• Rückzug in einen dunklen Raum und Meditation in der Stille (mindestens einen ganzen Tag)
Manche Menschen empfangen Visionen im Traum, jedoch treten diese meist spontan auf und sind manchmal nur schwer als solche zu erkennen.

Die günstigste Zeit zum Empfang von Visionen ist die Zeit des Vollmonds. Die empfangene Vision sollte bis zum Neumond in uns reifen, bis wir zur Manifestation übergehen.

Gleichgültig, wie wir unsere Visionen empfangen, letztendlich ist es von Bedeutung, sie zu verwirklichen.

Bisher waren wir es nicht gewohnt, den Schöpfungsvorgang bewußt nachzuvollziehen, da er sich auf der unbewußten Ebene vollzog. Die nachfolgende Übung hilft uns, die sieben einzelnen Schritte, die notwendig sind, um zu erschaffen, bewußt zu vollziehen, und das in einer für jeden praktikablen Form.

4. ÜBUNG : *Der kreative Prozeß*

Bei dieser Übung ist es wichtig, daß Sie die einzelnen Schöpfungs-
phasen sehr gründlich durchlaufen und sie wirklich beenden, bevor Sie zum nächsten Schritt weitergehen. Wann immer Sie mit
diesem kreativen Prozeß arbeiten, ziehen Sie sich zurück in einen
ruhigen, ungestörten Raum und schaffen Sie sich eine harmonische, entspannte Atmosphäre. Bevor Sie mit den einzelnen Schrit-
ten der Übung beginnen, legen Sie sich Papier und Stift bereit.

Nehmen Sie sich zunächst einmal die Zeit, die Sie brauchen,
um sich Ihrer Vision oder Ihres Zieles bewußt zu werden, das Sie
für Ihr Leben manifestieren wollen ...

Die erste Schöpfungsphase

Die erste Stufe ist der Entschluß, die Entschlossenheit. Haben Sie
ein wirkliches Verlangen in sich, Ihre Vision umzusetzen, unabhängig davon, ob Sie jetzt schon wissen, wie Sie das umsetzen
können, ob das überhaupt funktioniert oder ob es vielleicht zuviel
für Sie ist? Lassen Sie all diese Dinge und alle Zweifel beiseite und
spüren in sich hinein, ob ein Verlangen nach Umsetzung da ist;
ein wirkliches, echtes Verlangen. Es geht in der ersten Phase nur
um den Entschluß und nicht um das Wie. Wenn Sie das Verlangen
danach spüren, dann bekräftigen Sie das mit einem lauten JA!

Danach fassen Sie den Entschluß, etwas dafür zu tun, um das,
was Sie umsetzen wollen, zu erreichen: «Ich bin bereit, etwas dafür zu tun und Mühen, Arbeit und die Konsequenzen dafür in
Kauf zu nehmen!» Wenn Sie dazu ebenfalls bereit sind, dann bekräftigen Sie auch diesen Entschluß mit einem lauten JA.

Zum Entschluß gehört auch noch, daß Sie jetzt bestimmen,
was das Endresultat sein soll. Fassen Sie den Entschluß, wohin Sie
mit der Vision wollen. Sie wissen es. Denken Sie nicht lange darüber nach. Wenn Ihr Endresultat für Sie klar ist, dann öffnen Sie
die Augen und machen sich dazu einige Notizen.

Die zweite Schöpfungsphase

In der zweiten Phase geht es darum, die Motivation zu überprüfen. Ist Ihre Vision, Ihr Ziel wirklich das, was Sie sich erschaffen wollen? Spüren Sie in sich hinein. Sind Sie sich Ihres Endresultates wirklich sicher? Wollen Sie das tatsächlich haben? Oder ist dieses Endresultat vielleicht nur ein Zwischenziel? Das ist auch möglich, und es ist wichtig zu unterscheiden. Sie werden wissen und spüren, wenn es soweit ist. Dann überprüfen Sie noch einmal dieses Zwischenziel. Weshalb nicht gleich das Endresultat? Vielleicht haben Sie Angst, daß das Endresultat für Sie zuviel ist? Wenn Sie finden, daß es ein Zwischenziel ist, dann korrigieren Sie das. Bekräftigen Sie noch einmal Ihr Endziel, indem Sie sich entschließen, daß Sie das Ganze wollen und nicht nur die Hälfte.

Stellen Sie sich anschließend folgende zwei Fragen: «Glaube ich, daß ich das Recht habe, das heißt, daß es mir zusteht, meine Vision zu erschaffen? Glaube ich, daß ich diese Technik des Erschaffens anwenden darf, oder bestehen vielleicht religiöse oder andere Bedenken dagegen?»

Wenn Ihre Antwort auf eine der beiden Fragen «Nein» lautet, dann hören Sie jetzt auf zu erschaffen und beenden diese Übung. Sie müssen fest davon überzeugt sein, daß Sie das dürfen, daß Sie das Recht dazu haben, Ihre Vision zu erschaffen.

Wenn auf diese zwei Fragen ein klares JA kommt, dann bekräftigen Sie noch einmal Ihren Entschluß damit.

Die dritte Schöpfungsphase

Bis jetzt haben wir mit dem Aspekt des Willens gearbeitet. Im dritten Schritt gehen wir weiter zum Entwurf, zur Struktur.

Beginnen Sie jetzt, sich eine bildhafte Vorstellung davon zu machen, wie die Verwirklichung Ihrer Vision aussieht. Imaginieren Sie ein Bild, das Sie bis zum kleinsten Detail aufbauen: Der Ort, an dem Sie sind, die Menschen, mit denen Sie zusammen sind, Ihre Kleidung, Ihr Aussehen usw., ganz so, als würden Sie ein Bild malen, das ausdrückt, daß sich diese Vision schon verwirklicht hat. Wenn Sie Schwierigkeiten mit dem Visualisieren haben, lassen Sie sich nicht entmutigen. Es muß keine dreidimensionale Farbvision sein, es kommt auf die Absicht an. Stellen Sie sich einfach vor, daß Sie Ihre Vision bildlich wahrnehmen.

Wichtig ist deshalb bei allem, was Sie tun, daß Sie es in der Gegenwartsform tun. Wenn diese Szene sich in der Zukunft abspielen würde – irgendwann in einem Monat, in einem halben Jahr oder in einem Jahr –, würde sie immer dort in der Zukunft bleiben und nie in die Gegenwart kommen.

Dieses Bild sollte für Sie selbst glaubhaft sein, also nicht unklar oder fiktiv, so daß Sie selbst nicht daran glauben können. Und Sie selbst sollten ein Teilnehmer dieses Bildes sein. Es kann zum Beispiel eine innere Vorstellung davon sein, wie Sie einem Freund oder einer Freundin erzählen, daß sich Ihre Vision verwirklicht hat.

Wann immer Ihre Gedanken von diesem Bild weggehen, bringen Sie sich wieder dorthin zurück. Es ist so, als wären Sie ein Architekt, der auf einem Plan ein Haus entwirft. Auf die gleiche Art und Weise entwerfen Sie ein Bild von der Verwirklichung Ihrer Vision. Wenn Sie das Gefühl haben, daß das Bild stimmig ist, machen Sie sich einige Notizen oder malen ein Bild dazu. Es ist wichtig, immer wieder auf das gleiche Bild zurückzugreifen.

Diese Phase benötigt Zeit, Stunden oder sogar Tage. Bleiben Sie solange bei dieser Schöpfungsphase, bis Sie das Gefühl haben, daß Ihre Visualisierung stimmig und gekräftigt ist. Nehmen Sie sich jeden Tag dafür eine halbe Stunde Zeit.

Die vierte Schöpfungsphase

In der vierten Phase des Schöpfungsprozesses geht es darum, die eigene Grundhaltung zu überprüfen. Auch für diesen Schritt sollten Sie sich mehrere Tage Zeit nehmen. Seien Sie sich selbst gegenüber ehrlich und offen, und überprüfen Sie Ihre innere Einstellung, Absicht und Motivation in bezug auf Ihr Ziel. Steckt vielleicht ein negatives Motiv wie Furcht, Reue, Rachsucht, Geltungsdrang o. ä. dahinter? Ihre Haltung sollte die sein, niemals in das Leben anderer Menschen einzugreifen mit dem, was Sie erschaffen. Es geht auch nicht darum, andere zu beeindrucken, etwas wiedergutzumachen oder ein Wohltäter für andere zu sein. Schon wenn nur eine negative Grundhaltung da ist, würde das Fortsetzen des kreativen Prozesses schwarze Magie oder Zerstörung bedeuten. Sollten Sie zu diesem Zeitpunkt herausfinden, daß eine negative Motivation dahintersteckt, so können Sie ab dieser Phase Ihren Schöpfungsprozeß noch abbrechen. Zu einem späteren Zeitpunkt ist es nicht mehr möglich. Auch wenn noch irgendwelche Unsicherheiten vorhanden sind, dann beenden Sie ab diesem Punkt die Übung und überdenken Ihre Vision noch einmal. Danach können Sie wieder mit dem ersten Schritt beginnen.

Wenn Ihre Motivation für Sie selbst positiv und klar definiert ist und Sie sich ebenfalls aller Konsequenzen bewußt sind und auch bereit sind, sie zu tragen, dann schreiben Sie diese kurz auf und gehen weiter zum nächsten Schritt.

Die fünfte Schöpfungsphase

In dieser Phase geht es um die Bewegung. Jetzt bringen Sie Leben in Ihre Vision, indem Sie Ihre Imagination vervollständigen durch intensive Gefühle und Sinnesempfindungen. Ab diesem Zeitpunkt gibt es kein Zurück mehr, das heißt, Sie können Ihre Schöpfung nicht mehr rückgängig machen. Imaginieren Sie Ihr Zielbild, das Sie bis dahin stabilisiert haben, und stellen Sie sich vor, das alles passiert jetzt in der Gegenwart – jetzt in diesem Moment. Sie sind Teil dieses Bildes – wie ein Schauspieler in einer Szene –, jedoch gleichzeitig auch Zuschauer. So spielen Sie diese Szene, die Verwirklichung Ihrer Vision, jetzt in der Gegenwart durch. Geben Sie all Ihre Gefühle hinein: das Glück und die Freude über das erreichte Ziel, und lassen Sie auch die Traurigkeit zu, die vielleicht auftaucht, weil Sie berührt sind. Lassen Sie alles da sein. Wie fühlt sich das an, das erreicht zu haben, was Sie erreichen wollten? Wie fühlt sich Ihr Körper an? Wie fühlt sich Ihr ganzes Wesen mit dieser verwirklichten Vision? Die Gefühle sind der Auslöser, der alles in Bewegung setzt und die Vision lebendig werden läßt.

Darüber hinaus ist es ebenso wichtig, alle anderen Sinne mit einzubringen. Fühlen Sie nicht nur, sondern berühren Sie, hören Sie, schmecken und riechen Sie, und das bei so vielen Details wie möglich!

Lassen Sie sich auch für diese Schöpfungsphase viel Zeit. Wiederholen Sie diesen fünften Schöpfungsschritt einige Tage lang jeweils eine halbe Stunde und schließen Sie ihn immer mit dem sechsten Schritt ab. Der fünfte und sechste Schritt des Schöpfungsprozesses werden zusammen vollbracht.

Die sechste Schöpfungsphase

Bleiben Sie weiter bei Ihrer Szene und halten Sie Ihre Gefühle aufrecht. Beim sechsten Schritt geht es um Glauben und Vertrauen, die zu innerer Gewißheit werden.

Nehmen Sie wahr, daß die Gefühle, die Sie hineingeben, eine Reflexion erzeugen können, eine Spiegelung nach außen.

Bestätigen Sie das für sich: «So ist es!»

Bringen Sie das Gefühl von Vertrauen hinein. Der sechste Tag ist der Tag, an dem der Samen endgültig gelegt wird: «So ist es!»

Gewinnen Sie das Gefühl der inneren Gewißheit: «So ist es!»

Wiederholen Sie den fünften und sechsten Schritt solange, bis Sie den Eindruck haben, daß der Samen gelegt ist. Dann erst fahren Sie fort mit dem siebten Schöpfungsschritt.

Die siebte Schöpfungsphase

Den siebten Schritt können Sie mit einem kleinen Feuerritual einleiten, das Sie ganz nach Belieben gestalten. Verbrennen Sie in diesem Feuer all Ihre Notizen und Ihr Bild, wenn Sie eines gemalt haben. Übergeben Sie außerdem dem Feuer all Ihre Gedanken und

Vorstellungen, die Sie zu Ihrer Schöpfung haben, indem Sie sie imaginär ins Feuer ausatmen. Schließen Sie Ihr Ritual ab mit einem kleinen Gebet:

Möge geschehen, was zu geschehen hat,
in Deine Hände lege ich mein Wollen.
So ist es!

Anschließend stellen Sie alle Anstrengungen und Erwartungen ein und überlassen dem Universum die Manifestierung. Was Sie bisher getan haben, war das Pflanzen, Befruchten und Bewässern des Samens. Jetzt braucht er Ruhe. Wie bei einer Schwangerschaft, wo sich die Zellen teilen und das Baby heranwächst, gibt es jetzt nichts mehr zu tun. Sie können sicher sein, Ihre Schöpfung ist auf dem Weg der Reifung, und das Universum sorgt für alles Weitere. Haben Sie Vertrauen! Die Bibel weist darauf hin, daß der Zeit des Säens immer die Erntezeit folgt. Mit dem fünften und sechsten Schöpfungsschritt haben Sie den Samen in das morphogenetische Feld hineingebracht, wo er jetzt reift. Und irgendwann wird er aus dem morphogenetischen Feld geboren werden, und Ihre Schöpfung wird auf der physischen Ebene sichtbar.

Nachfolgend einige Hinweise, die Ihnen helfen können, das schöpferische Gesetz anzuwenden:

Es ist ratsam, diesen Schöpfungsprozeß zu Beginn mit kleinen, unwesentlichen Zielen einzuüben, bevor Sie ihn in bezug auf große, für Sie sehr wichtige Lebensziele oder Visionen anwenden. Beispiele für kleine Ziele könnten sein: einen Parkplatz in der Stadt zu bekommen vor einem Gebäude in einer bestimmten Straße oder ein Geldstück zu finden oder wieder ein Lebenszeichen von einem Freund zu erhalten, von dem Sie lange Zeit nichts gehört haben usw. usw. Gehen Sie auch bei unwesentlichen Zielen den Schöpfungsprozeß Schritt für Schritt durch, wobei dies allerdings dann an einem Tag geschehen kann. Nehmen Sie sich jedoch mehr Zeit, wenn es um wesentlichere Dinge geht. Mit dem Erreichen unwesentlicher Ziele gewinnen Sie Vertrauen in diese Methode; dies hilft Ihnen, wenn Sie Wichtigeres versuchen.

Solange Sie in der Anwendung des Prozesses noch unerfahren sind und noch keinen festen Glauben an die Wirksamkeit besitzen, versuchen Sie keine Wunder zu vollbringen. Halten Sie das Bild anfangs so allgemein wie möglich und legen Sie sich auch nicht auf zeitliche Vorstellungen fest. So sollten zum Beispiel beim Finden einer Münze die genaue Zeit und der genaue Ort nicht vorausgesehen werden. Vielmehr sollte Ihre Szene generell ein Gebiet umfassen, aber noch nicht in detaillierter Form.

Der schöpferische Prozeß kann viele Aspekte Ihres Lebens verbessern. Sie können Ihr Gedächtnis verbessern, Ihren Allgemeinzustand, Ihre Denkgewohnheiten, Ihre Gesundheit sowie Ihre Lebensumstände. Statt sich zu sorgen, ob Sie eine Arbeit bekommen oder eine Prüfung bestehen werden, entwerfen Sie eine Szene, in der Sie agieren, als hätten Sie die Arbeitsstelle schon erhalten oder die Prüfung bereits bestanden.

Seien Sie sich bewußt, daß es Zeit braucht, ehe sich die schöpferischen Anstrengungen in Ihrer Erfahrung manifestieren. Seien Sie geduldig! Sie haben diesen Prozeß seit Jahren unbewußt ausgeführt. Es wird einige Zeit dauern, bis Ihre alten unbewußten Schöpfungen durch neue bewußte ersetzt worden sind.

Tatsächlich sind die sieben Stufen des schöpferischen Prozesses eine Stufe. Wären wir uns ganz klar darüber, was wir wollen und hätten keine widersprüchlichen Ansichten und zweifelnden Gefühle, dann wäre das, was wir erhalten, die genaue Spiegelung dessen, was wir beabsichtigt haben. Da dies nicht immer der Fall ist, müssen wir den Prozeß in sieben Stufen teilen, die wir dann Schritt für Schritt üben. Nachdem Sie die sieben Stufen eine Zeitlang geübt haben und sie zu einem Bestandteil Ihres Lebens geworden sind, werden Sie feststellen, daß Sie nur zu beabsichtigen brauchen, und schon wird es sein.

Das Ende des Kreislaufs durch die vier Himmelsrichtungen

An dieser Stelle haben wir unseren Kreislauf durch die vier Himmelsrichtungen des Medizinrades vollendet. Ein langer Weg liegt hinter uns und ein noch längerer vor uns. Wenn wir diesen Kreis einmal durchlaufen haben, werden wir feststellen, daß wir die gleichen Transformationsprozesse in unserem Leben immer wieder erleben, jedoch jedesmal auf einer anderen Ebene. Wir beginnen also immer wieder im Süden und enden im Osten, um von dort wieder im Süden auf der nächsthöheren Ebene fortzufahren. Der Transformationsprozeß ist eine Spiralbewegung, die uns immer höher trägt.

Der erste Durchlauf, den wir in diesem Buch beschrieben haben, betrifft die Transformation auf der personalen Ebene, der nächste würde auf der perinatalen Ebene stattfinden und alle weiteren auf der sehr umfangreichen und vielschichtigen transpersonalen Ebene. In diesem spiralförmigen Prozeß erleben wir immer wieder Momente der Zentrierung, das heißt, daß wir uns in die Mitte des Medizinrades begeben und zum Krieger oder zur Kriegerin werden. Der Sinn einer jeden Transformation ist der, so lange wie möglich den Zustand der Zentrierung aufrechtzuerhalten. In dem Moment ist die Transformation in die Transzendenz übergegangen, und wir haben die tiefe Schau ins innere Universum erlangt. Wir sind zum Beobachter geworden, der bewußt im Einklang mit den kosmischen Gesetzen alles erschafft, was er beobachtet.

Wir haben es in der Hand, das zu erschaffen, was die Menschen und die Erde brauchen.

Wann immer wir im folgenden vom «Krieger» in der männlichen
Form sprechen, so ist damit auch die weibliche Form der Kriegerin
gemeint.

Der Krieger ist derjenige, der die Qualitäten der verschiedenen
Himmelsrichtungen in sich vereint. Er befindet sich im Medizinrad
in der Mitte. Er hat gelernt, mit den Polaritäten in seinem Leben
umzugehen und sie auszugleichen. Bei allem, was der Krieger tut,
bezieht er immer die zwei Polaritäten mit ein.

Der Krieger hat die Gelassenheit und den Mut, nicht mehr zu
kämpfen, ein Zustand des totalen Loslassens und Akzeptierens.
Der Krieger ist weder in der Zukunft noch in der Vergangenheit,
sondern immer in der Gegenwart. Er kann sich zwar Vergangenheit oder Zukunft anschauen, bleibt aber trotzdem in der Gegenwart.

Er ist wie ein Baum, der im Sturm steht und sich anpaßt.
Er biegt sich mal hierhin, mal dorthin, verläßt aber nie seinen
Standort. Er nimmt alles gelassen an, was kommt, sei es Sonne,
Hagel oder Schnee. Wie der Baum paßt sich der Krieger immer der entsprechenden Situation an und steht standfest an
seinem Platz, fest verwurzelt in seinem Ursprung (seiner Geschichte).

Der wirkliche Krieger kämpft nicht mehr. Der Krieger, der noch
kämpft, muß irgendwo hingehen, er muß etwas tun. Er muß Kraft
hervorbringen, um etwas zu erreichen. Der wirkliche Krieger will
nichts mehr erreichen, er steht da, wo er steht, er geht mit allem mit,
was da ist. Er geht mit seiner Traurigkeit, er geht mit seiner Freude,
mit der Wut, mit dem Konflikt, er bleibt stehen, in sich zentriert. Er

geht nicht aus der Traurigkeit heraus, wenn sie da ist, weil er weiß, daß die Freude auch da ist. Sie existiert parallel zur Traurigkeit, da die Polaritäten immer da sind.

Der Krieger jongliert mit der Freude, der Angst und den Illusionen, ohne sich von ihnen beeinträchtigen zu lassen. Er ist sich der Illusionen bewußt und spielt mit ihnen, wie ein Clown in der Manege.

Der Krieger ist derjenige, der von der Mitte des Medizinrades alles betrachten kann, ohne beeinflußt zu werden:

Im Süden sieht er sein verletztes Kind und sein göttliches Kind. Er sieht den Schmerz und die Freude. Er erfreut und stärkt sich am «Wasser des Lebens».

Im Norden sieht er seine Strukturen, er bezieht die männlichen und weiblichen Kräfte in sein Leben ein. Dabei bleibt er in Bewegung und hält sich nicht an einem Glaubenssystem fest, da er bereit ist, jederzeit die Strukturen wieder aufzulösen, damit sie sich neu bilden können. Das Zusammenspiel seiner strukturierenden männlichen Kraft und der kreativen weiblichen Kraft bringt Ausgeglichenheit und Gelassenheit in sein Leben.

Im Westen sieht er den Tod, die Auflösung, das Loslassen, sieht die dunkle Seite seines Wesens. Er lacht und nimmt sie in seine Arme. Nichts kann ihn mehr erschüttern, wie ein Baum im Sturm.

Im Osten sieht er seine Weisheit und seine Ur-Geschichte. Er ist einfach nur das, was er ist. Er geht der Wirklichkeit nach, ohne die Hoffnung zu haben, sie jemals zu erreichen.

Das ist der Krieger, der nicht mehr kämpft, der Beobachter, der beobachtet, ohne sich mit dem Objekt der Beobachtung zu identifizieren. Der Krieger hat sämtliche Polaritäten aller Himmelsrichtungen kennengelernt und seine Erfahrungen damit gemacht.

Wir brauchen in jeder Himmelsrichtung die zwei Polaritäten. Im Süden brauchen wir das verletzte Kind und damit die Erfahrung unserer Schmerzen, unserer Wunden. Genauso brauchen wir das göttliche Kind und die Erfahrung von Freude und Lebendigkeit in uns. Wenn wir die Erfahrung des verletzten Kindes nicht hätten, würde uns das göttliche Kind auf ungeahnte Höhenflüge bringen – nichts würde uns mehr auf dieser Erde halten. Durch unseren Schmerz werden wir daran erinnert, ganz da zu sein, bis wir zum Krieger geworden sind, der nicht mehr weggehen will.

In unserem Leben werden wir uns immer in einer anderen Himmelsrichtung befinden. Es gibt manche, die eine Himmelsrichtung schon integriert haben, und andere, die eine Himmelsrichtung nicht einmal berührt haben. Es gibt Himmelsrichtungen, von denen wir die Polaritäten kennengelernt, aber noch nicht integriert haben. Vielleicht haben wir auch nur den einen Pol kennengelernt und den anderen noch nicht.

So werden wir den Kreislauf des Medizinrades immer wieder durchlaufen und dabei immer wieder mit der Polarität konfrontiert werden, jedesmal auf einer anderen Ebene, bis wir sie integriert haben. Irgendwann katapultiert uns die spiralförmige Transformation in die Mitte des Medizinrades. Dies ist nichts, das wir bewußt bewirken können, sondern es geschieht als ein Akt der Gnade.

Der Krieger ist schon von Anfang an dagewesen. Er wird nur immer bewußter, je mehr wir die inneren Qualitäten der Himmelsrichtungen integriert haben. Langsam beginnen wir, immer mehr in das Kriegerleben hineinzuwachsen und es immer mehr zu leben.

Was bei den Schamanen der Krieger ist, ist im Tarot der Narr. Der Narr weiß, daß alles eine Illusion ist. Er hat die einzelnen Bestandteile der Illusion kennengelernt und hat Spaß daran, mit den Illusionen zu spielen. Mit diesem Bewußtsein kommt er vielleicht dem Bewußtsein Gottes näher als sonst jemand.

Sei ganz du selbst!
Sei Krieger!
Sei Beobachter!
Sei der Narr Gottes!
Spiel mit den Illusionen und erfreue dich daran!
Sei einfach nur,
mehr gibt es nicht zu tun!

Bei Interesse an der Arbeit der Autoren wenden Sie sich bitte an:

Jean-Paul Beffort
Bottenbacherstraße 1
91448 Emskirchen

Ursula Gerken-Haberzettl
Neuwerker Weg 33 b
90547 Stein / Mittelfranken

«Und wenn der große Phönix frei fliegt, sieh genau hin, was er behutsam zwischen seinen Krallen trägt.» *No-Eyes*

Stephen Arroyo
Astrologie, Psychologie und die vier Elemente
(transformation 18579)
Einer der führenden Astrologen Amerikas skizziert die Bedeutung der vier Elemente als archaische Kräfte für die Seele und weist auf die bislang ungenutzten Möglichkeiten hin, astrologisches Wissen in der Psychotherapie einzusetzen.

Deborah Cowens /
Tom Monte
Die Gabe des Heilens *Die Praxis der Energieheilung*
(transformation 60382)

Paul Hawken
Der Zauber von Findhorn *Ein Bericht*
(transformation 17953)
Ein Erlebnisbericht aus der berühmten New Age-Community.

Gabriele Quinque
Tempelschlaf *Ägyptische Einweihung als Reise zum inneren Geheimnis*
(transformation 60271)

Uma Silbey
Fahrkarte zur Erleuchtung *Der Alltag als spiritueller Weg*
(transformation 60149)

Mark Matousek
Sex, Tod, Erleuchtung *Eine spirituelle Odyssee*
(transformation 60442)

MARK MATOUSEK

transformation

Sex, Tod, Erleuchtung

EINE SPIRITUELLE ODYSSEE

rororo

Mary Summer Rain
Der Phönix erwacht *Weisheit und Visionen*
(transformation 18558)
Weltenwanderer *Der Pfad der heiligen Kraft*
(transformation 18722)

Irina Tweedie
Wie Phönix aus der Asche *Mein Abenteuer der Selbstfindung auf dem Weg der Sufis*
(transformation 60148)

Janwillem van de Wetering
Ein Blick ins Nichts
Erfahrungen in einer amerikanischen Zen-Gemeinde
(transformation 17936)
Das Koan *und andere Zen-Geschichten*
(transformation 60270)

Ein Gesamtverzeichnis der Reihe rororo *transformation* finden Sie in der *Rowohlt Revue.* Vierteljährlich neu. Kostenlos in Ihrer Buchhandlung.
Rowohlt im Internet:
www.rowohlt.de

transformation

Joachim-Ernst Berendt
Nada Brahma *Die Welt ist Klang*
(transformation 17949)
Das Dritte Ohr *Vom Hören der Welt*
(transformation 18414)
«Wenn wir nicht wieder lernen zu hören, haben wir dem alles zerstörenden mechanistischen und rationalistischen Denken gegenüber keine Chance mehr.» *Westdeutscher Rundfunk*

C. J. Cooper
Der Weg des Tao *Eine Einführung in die Lebenskunst und die Weisheitslehre Chinas*
(transformation 60110)

Reshad Feild
Schritte in die Freiheit *Die Alchemie des Herzens*
(transformation 18503)
Ich ging den Weg des Derwisch
Das Abenteuer der Selbstfindung
(transformation 60456)

Stanislav Grof
Geburt, Tod und Transzendenz
Neue Dimensionen in der Psychologie
(transformation 18764)
Eine Bestandsaufnahme aus drei Jahrzehnten Forschung über außergewöhnliche Bewußtseinszustände.
Das Abenteuer der Selbstentdeckung *Heilung durch veränderte Bewußtseinszustände. Ein Leitfaden*
(transformation 19640)

Ken Wilber
Das Spektrum des Bewußtseins
Eine Synthese östlicher und westlicher Psychologie
(transformation 18593)

Robert Anton Wilson
Der neue Prometheus *Die Evolution unserer Intelligenz*
(transformation 18350)
«Robert A. Wilson ist einer der scharfsinnigsten und bedeutendsten Wissenschaftsphilosophen dieses Jahrhunderts.» *Timothy Leary*

Arthur Zajonc
Die gemeinsame Geschichte von Licht und Bewußtsein
(transformation 60381)

Gary Zukav
Die tanzenden Wu Li Meister
(transformation 17910)
Der östliche Pfad zum Verständnis der modernen Physik: vom Quantensprung zum Schwarzen Loch.

rororo sachbuch

Ein Gesamtverzeichnis der Reihe *rororo transformation* finden Sie in der *Rowohlt Revue*. Vierteljährlich neu. Kostenlos in Ihrer Buchhandlung.
Rowohlt im Internet:
www.rowohlt.de